プリント形式のリアル過去問で本番の臨場感！

大阪府

上宮 高等学校

2025年春受験用

解答集

本書は，実物をなるべくそのままに，プリント形式で年度ごとに収録しています。
問題用紙を教科別に分けて使うことができるので，本番さながらの演習ができます。

■ 収録内容

・解答集(この冊子です)

書籍ＩＤ番号，この問題集の使い方，最新年度実物データ，リアル過去問の活用，
解答例と解説，ご使用にあたってのお願い・ご注意，お問い合わせ

・2024(令和６)年度 ～ 2020(令和２)年度　学力検査問題

JN132000

○は収録あり　　年度	'24	'23	'22	'21	'20	
■ 問題収録	○	○	○	○	○	
■ 解答用紙	○	○	○	○	○	
■ 配点	○	○	○	○	○	
■ 英語リスニング原稿※	○	○	○	○		

全教科に解説があります

※英語リスニングの実施は2021年度より(音声は収録していません)
注)国語問題文非掲載:2020年度の一

問題文の非掲載につきまして

著作権上の都合により，本書に収録している過去入試問題の本文の一部を掲載しておりません。ご不便をおかけし，誠に申し訳ございません。

本文の一部を掲載できなかったことによる国語の演習不足を補うため，論説文および小説文の演習問題のダウンロード付録があります。弊社ウェブサイトから書籍ＩＤ番号を入力してご利用ください。

なお，問題の量，形式，難易度などの傾向が，実際の入試問題と一致しない場合があります。

教英出版

■ 書籍ＩＤ番号

入試に役立つダウンロード付録や学校情報などを随時更新して掲載しています。
教英出版ウェブサイトの「ご購入者様のページ」画面で，書籍ＩＤ番号を入力してご利用ください。

書籍ＩＤ番号　101529

（有効期限：2025年9月30日まで）

【入試に役立つダウンロード付録】
「ラストチェックテスト（標準／ハイレベル）」
「高校合格への道」

■ この問題集の使い方

年度ごとにプリント形式で収録しています。針を外して教科ごとに分けて使用します。①片側，②中央のどちらかでとじてありますので，下図を参考に，問題用紙と解答用紙に分けて準備をしましょう（解答用紙がない場合もあります）。

針を外すときは，けがをしないように十分注意してください。また，針を外すと紛失しやすくなりますので気をつけましょう。

① 片側でとじてあるもの　　② 中央でとじてあるもの

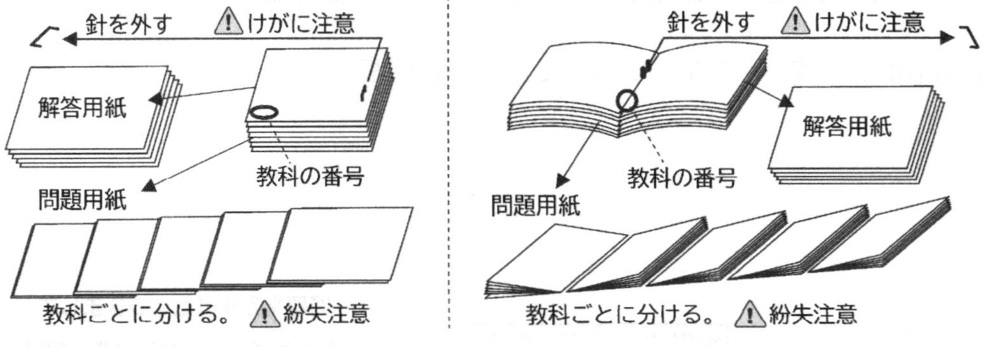

※教科数が上図と異なる場合があります。
解答用紙がない場合や，問題と一体になっている場合があります。
教科の番号は，教科ごとに分けるときの参考にしてください。

■ 最新年度 実物データ

実物をなるべくそのままに編集していますが，収録の都合上，実際の試験問題とは異なる場合があります。実物のサイズ，様式は右表で確認してください。

問題用紙	Ａ４冊子（二つ折り）
解答用紙	Ｂ４片面プリント

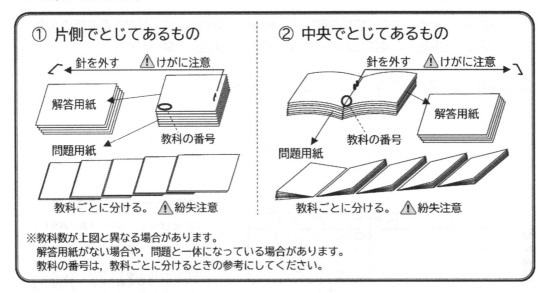

リアル過去問の活用

～リアル過去問なら入試本番で力を発揮することができる～

本番を体験しよう！

問題用紙の形式（縦向き／横向き），問題の配置や余白など，実物に近い紙面構成なので本番の臨場感が味わえます。まずはパラパラとめくって眺めてみてください。「これが志望校の入試問題なんだ！」と思えば入試に向けて気持ちが高まることでしょう。

入試を知ろう！

同じ教科の過去数年分の問題紙面を並べて，見比べてみましょう。

① 問題の量

毎年同じ大問数か，年によって違うのか，また全体の問題量はどのくらいか知っておきましょう。どのくらいのスピードで解けば時間内に終わるのか，大問ひとつにかけられる時間を計算してみましょう。

② 出題分野

よく出題されている分野とそうでない分野を見つけましょう。同じような問題が過去にも出題されていることに気がつくはずです。

③ 出題順序

得意な分野が毎年同じ大問番号で出題されていると分かれば，本番で取りこぼさないように先回りして解答することができるでしょう。

④ 解答方法

記述式か選択式か（マークシートか），見ておきましょう。記述式なら，単位まで書く必要があるかどうか，文字数はどのくらいかなど，細かいところまでチェックしておきましょう。計算過程を書く必要があるかどうかも重要です。

⑤ 問題の難易度

必ず正解したい基本問題，条件や指示の読み間違いといったケアレスミスに気をつけたい問題，後回しにしたほうがいい問題などをチェックしておきましょう。

問題を解こう！

志望校の入試傾向をつかんだら，問題を何度も解いていきましょう。ほかにも問題文の独特な言いまわしや，その学校独自の答え方を発見できることもあるでしょう。オリンピックや環境問題など，話題になった出来事を毎年出題する学校だと分かれば，日頃のニュースの見かたも変わってきます。

こうして志望校の入試傾向を知り対策を立てることこそが，過去問を解く最大の理由なのです。

実力を知ろう！

過去問を解くにあたって，得点はそれほど重要ではありません。大切なのは，志望校の過去問演習を通して，苦手な教科，苦手な分野を知ることです。苦手な教科，分野が分かったら，教科書や参考書に戻って重点的に学習する時間をつくりましょう。今の自分の実力を知れば，入試本番までの勉強の道すじが見えてきます。

試験に慣れよう！

入試では時間配分も重要です。本番で時間が足りなくなってあわてないように，リアル過去問で実戦演習をして，時間配分や出題パターンに慣れておきましょう。教科ごとに気持ちを切り替える練習もしておきましょう。

心を整えよう！

入試は誰でも緊張するものです。入試前日になったら，演習をやり尽くしたリアル過去問の表紙を眺めてみましょう。問題の内容を見る必要はもうありません。どんな形式だったかな？受験番号や氏名はどこに書くのかな？…ほんの少し見ておくだけでも，志望校の入試に向けて心の準備が整うことでしょう。

そして入試本番では，見慣れた問題紙面が緊張した心を落ち着かせてくれるはずです。

※まれに入試形式を変更する学校もありますが，条件はほかの受験生も同じです。心を整えてあせらずに問題に取りかかりましょう。

2024 解答例 令和6年度 上宮高等学校

《国　語》

一　問一．㋐なが　㋑有効　㋒聴衆　㋓迷惑　㋔一環　㋕痛切　㋖響　㋗ひそ　　問二．ⓐコ　ⓑオ　ⓒア　ⓓエ　ⓔイ　ⓕウ　ⓖケ　ⓗカ　　問三．⒜ウ　⒝イ　　問四．A．エ　B．イ　C．ウ　D．オ　問五．人格を抜きにしては、言葉は本来語れない　　問六．童謡　　問七．なにか～かった　　問八．過剰に流通している情報　　問九．言葉の意味から逃れることができるから。　　問十．エ　　問十一．⑴毎日の～た言葉／われわ～た言葉　⑵頭でっかちな言葉〔別解〕頭でっかちな観念語　　問十二．ア　　問十三．エ

二　［漢字／記号］　1．［有／イ］　　2．［生／オ］　　3．［若／ア］　　4．［捨／ウ］　　5．［髪／エ］

三　問一．㋐いかように　㋑おおかたなし　㋒つかえ　　問二．⒜エ　⒝イ　⒞オ

問三．二字…我山　四字…もとの山　　問四．イ　　問五．わ僧が～らせん　　問六．エ　　問七．失する事なく

問八．ウ　　問九．ア

《数　学》

Ⅰ　⑴(ア) 2　(イ) $3-4\sqrt{2}$　⑵20　⑶10，-2　⑷ $a=3$　$b=-4$　⑸20　⑹ $\frac{1}{6}$　⑺43

Ⅱ　⑴ $\frac{1}{2}$　⑵ 4　⑶ $x+4$　⑷18　⑸ 6

Ⅲ　⑴15　⑵8.5　⑶9.6　⑷25

Ⅳ　⑴ $6\sqrt{2}$　⑵ 4　⑶ 6

《英　語》

Ⅰ　1．エ　2．ア　3．イ　4．ウ

Ⅱ　1．イ　2．ウ　3．ウ　4．イ

Ⅲ　1．ウ　2．イ

Ⅳ　2，4，5，10，11

Ⅴ　問1．コンビニエンスストアで働いている人々にとってそれらすべてを提供する方法を学ぶことは大変でしょう。

問2．ア

問3．A．イ　B．エ　C．ウ　D．ア　　問4．1．in／1987　2．in／Hokkaido　　問5．イ

Ⅵ　1．①ア　②オ　　2．③カ　④エ　　3．⑤ア　⑥キ　　4．⑦イ　⑧キ

Ⅶ　3，6，8，9，11

Ⅷ　1．①more　②difficult　　2．③lend　④me　　3．⑤without　⑥saying　　4．⑦to　⑧eat〔別解〕have

5．⑨If　⑩lived

《理　科》

Ⅰ　問1．イ　問2．ア　問3．エ　問4．ア　問5．エ　問6．ウ　問7．イ　問8．イ

Ⅱ　問1．ア　問2．ウ　問3．エ　問4．エ　問5．①C　②Cu　③CO_2
問6．4.8　問7．ウ

Ⅲ　問1．ア　問2．ウ　問3．ア　問4．ア　問5．①エ　②カ　問6．ウ

Ⅳ　問1．ウ　問2．ア　問3．①葉緑体　②ア　問4．記号…ア　名称…対照　問5．ウ
問6．①イ　②ア　③二酸化炭素

Ⅴ　問1．イ　問2．①ア　②ウ　問3．エ　問4．18　問5．イ　問6．オ　問7．オ

《社　会》

Ⅰ　問1．⑴イ　⑵一人っ子政策　問2．ウ　問3．⑴イ　⑵ア　問4．ウ　問5．レアメタル
問6．⑴エ　⑵エ　問7．⑴栽培　⑵ウ　問8．化石　問9．ア　問10．⑴ア　⑵エ　⑶ウ　問11．イ
問12．ア　問13．イ　問14．エ

Ⅱ　問1．エ　問2．イ　問3．ウ　問4．北条時宗　問5．エ　問6．ア　問7．下剋上（下線部は克でもよい）　問8．ア　問9．イ　問10．大政奉還　問11．ウ　問12．ア　問13．エ　問14．ウ
問15．イ　問16．ア　問17．ベトナム

Ⅲ　問1．⑴ウ　⑵ウ　問2．カ　問3．イ　問4．⑴ア　⑵イ　問5．累進課税　問6．文化
問7．日本銀行〔別解〕中央銀行　問8．デフレーション　問9．ア　問10．エ　問11．エ

2024解説 令和6年度 上宮高等学校

《2024　国語　解説》

一　**問二ⓔ・ⓗ**　ⓔは、存在するという意味の「ある」で、活用するので動詞。「意味の」(＝主語)に対して、述語になっている。ⓗの「ある」は、活用がなく、下の名詞(「程度」)を修飾しているので、連体詞。

ⓕ・ⓖ　「ない」は、直前に助詞の「は」を入れることができたら形容詞(＝ⓕ)。動詞の未然形につくものは助動詞(＝ⓖ)。助動詞の場合は「ない」を「ぬ」に置きかえることができる。

問五　この後で「ぼくにとって好きな言葉というのは、単語ではないんです」と述べている。このことをさらに詳しく、「実際には、言葉というのは～言葉の背後に必ず人間がいるわけです～人格を抜きにしては、言葉は本来語れないはずなんです」と説明している。

問六　マスメディアから流されてくる「時代を覆っている決まり文句」を、筆者は「意味のある言葉」と言い換え、みんながそれに疲れてきているため、筆者は「ノンセンスな(＝無意味な、くだらない)詩」を読むようになったとしている。「ノンセンスな詩」は２字ではないので、同様の内容を述べた、――線部⑤の１～２行前の「みんなが～もっと意味から逃れたいみたいなところがあるんじゃないかと思うんです。そういうところで、童謡であるとか、ぼくが書くノンセンスソングとか、言葉遊びとかというものが、一種の救いになっている」から、「童謡」を抜き出す。

問七　問六で見たように、「ノンセンスな詩」はマスメディアが流す「意味のある言葉」とは逆のもの。筆者は――線部②の２行後で「現代詩があまりにも重い意味に喘《あえ》いでしまっているので、なにか意味というものをはぎ取って、もっと軽いものにしたかった」と、「ノンセンスな詩」を読む意図を説明している。

問九　問六の解説参照。「そういうところで、童謡であるとか～言葉遊びとかいうものが、一種の救いになっている」とあるので、「そういとところ」が何を指すかを考えてまとめる。

問十　――線部⑥とエは、推定の助動詞。アとイは、形容詞をつくる接尾辞。ウとオは「すばらしい」「誇らしい」という形容詞の一部。

問十一(1)　ここまでで筆者は、現代の人々が「意味のある言葉」に疲れているということを述べ、――線部⑦のある段落では「感情を負っている言葉をもっと交換したいという気持ちをみんなが持ちはじめている」、「気持ちのいい言葉」は「書き言葉ではなく話し言葉を求める」と述べている。よって「気持ちのいい言葉」は、意味ではなく感情を重視した、話し言葉だと想像がつく。すると、最後から２番目の段落に「言葉の気持ちよさというのは、そういう頭でっかちな観念語ではなくて、毎日の暮らしとか、体に根ざした言葉にこそ感じるものだと思うんです」とある。また、最後の段落に「気持ちのいい言葉というのは～普通の暮らしのなかに潜んでいるはずだ」とあり、その例として田舎の「お婆さんの話を聞いたらほっとしたって話」をあげ、「それは、もともとのわれわれの暮らしや伝統に根付いた言葉がいまだにそこで生きているからだろう」と述べている。よって、この二重傍線部分から抜き出す。　**(2)**　(1)と相対する、思想や概念を表す「頭でっかちな言葉(観念語)」が適する。

問十三　エが、最後から３番目の段落内容と一致する。「急激に西洋の文化を輸入しようとしたときに、西洋の思想とか概念とかいうものを全部漢語に置き換えたわけですよね～頭でっかちな言葉が氾濫して、今でもそれが続いていると思うんですよね」とある。「急激に西洋の文化を輸入」したのは、明治時代。

三　【古文の内容】

今となっては昔のことだが、比叡山《ひえいざん》に僧がいた。とても貧しかったが、鞍馬《くらま》寺に七日間参拝した。「仏のお告げの夢などが見えるかも」と思って参拝したけれど、(夢が)見えないので、もう七日と参拝したけれども、やはり見えないので、七日を次々と延長して、百日参拝した。その百日目という夜の夢に、「自分にはどうにもできない。清水《きよみず》寺に参拝しなさい」と仰ると(夢に)見えたので、次の日から、また、清水寺へ百日参拝すると、また、「私はどうにもできない。加茂《かも》神社に参拝して申しあげよ」と夢で見たので、また、加茂神社にお参りした。

七日と思ったけれど、前のように、夢を見よう見ようとお参りするうちに、百日目という夜の夢に、「お前さんがこのように参拝しにくるのが、気の毒なので、御幣紙《ごへいがみ》、打撒《うちまき》の米ほどのものを、確かにとらせよう」と仰るのを見て、めざめたときの気持ちは、とてもつらく、しみじみと悲しい。「あちこちに参拝して歩いたのに、結局のところ、あのように仰ることよ。打撒の米くらいのものをいただいても、何にもならない。元の私の山(比叡山)に帰るのも、人目が恥ずかしい。賀茂川に飛び込んでしまおうか」などと思ったけれど、また、さすがに身を投げることはできない。

「どういう風にお考えなさったのだろうか」と知りたい気持ちもあったので、元の(比叡)山の僧房に帰っていると、知っている所から、「申し上げることがあります」という人がいる。「誰か」と見てみると、白い長櫃《ながびつ》を背負ってきて、縁側に置いて帰った。とても不思議に思って、使いをやって尋ねさせたが全く姿が見えない。これ(=長櫃)を開けて見ると、白い米と、良い紙とを、長櫃いっぱいに入れていた。「これは見た夢のとおりである。そうおっしゃってもと思っていたけれど、こればかりを本当にお与え下さったとは」と、ひどくつらく思ったけれど、どうしようもないと思って、この米を様々なことに使ったが、ただ同じ量で、(米が)尽きることがない。紙も同じように使ったが、なくなることがなくて、とても特別にはなやかではないけれど、とても裕福な法師になったのだった。

やはり、何があってもあきらめずに、参拝を続けるのがよい。

《2024　数学　解説》

Ⅱ (1)　放物線$y=ax^2$はAを通るから，放物線の式にAの座標を代入して，$2=a\times(-2)^2$より$a=\frac{1}{2}$である。

(2)　Bは放物線$y=\frac{1}{2}x^2$上の点で，y座標が8だから，$8=\frac{1}{2}x^2$　　$x=\pm4$　　(Bのx座標)＞0より，$x=4$

(3)　直線ℓの式を$y=cx+d$とおき，A，Bの座標をそれぞれ代入して，連立方程式として解くと，$c=1$，$d=4$となる。よって，直線ℓの式は$y=x+4$

(4)　**【解き方】直線m上にあり，x座標がBと等しく4である点をEとする。直線ℓ//直線mより，△ADBと△AEBで，底辺をそれぞれABとしたときの高さが等しいから，△ADB=△AEBとなる。**

直線mと直線ℓの傾きは等しく1だから，直線mの式を$y=x+e$とおき，Cの座標を代入して整理すると，$e=-2$となる。直線$y=x-2$の式に$x=4$を代入すると，$y=2$となるから，E(4，2)であり，△ABEは直角三角形である。

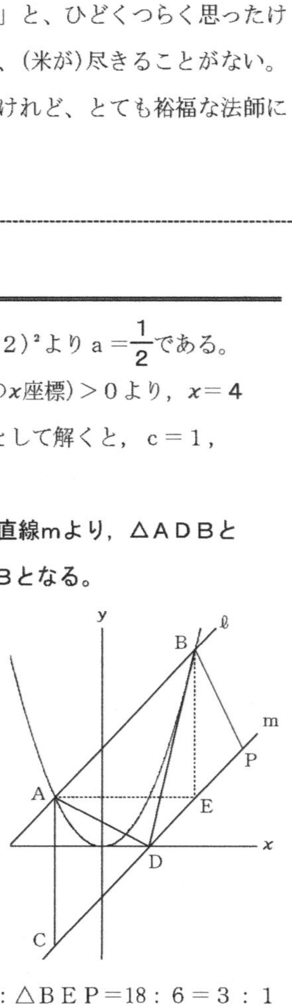

$\triangle ADB=\triangle AEB=\frac{1}{2}\times BE\times AE=\frac{1}{2}\times(8-2)\times\{4-(-2)\}=18$

(5)　**【解き方】平行四辺形ACEBの面積は対角線によって2等分されるので，(四角形ACEB)=2△AEB=36である。これは四角形ACPBの面積の42より小さいから，PはEより右側にある。**

△ACE=△AEB=18，△BEP=42−36=6であり，△ACEと△BEPで底辺をそれぞれCE，EPとしたときの高さが等しいから，CE：EP=△ACE：△BEP=18：6=3：1

である。よって，$p=(\text{Eの}x\text{座標})+\frac{1}{3}(\text{CとEの}x\text{座標の差})=4+\frac{1}{3}\times6=$ **6**

Ⅲ (1)　Aの食塩水に含まれる食塩は，$150\times\frac{10}{100}=$ **15**(g)

(2)　Bの食塩水に含まれる食塩は，$50\times\frac{4}{100}=2$ (g)だから，食塩水を混ぜたときの濃度は$\frac{15+2}{150+50}\times100=$ **8.5**(%)

(3)　**【解き方】操作を行っても，容器内の食塩水の量は変わらない。**

Aの食塩水10gに含まれる食塩は$10\times\frac{10}{100}==1$ (g)，Bの食塩水10gに含まれる食塩は$10\times\frac{4}{100}=0.4$(g)だから，操作後のAの食塩水の濃度は，$\frac{15-1+0.4}{150}\times100=$ **9.6**(%)である。

(4)　**【解き方】(3)をふまえる。Aにおいて，取り出す食塩水の量と，操作によって減る食塩の量は比例する。**

操作前後でAの食塩の量は$15-150\times\frac{9}{100}=1.5$(g)減った。(3)より，食塩水を10gずつ取り出すと，Aの食塩は$1-0.4=0.6$(g)減ったから，取り出した食塩水をxgとすると，$10:x=0.6:1.5$より$x=25$　よって，**25g**

Ⅳ (1)　△AEDにおいて，三平方の定理より，$AE=\sqrt{9^2-3^2}=6\sqrt{2}$(cm)である。平行線の錯角は等しいから，AB//DCより，∠BAE＝90°となるので，Pが出発して1秒後，$\triangle APE=\frac{1}{2}\times(2\times1)\times6\sqrt{2}=$ **$6\sqrt{2}$**(㎠)

(2)　**【解き方】まずは平行四辺形ABCDの面積を求めてから，BCを底辺としたときの高さを求める。**

(平行四辺形ABCDの面積)$=6\times6\sqrt{2}=36\sqrt{2}$(㎠)だから，BCを底辺としたときの高さは，$36\sqrt{2}\div9=4\sqrt{2}$(cm)である。このとき，△ABPは∠BPA＝90°の直角三角形だから，$BP=\sqrt{6^2-(4\sqrt{2})^2}=2$(cm)

よって，Pが出発してから$(6+2)\div2=$ **4**(秒後)

(3)　**【解き方】PがBC上を移動するとき，△APEの面積は一定の割合で小さくなることを利用する。**

$\triangle APE=36\sqrt{2}\times\frac{1}{3}=12\sqrt{2}$(㎠)となるときの時間を求める。$\triangle ABE=\frac{1}{2}\times6\times6\sqrt{2}=18\sqrt{2}$(㎠)だから，1回目はPがAB上にあるときである。$\triangle ACE=\frac{1}{2}\times6\sqrt{2}\times3=9\sqrt{2}$(㎠)だから，2回目はPがBC上にあるときで，PはBC上を$9\div2=4.5$(秒)かけて移動する。このとき，△APEの面積は$18\sqrt{2}-9\sqrt{2}=9\sqrt{2}$(㎠)だけ小さくなるから，△APEの面積が$18\sqrt{2}-12\sqrt{2}=6\sqrt{2}$(㎠)だけ小さくなるのは，Bを出発してから$4.5\times\frac{6\sqrt{2}}{9\sqrt{2}}=3$(秒後)，つまりAを出発してから$6\div2+3=$ **6**(秒後)である。

《2024　英語　解説》

Ⅳ【本文の要約】参照。

パズルを解くのは好きですか？解くのが好きな人もいれば，難しいと思う人もいます。実際，パズルは世界でますます人気が高まっています。世界で最も人気のあるパズルの1つが数独です。では，数独を世界中で人気にした日本人についてお話ししましょう。彼の名前は鍛治真起氏です。

数独は紙に書かれたパズルで，1から9までの数字を書いて解きます。数独をつくりだしたのは鍛治氏ではありません。2もともとは1970年代にアメリカの建築家，ハワード・ガーンズ氏によってつくられました。当時，そのパズルはナンバープレイスと呼ばれていました。鍛治氏は1984年に初めてナンバープレイスのことを知り，興味を持ちました。しかし，彼はすぐにそれが退屈であることに気づきました。ナンバープレイスパズルは簡単に解くことができたのです。実は，ガーンズ氏自身もパズルを10個ほど作った後，ナンバープレイスへの興味を失いました。鍛治氏はナンバープレイスが良いパズルだと思ったので，それを日本に持ち帰って広めることにしました。4彼はパズルに関する雑誌を作る会社を所有していたので，それらにいくつかの数独パズルを掲載しました。そのパズル雑誌には多くの読者がいて，数独パズルを解くのを楽しみました。5また，彼らはより難しいパズルをつくって会社に送りました。鍛治氏は難しいパズルを買い取り，自分の雑誌に掲載しました。このようにして，ナンバープレイスは日本国内で人気を博しました。鍛治氏は，このパズルに日本語の名前を付けたいと考え，名前を数独に変えました。

鍜治氏は2004年の終わりに，数独がロンドンでとても人気があることに気づきました。The Timesというイギリスの有名な新聞が紙面に数独パズルを掲載していたのです。イギリスの多くの人々がそれを解き，大いに気に入っていました。彼はそのことにとても驚きました。10 数独をThe Timesに紹介した人物の名前を聞いて更に驚きました。その人物とはウェイン・グールド氏でした。彼はニュージーランド出身で，パズルが好きでした。そして，彼は日本に行った時に書店で数独パズルの本を買いました。この本をきっかけに数独に興味を持ち，後に自動的に数独パズルをつくるコンピュータプログラムを作成しました。グールド氏は数独が大好きだったので，鍜治氏と彼の雑誌を尊敬していました。10 旅行以来，彼は鍜治氏と連絡を取り合っていたので，彼らは旧知の仲でした。グールド氏のおかげで数独はイギリスで人気を博しました。数独パズルは毎日新聞に登場し，イギリスの人々は毎朝，「その日のパズルを解けたかどうか」について話していました。

鍜治氏はパズル制作会社の社長でしたが，彼にとってお金を稼ぐことは重要ではありませんでした。彼は他の国で数独を商標登録しませんでした。11 ただ人々に数独パズルを解いて楽しんでもらいたいと願っていて，それはお金を稼ぐことよりも重要だと思っていました。

鍜治氏は2021年7月末に退社し，同年8月に亡くなりましたが，数独は世界中でずっと楽しまれています。数独は本や雑誌，新聞，コンピュータの画面上などでよく見かけます。そして，毎年世界中で数独を解くコンテストが開催されています。数独は永遠に愛されることでしょう。

V【本文の要約】参照。

私たちがコンビニに行くのは買い物のためだけではありません。問4. 1 コンビニは1981年に荷物宅配サービス，そしてその6年後には公共料金支払いサービスの提供を始めました。今では，市役所に行って証明書を取得する必要がありません。なぜコンビニはいろいろなサービスを提供するのでしょうか？問1 コンビニで働いている人々にとってそれらすべてを提供する方法を学ぶことは大変でしょう。コンビニがそれらを提供するのにはいくつかの理由があります。

コンビニはこれらのサービスを提供する際，少額の手数料を受領します。家の近くに郵便局や市役所がないと，荷物の発送や公共料金の支払いにそれらの場所まで行くのは大変です。荷物を送るのが大変であれば，まったく送らない人もいます。それでは配送サービスを提供する会社とって不利益になります。一方，問2ア 家の近くで荷物を送ることができれば，人々はより頻繁にサービスを利用するようになります。荷物を送りたい人と配送業者の両者に利点があるので，コンビニは配送業者の代わりにサービスを提供し，手数料としてお金を得ます。しかし，この料金は高くないので，コンビニはたくさんのお金を得ているわけではありません。

コンビニが多くのサービスを提供するのには別の理由があります。コンビニは常に，より多くの人に来店してほしいのです。人々が正午に荷物を送りに来店すれば，お弁当を買うかもしれません。また，暑い日に公共料金を払いに来れば，ジュースやアイスクリームを買うかもしれません。Aイ コンビニが数多くのサービスを提供していれば，人々はより頻繁に来店するでしょう。Bエ 店内にいる間に商品を買うかもしれません。Cウ それがコンビニの売上を伸ばすことにつながります。Dア これこそが，コンビニがたくさんの種類のサービスを提供する最大の理由です。

コンビニのおかげで，私たちはひとつの場所で短時間のうちに多くのことができます。コンビニは新たなサービスを提供しようとし続けています。問4. 2 2017年，ある大手コンビニチェーンが北海道で，注文された商品を最寄りの店舗から自宅に届けるサービスを開始しました。コンビニは常に私たちの生活をより「便利」にしてくれています。

《2024　理科　解説》

Ⅰ　問５　〔湿度(%)＝$\frac{\text{空気中に含まれている水蒸気量}(g/m^3)}{\text{その気温での飽和水蒸気量}(g/m^3)}$×100〕であり，気温が高いほど飽和水蒸気量は大きいから，空気中の水蒸気量が一定であれば，気温が高いほど湿度は低くなる。また，コップの表面がくもり始めるときの水の温度(露点)は，その温度における飽和水蒸気量が空気中の水蒸気量と等しくなる温度だから，実験室の水蒸気量が一定であれば変化しない。

問７　図６のとき，摩擦力は物体を引く力(１N)とつり合っているから，摩擦力の大きさは１Nである。なお，糸が物体を引く力と作用・反作用の関係にある力は，物体が糸を引く力である。

Ⅱ　問１～３　スチールウール(鉄)を加熱すると，空気中の酸素と結びついて酸化鉄ができる。このとき二酸化炭素は発生しない。また，酸化鉄は，鉄とは別の物質で，電流は通さず，塩酸と反応せず，磁石に引きつけられない。

問４，５，７　酸化銅〔CuO〕と炭素〔C〕の粉末を混ぜて加熱すると，酸化銅が還元されて銅〔Cu〕になり，炭素が酸化されて二酸化炭素〔CO_2〕になる。問４のエでは炭酸水素ナトリウムが分解されて二酸化炭素が発生する。なお，アでは水素，イではアンモニア，ウでは酸素が発生する。

問６　Bより，酸化銅4.0ｇと炭素0.3ｇがちょうど反応すると，銅3.2ｇが得られるとわかる。したがって，酸化銅6.0ｇと炭素$0.3\times\frac{6.0}{4.0}=0.45$(ｇ)がちょうど反応して，銅$3.2\times\frac{6.0}{4.0}=4.8$(ｇ)が得られる。

Ⅲ　問１　イ×…石灰岩の地層は生物の遺骸などが堆積してできる。火山灰などが堆積してできるのは凝灰岩である。ウ×…火成岩はマグマが冷え固まってできる。土砂が押し固められてできるのは堆積岩である。　エ×…地質年代を推定するのに用いられる化石は示準化石である。示相化石は当時の環境を推測するのに用いられる。

問３　ビカリアやマンモスの化石は新生代の示準化石である。なお，サンヨウチュウやフズリナの化石は古生代，アンモナイトの化石は中生代の示準化石である。

問５②　調査結果４より，凝灰岩の層は同じ時期に堆積したものだから，凝灰岩の層を基準に考える。

問６　凝灰岩の層の上面の標高を求めて比べる。AとBは各地点の標高に凝灰岩の層の上面の高さを足すと求められるから，Aが60＋7.5＝67.5(m)，Bが55＋12.5＝67.5(m)である。CとDは各地点の標高から凝灰岩の層の上面の深さを引くと求められるから，Cが60－2.5＝57.5(m)，Dが75－17.5＝57.5(m)である。よって，「AとB」より「CとD」の方が低くなっているからウが正答となる。

Ⅳ　問３　葉緑体は光が当たると光合成を行い，水と二酸化炭素を材料に，デンプンと酸素をつくりだす。

問６　BTB溶液は酸性で黄色，中性で緑色，アルカリ性で青色を示す。二酸化炭素は水にとけると酸性を示すから，実験において，二酸化炭素が増加すると溶液は黄色に，二酸化炭素が減少すると青色に変化する。Aでは呼吸より光合成が盛んに行われたため二酸化炭素が減少し，Cでは呼吸のみが行われたため二酸化炭素が増加した。

Ⅴ　問３　物体と凸レンズの距離が焦点距離の２倍のとき，焦点距離の２倍の位置に実像ができる。表より，X＝Y＝24cmのときに実像ができたから，この凸レンズの焦点距離は24÷２＝12(cm)とわかる。光軸に平行に進んだ光は凸レンズを通過した後，焦点を通るので，凸レンズの中心から12÷３＝４(目盛り)の点を通るエが正答となる。

問４　図３に物体の先端から出て凸レンズの中心を通過した光の道すじをかくと，右図のように像がうつるとわかる。右図の２つの色付きの三角形は相似だから，物体とうつる像の大きさの比は６：12＝１：２であり，うつる像の大きさは$9\times\frac{2}{1}=18$(cm)である。

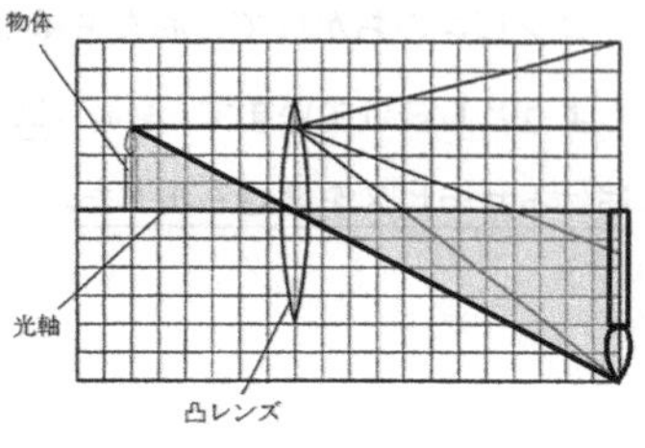

問６　スクリーンに届く光の量が少なくなるので像は暗くなる。ただし，物体から出た光は凸レンズの左半分を通ってスクリーンに届くので，像は欠けない。

《2024　社会　解説》

Ⅰ　問1(1)　a．正しい。イギリスは2020年にＥＵを脱退していることに注意する。ｂ．誤り。国別面積の上位５か国は，ロシア・カナダ・アメリカ・中国・ブラジルであり，カナダは10位以内に入っていない。

問2　象形文字(神聖文字)である。アはくさび形文字(メソポタミア文明)，イは甲骨文字(中国文明)，エはインダス文字(インダス文明)。

問3(1)　アは大豆，イは小麦，ウはとうもろこし，エは米。　(2)　Ａは愛知県の渥美半島，Ｂは高知県の高知平野，Ｃは北海道の根釧台地，Ｄは長野県の野辺山原など，Ｅは鹿児島県の笠野原，Ｆは北海道の石狩平野についての記述。

問4　アは米，イは野菜，ウは果実，エは大豆。

問6(1)　ａ．誤り。日本の国土面積に占める森林の割合はおよそ３分の２(66％)である。ｂ．誤り。白神山地は，ブナの原生林があることから，世界自然遺産に登録されている。

問9　経度差 15 度で１時間の時差が生じる。大阪とワシントンの経度差は 135＋75＝210(度)，時差は 210÷15＝14(時間)になる。西経に位置するワシントンは東経に位置する大阪より時刻は遅れているから，２月10日午後２時より14時間遅れた時刻になる。

問10(3)　アはリヤド(砂漠気候)，イはバルセロナ(地中海性気候)，ウはコルカタ(サバナ気候)，エは東京(温暖湿潤気候)。

問11　Ｄは 1970 年に比べて割合も支出額も増えていることから，近年になって利用頻度が高まった交通・通信と判断する。Ａは食料，Ｂは被服，Ｃは教養娯楽。

問13　ａ．正しい。ｂ．誤り。ラムサール条約は，水鳥の生息地としての湿地に関する条約である。

Ⅱ　問3　ａ．誤り。戸籍に基づいて与えられた田は，荘園ではなく口分田である。ｂ．正しい。

問5　ａ．誤り。一遍は踊念仏を行う時宗を開いた。題目を唱えるのは日蓮宗である。ｂ．誤り。定期市の様子は描かれているが，金融業を営んだ土倉・酒屋や，運送業を営んだ馬借・車借は見られない。

問6　足利義昭は室町幕府の第15代将軍，大友氏は九州の守護大名，防人は，律令の時代に北九州の警備に配置された兵士である。

問9　Ⅱ(17世紀前半)→Ⅰ(17世紀後半)→Ⅲ(18世紀後半)→Ⅳ(19世紀中ごろ)

問11　ア．誤り。地租改正では，土地所有者に地価の３％を金納させた。イ．誤り。徴兵令では20歳以上の男子に兵役の義務があった。ウ．正しい。エ．誤り。その他は臣民ではなく平民である。

問14　ａはスターリン(ソ連)，ｂはムッソリーニ(イタリア)，ｃはヒトラー(ドイツ)，ｄはＦ・ローズベルト(アメリカ)。

Ⅲ　問1(2)　地方公共団体の首長と地方議会の議員の任期は４年だから，次の統一地方選挙は４年後の2027年になる。

問2　１が中小規模事業所，２が大規模事業所，Ａが従業者数，Ｂが事業所数，Ｃが製造品出荷額等である。

問3　自動車税は地方税の直接税(ｃ)，法人税は国税の直接税(ａ)，関税は国税の間接税(ｂ)。

問10　憲法改正の発議は，衆議院と参議院のそれぞれにおいて，総議員の３分の２以上の賛成を得る必要がある。

問11　内閣が連帯して責任を負うのは国会だけであり，裁判所は内閣や国会から独立している。

2023 解答例 令和５年度　上宮高等学校

《国　語》

一　問一．㋐降参　㋑不審　㋒触　㋓いと　㋔いつだつ　㋕束　㋖はいせき　㋗おちい　　問二．ⓐケ　ⓑイ
ⓒエ　ⓓオ　ⓔウ　ⓕカ　ⓖコ　ⓗア　　問三．(a)オ　(b)ウ　　問四．A．イ　B．エ　　問五．Ⅰ．ルール
Ⅱ．つくり方　Ⅲ．注目する　　問六．ア　　問七．小さい表情の変化を読み取る　　問八．エ　　問九．不安の高い遺伝子を持つという特徴や、他人との協調性に重きをおいて行動してしまうという慣習。
問十．この世～は必要　　問十一．イ　　問十二．共感　　問十三．イ，エ

二　1．単刀直入　　2．一念発起　　3．七転八倒　　4．異口同音　　5．五里霧中

三　問一．㋐いて　㋑いいければ　㋒しずまりたるに　　問二．(a)イ　(b)オ　(c)ウ　　問三．海賊　　問四．イ
問五．宗との声　　問六．オ　　問七．主たち～の聞け　　問八．オ　　問九．エ

《数　学》

Ⅰ　(1)(ア) $\frac{7}{8}$　(イ) $\frac{5\sqrt{2}}{2}$　　(2)[ア]＝12　[イ]＝2　[ウ]＝18　　(3)± 2　　(4)21　　(5)$\frac{1}{5}$　　(6)109　　(7)$36\sqrt{7}$

Ⅱ　(1)8　　(2)$-x+4$　　(3)168π　　(4)$(-2,\ 6)$　　(5)$(\frac{12}{5},\ \frac{8}{5})$

Ⅲ　(1)2640　　(2)①$4x+y$　②1300

Ⅳ　(1)1：2　　(2)$\frac{5}{4}$　　(3)4　　(4)6

《英　語》

Ⅰ　1．ア　　2．イ　　3．ア　　4．ウ

Ⅱ　1．イ　　2．エ　　3．イ　　4．エ

Ⅲ　1．ウ　　2．イ

Ⅳ　1，6，9，11，12

Ⅴ　問1．A．ウ　B．ア　C．エ　D．イ　　問2．海底ケーブルは海中にあるので普通は見ることができません。
問3．エ　　問4．1．1851　2．China／Russia　　問5．ウ

Ⅵ　1．①イ　②ア　　2．③キ　④イ　　3．⑤ア　⑥キ　　4．⑦エ　⑧キ

Ⅶ　2，6，8，9，11

Ⅷ　1．①good　②player　　2．③How　④old　　3．⑤best〔別解〕most　⑥seasons　　4．⑦has　⑧lived
5．⑨easy　⑩learning

《理　科》

Ⅰ　問１．イ　問２．エ　問３．イ　問４．イ　問５．ウ　問６．カ　問７．オ　問８．イ

Ⅱ　問１．ア　問２．エ　問３．ウ　問４．右図　問５．15　問６．カ　問７．カ

Zn^{2+}

Ⅲ　問１．５　問２．イ　問３．28　問４．ウ　問５．エ　問６．①沈降　②津波

Ⅳ　問１．①オ　②イ　問２．①変温　②イ，エ　問３．①ウ　②発生　③ア，オ

Ⅴ　問１．3.0　問２．3.0　問３．イ　問４．5.0　問５．1.0　問６．2.0　問７．4.5

《社　会》

Ⅰ　問１．ウ　問２．イ　問３．⑴イ　⑵エ　問４．イ　問５．フィードロット　問６．ア　問７．⑴イ　⑵ウ　問８．⑴ア　⑵ＩＣＴ　問９．エ　問10．ウ　問11．ウ　問12．減反　問13．ア　問14．⑴エ　⑵イ　問15．ア　問16．エ

Ⅱ　問１．始皇帝　問２．ウ　問３．エ　問４．ア　問５．蝦夷　問６．イ　問７．エ　問８．イ　問９．ウ　問10．ア　問11．イ　問12．ウ　問13．エ　問14．イ　問15．ア　問16．戦後　問17．ウ

Ⅲ　問１．エ　問２．⑴核家族　⑵イ　問３．間接金融　問４．イ　問５．ウ　問６．公共の福祉　問７．ア　問８．イ　問９．ア　問10．ア　問11．エ　問12．ウ

《2023 国語 解説》

一 **問五** ――線部①の次段落に「欧米と日本では、表情をどう表出すべきかのルールが違う」とあるので、［Ⅰ］には「ルール」が入る。四段落後に、相手の表情を読み取る時の、欧米人と日本人の違いについて「表情のつくり方の違いが影響している」とあるので、［Ⅱ］には「つくり方」が入る。三段落後に「相手の表情を見るとき、顔のどこに注目するかが、文化によって異なる」とあるので、［Ⅲ］には「注目する」が入る。

問六 【 X 】には「文化が変われば『振る舞い』も変わること」を意味することわざが入るので、アが適する。

問七 ――線部②の理由として、二段落後に「喜びを大げさに表現しない日本人の表情は、欧米と比べると動きが小さいのです。その小さい表情の変化を読み取るように、目に注目するのです」とある。

問八 ――線部③の二段落後にあるように、「うまくいっているときは気持ちのいい協調的関係も、行き過ぎると互いに苦しめあったり、自分たちの基準に合わない異端を排斥してしまう」。よって、エが適する。

問九 「他人との結びつきを優先し、協調性に重きをおき、社会的に逸脱することに対する恐れが強い」「日本人の大半を占める不安の高い遺伝子を持つ人々」といった、日本人の特徴や慣習に関する部分をもとにまとめる。

問十 「恐怖の感情は重要」と言えるのは、「生死に直結」するからであり、最終段落にあるように「この世の中を生き抜く上では適度な警戒心は必要」だからである。

問十一 「扁桃体に損傷のある人」や「扁桃体の活動が弱い人」は、「恐怖の表情を見ても、その顔が何を意味するのかが、まったくわから」ず、「怖いという感情がわきにくい」ので警戒心も弱い。このことから、逆に「扁桃体の活動が強い人」は、恐怖の表情に敏感で、怖いという感情が起こりやすく警戒心が強いと考えられる。よって、イが適する。

問十二 「ウィリアムズ症候群とよばれる遺伝的疾患」のある人は「高い共感性と高い社交性の能力を持」ち、それによって「他者の痛みを自分と同じか、それ以上に感じ取ることもあ」るので、【 Y 】には「共感」が入る。

問十三 「顔の表情だけですべての情動を表現」できるわけではないので、アは適さない。「表情は、社会をつく」り、「感情表現が共通」なので「外国に行って言葉が通じなくても、ジェスチャーを使えば、意思の疎通ができ」る。よって、イは適する。欧米では人前で「怒ったりすることはめったにない」とは書かれていないので、ウは適さない。「セロトニン・トランスポーター遺伝子多型」はＳＳ型、Ｓ型、ＬＬ型の三種類があり、その比率が「欧米人と東アジア人で異なる」ことで、文化による特徴の違いが生まれている。よって、エは適する。「常に相手の心の内をのぞき見るような気持ちになる」わけではないので、オは適さない。「恐怖の感情は特に子どもに強くあらわれる」とは書かれていないので、カは適さない。「扁桃体に損傷のある人は、笑った顔や泣いた顔はわか」るので、キは適さない。「音楽的な能力を持つことも重要」とは書かれていないので、クは適さない。

三 **問一**㋐ 古文の「わゐうゑを」は、「わいうえお」に直す。 ㋑ 古文で言葉の先頭にない「はひふへほ」は、「わいうえお」に直す。 ㋒ 古文の「づ」は、現代仮名遣いでも「づ」が使われる語以外「ず」に直す。

問五 先ほどの声とは、この前に海賊たちに命令していた「宗《むね》との声」のこと。

問七 「主《ぬし》たち～もの聞け」という部分が、「宗と」の言葉。会話文の終わりには、「と」「といふ」などが来ることが多い。

【古文の内容】

和邇部《わにべ》用光という演奏者がいた。土佐《とさ》のある神社の御船遊びのために下り、都に上る途中、安芸の国の、なんとかという港で、海賊が押し寄せてきた。（用光は）弓矢の使い方も知らないので、防戦する力がなくて、今は間違いなく殺されるに違いないと思って、篳篥を取り出して、船の屋根に座って、「そこの海賊たちよ。もうどうしようもない。早くどんな物でもお取りなさい。ただ、長い間、大切に思ってきた篳篥の、小調子という曲を、吹いて聞かせて差し上げよう。そのようなことがあったなあと、後々の語り草にでもなさるがよい」と言ったので、海賊の首領の声で、「お前たち、しばらく待ちなさい。(この男が) こう言っているのだ。(演奏を) 聞いてやろう」と言ったので、(海賊は) 船を停めて、各自が静まり返ったところ、用光は、これで最後だと思ったので、涙を流して、趣深く素晴らしい音を吹き出して、澄んだ音色で吹いていた。

ちょうどその時であろうか、その調べは、波の上に響いて、あの潯陽江のほとりで、(白居易が) 琵琶を聞いたという昔話と同じだった。海賊は、静まり返って、声も出ない。

存分に聞いて、曲が終わると、先ほどの声 (＝海賊の首領の声) で、「お前の船に狙いをつけて、(船を) 寄せたけれども、曲の音色に (感動して) 涙が落ちたので、船を離すぞ」と言って、漕ぎ去った。

《2023　数学　解説》

Ⅱ (1)　Aは放物線$y=\frac{1}{2}x^2$上にあり，$x=-4$だから，$y=\frac{1}{2}\times(-4)^2=$ **8**

(2)　**【解き方】直線ＡＢの式を$y=mx+n$とし，２点Ａ，Ｂの座標を用いて連立方程式を作る。**

(1)より，$A(-4,\ 8)$である。Ｂは放物線$y=\frac{1}{2}x^2$上にあり，$x=2$だから，$y=\frac{1}{2}\times2^2=2$なので，$B(2,\ 2)$である。したがって，Ａより，$8=-4m+n$，Ｂより，$2=2m+n$が成り立つ。この２つの式を連立方程式として解くと，$m=-1$，$n=4$だから，直線ＡＢの式は$\boldsymbol{y=-x+4}$

(3)　**【解き方】直線ＡＢとx軸との交点をＥとする。体積を求める立体は，ＡＣを半径，高さをＣＥとする円すいから，ＢＤを半径，高さをＤＥとする円すいを除いた立体である。**

Ｅは，直線$y=-x+4$上の点で，$y=0$だから，$0=-x+4$より，$x=4$なので，$E(4,\ 0)$である。

$AC=8-0=8$，$CE=4-(-4)=8$，$BD=2-0=2$，$DE=4-2=2$だから，求める体積は，

$\frac{1}{3}\times8^2\pi\times8-\frac{1}{3}\times2^2\pi\times2=$ **168π**

(4)　(台形ＡＣＤＢの面積)$=\frac{1}{2}(AC+DB)\times CD=\frac{1}{2}(8+2)\times\{2-(-4)\}=30$だから，四角形ＡＣＯＰの面積は$30\times\frac{2}{2+1}=20$，四角形ＰＯＤＢの面積は$30-20=10$である。直線ＡＢの切片をＦとすると，台形ＦＯＤＢの面積は，$\frac{1}{2}(FO+BD)\times OD=\frac{1}{2}(4+2)\times2=6$だから，Ｐの$x$座標は負とわかる。また，$\triangle POF=10-6=4$であり，$\triangle POF=\frac{1}{2}\times FO\times$(ＰとＯの$x$座標の差)だから，$\frac{1}{2}\times4\times$(ＰとＯの$x$座標の差)$=4$

(ＰとＯのx座標の差)$=2$　　よって，Ｐのx座標は-2だから，直線ＡＢの式より，$y=-(-2)+4=6$となり，

$P(-2,\ 6)$である。

(5)　**【解き方】直線ＡＢについて，Ｃと線対称な点Ｃ′をとり，直線Ｃ′Ｄと直線ＡＢの交点を求めればよい。**

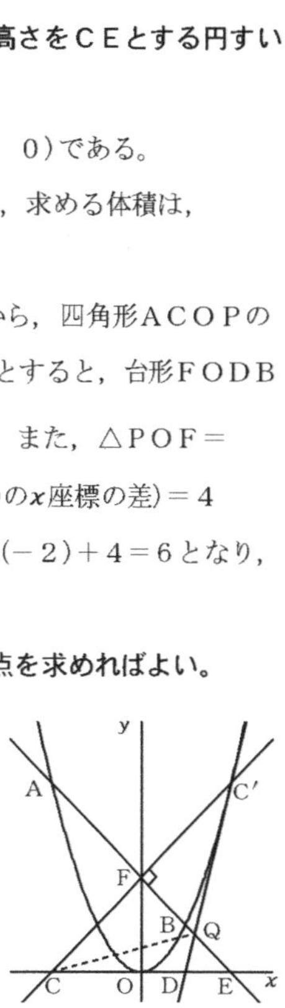

垂直に交わる２つの直線の傾きの積は-1になるから，直線ＡＢと垂直に交わる直線の傾きは１である。したがって，直線ＡＢと直線ＣＣ′は直線ＡＢの切片Ｆで交わり，ＦはＣからx軸方向に$+4$，y軸方向に$+4$だから，Ｃ′はＦからx軸方向に$+4$，y軸方向に$+4$移動した$(4,\ 8)$である。直線Ｃ′Ｄの式を$y=sx+t$とし，２点Ｃ′，Ｄの座標から連立方程式を作り解くと，$s=4$，$t=-8$となり，直線Ｃ′Ｄの式は$y=4x-8$である。座標を求める点Ｑは直線$y=4x-8$と直線$y=-x+4$の交点だから，この２つの式を連立方程式として解くと，$x=\frac{12}{5}$，$y=\frac{8}{5}$となる。よって，$\boldsymbol{Q\left(\frac{12}{5},\ \frac{8}{5}\right)}$

Ⅳ (1)　$AD/\!/BC$より，$\triangle PRD\backsim\triangle QRB$だから，対応する辺の長さの比は等しく，$PR:QR=PD:QB$である。$PD=AD-AP=3-2=1$，$QB=2$より，$PR:RQ=$ **1：2**

(2)　**【解き方】台形ＡＢＱＰの面積をxで表し，方程式を作る。**

x：y＝１：３より，y＝３xである。(台形ＡＢＱＰの面積)＝$\frac{1}{2}$(ＡＰ＋ＢＱ)×ＣＤ＝$\frac{1}{2}$(x＋３x)×４＝８xだから，８x＝10となり，x＝$\frac{5}{4}$

(3)　２つの台形において，ＰＱは共通だから，ＡＢ＋ＢＱ＋ＰＡ＝ＱＣ＋ＣＤ＋ＤＰである。

よって，５＋y＋x＝(６－y)＋４＋(３－x)　　５＋y＋x＝13－y－x　　２x＋２y＝８　　x＋y＝４

(4)　**【解き方】(四角形ＡＢＲＰの面積)＝△ＡＢＤ－△ＰＲＤ，(四角形ＤＲＱＣの面積)＝△ＤＢＣ－△ＱＲＢである。**

ＲがＢＤの中点でＲＤ＝ＲＢだから，△ＰＲＤ≡△ＱＲＢである。したがって，△ＰＲＤ＝△ＱＲＢだから，四角形ＡＢＲＰと四角形ＤＲＱＣの面積の差は，△ＡＢＤと△ＤＢＣの面積の差に等しい。よって，求める差は，△ＤＢＣ－△ＡＢＤ＝$\frac{1}{2}$×６×４－$\frac{1}{2}$×３×４＝**６**(㎠)である。

《2023　英語　解説》

Ⅳ　本文の要約参照。

2010年６月，小惑星探査機はやぶさがイトカワという小惑星から地球に帰還しました。1はやぶさは世界で初めて，イトカワから岩石のサンプルを持ち帰りました。なぜ小惑星はイトカワと呼ばれているのでしょうか？

糸川英夫さんは1912年に東京で生まれました。彼はとても好奇心旺盛な少年でした。４歳の時，アメリカ出身のパイロットによる曲芸飛行を見ました。彼は驚いて，「パイロットになって空を飛びたい」と思いました。５歳の時，父が買った電球を見て，父に「誰が電球を発明したの？」と尋ねました。彼はトーマス・エジソンが発明したことを知り，「エジソンのようになりたい」と思いました。彼はさまざまなことに興味を持っていました。例えば，彼は音楽が大好きで，高校では音楽部に入っていました。

1927年，チャールズ・リンドバーグは大西洋横断飛行に成功しました。多くの人が彼の偉業をたたえましたが，そのニュースを聞いて糸川さんは悲しくなりました。彼は「なぜ日本人にはそういうことができないのだろう？」と思いました。その時，彼は自分で飛行機を作る決心をしました。

糸川さんは東京帝国大学に入学し，航空学を学びました。卒業後，彼は飛行機を作る会社で働き始めました。しかし，戦時中だったので，戦闘機を作らなければなりませんでした。彼は1941年にはやぶさという素晴らしい戦闘機を作りました。6しかし，日本は敗戦し，日本人は飛行機の勉強をすることが許されませんでした。彼はそのことをとても悲しんでいました。

糸川さんは戦時中の重労働によって病気になりました。入院中，医師から脳波計を作るように頼まれました。そして，糸川さんは音楽が大好きだったことを思い出しました。脳波とバイオリンはどちらも振動しています。彼はそれを作ることに興味を持ち，一生懸命勉強しました。

糸川さんは計測器を作ることに成功し，他の国でも有名になりました。ある日，彼は大学で講演をするためにアメリカへ行きました。大学の図書館で彼はある本を見つけました。そのタイトルは宇宙医学でした。彼は「アメリカは宇宙にロケットを打ち上げるだけでなく，人々も送るつもりなのだ」と思いました。9彼はまた，「私もロケットを作りたい」と思いました。そこで彼はすぐに日本に戻りました。彼は自分のアイデアを多くの研究者に話し，研究チームを作りました。

チームは最初に，ペンシルロケットを作りました。それは鉛筆のように小さかったのです。発射実験を行いました。「５，４，３，２，１，０！」ロケットは高速で打ち上げられ，実験は成功しました。そして，最初の発射実験から５年後，彼らは190㎞上空を飛行する別のロケットを作ることができました。それはつまり，そのロケットは宇宙に行くことができたということです。その後，糸川さんは人工衛星の打ち上げに興味を持ち，東京大学で研究チームを作りました。11彼の夢は1970年に実現しました。２月，チームはおおすみという衛星を打ち上げることができました。当時，日本は世界で４番目に宇宙に衛星を打ち上げた国となりました。12 しかし，糸川さんはそこにいませんでした。彼は打ち上げの３年前に大学を退職しました。彼は運転中にそのすばらしい知らせを聞きました。彼はうれしくて涙が止まりませんでした。

糸川さんは年をとってもなお，いろいろなことに興味を持っていました。彼は 78 歳の時に自分でバイオリンを作り，80 歳の時にコンサートを開催しました。86 歳で亡くなりました。

2003 年に小惑星探査機はやぶさが打ち上げられ，この小惑星は糸川英夫さんにちなんでイトカワと命名されました。偶然にも，はやぶさは糸川さんが作った戦闘機と同じ名前でした。糸川さんは日本の宇宙科学に大きな貢献をしました。

V　本文の要約参照。

2022 年１月，トンガで大噴火がありました。しかし，他国の人々は，その国で何が起こっているのかすぐに知ることができませんでした。普段はインターネットで他国のニュースを見ることができるので，そうなった理由はわからないかもしれません。考えてみましょう。

子どもの頃，糸電話で話したことはありますか？Aウそれは２つのカップと糸でできており，糸が１つのカップともう１つのカップをつないでいます。Bア糸を通って声が伝わります。Cエそれでは，なぜ日本では友達と電話で話すことができるのでしょうか？Dイ道を歩いているときに見上げると，たくさんの電線が見えます。あなたの声は電気信号に変えられ，それらの電線を通って伝わります。電線が糸電話の糸と同じ働きをしているのです。

では，国際電話はどうでしょうか？他の国の人とどうやって話ができるのでしょうか？国際電話の「糸」が海底にあるのです。それらは海底ケーブルと呼ばれており，国と国をつないでいます。海底ケーブルの歴史は古いです。問4．1 1851 年，イギリス，フランス間に初めて海底ケーブルが敷設されました。1851 年，日本は江戸時代で，当時は鎖国状態でした。当時の日本人は，海底ケーブルが国と国をつないでいることなど想像できなかったかもしれません。問4．2 1871 年，日本と中国の間，日本とロシアの間に海底ケーブルが敷設されました。問5ウ現在，日本の情報の 99％は海底ケーブルを経由しています。

①海底ケーブルは海中にあるため，ふつうは見ることができません。ですから，それらについて全く知らない人もいます。でも，そのおかげで毎日インターネットが使えるようになりました。

問5ウトンガでは噴火で海底ケーブルが切れてしまい，トンガからの情報が他国に届きませんでした。これはトンガの人々にとって大問題でした。日本人は，この事故は自分たちとは関係ないと考えるべきではありません。問3エ日本も島国で，トンガのように噴火が多いので，同じ問題が起こるかもしれません。

《2023　理科　解説》

Ⅰ　**問４**　ア→ウ→イ→エの順に操作する。

問５　30℃での溶解度が30ｇよりも小さいミョウバンだけが固体として出てくる。

問７　入射角と反射角は常に等しいから，目の高さから鏡の下端の高さと同じ長さだけ鏡の下端よりも低い点を見ることができる。つまり，鏡までの距離を変えたとしても，見える範囲は変わらない。

問８　家から駅までの距離を$x$kmとすると，行きの時間は$\frac{x}{4}$時間，帰りの時間は$\frac{x}{6}$時間だから，合計で$\frac{x}{4}+\frac{x}{6}=\frac{5}{12}x$(時間)である。家から駅まで往復すると２$x$kmだから，平均の速さは$2x\div\frac{5}{12}x=4.8$(km/時)である。

Ⅱ　**問１，４**　銅と亜鉛では亜鉛の方がイオンになりやすいので，銅板は溶けず，亜鉛板では亜鉛原子が２個の電子を離して亜鉛イオンとなり，水溶液中に溶けだす。

問２　このとき発生する気体は水素である。アは塩化水素や塩素，イはちっ素，ウは二酸化炭素である。

問３　２種類の金属板と電解質の水溶液を組み合わせると，化学電池として使用できる。砂糖とエタノールは水に溶けてもイオンに電離しないから，非電解質である。

問５　６％の塩酸100ｇには100×0.06＝６（ｇ）の塩化水素が溶けている。６ｇの塩化水素が溶けている40％の塩酸の質量は６÷0.4＝15（ｇ）である。

問７　アルミニウムイオンの化学式より，アルミニウム原子が離す電子の数は３個である。また，銅板と亜鉛板の化学電池と同様に，電子を離した方が－極になる。

Ⅲ　**問１**　図２より，５秒と読み取れる。

問３　図２より，震源からの距離が70㎞の地点にＳ波が届くまでの時間は20秒だから，震源からの距離が70㎞の２倍の140㎞のＢにＳ波が届くまでの時間は20秒の２倍の40秒である。また，図２より，②は地震発生から５秒後で，その７秒後（地震発生から12秒後）に緊急地震速報を受信したから，40－12＝28（秒後）が正答となる。

Ⅳ　**問３③**　ＡとＢは減数分裂によってつくられた生殖細胞だから，染色体の数は体細胞の半分である。Ｃは生殖細胞が合体してできた受精卵だから，染色体の数は体細胞と同じ（生殖細胞の２倍）であり，Ｄ～Ｆはそれぞれ体細胞分裂によって細胞の数が増えていくが，１つの細胞に含まれる染色体の数は受精卵と同じである。

Ⅴ　**問１**　〔抵抗（Ω）＝$\frac{電圧(V)}{電流(A)}$〕より，$\frac{3.0}{1.0}$＝3.0（Ω）となる。

問２　〔電力（W）＝電圧（V）×電流（A）〕より，3.0×1.0＝3.0（W）となる。

問３　電圧と電流には比例の関係があるので，アかイである。また，実験２で，直列つなぎのＲｂとＲｃには同じ大きさの電流が流れるから，Ｒｂの方が電流の大きさが同じときの電圧が大きくなっているイが正答となる。

問４　図３より，電圧は10Ｖ，電流は２Ａだから，$\frac{10.0}{2.0}$＝5.0（Ω）となる。

問５　実験３で，電流計A_3の値が実験２と同じであったということは，ＲｂとＲｃの抵抗値の和と，ＲｄとＲｅの抵抗値の和が等しいということである。Ｒｃ～Ｒｅは1.0Ω，2.0Ω，4.0Ωのいずれかであり，Ｒｂが5.0Ωであることから，Ｒｃは1.0Ω，ＲｄとＲｅがそれぞれ2.0Ωか4.0Ωのどちらかである。

問６　実験４より，並列つなぎのＲｄとＲｅには同じ大きさの電圧がかかるから，電流計A_4に流れる電流の値が電流計A_5に流れる電流の値の２倍であれば，Ｒｄの抵抗値はＲｅの抵抗値の半分である。よって，問５解説より，Ｒｄは2.0Ω，Ｒｅは4.0Ωである。

問７　〔電流（A）＝$\frac{電圧(V)}{抵抗(\Omega)}$〕より，Ｒｅに流れる電流は$\frac{6.0}{4.0}$＝1.5（A）だから，〔熱量（Ｊ）＝電力（W）×時間（ｓ）〕，７分→420秒より，Ｒｅから発生する熱量は（6.0×1.5×420）Ｊである。これに対し，200ｇの水の温度を１℃上げるのに必要な熱量は（4.2×200）Ｊだから，$\frac{6.0\times1.5\times420}{4.2\times200}$＝4.5（℃）が正答となる。

《2023　社会　解説》

Ⅰ　**問１**　1960 年には割合が低いが，2020 年には最も高くなっているウが自動車である。1960 年において，最も割合が高いアは鉄鋼，2020 年に割合がかなり低くなっているイは，工場の海外移転が進んで輸入が多くなっている衣類，1960 年にはまだ輸出されていないエは半導体等電子部品である。

問３⑴　アは中国，ウは韓国，エはオーストラリア。

問４　固定資産税は直接税の地方税である。

問６　貨物輸送と旅客輸送をあわせた割合が最も高くなっているＡが自動車，最も割合が低くなっているＤが航空機である。航空機輸送は，貨物輸送より旅客輸送のほうが明らかに多いので，２が旅客輸送であり，１が貨物輸送であると判断する。

問７⑵　人口ピラミッドは，少子高齢化が進むほど，底辺が短く，不安定な形になっていく。イ（1930 年）→エ（1960 年）→ア（1990 年）→ウ（2020 年）

問８⑴イ．輸出は停止していない。日本の小麦の自給率はかなり低いが，2020 年以降もスーパーなどでパンや麺類が売られていることからも判断できる。ウ．2019 年に国際捕鯨委員会を脱退し，商業捕鯨を再開している。

エ．2022 年の米の収穫量は平年並みであった。また，2022 年にはラニーニャ現象が起こっていた。

問９　アは小麦，イは肉類，ウは果実類。

問11　ａ．誤り。太平洋ではなく。日本海。ｂ．正しい。

問13　需要や供給にとって，有利もしくは不利な何らかの条件変化が起こったとき，それぞれの曲線の平行移動が起こる。供給量が変わらず需要量のみが増加しているので，需要曲線のみ右に平行移動すると，均衡価格は右図のようになる。

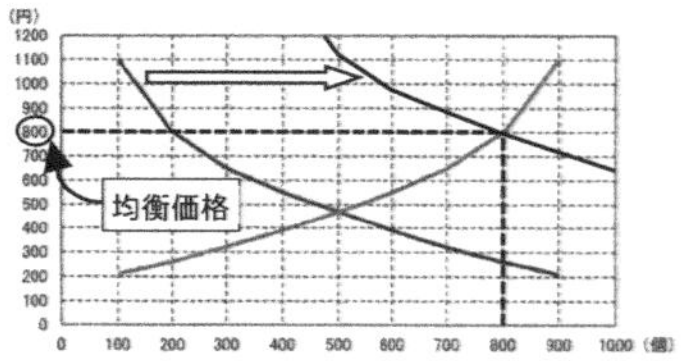

問14(2)　アは中国(重慶，上海，北京)，ウはタイ(バンコク，チョンブリー，サムットプラカーン)，エはオーストラリア(シドニー，メルボルン，ブリスベン)。

Ⅱ　**問２**　アとエは『魏志』倭人伝，イは『後漢書』東夷伝に記されている。

問４　租は都ではなく国府に納められ，それぞれの国で貯蔵された。

問６　ａ．正しい。ｂ．誤り。日蓮が開いたのは日蓮宗であり，題目を唱えることで救われると説いた。

問７　絵図に犬がいないこと，的が３つないことから笠懸と判断する。

問９　ア．漢民族ではなく，満州民族。イ．シャクシャインではなく，コシャマイン。シャクシャインの戦いは江戸時代に起こった。エ．高句麗ではなく，高麗。

問11　ａ．正しい。ｂ．誤り。六波羅探題ではなく，京都所司代。六波羅探題は鎌倉幕府によっておかれた。

問15　イ．財産権ではなく，社会権。ウ．イギリスではなく，フランス。エ．ファシスト党ではなく，ナチ党。

問17　1989 年時点で普及率が 100%に近いアとイがカラーテレビ，電気冷蔵庫のどちらかであり，普及率が低いエはエアコンである。残ったウが自動車と判断する。アは電気冷蔵庫，イはカラーテレビである。

Ⅲ　**問１**　ア．任命ではなく，指名。内閣総理大臣の任命は天皇の国事行為である。イ．内閣の役割。ウ．内閣不信任決議を行うことができるのは，衆議院だけである。

問４　ａ．正しい。ｂ．誤り。ＰＬ法ではなく，クーリング・オフ制度である。製造物責任法(ＰＬ法)は，欠陥商品によって消費者が被害を受けた場合に損害賠償を受けられることを定めている。

問７　裁判員裁判は，重大な刑事事件の第１審のみで行われる。

問11　日本における選挙の基本原則は，普通選挙，平等選挙，秘密選挙，直接選挙である。

2022 解答例 上宮高等学校

令和４年度

《国　語》

一　問一．㋐うらや　㋑うちょうてん　㋒遂　㋓到達　㋔さ　㋕発想　㋖責　㋗競技　問二．ⓐウ　ⓑキ　ⓒケ　ⓓカ　ⓔエ　ⓕコ　ⓖア　ⓗオ　問三．Ａ．ウ　Ｂ．オ　Ｃ．エ　Ｄ．イ　問四．(a)エ　(b)オ

問五．Ⅰ．高揚感　Ⅱ．成功　Ⅲ．不安　問六．世間の評価と自分の満足感は一致して当然

問七．何か一つだけ諦めないことをしっかりと決めて、残りは割り切って手放していくこと。　問八．イ

問九．Ｘ．ウ　Ｙ．オ　問十．ア，ウ　問十一．意思す～られる　問十二．エ　問十三．イ，キ

二　１．一　２．新　３．令　４．尽　５．意

三　問一．㋐すえ　㋑なんじら　㋒きわみ　㋓ように　問二．(a)エ　(b)ア　(c)ウ　問三．宝の山　問四．エ

問五．オ　問六．イ　問七．『受領は倒るる所に土をつかめ』とこそ言へ　問八．ウ

問九．げに御損に候ふ　問十．オ

《数　学》

Ⅰ　(1)(ア)－21　(イ)８　(2)$\boxed{\text{ア}}=64$　$\boxed{\text{イ}}=8$　(3)$a=2$　$b=-3$　(4)８　(5)７　(6)20　(7)90

Ⅱ　(1)$\frac{1}{4}$　(2)$x+8$　(3)48　(4)(４，４)　(5)$\frac{256\sqrt{2}}{3}\pi$

Ⅲ　(1)$4\sqrt{5}$　(2)$\frac{8}{5}$　(3)$12-3\sqrt{3}$

Ⅳ　(1)６　(2)$\frac{8}{3}$　(3)$\frac{4}{3}$　(4)$\frac{512}{243}$

《英　語》

Ⅰ　１．エ　２．ア　３．エ　４．ウ

Ⅱ　１．ウ　２．イ

Ⅲ　１．イ　２．ア

Ⅳ　１．ア　２．ウ

Ⅴ　１，６，７，９，14

Ⅵ　問１．なぜ私たちは陸地から遠く離れた島で多くの植物を見ることができるのでしょうか。

問２．Ａ．エ　Ｂ．イ　Ｃ．ア　Ｄ．ウ　問３．イ　問４．１．seawater flows in the same direction　２．about four hours　問５．ウ

Ⅶ　１．①イ　②エ　２．③エ　④ア　３．⑤イ　⑥エ　４．⑦オ　⑧ア

Ⅷ　２，４，５，９，11

Ⅸ　１．①bought　②nothing　２．③let　④know　３．⑤What　⑥for　４．⑦better　⑧than　５．⑨to　⑩go

《理　科》

Ⅰ　問1．ア，イ，ウ　問2．イ　問3．イ　問4．オ　問5．ア　問6．エ　問7．ア　問8．ア

Ⅱ　問1．中和　問2．75　問3．右図　問4．イ　問5．5.5　問6．15　問7．9

Cl^-

Ⅲ　問1．露点　問2．ウ　問3．イ　問4．61　問5．300　問6．イ　問7．乾湿計

Ⅳ　問1．イ　問2．エ　問3．ア　問4．蒸散　問5．ウ　問6．14　問7．17

Ⅴ　問1．0.25　問2．352　問3．1020　問4．750　問5．ア　問6．イ　問7．ウ

《社　会》

Ⅰ　問1．イ　問2．エ　問3．ウ　問4．ア　問5．(1)シラス　(2)ウ　問6．(1)ウ　(2)イ
問7．(1)ＩＣＴ　(2)イ　問8．フォッサマグナ　問9．(1)ウ　(2)ア　問10．エ　問11．ア　問12．エ
問13．(1)環太平洋　(2)エ　問14．ハザードマップ　問15．イ

Ⅱ　問1．ウ　問2．イ　問3．エ　問4．渡来人〔別解〕帰化人　問5．蘇我　問6．エ　問7．ア
問8．(1)イ　(2)ウ　問9．エ　問10．ア　問11．ウ　問12．イ　問13．ア　問14．(1)マッカーサー
(2)ア　問15．ア

Ⅲ　問1．イ　問2．(1)ウ　(2)条例　問3．規制緩和　問4．(1)エ　(2)行動　問5．ア　問6．イ
問7．インフレーション　問8．(1)ア　(2)エ　問9．ウ　問10．ウ

2022解説 上宮高等学校

令和4年度

←解答例は前のページにありますので，そちらをご覧ください。

《2022　国語　解説》

一　問三Ａ　前に述べたこと(「世間的な『幸せ』や『成功』へのライセンスが、メダルを手にすることだと思い込んでいた」)から予想される以外の結果(「メダルを取ってみたら違っていた」)が後で示されている。よってウが適する。　Ｂ　前の「プラスマイナスゼロ」を、後で「普通の状態」と言い換えている。よってオが適する。

Ｃ　３行前の「金メダルを取ったらもっと幸せになれるのだろうかと考えてみた」に「どういう状態が幸せなのだろうと考えてみた」と付け加えている。よってエが適する。　Ｄ「確かに～メリットもある」といったん別の意見を認めておいて、「ただ～デメリットもある」と逆接的に自説を展開して強調している。よってイが適する。

問五　筆者は、「『幸せ』や『成功』へのライセンスが、メダルを手にすることだと思い込んでいた」時期があった。しかし、「メダルを取ってみたら～『いつまでちやほやしてくれるのか』ということを考え始めると～高揚感は、不安で打ち消されてプラスマイナスゼロとなる」と述べている。金メダルを取ったとしても同じように、気持ちはいずれ「スタートの状態に戻ってしまう」だろうと考えている。「ループ」とは「輪」のこと。

問六「世の中の評価」に価値があると考えるから、振り回されてしまうということ。

問七　直後に「何でもかんでも手当たりしだいに手に入れることで、幸福が得られるわけではない」と言い換え、「手放していくこと」で「幸福が近づいてくる」と述べている。そして「何か一つだけ諦めない」で「残りのことは～割り切ったほうが、幸福感が実感できる」と結論づけている。

問八　３行後に「あれも、これも手に入れたい～『できていない』『足りていない』という不満になってしまう」とあり、イの「すべてに完璧を求めすぎて、どれもが中途半端」が適する。

問十　前段落で「多様な選択肢がある時代～だが、すべてを選べるということではな」く、「多様な選択肢を持つことにはメリットもある～デメリットもある～メリットばかりを強調することは、自分の軸を見誤らせる危険性を高めていく」と述べている。だから、「手放したものの数で成功を測ったほうがいい～そして、何かを手放すためにはある程度の経験を積まなければならない」。それによって「人間にとっての軸」が形成されると述べている。よってアとウが適する。

問十一　――線⑥の「子どもの可能性も無限に広がっているように見える」の部分は、４行後に「夢を見る」と言い換えられ、それは「実現する可能性はきわめて低い」と述べられている。それが原因で、子どもは「意思すらない段階で実現可能性の低い夢に向かって努力をさせられる」のである。

問十二　続く３行に、筆者が「武《たけし》さんは、それを『優しさ』と言ったのではないだろうか」と解釈している内容が述べられている。よってエが適する。

問十三　イ．「仕事と家庭はトレードオフだ」「仕事も諦めない、子育ても諦めない～と、どこかで行き詰まるものだ」とある。　キ．「僕の母親」の「『広島の田舎から出ていって、東京のど真ん中でなんて大それたことを』」という言葉は「僕をすごく楽にしてくれる。期待値が低ければ低いほど、自由にチャレンジできる気がする」とある。よってイとキが適する。

二　１　一意専心／一挙両得　　２　新進気鋭／温故知新」　　３　巧言令色／朝令暮改」

４　一網打尽／縦横無尽」　　５　用意周到／意味深長」

三　問一㋐　古文の「わゐうゑを」は、「わいうえお」に直す。　㋑　古文の「ぢ」は、現代仮名遣いでも「ぢ」が使われる語以外「じ」に直す。　㋒　古文で言葉の先頭にない「はひふへほ」は、「わいうえお」に直す。

㊁　古文の「ア段＋う」は、「オ段＋う」に直す。「やうに（yauni）」→「ように（youni）」

問二(a)　「ひがこと」は、道理に合わないこと。「な～そ」で「～するな」という禁止の意味を表す。よってエが適する。　(b)　「空《むな》しくする」は、空《から》にするという意味。よってアが適する。　(c)　「ただなり」は、ここでは普通だの意。よってウが適する。

問三　たくさん生えていた平茸《ひらたけ》が、見捨てて行けないほど価値のあるものだということなので、「宝の山」。

問五　すぐ後に「心の内には、『いみじくにくし』と思へども」とあり、心の底では欲張りな陳忠《のぶただ》を馬鹿なことだと思っていることがわかる。一方で、陳忠の前ではそのことを立派な行いだと良いことのように言ってほめている。よってオが適する。

問六　ここから後の代官の言葉は、「守《かみ》」（＝陳忠)をほめて言ったものである。よってイが適する。

問七　「取れるものはなんでも取っただろう」と想像されたのは、陳忠の「『受領は倒るる所に土をつかめ』とこそ言へ」という発言からである。

問八　この話を聞いた人は、取れるものはなんでも取ろうという陳忠の強欲なふるまいを、あざけり笑った。「にくむ」は、いやだと思うという意味。よってウが適する。

問十　アの『枕草子』とエの『源氏物語』は平安時代中期に成立。イの『古事記』は奈良時代の初期に成立。ウの『竹取物語』は平安時代初期に成立。オ『平家物語』は鎌倉時代に成立。よってオが適する。

【古文の内容】

（守を）引き上げたので、かけ橋の上に据えて、家来たちは喜び合って、「そもそもこの平茸はどういうものでございますか」とたずねると、守が答えるには、「（谷に）落ち入った時に、馬は一気に底に落ち入ってしまったが、自分は遅れて転がり落ちて行った途中に、木の枝がたくさん重なり合っている上に、不意に落ちかかったので、その木の枝をつかんで下りたところ、下で大きな木の枝が支えてくれたので、それを踏みしめて大きな二股の枝にしがみついて、それを抱きかかえてとどまったところ、その木に平茸がたくさん生えていたので、見捨てがたくて、まず手が届いた分全部を取って、旅籠に入れて上げたのだ。まだ残りがあるだろうか。何とも言いようがないほど、たくさんあったなあ。たいそう損をしたものだなあ。たいそう損をした気持ちがするなあ」と言うと、家来たちは、「本当に御損でございます」などと言って、その時に集まって、どっと笑った。

守は、「勘違いしたことを言うな、お前たちよ。宝の山に入って、手ぶらで帰ったような気持ちがすることだ。『諸国の長官は倒れるところで土をつかめ』と言うではないか」と言うと、年配の代官が、心の中では、「ひどく馬鹿なことだ」と思うけれども、「そのとおりでございます。手近にありますものを、どうしてお取りにならないでしょうか。誰でございましても、取らないはずはありません。もともとお心が賢くいらっしゃる人は、このような死にそうな瞬間にも、お心を騒がせずに、すべてのことをみな普段の時のように、処理しなさる方ですので、心静かにこのように平茸を取りなさったのです。それですから国の政《まつりごと》も落ち度なく、税も順調に収納しなさって、願いどおり帰京しなさるのですから、国の人は（守のことを）父母のように恋い（別れを）惜しみ申し上げるのです。ですから、行く末も、永遠にめでたくいらっしゃいます」などと言って、こっそり仲間同士で笑った。

このことを考えてみると、それほどのことに遭って、精神を惑わせずにまず平茸を取って上げた心こそが、非常に恐ろしいことだ。まして、在職中、取れるものはなんでも取っただろうということは、自然と想像される。

この話を聞いた人は、どれほどあざけり笑っただろうか、と語り伝えたということである。

《2022　数学　解説》

Ⅰ　(1)(ア)　与式$=(1-337)\div 16=-336\div 16=-21$

(イ)　与式$=(\sqrt{6})^2-2\times\sqrt{6}\times\sqrt{2}+(\sqrt{2})^2+\dfrac{12\sqrt{3}}{3}=6-4\sqrt{3}+2+4\sqrt{3}=8$

(2)　ア，イにあてはまる数をそれぞれa，bとすると，与式より，

$x^2+16xy+ay^2=(x+by)^2$　　$x^2+16xy+ay^2=x^2+2bxy+b^2y^2$

xyの係数を比べて，$16=2b$より，$b=8$　　y^2の係数を比べて，$a=b^2$　　$a=8^2$　　$a=64$

よって，アにあてはまる数は64，イにあてはまる数は8である。

(3)　**【解き方】2次方程式に$x=1$，$\dfrac{1}{2}$を代入して，a，bについての連立方程式をたてる。**

$x=1$を代入すると，$a+b+1=0$より，$a+b=-1$…①

$x=\dfrac{1}{2}$を代入すると，$a\times(\dfrac{1}{2})^2+\dfrac{1}{2}b+1=0$より，$\dfrac{1}{4}a+\dfrac{1}{2}b=-1$　　$a+2b=-4$…②

②－①でaを消去すると，$2b-b=-4+1$　　$b=-3$

①に$b=-3$を代入すると，$a-3=-1$　　$a=2$

(4)　**【解き方】比例の式は$y=ax$，反比例の式は$z=\dfrac{b}{y}$(a，bは比例定数)と表せる。**

$x=4$のとき$y=-12$だから，$-12=4a$より，$a=-3$

$y=4$のとき$z=-6$だから，$-6=\dfrac{b}{4}$より，$b=-24$

比例の式$y=-3x$に$x=1$を代入すると，$y=-3$

反比例の式$z=-\dfrac{24}{y}$に$y=-3$を代入すると，$z=-\dfrac{24}{-3}=8$

(5)　**【解き方】$\sqrt{108(10-n)}=\sqrt{2^2\times 3^3\times(10-n)}=\sqrt{2^2\times 3^2\times 3\times(10-n)}$が整数となるのは，**

$10-n=3\times k^2$(kは自然数)となるときである。

nは自然数なので，$10-n<10$だから，$3\times k^2<10$

これを満たす自然数kは$k=1$のときだけなので，求めるnの値は，$10-n=3\times 1^2$より，$n=7$

(6)　1台目の駐車する場所は，A～Eの5通りある。2台目の駐車する場所は，A～Eのうち1台目が駐車した場所を除く4通りある。よって，駐車する方法は全部で，$5\times 4=20$(通り)ある。

(7)　$AB=DC=3$㎝，$AM=DM=\dfrac{1}{2}AD=3$(㎝)

よって，△CDMは1辺の長さが3㎝の正三角形だから，$\angle MDC=\angle DMC=60°$

平行四辺形のとなり合う角の大きさの和は180°だから，$\angle BAM=180°-60°=120°$

△ABMは$AB=AM=3$㎝の二等辺三角形だから，$\angle AMB=(180°-120°)\div 2=30°$

したがって，$\angle x=180°-60°-30°=90°$

Ⅱ　(1)　Aは直線$y=-x$上の点でx座標が$x=-4$だから，y座標は$y=-(-4)=4$

放物線$y=ax^2$はA$(-4,\ 4)$を通るから，$4=a\times(-4)^2$　　$16a=4$　　$a=\dfrac{1}{4}$

(2)　**【解き方】直線ℓの式を$y=mx+n$として，A，Bの座標を代入することで，連立方程式をたてる。**

Bは放物線$y=\dfrac{1}{4}x^2$上の点で，x座標が$x=8$だから，y座標は，$y=\dfrac{1}{4}\times 8^2=16$

直線$y=mx+n$は，A$(-4,\ 4)$を通るから，$4=-4m+n$，B$(8,\ 16)$を通るから，$16=8m+n$が成り立つ。これらを連立方程式として解くと，$m=1$，$n=8$となるから，直線ℓの式は，$y=x+8$である。

(3)　**【解き方】右の「座標平面上の三角形の面積の求め方」を利用する。**

Cは直線ℓの切片だから，C(0，8)，OC＝8

$\triangle OAB=\frac{1}{2}\times OC\times$(AとBの$x$座標の差)＝

$\frac{1}{2}\times 8\times\{8-(-4)\}=48$

> **座標平面上の三角形の面積の求め方**
>
> 下図において，△OST＝△OSU＋△OTU＝△OMU＋△ONU＝△MNUだから，
>
> △OSTの面積は以下の式で求められる。
>
> **$\triangle OST=\frac{1}{2}\times OU\times$(SとTの$x$座標の差)**
>
> 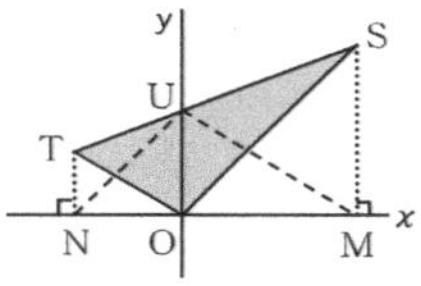
>

(4)　**【解き方】△OCPの面積→Pのx座標→Pのy座標，の順で求める。**

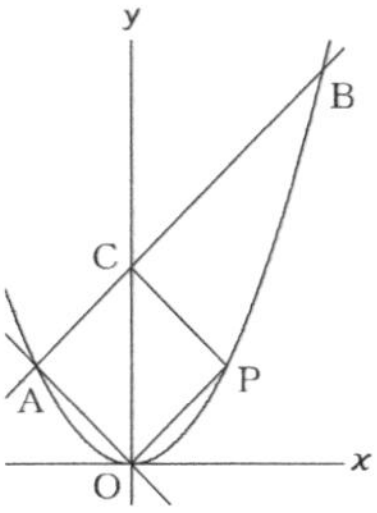

$\triangle OCP=\frac{1}{3}\triangle OAB=\frac{1}{3}\times 48=16$

△OCPは底辺をOC＝8とすると高さが(Pのx座標)となるので，

$\frac{1}{2}\times 8\times$(Pの$x$座標)＝16より，(Pの$x$座標)＝4

Pは放物線$y=\frac{1}{4}x^2$上の点で，x座標が$x=4$なので，y座標は$y=\frac{1}{4}\times 4^2=4$となるから，P(4，4)

(5)　**【解き方】(4)より，A(－4，4)とP(4，4)はy軸について対称で，OC＝8なので，APとOCはそれぞれの中点で垂直に交わることがわかる。よって，四角形OACPは正方形だから，∠PCB＝90°とわかる。**

できる立体は右図のように底面の半径がCP，高さがBCの円すいである。

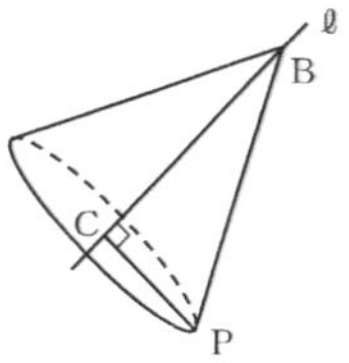

△POCはPO＝PCの直角二等辺三角形だから，$CP=\frac{1}{\sqrt{2}}OC=\frac{1}{\sqrt{2}}\times 8=4\sqrt{2}$

三平方の定理を利用すると，

$BC=\sqrt{(\text{BとCの}x\text{座標の差})^2+(\text{BとCの}y\text{座標の差})^2}=\sqrt{(8-0)^2+(16-8)^2}=8\sqrt{2}$

よって，求める体積は，$\frac{1}{3}\times(4\sqrt{2})^2\pi\times 8\sqrt{2}=\frac{256\sqrt{2}}{3}\pi$

Ⅲ　(1)　$BM=CM=\frac{1}{2}BC=6$(cm)

4秒後，Pは2×4＝8(cm)，Qは1×4＝4(cm)動くので，MP＝(Pが動いた距離)－BM＝8－6＝2(cm)，

CP＝CM＋MP＝6＋2＝8(cm)，CQ＝(Qが動いた距離)＝4cm

△CPQについて，三平方の定理より，$PQ=\sqrt{CP^2+CQ^2}=\sqrt{8^2+4^2}=4\sqrt{5}$(cm)

(2)　**【解き方】初めて$PQ=4\sqrt{5}$cmになるときを考えるので，求める時間をx秒後とすると，6÷2＝3より，$0\leqq x\leqq 3$のとき(PがBを出発してMに着くまで)について考える。**

このとき，Pは$2x$cm，Qは$x$cm動くから，BP＝$2x$cm，CQ＝$x$cm，CP＝BC－BP＝$12-2x$(cm)

△CPQについて，三平方の定理より，$PQ^2=CP^2+CQ^2$　　$(4\sqrt{5})^2=(12-2x)^2+x^2$

$80=144-48x+4x^2+x^2$　　$5x^2-48x+64=0$

2次方程式の解の公式より，$x=\frac{-(-48)\pm\sqrt{(-48)^2-4\times 5\times 64}}{2\times 5}=\frac{48\pm\sqrt{1024}}{10}=\frac{48\pm 32}{10}=\frac{24\pm 16}{5}$

$x=\frac{24+16}{5}=8$，$x=\frac{24-16}{5}=\frac{8}{5}$　　$0\leqq x\leqq 3$より，$x=\frac{8}{5}$だから，求める時間は$\frac{8}{5}$秒後である。

(3)　**【解き方】(2)をふまえる。$0\leqq x\leqq 3$のときは，最大でもCQ＝3cmなので，△PCQの面積は$\frac{1}{2}\times 12\times 3=18$(㎠)より大きくならない。よって，$3\leqq x\leqq 6$のとき(Pが初めてMからBに移動しているとき)から考える。$\triangle PCQ=\frac{1}{2}\times CP\times CQ$で求められることから，$x$についての方程式をたてる。**

$3\leqq x\leqq 6$について，$x=3$のときはCP＝6cm，CQ＝3cmで，$\triangle PCQ=\frac{1}{2}\times 6\times 3=9$(㎠)

$x=6$のときはCP＝12cm，CQ＝6cmで，$\triangle PCQ=\frac{1}{2}\times 12\times 6=36$(㎠)

$3\leqq x\leqq 6$の間はCP，CQともに長くなるので，△PCQ＝27㎠となるxの値が1つあることがわかる。

$6\leqq x\leqq 9$のとき，Pは1度Bに着き，BからMに移動しており，QはDからCに移動している。

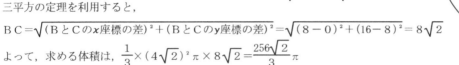

このとき，ＢＰ＝(Ｂが動いた距離)－ＢＭ×２＝$2x-6\times2=2x-12$(㎝)，ＣＰ＝ＢＣ－ＢＰ＝$12-(2x-12)=24-2x$(㎝)，ＣＱ＝ＣＤ＋ＤＣ－(Ｃが動いた距離)＝$6+6-x=12-x$(㎝)

よって，△ＰＣＱの面積が27㎠のとき，$\frac{1}{2}\times(24-2x)(12-x)=27$　$(12-x)^2=27$　$12-x=\pm3\sqrt{3}$

$x=12\pm3\sqrt{3}$　$\sqrt{25}<\sqrt{27}<\sqrt{36}$より，$5<3\sqrt{3}<6$であり，$6\leqq x\leqq9$だから，$x=12-3\sqrt{3}$

したがって，２度目に△ＰＣＱの面積が27㎠になるのは，$(12-3\sqrt{3})$秒後である。

Ⅳ　(1)　ＢＥ＝ＣＥ＝ＣＦ＝ＤＦ＝$4\div2=2$(㎝)

△ＡＥＦ＝(正方形ＡＢＣＤの面積)－△ＡＢＥ－△ＡＤＦ－△ＣＥＦ＝

$4^2-\frac{1}{2}\times4\times2-\frac{1}{2}\times4\times2-\frac{1}{2}\times2\times2=16-4-4-2=6$(㎠)

(2)　三角すいＡ－ＥＦＧは右図のように，底面を△ＥＦＧ＝２㎠とすると，高さがＡＧ＝ＡＢ＝４㎝となるから，体積は，$\frac{1}{3}\times2\times4=\frac{8}{3}$(㎤)

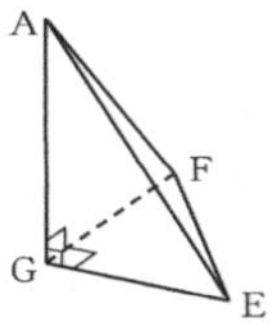

(3)　**【解き方】(三角すいＡ－ＥＦＧの体積)＝$\frac{1}{3}$×△ＡＥＦ×ＧＨであることを利用する。**

$\frac{8}{3}=\frac{1}{3}\times6\times$ＧＨだから，ＧＨ＝$\frac{4}{3}$㎝である。

(4)　**【解き方】切り口は図ｉの太線部分となり，Ａを含む立体は底面が△ＡＩＪ，高さがＧＨ＝$\frac{4}{3}$㎝の三角すいとなる。**

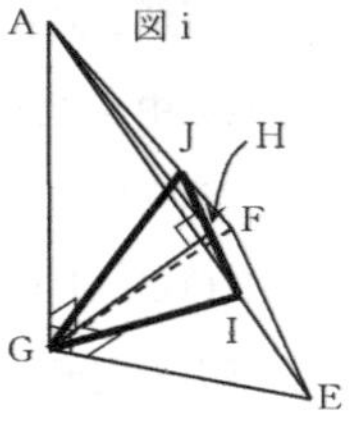
図ｉ

△ＡＧＨについて，三平方の定理より，ＡＨ＝$\sqrt{AG^2-GH^2}=\sqrt{4^2-(\frac{4}{3})^2}=\frac{8\sqrt{2}}{3}$(㎝)

△ＧＥＦはＧＥ＝ＧＦの二等辺三角形，△ＡＧＥ≡△ＡＧＦだから，直線ＡＨとＥＦとの交点をＫとすると，ＫはＥＦの中点になることがわかる。よって，面ＡＥＦについて，図ⅱのように作図できる。△ＡＧＥについて，三平方の定理より，

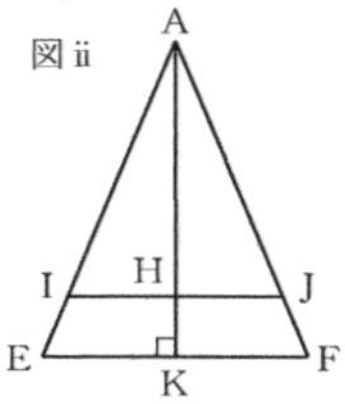
図ⅱ

ＡＥ＝$\sqrt{AG^2+GE^2}=\sqrt{4^2+2^2}=2\sqrt{5}$(㎝)

△ＧＥＦはＧＥ＝ＧＦの直角二等辺三角形だから，ＥＦ＝$\sqrt{2}$ＧＥ＝$2\sqrt{2}$(㎝)

ＥＫ＝$\frac{1}{2}$ＥＦ＝$\sqrt{2}$(㎝)　△ＡＥＫについて，三平方の定理より，

ＡＫ＝$\sqrt{AE^2-EK^2}=\sqrt{(2\sqrt{5})^2-(\sqrt{2})^2}=3\sqrt{2}$(㎝)

△ＡＩＪと△ＡＥＦは相似であり，相似比はＡＨ：ＡＫ＝$\frac{8\sqrt{2}}{3}:3\sqrt{2}=8:9$だから，面積比は$8^2:9^2=$ 64：81である。よって，三角すいＡ－ＩＪＧと三角すいＡ－ＥＦＧの体積比も64：81だから，

求める体積は，$\frac{8}{3}\times\frac{64}{81}=\frac{512}{243}$(㎤)

《2022　英語　解説》

Ⅰ　１　「これは料理をする時に使います。例えば，カレーライスを作るときにこれを使って野菜を切ります」より，エ「包丁」が適当。

２　「太郎はかわいい白い犬を飼っています。今，彼は本を読んでいます。犬は太郎と遊びたいのですが，彼は本を読むのをやめません」より，アが適当。

３　「ひろしは家族と一緒に人気のレストランに行きたいと思っています。彼は４月９日にそこに行きたかったのですが，その日は満席になると思います。そこで，彼は４月16日にそこに行くことにしました」より，エが適当。

４　「ケイトには息子がいて，彼はおもちゃで遊ぶのが好きです。ケイトは彼のために大きな箱を買い，彼はおもちゃを箱の中に入れました」より，ウが適当。

Ⅱ　１　質問「トムは次に何をするでしょうか？」…トムの母「トム，何してるの？」→トム「テレビゲームをしているよ」→トムの母「宿題がたくさんあるんでしょ？」→トム「そうだよ，お母さん。明日図書館でジョンとやるよ」→トムの母「なるほどね。夕食の準備ができたわ」→トム「本当に？とてもお腹が空いているよ」より，ウ「彼は

夕食を食べるでしょう」が適当。

2　質問「なぜライアンは走って学校に行ったのですか？」…ライアンの２回目の発言「でも今朝は寝坊して，バスに乗り遅れたんだ」より，イ「彼は今朝寝坊したからです」が適当。

Ⅲ　【放送文の要約】参照。

1　質問「タクヤと弟は映画の前にどこへ行きますか？」…イ「レストランへ」が適当。

2　質問「サユリはどれくらいの間，学校の前でリカを待ちましたか？」…ア「15 分」が適当。

【放送文の要約】

1　タクヤと弟は映画を見に行くつもりです。彼らは映画の途中でお腹が空くのがいやなので，ィ映画館に行く前にレストランで昼食を食べるつもりです。映画が終わったら，買い物に行って家に帰ります。

2　サユリはリカと一緒に学校から帰ることが多いです。今日，リカは５時までテニスの練習をしました。そこでサユリは４時半まで学校の図書室で勉強し，ァ４時 45 分から学校の前でリカを待ちました。15 分後，リカがやってきて，彼女らは一緒に家に帰りました。

Ⅳ　【放送文の要約】参照。

1　マイクは今，向かいに郵便局がある駅前のコンビニにいる。そこから通りを進んで２つ目の角を右に曲がるので，曲がる角にある施設はア「学校」である。

2　１の角を曲がると，左側に書店がある。書店のとなりがユカリの家だから，ウが適当。

【放送文の要約】

マイク：もしもし，マイクだよ。君の家に行く途中なんだけど，行き方を忘れてしまったんだ。道を教えてくれない？

ユカリ：ええ。今どこにいるの？

マイク：1ア駅の近くのコンビニにいるよ。

ユカリ：それじゃあ，1ア向かいに郵便局が見えるよね？

マイク：うん。

ユカリ：1ア通りに沿って進んで，２つ目の角を右に曲がるの。2ウそうすれば左手に書店が見えるわ。私の家はそのとなりよ。

マイク：わかった。

Ⅴ　【本文の要約】参照。

1　○「2016 年に 75 カ国で点字ブロックが使用されました」

2　「×日本人が点字を発明し，そこからルイ・ブライユが点字ブロックを作りました」

3　「精一さんは 1926 年に生まれ，×父親は岡山で旅館を経営していました」

4　「目が不自由な人が×つえを持たずに外を歩いていて，精一さんは危険だと思いました」

5　「×岩橋さんは犬の調教師で，犬の赤ちゃんが生まれた時，精一さんを助けました」

6　○「精一さんは岩橋さんの言葉を聞いて点字ブロックのアイデアを思いつきました」

7　○「三郎さんは精一さんの弟で，彼は点字ブロックを作ることができました」

8　×「精一さんが自分のブロックを「点字ブロック」と名付けたため，日本は「点字」という言葉を学びました」…本文にない内容

9　○「点字ブロックは 1965 年に世界で初めて岡山に設置されました」

10　×「岡山に設置された点字ブロックは，最初は他の世界中の人々に好かれませんでした」…本文にない内容。

11　×「精一さんは，東京に点字ブロックを設置したかったので，高田馬場の人たちに話しました」…本文にない内容。

12　「精一さんは1982年に×目標を達成し，同年に56歳で亡くなりました」

13　「三郎さんは精一さんの死後，点字ブロックの促進を×やめました」

14　○「三宅兄弟の点字ブロックは日本の基準になってから世界標準になりました」

【本文の要約】

外を歩いていると，よく地面に黄色いブロックを見かけます。点字ブロックです。「braille」は「点字」を意味し，「braille」という言葉は，点字の発明者であるルイ・ブライユに由来しています。点字ブロックは多くの人にとってそれほど重要ではありませんが，目が不自由な人にとっては非常に重要です。点字ブロックのおかげで，彼らは安全に歩くことができます。点字ブロックは世界中の多くの国で使用されています。1 2016年の調査によると，アメリカ，中国，イギリスなどの75カ国で使用されていました。点字はフランス人が発明したものですが，点字ブロックの発明者は日本人だったのです。

点字ブロックを発明したのは三宅精一さんです。彼は1926年2月5日に岡山で生まれました。彼は大人になり，岡山で旅館を経営していました。彼は発明家としても働きました。1963年，道を歩いていた時，つえをついている人を見かけました。目が不自由なその人は通りを渡っていました。すると，車がその人の近くを高速で通り過ぎました。精一さんは危険だと思い，目が不自由な人たちがひとりで安全に外を歩けるようにしたいと思いました。彼はそのためのシステムについて考え始めました。

精一さんは動物が大好きでした。彼は犬を飼っていました。ある日，その犬に赤ちゃんが生まれました。精一さんの友人のひとりである岩橋英行さんはそれについて聞き，精一さんに犬の調教師を紹介しました。岩橋さんは目が不自由な人のための施設を運営しており，彼も目が不自由でした。岩橋さんは，目が不自由な人がよく経験するトラブルについて精一さんに話しました。6 彼はまた，「私は目が見えないけど，突起物に触れて感じることができるよ」と話しました。そのとき，点字ブロックというアイデアが精一さんの頭に浮かびました。

「私は目が不自由な人がみんな安全に外を歩けるようにしたい」精一さんはこの目標を定めました。精一さんの弟である三郎さんが彼を助けました。7 三郎さんは建築会社で働き，精一さんのアイデアをもとにブロックを作ることができました。当時，日本ではすでに「点字」という言葉が多くの人に知られていたので，精一さんはこのブロックを「点字ブロック」と名付けました。

9 世界初の点字ブロックは1965年に岡山の盲学校の近くに設置されました。それらはそこで多くの人々に好かれ，他の国の人々もそのアイデアがすばらしいと思いました。しかし，当時，日本は福祉サービスを重点的に取り扱っておらず，精一さんは点字ブロックが簡単には日本中に広がらないことがわかりました。

しかし，1970年，精一さんは東京の高田馬場駅周辺に点字ブロックを設置してほしいという要望を受けました。高田馬場には目が不自由な人のための施設が多く，点字ブロックが必要でした。このプロジェクトの成功により，点字ブロックが日本中に広がりました。精一さんは点字ブロックを世界に紹介したいと思い，多くの国を訪れましたが，目標を達成する前の1982年に56歳で亡くなりました。

精一さんの死後，三郎さんは点字ブロックを促進し続けました。14 精一さんと三郎さんの点字ブロックは，彼の努力によって2001年に日本の基準となりました。そして2012年には世界標準となりました。

現在，三宅兄弟によって作られた点字ブロックは，世界中の多くの目が不自由な人々の役に立っています。私たちは点字ブロックに注意し，それが何のためのものか覚えておくべきです。カバンや自転車を点字ブロックの上に置くと，目が不自由な人が転ぶことがあります。目の不自由な人のことを考えることは全ての人にとって大切です。

Ⅵ　【本文の要約】参照。

問３　never ～「決して～ない」　by themselves「自ら」　different ways「さまざまな方法」　far away「遠くへ」

問4　1　「なぜたくさんの種は同じ島に漂着するのですか？」…第2段落2～3行目の内容を答える。

2　「鳥はどれくらいの間，食べた種を胃の中で保存できますか？」…第4段落4行目より，約4時間である。

問5　ウ「植物の種はどのようにして無人島にたどり着きますか？」が適当。　ア「島へ漂着するためには，種にとって何が大切ですか？」，イ「風はどこから来ますか？」，エ「なぜ鳥は美しい色の果物を食べますか？」は不適当。

【本文の要約】

たくさんの無人島があります。他のどの島ともつながっていないものもあります。無人島といえば，木や植物がたくさんある島を想像するかもしれません。しかし，よく考えてみてください。①なぜ私たちは陸地から遠く離れた島で多くの植物を見ることができるのでしょうか？ 植物の種はどこから来るのでしょうか？

いくつかの種は海から来ます。海で泳いでいると，果物が漂っていることに気付くことがあります。種も同じようにして島々に漂着します。問4．1海水は同じ方向に流れるので，たくさんの種が同じ島に漂着します。それらの種はそこで植物に成長します。

軽い種は風によって島に運ばれるものもあります。しかし，風は常に同じ方向に吹くわけではありません。ある種は遠くに運ばれ，別の種は陸地にたどり着く前に海に落ちます。

他には，海鳥によって運ばれる種があります。鳥が陸地で果物を食べてから海の向こうの島に飛んでいくとき，その種を胃の中に入れて運びます。島に着くと，彼らはフンを残し，その中の種はそこで植物に成長します。Aエそれでは，鳥はどんな果物を食べるのでしょうか？ Bイ彼らは赤や黄色など，色が美しい果物を食べます。なぜなら簡単に見つけることができるからです。 Cア実際に，多くの無人島の木々はそのような果物です。 Dウこれは，以前に鳥がその木の種を運んできたことを示しています。しかし，鳥は陸地で食べた種をお腹の中でたった4時間しか保存することができません。鳥はそんなに短い時間で島に飛べるのでしょうか？それはいまだに謎のままです。

②イほとんどの植物は自ら動くことはけっしてないですが，それらの種が遠くへ移動する方法にはさまざまなものがあります。しかし，そのどれもが難しい方法です，あなたの周りの植物はどこから来たのでしょうか？それについて考えてみるのはどうですか？

Ⅶ　1　That rock looks like a human's face when it is seen from here.：「～のように見える」＝look like ～

2　I don't think that there is anyone who doesn't know the singer.：「その歌手を知らない人がいるとは思いません」という文にする。関係代名詞（＝who）と語句（＝doesn't know the singer）が後ろから anyone を修飾する形にする。

3　Some people cannot throw away things which they don't use anymore.：「～な人もいる」という文では some people を主語にする。「捨てる」＝throw away

4　The story about your trip to America made me interested in studying abroad more.：「（人）を（状態）にする」＝make＋人＋状態　「～に興味がある」＝interested in ～

Ⅷ　1　last week→since last week：現在完了進行形〈have/has＋been＋~ing＋since ○○〉「○○以来ずっと～している」の文にする。

3　are→is：one of ～「～のうちの1つ」は単数扱いだから，be 動詞は is にする。

6　during→when（while）：during は前置詞だから，後ろに文を続けることはできない。

7　surprising→surprised：人が主語のときは surprised，ものが主語のときは surprising を使う。

8　hope→want：want＋人＋to ～　「（人）に～してほしい」の形。hope はこの形をとらない。

10　much→many：「たくさんの魚」というときには many（a lot of）を使う。

12　made→are made：made の直前に主格の関係代名詞があるので，直後の文を〈be 動詞＋過去分詞〉で「～される」という意味の受け身の形にする。なお，関係代名詞をなくして cars made in Japan としてもよい。

Ⅸ　1　didn't buy anything「何も買いませんでした」＝bought nothing

2　tell me「私に言う」＝「私に知らせる」＝let me know

3　May I help you ?＝What can I do for you?

4　上の文は「リョウはコウスケほど上手にサッカーをしません」という意味。下の文はコウスケが主語だから，「コウスケはリョウよりも上手にサッカーをする」という意味になるように，better than を入れる。

5　上の文は「ジムはホワイトさんに『私はどこに行くべきですか？』と言いました」という意味。下の文は「どこで～すべきか」＝where to ～を使う。

《2022　理科　解説》

Ⅰ　**問1**　ツツジとジャガイモは有性生殖でなかまを増やすことができるが，無性生殖でなかまを増やすこともできる。ウニ，カエル，オオカミなどの動物は有性生殖でなかまを増やす。

問2　タンパク質は胃液，すい液，小腸の壁の消化酵素によって，最終的にアミノ酸に分解される。タンパク質をはじめに分解するのは胃液である。

問3　炭酸水素ナトリウムを加熱すると熱分解して，炭酸ナトリウム，二酸化炭素，水ができる〔$2NaHCO_3 \rightarrow Na_2CO_3 + CO_2 + H_2O$〕。残った固体は炭酸ナトリウムで，炭酸水素ナトリウムよりも水に溶けやすく，炭酸ナトリウムの水溶液は炭酸水素ナトリウムの水溶液よりも強いアルカリ性を示す。

問4　銅と亜鉛を電極とした電池をつくるときには電解質の水溶液を用いる。砂糖は非電解質である。

問5　マグマが冷えてできた岩石の総称は火成岩である。その中に斑状組織をもつ火山岩と等粒状組織をもつ深成岩がある。チョウセキはすべての火成岩に含まれる。

問6　温暖前線では，寒気が暖気の上をゆるやかにのぼっていくため，おだやかな上昇気流によって乱層雲が生じ，広い範囲に弱い雨が降る。なお，寒冷前線では，寒気が暖気を急激に押し上げるため，激しい上昇気流によって積乱雲が生じ，狭い範囲に強い雨が降る。

問7　ア○…物体にはたらく力がつり合っているとき，物体は等速直線運動をする。摩擦のない水平面では物体にはたらく重力と垂直抗力がつり合っている。

問8　問題文より，電力が３倍になると，かかる時間が$\frac{1}{3}$倍になる(電力と時間は反比例の関係にある)ことがわかる。よって，電力が２倍になるとかかる時間は$\frac{1}{2}$倍になるので，$180 \times \frac{1}{2} = 90$(秒)となる。

Ⅱ　**問2**　ＢＴＢ溶液は酸性で黄色，中性で緑色，アルカリ性で青色を示す。表１より，Ｃで塩酸40㎤と水酸化ナトリウム水溶液 60 ㎤がちょうど中和して中性になることがわかるので，塩酸 50 ㎤とちょうど中和する水酸化ナトリウム水溶液は$60 \times \frac{50}{40} = 75$(㎤)である。

問3　実験２では塩酸を 20 ㎤ずつ入れたので，ちょうど中和する水酸化ナトリウム水溶液は $60 \times \frac{20}{40} = 30$(㎤)であり，Ｇは塩酸が残っている。塩酸と水酸化ナトリウム水溶液の中和では，塩酸の水素イオン〔H^+〕と水酸化ナトリウム水溶液の水酸化物イオン〔OH^-〕が結びついて水ができるが，塩酸の塩化物イオン〔Cl^-〕と水酸化ナトリウム水溶液のナトリウムイオン〔Na^+〕は水溶液中に残っているので，塩酸が残っているときに最も多く含まれているイオンは塩化物イオン〔Cl^-〕である。

問4　うすい塩酸と水酸化ナトリウム水溶液の中和では，塩化ナトリウムと水ができるので，水を蒸発させると塩化ナトリウムの固体が得られる。また，塩酸を加熱して水を蒸発させると何も残らないが，水酸化ナトリウム水溶液を加熱して水を蒸発させると固体の水酸化ナトリウムが残る。問３解説より，表２のＨでちょうど中和することがわかるので，Ｆ，Ｇ，Ｈでは１種類，Ｉ，Ｊでは２種類の固体が得られる。

問5　H～Jでは塩酸がすべて中和しており，水酸化ナトリウム水溶液だけが増えていく。HとJを比べると，加えた水酸化ナトリウム水溶液の体積が20㎤増えると，得られた固体の質量が２g増えることがわかるので，水酸化ナトリウム水溶液が 10 ㎤増えると，得られた固体の質量は$2\times\frac{10}{20}=1$（g）増える。よって，Xは 4.5＋１＝5.5（g）となる。

問6　中和して得られる塩化ナトリウムの固体は中和した塩酸（水酸化ナトリウム水溶液）の体積に比例するので，表２より，$4.5\times\frac{40}{20}=9$（g）の塩化ナトリウムの固体が得られる。問２解説より，このとき水酸化ナトリウム水溶液は 120－60＝60（㎤）残っているので，問５解説より，水酸化ナトリウムの固体は$2\times\frac{60}{20}=6$（g）得られる。よって９＋６＝15（g）の固体が得られる。

問7　水溶液の濃さを２倍，３倍…にすると，含まれるイオンの数も２倍，３倍…になるので，２倍の濃さの塩酸 20 ㎤はもとの塩酸が 20×２＝40（㎤）あるのと同じであり，３倍の濃さの水酸化ナトリウム水溶液 20 ㎤はもとの水酸化ナトリウム水溶液が 20×３＝60（㎤）あるのと同じである。問６解説より，９gの塩化ナトリウムの固体が得られる。

Ⅲ　**問2**　ウ×…液体のアルコールが気体に変化するときに周囲の熱をうばって冷たく感じる現象である。

問3　ア．5.9g/㎥　イ．9.4×0.7＝6.58（g/㎥）　ウ．11.4×0.5＝5.7（g/㎥）　エ．15.4×0.3＝4.62（g/㎥）

問4　空気１㎥中に含まれる水蒸気量は露点の飽和水蒸気量と等しいので，7.8g/㎥である。

〔湿度（%）＝$\frac{\text{水蒸気量（g/m}^3\text{）}}{\text{飽和水蒸気量（g/m}^3\text{）}}\times100$〕より，$\frac{7.8}{12.8}\times100=60.9\cdots$→61%となる。

問5　室温を５℃まで下げると，空気１㎥あたり 7.8－6.8＝1.0（g）の水滴が出てくるので，300 ㎥では 300gの水滴が出てくる。

問6　日本の夏は小笠原気団の影響で南東の，冬はシベリア気団の影響で北西の季節風が吹く。小笠原気団は高温多湿で，そこから吹きだす季節風は湿気を多く含むため，夏は太平洋側の湿度が高くなることが多い。

Ⅳ　**問1**　カナダモのような植物の葉では光を受けて光合成を行う。光合成では，水と二酸化炭素を材料に，でんぷんと酸素を作る。AとCの気体が同じ種類だったので，Aで強い光を当てたことから，発生した気体は酸素である。

問2　カナダモのような植物は光合成と同時に呼吸も行っている。呼吸によって，酸素をとりこみ，二酸化炭素を発生させるので，Bでは光合成で吸収する二酸化炭素と呼吸で発生する二酸化炭素の量が同じくらいであったと考えられる。

問3　ア○…AとCでは二酸化炭素が減少して青色になる。また，Eではアルミホイルによってカナダモに光が当たらないので，カナダモは呼吸のみを行って二酸化炭素が増え，BTB溶液は黄色になる。

問5　ウ×…エネルギーを生み出すのは細胞の呼吸による効果である。

問6　ワセリンをぬった部分からは水蒸気が出ていかないので，水蒸気が出ていく部分はG（葉の表，葉の裏，茎），H（葉の裏，茎），I（葉の表，茎），J（茎）である。よって，葉の裏の水の減少量はGとIの水の減少量の差の 19－7＝12（㎤）だから，Hの水の減少量は 12＋２＝14（㎤）となる。

問7　葉のみ（葉の表，葉の裏）の水の減少量はGとJの水の減少量の差の 19－２＝17（㎤）となる。

Ⅴ　**問1**　１分→60 秒より，$\frac{60}{240}=0.25$（秒）となる。

問2　表と問１解説より，34℃での音は 0.25 秒で 88m進むことがわかる。よって，88÷0.25＝352（m/秒）となる。

問3　問２解説と同様に 15℃での音の速さを求めると，85÷0.25＝340（m/秒）となる。よって，340×３＝1020（m）となる。

問4　音波が魚群まで往復して進んだ距離は 1500×１＝1500（m）だから，魚群までの深さは 1500÷２＝750（m）である。

問5～7　図３より，音は温度が低い方へ曲がることがわかる。上空の方が温度が低い昼間は，音は上空に向かって曲げられるので，遠方の地上には届きにくくなる。一方，地面付近の方が温度が低い夜は，音は地面に向かって曲げられるので，遠方の地上には届きやすくなる。

《2022　社会　解説》

Ⅰ　問１　イ　　江戸時代の鎖国体制が確立すると，長崎の出島でオランダと唐人屋敷で清と貿易をしていた。長崎にある三菱長崎造船所カンチレバークレーンなどが世界遺産に登録されている。

問２　エ　　右図を参照。

問３　ウ　　ベルリンの壁の崩壊は1989年。アは1997年，イは2001年，エは2011年。

問４　ア　　「日本海側」が誤り。やませは，東北地方の太平洋側で起きる。

問５⑴　シラス　　シラスは水はけがよく稲作にむかないため，畜産や畑作が盛んである。

⑵　ウ　野辺山原は長野県，牧ノ原は静岡県。

問６⑴　ウ　　人口70万人以上になると政令指定都市に指定される。

⑵　イ　　有権者の３分の１以上の署名を集めて選挙管理委員会に提出後，60日以内に行われる住民投票で過半数が解職に賛成すれば失職となる。

問７⑴　ＩＣＴ　　Information and Communication Technology の略称である。　⑵　イ　　広告費の推移はそれぞれの媒体の利用頻度に比例すると考えれば，最も広告費が高いアはテレビ，テレビに次ぐ広告費のイが新聞，最も少ないウがラジオ，2000年以降急激に伸びているエがインターネットである。

問８　フォッサマグナ　　フォッサマグナを境として，東日本の山脈は南北に，西日本の山脈は東西に連なる。

問９⑴　ウ　　天塩川，夕張山地，根室半島の位置は右図参照。

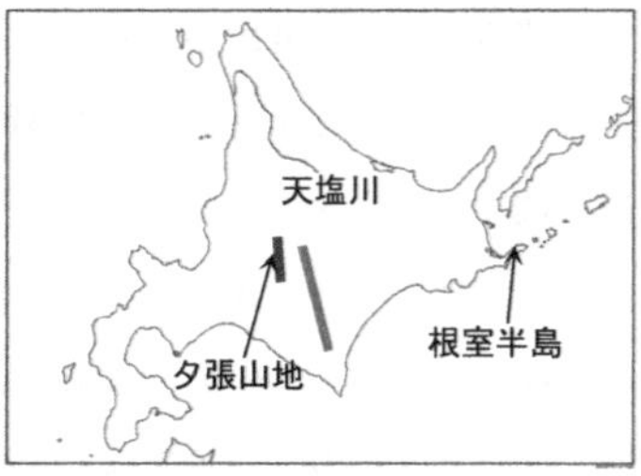

⑵　ア　　釧路は，寒流である千島海流(親潮)と南東季節風の影響を受けて夏に気温が上がらなくなる。そのため，ほぼ同緯度にある札幌より夏の気温は低くなる。また，内陸にある旭川は夏と冬の気温差が大きくなる。以上のことからＤが札幌，Ｅが旭川，Ｆが釧路と判断する。

問10　エ　　ア．長野県と岐阜県の県境にあるのは木曽山脈である。
イ．長野県と岐阜県の両方を流れているのは木曽川である。ウ．面積も人口も長野県の方が多い。

問11　ア　　本庶佑氏は2018年に医学・生理学賞，吉野彰氏は2019年に化学賞，山中伸弥氏は2012年に医学・生理学賞を受賞している。

問12　エ　　浅間山は群馬県と長野県の県境，阿蘇山は熊本県，富士山は静岡県と山梨県の県境にある。

問13⑴　環太平洋造山帯　　インドネシアは，アルプス・ヒマラヤ造山帯との境目に位置する。　⑵　エ　　チリは銅と魚介類がポイント。チリ産のシャケなどが日本に多く輸入されている。アはアメリカ，イはインドネシア，ウはロシア。

問14　ハザードマップ　　航空のないアとウが岐阜県と長野県だから，イとエのどちらかが長崎県である。長崎県は他県と地続きだから自動車の割合が高いと考えてイを選ぶ。ハザードマップは想定される被害ごとにつくられる。

問15　イ　　アは岐阜県，ウは長野県，エは北海道。

Ⅱ　問１　ウ　　土偶は，縄文時代に豊かな自然のめぐみや繁栄を願ってつくられたと言われている。アの銅鐸とエの石包丁は弥生時代，イの須恵器は古墳時代に使われていた。

問２　イ　　イはメソポタミア文明に関連のあるハンムラビ王である。

問３　エ　　「漢書」地理志には，「楽浪郡の東に百余りの小国があり，貢物を献上してくること」，「後漢書」東夷伝には，「倭の奴国の王が朝貢し，金印を授けたこと」，「魏志」倭人伝には「邪馬台国の女王卑弥呼が魏に使いを送り，百余りの銅鏡と親魏倭王の称号と金印を授かったこと」が描かれていた。

問4　渡来人　　渡来人は，土器(須恵器)や鉄器の製造や機織り，漢字など，生活に役立つ多くの技術を伝えた。

問5　蘇我　　蘇我馬子は，仏教を排除しようとする物部守屋を倒し，権力を手に入れた。

問6　エ　　a．誤り。大化の改新を進めたのは，中臣鎌足と中大兄皇子である。b．誤り。藤原氏ではじめて摂政となったのは藤原良房である。

問7　ア　　聖武天皇は仏教の力で国を守ろうと，国ごとに国分寺，奈良の都に東大寺を建て，東大寺に大仏を造立した。イは阿弥陀如来像(平等院鳳凰堂)，ウは弥勒菩薩半跏思惟像(広隆寺)，エは釈迦三尊像(法隆寺)。

問8⑴　イ　　白河上皇は，「賀茂川の水　双六の賽の目　山法師」を思い通りにならないものと言った。

⑵　ウ　　院政は1086年に行われたから1096年に行われたウを選ぶ。アは392年，イは(610年頃)，エは1517年。

問9　エ　　Ⅲ(1124年)→Ⅳ(1156年)→Ⅰ(1159年)→Ⅱ(1167年)

問10　ア　　スペインやポルトガルは，イスラム商人を経由しないで東南アジアの香辛料を手に入れるために，新航路を開拓しようとした。

問11　ウ　　ア．桶狭間の戦いで織田信長が破った相手は今川義元であり，織田信長は征夷大将軍になっていない。イ．織田信長は商工業の発展のために関所を廃止した。エ．豊臣秀吉が征服しようとしたのは清ではなく明である。

問12　イ　　Ⅰ(正徳の治・6代家宣・7代家継)→Ⅲ(享保の改革・8代徳川吉宗)→Ⅱ(寛政の改革・11代家斉)→Ⅳ(1837年・11代家斉)　　それぞれのできごとのときの将軍に着目して考えることもできる。家斉は，大塩の乱が起きた年に将軍職を辞している。

問13　ア　　どちらも正しい。

問14⑴　マッカーサー　　マッカーサーを最高司令官とする連合国軍最高司令官総司令部(GHQ)は，戦前の軍国主義を排除し，民主化を進めるための改革を指示した。　**⑵**　ア　　農地改革は，地主の土地を買い上げ，小作人に安く売りわたして小作人を減らす政策である。

問15　ア　　1956年，日ソ共同宣言に調印したことで，ソ連との国交が回復し，国際連合への加盟が実現した。

Ⅲ　**問1**　イ　　内閣総理大臣には，国務大臣の任免権がある。

問2⑴　ウ　　閣議は全会一致を基本とする。ア．衆議院に法律案の先議権はない。先議権があるのは予算案である。イ．本会議の前に審議されるのは公聴会ではなく委員会である。エ．法律制定の手順に違憲審査は含まれない。

⑵　条例　　法の序列は，憲法＞法律＞命令(政令・省令)＞条例＞規則の順である。

問3　規制緩和　　民間企業にできることは民間企業に任せることで新たな分野に民間企業が参入しやすくなり，経済が活性化されることが期待される。

問4⑴　エ　　国土交通省…国土の総合的かつ体系的な利用，開発および保全，社会資本の総合的な整備，交通政策の推進，気象業務，海上の安全や治安の確保などを担う。法務省…法の整備，法秩序の維持，国民の権利擁護，出入国管理等を担う。経済産業省…経済および産業の発展，鉱物資源・エネルギー資源の供給を担う。

⑵　行動　　団体行動権(ストライキ)は，公務員には認められていない。また，警察官・海上保安官・刑務官などには，三権が認められていない。

問5　ア　　どちらも正しい。日本銀行は，不況時には取引先金融機関から国債など買い上げ，好況時には国債などを売る公開市場操作を行う。

問6　イ　　配当は保有する株式の比率に応じて配分される。

問7　インフレーション　　継続的に物価が上昇し続けることをインフレーション，下落し続けることをデフレーションという。

問8(1)　ア　　1989年の消費税(３%)導入時に大量に製造されたこと・1997年に消費税が３%から５%に引き上げられたことから製造数が減ったことなどから判断する。イは５円玉，ウは10円玉，エは100円玉。

(2)　エ　　政府がすべての販売記録を入手することは不可能である。

問９　ウ　　少子高齢化が進むにつれて割合の増えているウが社会保障関係費である。アは地方交付税交付金，イは国債費，エは公共事業関係費。

問10　ウ　　ａ．誤り。所得税は国税である。ｂ．正しい。

2021 解答例 上宮高等学校

令和３年度

《国　語》

一　問一．㋐併記　㋑ぼうだい　㋒典型　㋓服装　㋔ときおり　㋕補助　㋖飾　㋗代用　問二．ⓐク　ⓑコ　ⓒウ　ⓓオ　ⓔカ　ⓕケ　ⓖイ　ⓗエ　問三．A．ウ　B．ア　C．エ　D．イ　問四．(a)オ　(b)イ　(c)ア　問五．書きことばで意味の類推がきく　問六．似ている　問七．ウ　問八．異口同音　問九．エ

問十．少ない音で多くのことばを作るので同音異義語が多くなり、単語の意味の区別が難しくなること。

問十一．喉から～です。　問十二．イ　問十三．カ，ク

二　1．霧／中　2．羅／象　3．馬／耳　4．然／若　5．光／火

三　問一．㋐たまわり　㋑あいだ　㋒いうよう　㋓ゆえ　問二．(a)ア　(b)ウ　(c)イ　問三．俊綱に笛を売るとは言っていないこと。　問四．ウ　問五．③エ　④オ　問六．ア　問七．ウ　問八．オ

《数　学》

Ⅰ　(1)(ア) -7　(イ) $\sqrt{5}$　(2) ア $=3$　イ $=6$　(3) $a=3$　$b=9$　(4) $-1\pm\sqrt{3}$　(5) $\frac{3}{4}$　(6) 60　(7) 24

Ⅱ　(1) $\frac{1}{3}$　(2) $y=x+6$　(3) 9　(4) $(6,\ 0)$　(5) 54π

Ⅲ　(1) 160　(2) 321　(3) 32，40

Ⅳ　(1) 2　(2) 1.5　(3) $\sqrt{6}$　(4) $10+\sqrt{2}$

《英　語》

（筆記）

Ⅰ　1，5，8，9，13

Ⅱ　問1．A．ウ　B．ア　C．イ　D．エ　問2．彼らは他人と異なって見える着物を着たいと思いました。

問3．ウ　問4．1．was made in 1628　2．Purple　問5．エ

Ⅲ　1．①カ　②ア　2．③キ　④エ　3．⑤ケ　⑥ア　4．⑦キ　⑧ク

Ⅳ　1，3，8，9，12

Ⅴ　1．①Don't　②run　2．③in　④foreign　3．⑤who〔別解〕that　⑥has　4．⑦want　⑧me

5．⑨is　⑩spoken

（リスニング）

Ⅰ　1．イ　2．ア　3．ウ　4．イ

Ⅱ　1．ウ　2．ウ

Ⅲ　1．エ　2．イ

《理　科》

Ⅰ　問１．イ　問２．ウ　問３．エ　問４．イ　問５．1200　問６．ア　問７．イ　問８．イ

Ⅱ　問１．右図　問２．1.5　問３．ク　問４．ア　問５．ア　問６．0.55

問７．16.4

Ⅲ　問１．ウ　問２．石基　問３．ア　問４．示相化石　問５．イ　問６．５　問７．42.5

Ⅳ　問１．ウ　問２．アミラーゼ　問３．オ　問４．ア　問５．エ　問６．グリコーゲン　問７．組織液

Ⅴ　問１．ウ　問２．148　問３．ウ　問４．2.5　問５．０　問６．0.75　問７．ウ

《社　会》

Ⅰ　問１．エ　問２．イ　問３．⑴ウ　⑵ウ　問４．⑴ア　⑵フェアトレード　問５．ア　問６．ウ

問７．エ　問８．⑴エ　⑵イ　問９．ウ　問10．ア　問11．⑴ウ　⑵エ　問12．香川用水

問13．ア　問14．⑴エ　⑵パリ協定　問15．イ

Ⅱ　問１．ウ　問２．イ　問３．⑴ア　⑵ウ　問４．紫式部　問５．ア　問６．イ　問７．エ

問８．⑴ウ　⑵ウ　問９．イ　問10．工場制手工業　問11．ウ　問12．イ　問13．原敬　問14．イ

問15．エ

Ⅲ　問１．ア　問２．⑴ウ　⑵イ　問３．せり　問４．エ　問５．⑴イ　⑵リコール　問６．多国籍企業

問７．⑴ア　⑵エ　問８．ア　問９．エ　問10．日本銀行

上宮高等学校

←解答例は前のページにありますので，そちらをご覧ください。

《2021　国語　解説》

一　**問五**　――線部①の直後に中国語の記事の一部分が引用されており、「普通に漢字の知識がある日本人であれば」、記事が伝えている内容がわかると述べられている。これは、日本語と中国語が漢語を多く共有しているため、「書きことばで意味の類推がきく」という利点の表れである。

問六　B　の直前の段落に「外国語学習では、その言語が自分がすでに知っている言語と似ていればやさしく感じられるし、あまり似ていなければ、難しく思えます」と述べられている。「フランス人にとってスペイン語は学びやすいし、スペイン人にとってもフランス語は学びやすい」のは、「自分の第一のことばとして」いる言語と「似ている」言語だからだ。「日本語と中国語の距離は、日本語とフランス語の距離よりもずっと近い」ということは、日本語とフランス語は似ていないということになり、日本語と中国語は似ているということになる。――線部①の「日本語と中国語は、漢語を多く共有している」からも、両者が似ていることが分かる。

問七　「この説」が正しいとすると、一万語の単語を知っていることが必要とされる「この試験(＝「日本語能力試験」)の１級に合格してもまだ、日常会話で用いられる語の半分程度しかわからないことに」なる。その根拠となる説が、「日本語の日常会話を理解するためには二万二千語を覚えなければならない」という「岩淵《いわぶち》氏の見解」である。筆者が、「日本語能力試験の１級を取得した外国人たちと話している限り」、彼らは「日本語の日常会話を理解する」ことができているので、「この説(＝「岩淵氏の見解」)はあてはまらない」ようだと筆者は感じたのである。よってウが適する。

問八　日本語能力試験の１級を取得した外国人たちが、日本語の日常会話には不自由しないものの、読み書きにおいては、覚える単語が多くて大変苦労している(＝「中級レベル以降に膨大な単語を覚えなくてはならない」)ということを、みな口をそろえて言うという意味の四字熟語が適する。

問九　「日本語は敬語の仕組みが複雑」である。「ただしこのことは、日本人が外国人より礼儀正しいとかいうことを意味するわけではありません」と、述べられている。その理由は、「どんな国の人でも、必ず他人とのやりとりを行います。その方法は、言語以外にも、顔の表情、しぐさや態度、服装、物理的な距離、贈り物など多様」だからだ。日本語は、そのような待遇表現の仕組みが『言語的に複雑である』ということ」なのだ。英語には敬語がなく、待遇表現の仕組みが言語的には複雑と言えないが、それだけで「つきあいもフランクだ」ととらえることは表面的な印象を述べているにすぎない。よってエが適する。

問十　「日本語は難しい点ばかりではありません。どのことばの使い手にとっても学びやすく思われる点もあります」と述べて、その一つとして「音の数が少ない」ことを挙げている。その理由について説明した後、――線部(c)の２～３行後に「このように、音の種類が少ないことは便利ですが、単語の意味を区別するには難しいこともあります。私たちは私立を「わたくしりつ」、化学を「ばけがく」とよんだりしますが、これはそれぞれ市立・科学と区別するためです」と述べられている。これは、同音異義語が多くなるため、単語の意味の区別が難しくなることを言い表している。

問十一　「母音」とは、どのような音かではなく、どのような性質の音かを問われているので注意しよう。

問十二　――線部(c)の４～５行後に「日本語が学びやすいと考えられているもう一つの点は、動詞の活用がシンプルであること(＝「動詞の活用の簡単さ」)です。これは、日本語という言語が、ものごとを言語化するときに、性の区別・数の区別・時の区別にさほど気を払わないためです」とある。よってイが適する。

問十三　――線部④の１～３行後に「第三に、日本語は音を字にする仕組み、つまり表記が非常に複雑だという点です。日本語は～複数の表記システムを使い、かつそれを混ぜて書く、世界でただ一つの言語です」とあることから、カが適する。最後の段落に述べられている内容より、クが適する。

三　**問一㋐・㋑**　古文で言葉の先頭にない「はひふへほ」は、「わいうえお」に直す。　㋒　古文で語頭にない「はひふへほ」は「わいうえお」に直す。「ア段＋う」は、「オ段＋う」に直す。　㊁　古文の「わゐうゑを」は、「わいうえお」に直す。

問三　【古文の内容】を参照。

問四　――線部②の「らるる」は、尊敬を表す助動詞(「らる」の連体形)である。直前の「召し迎へて」と同じ主語である。この人物が、使《つかい》にたずねたことに対する返答を聞いて、「俊綱《としつな》大きに怒りて」とあることも手がかりとなる。よってウが適する。

問六・七　【古文の内容】を参照。

問八　ア．江戸時代　イ．平安時代　ウ．平安時代　エ．平安時代　オ．鎌倉時代　よってオが適する。

【古文の内容】

成方という笛の名人がいた。御《み》堂入道殿《どうにゅうどうどの》から大丸という笛をいただいて、(その笛を)吹いていた。(その笛は)すばらしい音色の笛なので、伏見修理大夫《ふしみのしゅりのだいぶ》俊綱《としつな》朝臣《あそん》がほしがって、「千石《せんごく》で買おう」と言ったのだったが、売らなかったので、(俊綱は）はかりごとをめぐらして、使いの者をやって、(成方が）売ると言ったということにした。うその用事を言いつけて、成方を呼んで、「(おまえは)笛を（私に）与えようと言ったとのこと、（私が）願っていたことだ」と喜んで、「値段は願うとおりにしよう」と言って、「さあ、買おう買おう」と言ったので、成方は、予想外のことに青ざめて、「そのようなことは申しません」と言う。

（俊綱は）この使いの者を呼びつけて、尋ねられると、(使いの物は)「(成方殿は）確かに申しました」と言うので、俊綱は大いに怒って、「人をあざむき、だますのは、その罪、軽くはないことだ」と言って、(成方を雑役に従事する人の）詰め所へ連れて行かせて、木馬に乗せ（て拷問《ごうもん》にかけ）ようとするので、成方が言うことには、「少し時間をいただいて、その笛を持って参ります」と言ったので、見張りの人をつけて帰らせた。

（成方が家に）帰ってきて、腰から笛を抜き出して言うには、「この（笛の）せいで、こんなひどいしうちを受けたのだ。忌《いまいま》々しい笛だ」と言って、軒下に下がり、石を取って、灰のように（粉々に）打ち砕いてしまった。

俊綱は、笛を手に入れようと思う気持ちが強いがために、あれやこれやと計画も練った。今は言ってもしようがないので、(成方を）罰するにも及ばず、(そのまま釈放して)追い返してしまった。

後に聞いたところでは、(成方は)別の笛を、大丸として打ち砕いて、本物の大丸は何事もなく吹き続けていたので、俊綱の間抜けな人ということで終わった。初めはたいそう意気込んだが、最後に（成方に）出し抜かれてしまったということだ。

《2021　数学　解説》

Ⅰ　⑴(ア)　与式$=9\times\frac{5}{21}-(-8)\times(-\frac{8}{7})=\frac{15}{7}-\frac{64}{7}=-\frac{49}{7}=-7$

（イ）　与式$=5\sqrt{2}+\sqrt{10}-\sqrt{10}-\sqrt{2}-\frac{8\sqrt{2}-2\sqrt{5}}{2}=4\sqrt{2}-4\sqrt{2}+\sqrt{5}=\sqrt{5}$

⑵　与式$=\frac{1}{6}(x^2-3x-18)=\frac{1}{6}(x+3)(x-6)$　　よって，ア＝3，イ＝6

⑶　$y=x+a$ に$x=6$，$y=b$ を代入すると，$b=6+a$ …①

$y=ax-b$ に $x=6$，$y=b$ を代入すると，$b=6a-b$ より，$2b=6a$　　$b=3a$…②

①に②を代入すると，$3a=6+a$　　$2a=6$　　$a=3$　　②に $a=3$ を代入すると，$b=9$

(4)　左辺を展開すると，$x-x^2+2-2x=x$　　整理すると，$-x^2-2x+2=0$ より，$x^2+2x-2=0$

２次方程式の解の公式を利用すると，$x=\dfrac{-2\pm\sqrt{2^2-4\times1\times(-2)}}{2\times1}=\dfrac{-2\pm\sqrt{12}}{2}=\dfrac{-2\pm2\sqrt{3}}{2}=-1\pm\sqrt{3}$

(5)　大小２つのさいころを投げるとき，出る目は全部で $6\times6=36$(通り)ある。

出る目の積が偶数になる場合は，右表で○印をつけた 27 通りあるから，

求める確率は，$\dfrac{27}{36}=\dfrac{3}{4}$

	小					
大	1	2	3	4	5	6
1		○		○		○
2	○	○	○	○	○	○
3		○		○		○
4	○	○	○	○	○	○
5		○		○		○
6	○	○	○	○	○	○

(6)　$\sqrt{135n}=3\sqrt{15n}$ と表せるから，$\sqrt{15n}$ を自然数にする整数 n は m を自然数として，$n=15m^2$ と表せる。

小さい方から２番目の n は，$m=2$ のときの $n=15\times2^2=60$ である。

(7)　右のように作図する。ℓ//n より，同位角は等しいから，$\angle a=60°$

正五角形の１つの外角は $360°\div5=72°$ だから，$\angle a+\angle b=180°-72°=108°$

したがって，$\angle b=108°-\angle a=108°-60°=48°$

平行線の錯角は等しいから，$\angle c=\angle b=48°$

よって，$\angle x=180°-108°-48°=24°$

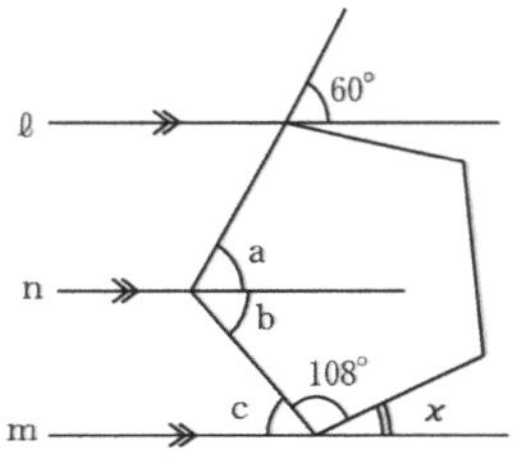

Ⅱ　(1)　放物線は，点Aを通るから，$y=ax^2$ に $x=-3$，$y=3$ を代入すると，$3=9a$ より，$a=\dfrac{1}{3}$

(2)　**【解き方】点Bは点Aとy軸に対して対称な点だから，B(3，3)である。まず，直線OBの傾きを求める。次に平行な直線の傾きは等しいことから，直線ℓの式を求める。**

OBの傾きは，$\dfrac{3-0}{3-0}=1$ だから，直線ℓの式を $y=x+b$ とおく。直線ℓは点Aを通るから，$x=-3$，$y=3$ を代入すると，$3=-3+b$　　$b=6$　　よって，直線ℓの式は，$y=x+6$

(3)　**【解き方】Pは右図のようになる。AP//OBだから，△ORB＝△OPBとなるので，△ORBの面積を求める。**

(2)より，R(0，6)だから，OR＝6

$\triangle ORB=\dfrac{1}{2}\times OR\times$(２点O，Bの x 座標の差)より，

$\triangle OPB=\triangle ORB=\dfrac{1}{2}\times6\times(3-0)=9$

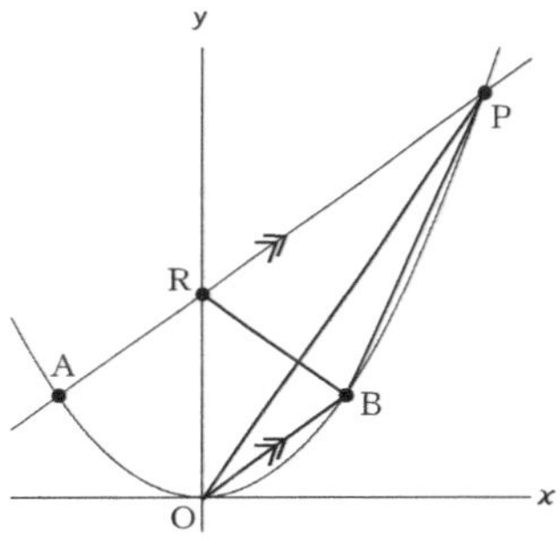

(4)　**【解き方】四角形AOQBが平行四辺形になるのは，AB＝OQのときである。**

AB＝(２点A，Bの x 座標の差)$=3-(-3)=6$ だから，OQ＝6　　よって，Q(6，0)

(5)　**【解き方】平行四辺形AOQBを x 軸を回転の軸として１回転させてできる立体は右図のようになる。右図で，色をつけた部分が合同な円すいになることから，回転体の体積は，円柱の体積に等しくなる。**

右図の円柱の底面の半径は，点Aの y 座標の絶対値に等しく３である。

AB＝6だから，求める体積は，$3^2\pi\times6=54\pi$

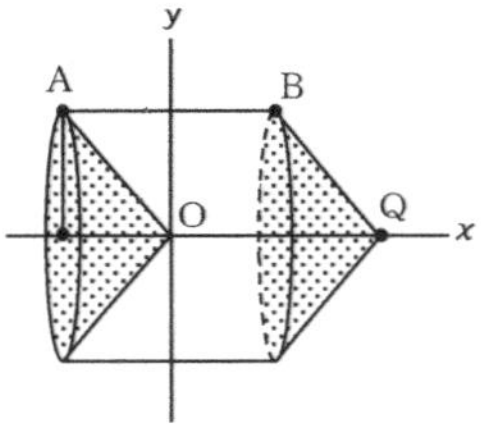

Ⅲ　(1)　**【解き方】２個購入したときの値引き率は 20％である。**

１個 100 円の商品Ａ２個の定価は $100\times2=200$(円)だから，２割引きすると，$200\times(1-0.2)=160$(円)

(2)　**【解き方】36 個購入したときの値引き率は 36％，35 個購入したときの値引き率は 25％である。**

36 個購入したときの代金は，$100\times36\times(1-0.36)=2304$(円)

35 個購入したときの代金は，$100\times35\times(1-0.25)=2625$(円)

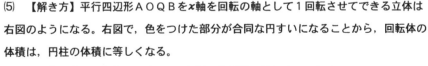

よって，36個購入したときの方が，$2625-2304=321$(円)安くなる。

(3)　**【解き方】5個以下だと明らかに2400円未満だから，6個以上35個以下で2400円になるときと，36個以上で2400円になるときを考える。**

$6\leqq x\leqq 35$ のとき，x個購入したときの代金は，$100\times x\times(1-0.25)=75x$(円)だから，$75x=2400$

$x=32$　　これは $6\leqq x\leqq 35$ を満たすから条件に合う。

$36\leqq x\leqq 50$ のとき，x個購入したときの代金は，$100\times x\times\left(1-\dfrac{x}{100}\right)=100x-x^2$(円)だから，$100x-x^2=2400$

整理すると，$x^2-100x+2400=0$　　$(x-60)(x-40)=0$　　$x=60,\ 40$

$36\leqq x\leqq 50$ だから，$x=40$ が条件に合う。よって，$x=32,\ 40$

Ⅳ　(1)　図形Ｐが正六角形になるのは，正三角形ア，イ，ウと図形Ｐの１辺の長さがすべて等しくなるときである。つまり，正三角形アの１辺の長さは△ＡＢＣの１辺の長さの$\dfrac{1}{3}$になるから，$x=\dfrac{1}{3}\mathrm{AB}=\dfrac{1}{3}\times 6=2$

(2)　**【解き方】図形Ｐが五角形になるのは，右図のように正三角形イとウが頂点を共有するときである。右図のように記号をおく。**

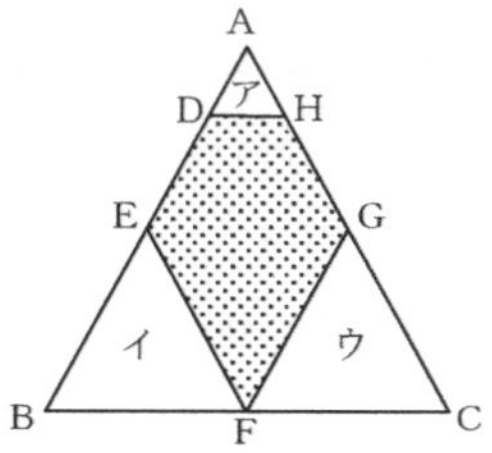

イとウは正三角形だから，ＥＢ＝ＥＦ，ＣＧ＝ＦＧなので，

図形Ｐの周りの長さは，ＤＥ＋ＥＦ＋ＦＧ＋ＧＨ＋ＤＨ＝

ＤＥ＋ＥＢ＋ＣＧ＋ＧＨ＋ＤＨ＝ＤＢ＋ＣＨ＋ＤＨになる。

ＤＢ＝ＣＨ＝$6-x$(cm)だから，$(6-x)+(6-x)+x=10.5$ が成り立つ。

$12-x=10.5$　　$-x=-1.5$　　$x=1.5$

(3)　**【解き方】図形Ｐの面積が正三角形ＡＢＣの面積の$\dfrac{1}{2}$倍になるということは，正三角形ア，イ，ウの面積の和が正三角形ＡＢＣの面積の$1-\dfrac{1}{2}=\dfrac{1}{2}$(倍)になるということである。**

正三角形アの面積の３倍が△ＡＢＣの面積の$\dfrac{1}{2}$になるから，正三角形アの面積は，△ＡＢＣの面積の$\dfrac{1}{2}\times\dfrac{1}{3}=\dfrac{1}{6}$

になる。正三角形アと△ＡＢＣは相似だから，面積比が$\dfrac{1}{6}:1=1:6$になるとき，相似比は$\sqrt{1}:\sqrt{6}=$

$1:\sqrt{6}$である。よって，$x:\mathrm{AB}=1:\sqrt{6}$より，$x:6=1:\sqrt{6}$　　$\sqrt{6}x=6$　　$x=\dfrac{6}{\sqrt{6}}=\sqrt{6}$

(4)　**【解き方】図形Ｐが四角形になるのは，右図のように２つの正三角形が合同で，かつ，合同な２つの三角形それぞれの頂点ともう１つの正三角形の頂点が共有しているときである。$0\leqq x\leqq 3$ のときは右図１，$3\leqq x\leqq 6$ のときは右図２のようになる。**

図１

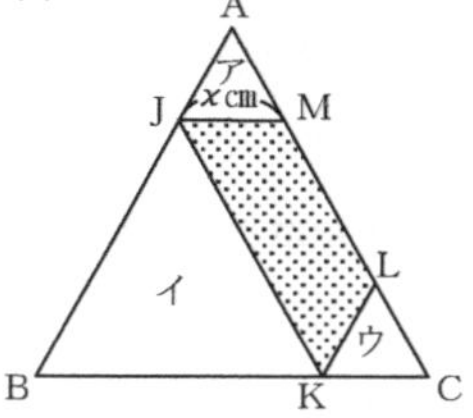

図２

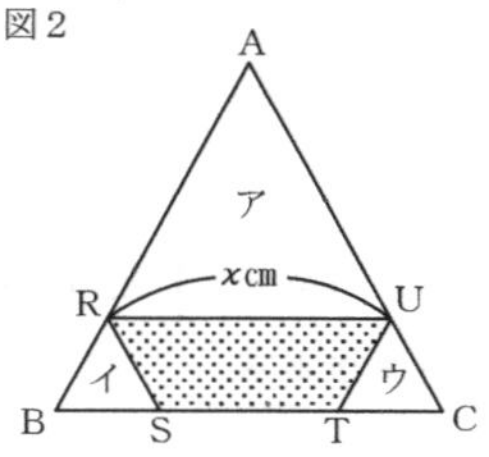

図１で，△ＡＢＣと正三角形アと正三角形イは相似だから，

面積比は(相似比)^{2}に等しい。相似比が$6:x:(6-x)$だから，面積比は$6^2:x^2:(6-x)^2$になる。したがって，△ＡＢＣの面積を$6^2=36$とすると，正三角形アとウの面積はx^2，正三角形イの面積は$(6-x)^2$と表せる。図形Ｐの面積が△ＡＢＣの面積の$\dfrac{1}{6}$だから，正三角形ア，イ，ウの面積の和は，△ＡＢＣの面積の$1-\dfrac{1}{6}=\dfrac{5}{6}$になる。

$x^2\times 2+(6-x)^2=36\times\dfrac{5}{6}$が成り立つ。$2x^2+36-12x+x^2=30$　　$3x^2-12x+6=0$

$x^2-4x+2=0$　　これを解くと，$x=2\pm\sqrt{2}$　　$0\leqq x\leqq 3$ だから，$x=2-\sqrt{2}$ があてはまる。

ＪＭ＋ＪＫ＝ＡＪ＋ＪＢ＝ＡＢ＝6cm，ＬＫ＋ＬＭ＝ＬＣ＋ＬＭ＝ＣＭ＝$6-x$(cm)だから，

図形Ｐの周りの長さは$6+6-x=12-x$(cm)と表せる。これに$x=2-\sqrt{2}$を代入すると，$12-(2-\sqrt{2})=$

$10+\sqrt{2}$(cm)

図２で，図１のときと同じように考えると，△ＡＢＣと図形アと図形イの面積比は$36:x^2:(6-x)^2$になる。

図形ア，イ，ウの面積の和について，$x^2+(6-x)^2\times 2=36\times\dfrac{5}{6}$が成り立つ。$x^2+72-24x+2x^2=30$

$3x^2-24x+42=0$　　$x^2-8x+14=0$　　$x=4\pm\sqrt{2}$　　$3\leqq x\leqq 6$だから，$x=4+\sqrt{2}$が条件に合う。
図形Ｐの周りの長さは$6+x$(cm)だから，$x=4+\sqrt{2}$を代入すると，$6+(4+\sqrt{2})=10+\sqrt{2}$(cm)
よって，図形Ｐの周りの長さは$(10+\sqrt{2})$cmになる。

《2021　英語　解説》

筆記

Ⅰ　【本文の要約】参照。

1　○「ライト兄弟よりも早く飛行システムを発見した日本人男性がいました」
2　「二宮家は父が亡くなった後，×裕福になりました」
3　「二宮は×凧を買うために一生懸命働きました」
4　「二宮は人気になり，多くの人々が×彼を『忠八凧』と呼びました」
5　○「二宮は昼食時に数羽のカラスを見かけました」
6　「二宮は数羽のカラスを見て，×翼を動かすことによって飛ぶことができると思いました」
7　「二宮は作り始めてから×１か月で，最初の飛行機を作り終えました」
8　○「『カラス型飛行機』は本物のカラスと同じくらいの大きさでした」
9　○「日本軍は飛行機の重要性を理解していませんでした」
10　「二宮は×忙しかったので，飛行機を一生懸命研究できませんでした」
11　「×1908年，ライト兄弟は最初の有人飛行に成功しました」
12　「二宮がライト兄弟のニュースを読んだとき，×彼はうれしくなりました」
13　○「二宮は70歳で亡くなりました」
14　「二宮は本当の飛行機に×一度も乗りませんでした」

【本文の要約】

ライト兄弟を知っていますか？ご存知の方も多いと思います。彼らはエンジンを使った初の有人飛行に成功しました。しかし，1ライト兄弟よりも前に日本人の男性がこの飛行システムを思いつきました。彼について知っていますか？

二宮忠八は1866年に愛媛で生まれました。裕福な家庭でした。子どものころ，彼は自分で凧を作って遊んでいました。しかし，彼が12歳のときに父が亡くなり，二宮家は貧しくなりました。このため，彼は働かなければなりませんでした。また，お金を稼ぐために，彼はオリジナルの凧を売りました。それは一躍有名になり，「忠八凧」と呼ばれました。その経験から二宮は飛行機作りに興味を持つようになりました。

1887年，二宮は軍隊に参加するように命じられました。ある日，5彼は訓練の最中に休憩を取って昼食を食べていました。彼は空にカラスを何羽か見かけました。カラスたちは二宮の昼食を取ろうと彼の上空を飛んでいました。彼は，カラスが空を飛んでいるときに，あまり頻繁に翼を動かさないことを発見しました。彼は思いました。「カラスは翼を動かさなくても飛べる。翼で風を受けることができれば，カラスのように飛べるはずだ」このとき，彼は自分の飛行システムを見つけました。

二宮は飛行機を作り始めました。１年後，彼は最初の作品を完成させました。それは「カラス型飛行機」と呼ばれます。8それは本物のカラスと同じくらいの大きさでした。それはゴム紐によって動力を与えられるプロペラが付いていました。1891年４月29日，その飛行機は３m滑走してから離陸しました。約10メートル飛ぶことができました。

２年後の1893年，二宮は別のタイプの飛行機を作りました。近い将来の有人飛行のためにそれを作りました。1894年，日本と中国の間で戦争が起こりました。二宮は戦時中は飛行機が役に立つと思い，上司に話したところ，上司は言いました。「もしお前の飛行機が実際に飛んだら考えてみよう」9日本軍は二宮の考えにあまり賛同しませんでした。それで彼はひとりで飛行機の研究をすることにしました。

二宮はお金がなく，飛行機の研究があまりできませんでした。ガソリンも十分に買えませんでした。1903年，彼が研究しているうちにライト兄弟が有人飛行に成功しました。しかし，そのニュースはすぐに日本に伝わらなかったので，二宮はそのニュースを聞くことなく，飛行機の研究を続けました。1908年，二宮はガソリンを手に入れることができました。ガソリンエンジンで動力を与えられる新しい飛行機を作り始めました。

しかし，彼はその飛行機を作っていたときに，新聞でライト兄弟による有人飛行のニュースを読みました。彼はとてもショックで悲しかったので，ハンマーで飛行機を壊してしまいました。その後，彼は飛行機を作るのをやめました。

1936年，13二宮は70歳で死去しました。二宮が飛行機に乗ったのは人生で一度だけでした。当時，彼は言いました。「飛行機に乗ったときの感覚は，若いころ毎晩見ていた夢の中の感覚とほぼ同じでした」

今，愛媛県八幡浜市では，毎年，二宮にまつわるイベントが開催されています。イベントでは，人々は手作りの飛行機を飛ばします。そのイベントが開催されると，人々はいつも二宮のことを思い出します。

Ⅱ　【本文の要約】参照。

問３　本文では，色を制限される中で，それでもおしゃれでありたいと思う江戸時代の人々が多くの色を創り出したことが書かれているので，ウが適当。

問４　１　質問「ぜいたくを禁止する法律が初めて作られたのはいつですか？」…第２段落の最後の文より，1628年である。　２　質問「江戸時代に最も豪華だったのは何色ですか？」…第２段落１行目より，紫色である。

問５　エ「江戸時代の人々はファッションに対する強い気持ちを持っていました」が適当。ア「江戸幕府は人々に対して強い権力を持っていました」，イ「江戸時代の人々が一番好きな色がありました」，ウ「48色の茶色と100色の灰色が江戸時代に生まれました」は不適当。

【本文の要約】

日本人はおしゃれです。書店で，ファッションに関する雑誌をたくさん見かけます。江戸時代の人々もおしゃれでした。Aウ江戸時代に，人々は金持ちになり，着物にお金を使いました。Bアまた，いくつかのファッション雑誌があり，人々は色鮮やかで高価な着物を着たがっていました。Cイしかし，江戸幕府はそれをいいことだと思わず，人々は金持ちであってはならないと思いました。Dエ幕府は贅沢を禁止する法律を作りました。それで人々は好きな色や柄の着物を選べなくなりました。昔から，問4．2紫色は日本で最も豪華な色でした。人々は紫色の着物を着たかったのです。しかしその法律のため，人々は茶色，灰色，藍色の３色の着物だけしか着ることができませんでした。問4．1幕府は1628年に初めて贅沢を禁止する法律を作ったあと，同様の法律を何度も作りました。

しかし，江戸時代の人々はあきらめませんでした。彼らは他人と異なって見える着物を着たいと思いました。彼らはそれでもおしゃれでありたいと思っていました。彼らは，多くの種類の茶色と，多くの種類の灰色を作りました。この色の変化は「四十八茶百鼠」と呼ばれていました。「48色の茶色と100色の灰色」という意味です。しかし，実際には100色以上の茶色と灰色がありました。「48」や「100」という数字は，「多い」という意味です。当時の人は，これらの色を使って独創性を示しました。

私は大事なことを伝えたいです。持っていないものについて悲しまないでください。すでにあるものをより良い方法で使用してください。江戸の人々を尊重しなければなりません。

Ⅲ　１　Hitomi wants to make her town more famous.：・make＋もの＋状態「(もの)を(状態)にする」

２　I spoke to her to say John is looking for her.：sayのうしろに接続詞のthatが省略されている。　・look for～「～を探す」

３　Do you know anything about cars which are made in Japan?：関係代名詞(＝which)と語句(＝are made in Japan)が後

ろから名詞(＝cars)を修飾する文。　・be made in ～「～製である」

4　You should start with small things that you can do.：関係代名詞(＝that)と語句(＝you can do)が後ろから名詞(＝things)を修飾する文。　・start with ～「～から始める」

Ⅳ　2　will can→will be able to：助動詞を重ねて使うことはできない。

4　play→playing：前置詞 at の後ろは動名詞の playing にする。

5　to eat→eating：前置詞 about の後ろは動名詞の eating にする。

6　Please→Please be：動詞がない文になっている。Please の後ろに be 動詞の原形 be を入れる。

7　visiting to→visiting：visit ～「～を訪問する」では，visit の後ろに前置詞は不要である。

10　answer them→answer：too … to ～「あまりに…なので～できない」を使った文では，文末に主語(＝these questions)を指す代名詞の them は不要。

11　talk→talk with：・talk with each other「おしゃべりをする」

Ⅴ　1　You must not ～. の文は Don't～. に書き換えられる。Don't の後ろに続く動詞は原形にする。

2　abroad「外国で」は in a foreign country に書き換えられる。

3　with long hair「長い髪の」は関係代名詞を使って書き換えられる。関係代名詞(＝who)と語句(＝has long hair)が後ろから名詞(＝girl)を修飾する文。

4　Shall I ～?「～しましょうか？」の文は Do you want me to ～? に書き換えられる。

5　上の文の they はカナダの人々を指す。下の文は，What language が主語の，受動態〈be 動詞＋過去分詞〉「～される」の文にする。

リスニング

Ⅰ　1　「冬に使用します。暖かく感じることができます。しかも３～４人で同時に使えます」より，イ「こたつ」が適当。

2　「ダイスケはカレーライスがとても好きです。今日，母が作ってくれました。食べ終わって今は水を飲んでいます」より，アが適当。

3　「チカは家族と３日間北海道に旅行に行く予定です。彼女は２月５日から２月７日まで旅行を楽しむ予定です」より，ウが適当。

4　「シンディは家に３匹の犬を飼っています。１匹は白色，２匹は黒色です。今，白い犬はシンディのそばにいて，黒い犬はベッドの上にいます」より，イが適当。

Ⅱ　1　質問「エイミーは先週末何をしましたか？」…エイミーの１回目の発言「妹が病気になったの。それで病院に連れて行ったわ」より，ウ「妹を病院へ連れて行った」が適当。

2　質問「映画は何時に始まりますか？」…エマ「急ごう，アレックス！映画はまもなく始まるわ。もう２時よ」→アレックス「問題ないよ，エマ。今は１時 30 分だよ。あと 35 分あるよ」→エマ「いいえ。５分しかないわ。私の時計を見て」→アレックス「おお，本当に？僕の時計は壊れているね」より，ウ「２時５分に」が適当。

Ⅲ　【放送文の要約】参照。

1　質問「今年，ジムはメアリーに何を買うつもりですか？」…エ「ペン」が適当。

2　質問「タケルはいつ祖母をテニスショップに連れて行きますか？」…イ「金曜日に」が適当。

【放送文の要約】

1　メアリーの誕生日は来月です。それでジムは彼女にプレゼントを買うつもりです。メアリーは絵を描くのが好きなので，去年はかわいい猫の絵本をあげました。ェ今年，彼は彼女のために素敵なペンを買うつもりです。

2　ィ今日は木曜日です。タケルの祖母は来週の日曜日にテニススクールに通い始めるので，ラケットが欲しいです。彼女は土曜日に友達とカラオケを楽しむので，ィタケルは彼女を明日テニスショップに連れて行きます。

《2021　理科　解説》

Ⅰ　**問１**　イ○…花弁どうしが離れている花を離弁花という。タンポポは合弁花類であり，ワラビはシダ植物で花がさかず，スギは裸子植物で花はさくが花弁はない。

問２　ウ○…肝臓では，タンパク質の分解などで生じたからだに有害なアンモニアが，無害な尿素に作り変えられる。尿素は腎臓でこし取られて尿として排出される。

問３　エ○…鉄と硫黄が反応して黒色の硫化鉄ができる〔Fe＋S→FeS〕。硫化鉄に塩酸を加えると，卵が腐ったようなにおいのする硫化水素が発生する。

問４　イ○…酸性の塩酸とアルカリ性の水酸化ナトリウム水溶液を混ぜると互いの性質を打ち消し合う中和が起こる。ちょうど中和するときの体積比は塩酸：水酸化ナトリウム水溶液＝20：40＝１：２だから，塩酸30㎤とちょうど反応する水酸化ナトリウム水溶液は30×２＝60(㎤)となる。ＢＴＢ溶液は酸性で黄色，中性で緑色，アルカリ性で青色に変化するので，酸性の塩酸が残って黄色になる。

問５　〔$\text{電流(A)}=\dfrac{\text{電圧(V)}}{\text{抵抗(Ω)}}$〕，〔電力(W)＝電圧(V)×電流(A)〕，〔熱量(Ｊ)＝電力(W)×時間(秒)〕，１分→60秒より，$\dfrac{20}{20}=1\text{(A)}$，20×１＝20(W)，20×60＝1200(Ｊ)となる。

図Ⅰ

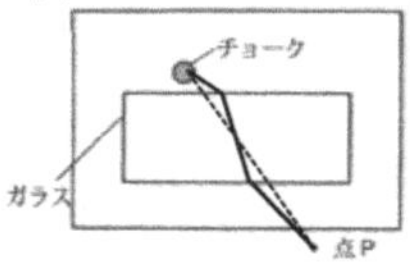

問６　ア○…図Ⅰのように，光が屈折して目に届くとき，観測者には，光が直進してくるように見えるので，直接見えるチョーク上部よりも下部の方が左側に見える。

問７　イ○…震度は０，１，２，３，４，５弱，５強，６弱，６強，７の10段階で表される。

問８　ア×…〔$\text{湿度(\%)}=\dfrac{\text{水蒸気量(g/m}^3\text{)}}{\text{飽和水蒸気量(g/m}^3\text{)}}\times100$〕より，$\dfrac{2.4}{4.8}\times100=50\text{(\%)}$となる。
イ○…$\dfrac{5.0}{9.4}\times100=53.1\cdots\text{(\%)}$　ウ×…$\dfrac{6.0}{17.3}\times100=34.6\cdots\text{(\%)}$　エ×…$\dfrac{10.0}{30.4}\times100=32.8\cdots\text{(\%)}$

Ⅱ　**問１**　銅を加熱すると，酸化して酸化銅〔CuO〕になる。

問２　表１より，反応に関わる物質の質量比は一定だから，銅粉 0.800ｇから酸化銅 1.000ｇができたことから，銅：酸化銅＝0.800：1.000＝４：５の質量比であることがわかる。したがって，1.200ｇを加熱すると，質量は$1.200\times\dfrac{5}{4}=1.5\text{(g)}$となる。

問３　ク○…赤褐色の銅を加熱すると，黒色の酸化銅になる。酸化銅は金属ではなく，金属に特有の電気を通す，光沢があるなどの性質をもたない。

問４　ア×…酸化銅と炭素粉末の混合物を加熱すると，酸化銅が還元されて銅になり，炭素は酸化されて二酸化炭素が発生するので，発生した気体は二酸化炭素である。空気中に約21%含まれる気体は酸素である。

問５　ア○…加熱をやめる前にクリップでゴム管を閉じないと，空気が試験管に入って，銅が再び酸素と結びついてしまう可能性がある。

問６　問２解説より，酸化銅 2.000ｇがすべて酸素を奪われると，$2.000\times\dfrac{4}{5}=1.6\text{(g)}$の銅ができるので，表２より，炭素の粉末を 0.150ｇにしたときに，酸化銅と炭素が過不足なく反応することがわかる。質量保存の法則より，このとき発生する気体は2.000＋0.150－1.6＝0.55(ｇ)となる。

問７　問６解説より，酸化銅2.000ｇと炭素の粉末0.150ｇが過不足なく反応したので，炭素の粉末1.350ｇと過不足なく反応する酸化銅は$2.000\times\dfrac{1.350}{0.150}=18\text{(g)}$となる。したがって，試験管の中に残った固体は20－18＝２(ｇ)の酸化銅と$18\times\dfrac{4}{5}=14.4\text{(g)}$の銅である。14.4＋２＝16.4(ｇ)となる。

Ⅲ　**問１**　ウ○…マグマが地下深くでゆっくり冷え固まると深成岩ができる。最も白っぽい深成岩は花こう岩である。

問２　小さな結晶やガラス質(石基)と大きな結晶(斑晶)によるつくりを斑状組織という。

問３　ア○…サンゴは温暖で浅い海に生息する。

問４　サンゴの化石のように，地層ができた当時の環境が推定できる化石を示相化石という。

問5　イ○…石灰岩に塩酸をかけると二酸化炭素が発生する。

問6　図２より，Ｂ地点からＣ地点まで南に 100m進むと，地層②の標高が５m下がることがわかるので，Ｄ地点はＡ地点から５m下がった，地表から５mの深さで，地層②があらわれる。

問7　図２より，Ａ地点から東に100m進むと地層②の標高が10m下がるので，東に200m進むと標高は$10\times\frac{200}{100}=$20(m)下がる。さらに，南に50m進むと地層②の標高が$5\times\frac{50}{100}=2.5$(m)下がるので，標高220mのＥ地点では$20+2.5+(220-200)=42.5$(m)の深さとなる。

Ⅳ　**問2**　だ液に含まれるアミラーゼの他に，胃液の含まれるペプシンや，すい液に含まれるリパーゼなども覚えておきたい。

問3　オ○…②実験１ではデンプンがなくなるかどうかを調べることはできるが，糖ができるかどうかはわからない。　④表１より，試験管Ｂではだ液が少しはたらいて，ヨウ素液の色が少し変化していることがわかる。

問4　ア○…ベネジクト液を加えた後に加熱することで，色が赤褐色に変化する。

問5　エ○…表２より，Ｄの外の液ではベネジクト液による反応が確認できるので，デンプンが分解されてできた糖はセロハン膜を通り抜ける(セロハンの穴よりも小さい)ことがわかる。

問6　デンプンは最終的にブドウ糖に分解されて，小腸で吸収される。ブドウ糖は肝臓に運ばれて，グリコーゲンとして一時的にたくわえられる。

問7　組織液には，血液によって運ばれてきた栄養分や酸素，細胞から出された二酸化炭素などがとけ出す。

Ⅴ　**問2**　１秒間に60打点する記録タイマーでは，６打点にかかる時間は0.1秒である。したがって，$\frac{14.8}{0.1}=148$(cm/ｓ)となる。

問3　ウ○…斜面の運動では，斜面に平行な下向きの力が一定の大きさで加わるので，速さが一定の割合で増加する。移動距離(速さ×時間)のグラフでは，時間が増加する時に速さも増加するので，ウのようなグラフになる。

問4　図４より，手でばねを引いた距離が 10cm 以上になると，ばねの長さが 44cm で一定になることから，ばねの長さが 44 cmのとき，糸が台車を引く力(手がばねを引く力)と台車にはたらく斜面に平行な下向きの力がつり合って，台車が等速直線運動をすることがわかる。したがって，図５より，ばねの長さが 44 cmになるときのばねを引く力である2.5Nが正答となる。

問5　台車が等速直線運動をするとき，台車に力がはたらかないか，台車にはたらく力の合力の大きさが０になる。

問6　〔仕事(Ｊ)＝力の大きさ(N)×力の向きに物体を動かした距離(m)〕，30cm→0.3mより，$2.5\times0.3=0.75$(Ｊ)となる。

問7　ア×…斜面の角度を変えると，台車が受ける斜面に平行な下向きの力が変化するので，台車の速さも変化する。イ×…台車の質量を増やしても，台車の速さは変わらないので，記録テープの打点の間隔は，図２の記録テープと変わらない。　ウ○…台車の速さと質量が増加すると，運動エネルギーも増加する。等速直線運動では台車の速さは一定だから，運動エネルギーも一定である。　エ×…台車がもつ運動エネルギーは一定で，台車の高さが高くなって位置エネルギーが増加するので，力学的エネルギー(位置エネルギーと運動エネルギーの和)も増加する。

═《2021　社会　解説》═

Ⅰ　**問1**　エが正しい。１年中降水量の少ないエを選ぶ。アはパリ，イはシンガポール，ウはイルクーツク。

問2　イが正しい。ａ．正しい。ｂ．誤り。エジプトでつくられたのは太陰暦ではなく太陽暦である。

問3(1)　ウが正しい。リスボンはポルトガル，マドリードはスペイン，アンカラはトルコの首都。　(2)　ウが正しい。中国やアメリカの面積は，日本の約25倍程度であることは知っておきたい。ＥＵがアメリカに勝っているものは人口だけであることも知っておきたい。

問４(1)　アが正しい。リベリアは19世紀にアメリカから独立している。モロッコはフランス領，ナイジェリアとケニアはイギリス領であった。　(2)　フェアトレードは，生産国の生産者と労働者の生活を改善するための取り組み。

問５　アが正しい。イ．誤り。常任理事国は，中国・ロシア・アメリカ・フランス・イギリスの５カ国。ウ．誤り。国連加盟数は200以下である。エ．誤り。子どもの権利条約を担当しているのはUNICEF(ユニセフ)である。

問６　ウが正しい。中禅寺湖は栃木県，田沢湖は秋田県，摩周湖は北海道東部に位置する。

問７　エが正しい。ＧＮＩは国民総所得，ＧＮＰは国民総生産，ＧＮＨは国民総幸福感。

問８(1)　エが正しい。アは静岡県，イは福島県，ウは群馬県。　(2)　水力発電は，カナダでさかんだから，イを選ぶ。アは火力，ウは新エネルギー，エは原子力。

問９　ウが誤り。非核三原則は「持たず，つくらず，持ち込ませず」である。ただし，アの文にも誤りがある。ウィルソンが14か条の平和原則を発表したのはアメリカ議会においてである。

問10　アが正しい。チワン族は中国南部に住む少数民族。

問11(1)　ウが誤り。イギリスの首相は男性のジョンソン首相である。　(2)　エが正しい。国民は，州別の選挙人を選ぶときの投票に参加する。

問13　アが正しい。オランダに河口があることからライン川と判断する。ドナウ川は東欧を流れ黒海に注ぐ。ルール工業地帯は，ドイツの重工業をけん引してきた地域で，国内の炭田から採れる石炭とスカンジナビア半島から運ばれてくる鉄鉱石を使って発達した。

問14(1)　エが正しい。フロンガスによってオゾンホールができることは知っておきたい。化石燃料を使うと地球温暖化や酸性雨の原因となる。　(2)　パリ条約では，2020年以降の温室効果ガスの削減目標を定めている。

問15　イが正しい。人口爆発が続き，アジアに次いで人口の多いイをアフリカと判断する。アはアジア，ウは北・中央・南アメリカ，エはヨーロッパ。

Ⅱ　**問１**　ウが正しい。三内丸山遺跡(青森県)は縄文時代，登呂遺跡(静岡県)は弥生時代，板付遺跡(福岡県)は弥生時代の遺跡である。

問２　イが誤り。アは『漢書』地理誌，ウは『後漢書』東夷伝，エは『魏志』倭人伝に記述がある。

問３(1)　アが誤り。聖武天皇は，恭仁京(京都府)→難波宮(大阪府)→紫香楽宮(滋賀県)と遷都を繰り返した。

(2)　ウが誤り。ウの阿修羅像は興福寺にある。

問４　国風文化が栄え，ひらがなが宮廷の女性の間に広がると，紫式部は『源氏物語』，清少納言は『枕草子』を著し，男性の紀貫之は女性の文体で『土佐日記』を著した。

問５　アが正しい。Ⅰ．９世紀初頭→Ⅱ．10世紀初頭→Ⅲ．10世紀中ごろ→Ⅳ．10世紀末～11世紀初頭

問６　イが正しい。備前・備中・備後が岡山県の旧国名である。

問７　エが正しい。ａ．誤り。市は定期市として決まった日に立てられた。ｂ．誤り。物々交換が基本だった。

問８(1)　ウが正しい。管領は室町幕府の将軍の補佐役で，有力な守護大名が交代で担当していた。　(2)　ウが正しい。８年間にわたって自治をした山城の国一揆の説明である。

問９　イが正しい。アヘン戦争で清がイギリスに敗れたことから，幕府は異国船打払令を薪水給与令に改めた。アのインド大反乱(セポイの乱)は1857年，ウのドイツ帝国誕生は1871年，エのフランス革命は1789年。

問10　漢字とあるので工場制手工業とする。カタカナとあればマニュファクチュアと答える。

問11　ウが正しい。ａ．誤り。民選議院設立建白書は，伊藤博文ではなく板垣退助が中心となった。ｂ．正しい。

問12　イが誤り。日英同盟を理由として連合国側で参加した。同盟国はドイツ・オーストリアなどである。

問13　原敬が正しい。原敬内閣は，米騒動の責任をとって辞任した寺内正毅内閣の後に成立した。

問14　イが正しい。日本国憲法の公布は1946年11月3日。ア．誤り。義務教育は9年間である。ウ．誤り。20歳以上の男女に選挙権が与えられた。エ．誤り。治安維持法が廃止されたのは1945年。

問15　エが正しい。Ⅰ．第五福竜丸事件(1954年)→Ⅳ．所得倍増計画(1960年)→Ⅲ．東京オリンピック(1964年)→Ⅱ．沖縄返還(1972年)

Ⅲ　問1　アが正しい。最も先に売り上げを伸ばしたのが百貨店，続いて大型スーパー，後から伸びてきたのがコンビニエンスストアである。

問2(1)　ウが正しい。経済産業省は，経済・産業の発展，鉱物資源・エネルギー資源の保管などを担当する。環境省は，環境の保全整備，公害の防止などを担当する。総務省は，地方財政，選挙，消防防災，情報通信，郵政行政などを担当する。　(2)　イが正しい。薬局の設置に距離制限があることは，居住・移転の自由に反するとされた。

問4　エが正しい。1ドル＝100円から1ドル＝80円のように円の価値が上がることを円高という。1ドル＝100円のとき，10ドル＝1000円であり，1ドル＝80円のとき，10ドル＝800円になるから，円高になると日本円にしたときのお金が少なくなる。円高は輸入業者，円安は輸出業者に有利にはたらく。

問5(1)　イが正しい。ア．誤り。都道府県知事の被選挙権は30歳，市町村長の被選挙権は25歳である。ウ．誤り。地方公共団体間の財政格差をなくすために国から交付される財源は地方交付税交付金である。エ．誤り。運輸については国土交通省，通信については総務省が担当する。

問6　マクドナルドやコストコなども多国籍企業である。

問7(1)　アが正しい。a．正しい。b．正しい。　(2)　エが正しい。ケネディの消費者の4つの権利とは，「安全である権利」「知らされる権利」「自由選択の権利」「意見が反映される権利」である。

問8　アが正しい。ノーマライゼーション・バリアフリー・ユニバーサルデザインの違いをしっかりと覚えよう。

問9　エが正しい。段階的に上がっているCは，税率を徐々に上げている消費税である。2008年から2009年にかけてリーマンショックの影響を受けて急激に落ちているBが法人税と判断する。

2020 解答例 令和２年度　上宮高等学校

《国　語》

一　問一．㋐あいまい　㋑稼　㋒とら　㋓癖　㋔おちい　㋕検索　㋖滅多　㋗格納　　問二．ⓐイ　ⓑア　ⓒカ　ⓓコ　ⓔオ　ⓕウ　ⓖケ　ⓗエ　　問三．Ａ．ア　Ｂ．エ　Ｃ．オ　Ｄ．ウ　　問四．ウ　　問五．ピント
問六．Ⅰ．抽象的　Ⅱ．具体的　　問七．覚えないし、思い込まないし、決めつけない
問八．固有名詞に関連する沢山のキーワードを語る　　問九．１．ア　２．ア　３．イ　４．ア　５．イ　６．イ　７．イ　　問十．エ　　問十一．人は、言葉にすることで安心してしまい、多くの発想を見逃してしまうようになった。　　問十二．芽　　問十三．オ，カ

二　１．無　　２．大　　３．正　　４．変　　５．意

三　問一．㋐なお　㋑いて　㋒いうよう　　問二．(a)イ　(b)ア　　問三．ウ　　問四．銭持ちたる人
問五．③ウ　④イ　　問六．親に銭を返したこと。　　問七．五　　問八．ウ　　問九．ア

《数　学》

Ⅰ　(1)(ア)－88　(イ)4　　(2)[ア]＝2　[イ]＝7　　(3)$a=-2$　$y=\frac{1}{2}$　　(4)3　　(5)$\frac{7}{15}$　　(6)15　　(7)32

Ⅱ　(1)$a=\frac{1}{4}$　$b=1$　　(2)$y=\frac{1}{2}x+2$　　(3)6　　(4)$\frac{3\sqrt{2}}{2}$　　(5)$6\sqrt{2}\pi$

Ⅲ　(1)12　　(2)$4+2\sqrt{5}$　　(3)$2\sqrt{5}$

Ⅳ　(1)$\sqrt{3}$　　(2)①$\frac{3\sqrt{3}}{4}$　②$\frac{\sqrt{2}}{3}$　③$\sqrt{2}$

《英　語》

Ⅰ　1，3，8，13，14

Ⅱ　問1．A．ウ　B．イ　C．ア　D．エ　　問2．1．the people who watch the performer
2．they are worried about the judgements by audience　　問3．ニコラス・コットレルと呼ばれている科学者は聴衆効果について異なった考え方を持っていました。　　問4．ウ　　問5．エ

Ⅲ　①ア　②イ　③オ　④ウ　⑤エ

Ⅳ　1．①ア　②イ　　2．③カ　④ウ　　3．⑤ア　⑥ク　　4．⑦キ　⑧ア

Ⅴ　2，3，4，5，8

Ⅵ　1．①when　②to　　2．③It　④rained　　3．⑤made　⑥by　　4．⑦better　⑧than
5．⑨without　⑩my

Ⅶ　1．イ　　2．エ　　3．エ

Ⅷ　4，7，8

《理　科》

I　問1．オ　問2．イ　問3．20　問4．イ，エ　問5．イ　問6．ウ　問7．イ　問8．カ

II　問1．A．イ　B．エ　C．ア　D．ウ　E．キ　F．オ　G．カ　問2．A，6　問3．A，B，C

問4．Y．④　Z．①　問5．水溶液A，B…H^+　水溶液C，D，E…OH^-

III　問1．イ　問2．エ　問3．15　問4．番号…④　値…30　問5．番号…②　値…0.9

問6．番号…③　値…0.6

IV　問1．ア，エ　問2．イ，ウ　問3．A，B，C　問4．B　問5．C，E　問6．①　問7．③

V　問1．E　問2．D　問3．b　問4．78.7　問5．ウ　問6．①44　②34.7

《社　会》

I　問1．緒方貞子　問2．田中正造　問3．(1)エ　(2)イ　問4．(1)フィヨルド　(2)エ　問5．イ

問6．(1)エ　(2)ウ　問7．(1)ウ　(2)プランテーション　(3)ア　問8．10　問9．イ

問10．(1)イヌイット　(2)ア　問11．エ　問12．(1)首里城　(2)尖閣諸島　(3)マングローブ

II　問1．ウ　問2．聖武　問3．イ　問4．エ　問5．イエズス　問6．ア　問7．ウ　問8．ア

問9．エ　問10．エ　問11．イ　問12．ア　問13．ジャポニズム〔別解〕ジャポニスム　問14．ウ

問15．ア　問16．ウ　問17．イ

III　問1．ウ　問2．ア　問3．ウ　問4．エ　問5．(1)イ　(2)ワイマール　問6．ふるさと納税

問7．ウ　問8．エ　問9．(1)カルテル　(2)ア　問10．イ　問11．ア

←解答例は前ページにありますので，そちらをご覧ください。

《2020　国語　解説》

一　著作権に関係する弊社の都合により本文を非掲載としておりますので、解説を省略させていただきます。ご不便をおかけし申し訳ございませんが、ご了承ください。

二　1　「無理難題」と「厚顔無恥」

2　「大山鳴動」と「気宇壮大」

3　「公明正大」と「品行方正」

4　「千変万化」と「有為転変」

5　「一意専心」と「当意即妙」

三　**問一**㋐　古文で言葉の先頭にない「はひふへほ」は、「わいうえお」に直す。　㋑　古文の「わゐうゑを」は、「わいうえお」に直す。　㋒　「いふ」は「いう」。古文の「ア段＋う」(au)は「オ段＋う」(ou)に直すので、「やう」(yau)は「よう」(you)。

問四　子どもは五十貫のお金を持っている。――線部②の次の行に「銭持ちたる人」とある。

問六　子どもが否定した内容なので、親が言った「お金を返してよこした」ということ。

問七　五十貫を「それぞれ十貫ずつ持って来た」ので、五人。

問八　本文最後の一文から、お金が濡《ぬ》れていた理由がわかる。よって、ウが適する。

問九　『万葉集』は奈良時代。『古今和歌集』と『枕草子』は平安時代。『奥の細道』は江戸時代。

【古文の内容】

昔、天竺《てんじく》(インド)の人が、宝を買うために、五十貫のお金を子どもに持たせてやった。大きな川のほとりを行くと、舟に乗っている人がいる。舟の方を見ると、舟から亀が、首をさし出していた。お金を持った人(子ども)が立ち止まって、この亀について、「何をするための亀ですか」とたずねると、(舟の人は)「殺して、あることに使うのだ」と言う。(子どもが)「その亀を買おう」と言うと、この舟の人が、とても大事なことがあって、用意した亀なので、高い値段であっても、売るわけにはいかないということを言うので、(子どもは)それでも無理やり手をすって(譲ってほしいと頼み)、この五十貫のお金で、亀を買い取って放してやった。

(子どもは)心の中で、「親が、宝を買うために隣の国へ持っていかせたお金を、亀にかえて使いきったので、親は、どんなに腹をお立てになっているだろう」と思った。そうかといってまた、親のもとへ帰らずいるわけにもいかないので、親のもとへ帰って行くと、途中の道に人が座っていて、「ここで(あなたに)亀を売った人は、この下流の渡し場で船がひっくり返って死んだ」と語るのを聞いて、親の家に帰って行き、(持たされた)お金を亀にかえてしまったことを話そうと思っていると、親が、「どうしてこのお金を返してよこしたのだ」と聞いたので、子どもが、「そのようなことはありません。そのお金は、これこれで亀にかえて放してやったので、そのことを申し上げようと思って帰ってまいりました」と言うと、親が、「黒い着物を着た、同じ背格好の人が五人、それぞれ十貫ずつ持って来た。これが、それだ」と言って(子どもに)見せると、そのお金はまだ濡れたままであった。

なんと実は、買って放した亀が、その(亀を買うために子どもが舟の人に払った)お金が川に落ち入るのを見て、(そのお金を)拾い上げ、親のもとに、子どもが帰る前に届けたのである。

《2020　数学　解説》

Ⅰ　(1)(ア)　与式$=-16+4\times(-27)-(-36)=-16-108+36=-124+36=-88$

(イ)　与式$=3+2\sqrt{6}+2-\dfrac{2+4\sqrt{6}}{2}=5+2\sqrt{6}-(1+2\sqrt{6})=5+2\sqrt{6}-1-2\sqrt{6}=4$

(2)　与式$=\dfrac{a}{2}x^2-\dfrac{5}{2}axy-\dfrac{14}{2}ay^2=\dfrac{a}{2}(x^2-5xy-14y^2)=\dfrac{a}{2}(x+2y)(x-7y)$

(3)　$y=ax+1$と$y=-6x-a$に$x=\dfrac{1}{4}$を代入すると，$y=\dfrac{1}{4}a+1$，$y=-\dfrac{3}{2}-a$

このy座標が等しくなるから，$\dfrac{1}{4}a+1=-\dfrac{3}{2}-a$を解いて，$a+4=-6-4a$　　$5a=-10$　　$a=-2$

$y=\dfrac{1}{4}a+1$に代入すると，$y=\dfrac{1}{4}\times(-2)+1=-\dfrac{1}{2}+1=\dfrac{1}{2}$

(4)　与式の両辺を6倍すると，$2(2x-3)^2=3(x+3)(x-3)+6x$

$2(4x^2-12x+9)=3(x^2-9)+6x$　　$8x^2-24x+18=3x^2-27+6x$　　$5x^2-30x+45=0$

$x^2-6x+9=0$　　$(x-3)^2=0$　　$x=3$

(5)　2つの袋からカードを1枚ずつ取り出すときカードの取り出し方は，$5\times3=15$(通り)ある。そのうち，カードに書かれた数の和が奇数となる(Aのカードの数，Bのカードの数)の組み合わせは，(①，②)(②，①)(②，③)(③，②)(④，①)(④，③)(⑤，②)の7通りあるから，求める確率は，$\dfrac{7}{15}$

(6)　$\sqrt{\dfrac{540}{n}}$が最大の整数となるためには，nの値はできるだけ小さい方がよい。540を素因数分解すると，$540=2^2\times3^3\times5$と表せるから，$\dfrac{540}{n}$が平方数となるnは，$3\times5=15$，$2^2\times3\times5=60$，$3^3\times5=135$，$2^2\times3^3\times5=540$がある。よって，求めるnの値は15である。

(7)　右のように記号をおく。

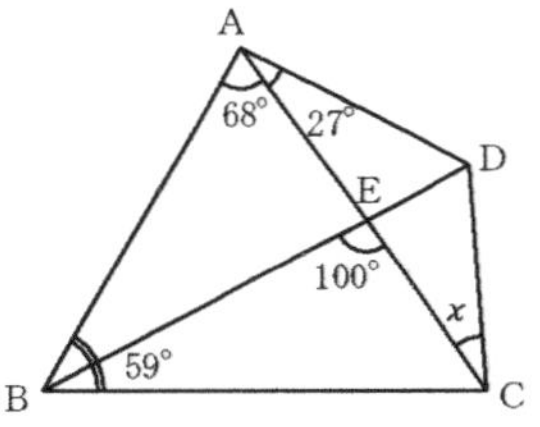

対頂角は等しいから，$\angle AED=\angle BEC=100°$である。

$\triangle ADE$の内角の和より，$\angle ADE=180-27-100=53(°)$

また，$\triangle ABC$の内角の和より，$\angle ACB=180-68-59=53(°)$

よって，$\angle ADB=\angle ACB$となるから，4点A，B，C，Dは同一円周上にあるとわかるので，$\overset{\frown}{AD}$に対する円周角より，$\angle x$は$\angle ABD$に等しい。

三角形の外角の性質を$\triangle ABE$で利用すると，$\angle ABE=100-68=32(°)$になるから，$\angle x=\angle ABE=32°$

Ⅱ　(1)　関数$y=ax^2$のグラフは点Aを通ることから，$x=4$，$y=4$を代入すると，$4=16a$　　$a=\dfrac{1}{4}$

点Bは，関数$y=\dfrac{1}{4}x^2$のグラフ上にあるから，$x=-2$，$y=b$を代入すると，$b=\dfrac{1}{4}\times(-2)^2=1$

(2)　直線ABの式を$y=mx+n$とおく。

点A(4，4)を通ることから，$4=4m+n$…①　　点B(−2，1)を通ることから，$1=-2m+n$…②

①と②の連立方程式を解くと，$m=\dfrac{1}{2}$，$n=2$となるから，求める直線の式は，$y=\dfrac{1}{2}x+2$

(3)　直線ABとy軸との交点をCとすると，C(0，2)である。

$\triangle OAB$の面積は，$\dfrac{1}{2}\times$(OCの長さ)$\times$(2点A，Bのx座標の差)で求めることができるから，

$\triangle OAB=\dfrac{1}{2}\times2\times\{4-(-2)\}=6$

(4)　$\triangle OPQ\equiv\triangle OAB$であり，点Qの$y$座標の絶対値は，$\triangle OPQ$の底辺をOPとしたときの高さにあたるから，$\triangle OAB$の面積を利用して，点Qの$y$座標を求める。

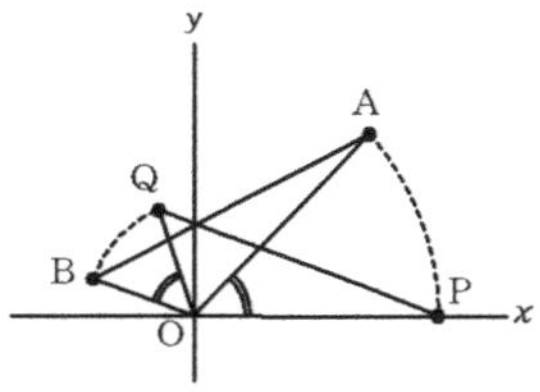

三平方の定理を利用すると，$OP=OA=\sqrt{4^2+4^2}=\sqrt{32}=4\sqrt{2}$である。

点Qのy座標をtとすると，面積について，$\dfrac{1}{2}\times4\sqrt{2}\times t=6$が成り立つから，これを解いて，$t=\dfrac{3\sqrt{2}}{2}$

よって，点Qのy座標は$\frac{3\sqrt{2}}{2}$である。

⑸　△ＯＰＱを，x軸を回転の軸として１回転させると，右のようになる。

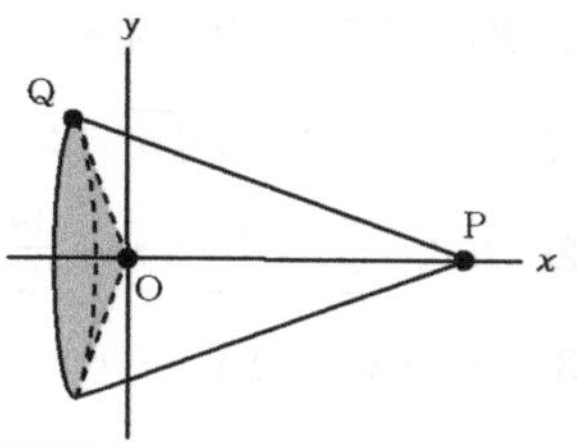

ここで，底面の半径がｒで高さが$(a+b)$の円すいから，底面の半径がｒで高さがｂの円すいをくり抜いた立体の体積を求めてみると，

$\frac{1}{3}\pi r^2(a+b)-\frac{1}{3}\pi r^2 b=\frac{1}{3}\pi r^2 a$となり，底面の半径がｒで高さがａの円すいの体積と等しくなることがわかる(右下図)。

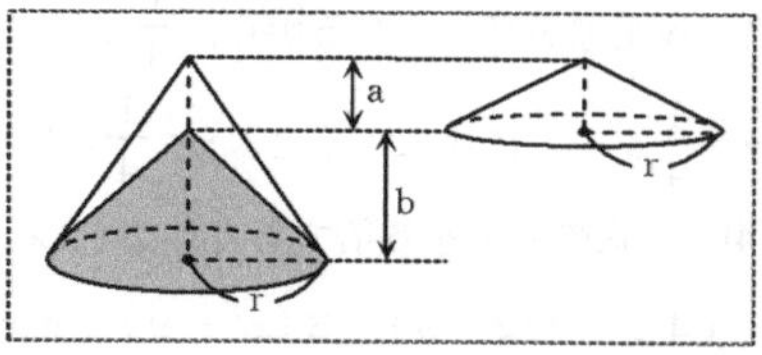

よって，△ＯＰＱを，x軸を回転の軸として１回転させてできる立体の体積は，底面の半径が点Ｑのy座標の絶対値に等しく，高さがＯＰである円すいの体積に等しいから，求める体積は，

$\frac{1}{3}\times\pi(\frac{3\sqrt{2}}{2})^2\times 4\sqrt{2}=6\sqrt{2}\pi$

Ⅲ　⑴　側面は，縦と横の長さが，２cm，$(x-4)$cmの長方形が４つできるから，

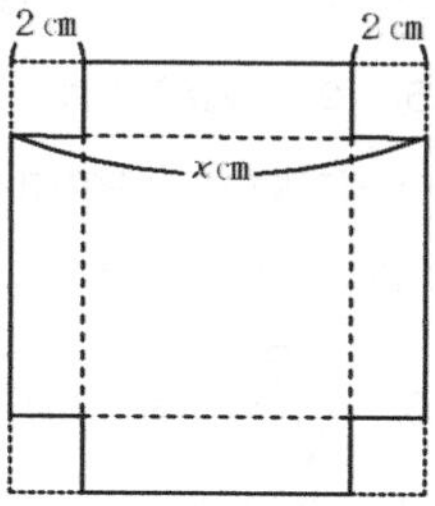

側面積について，$2(x-4)\times 4=64$が成り立つ。$8(x-4)=64$　　$x-4=8$

$x=8+4=12$

⑵　底面は，１辺の長さが$(x-4)$cmの正方形ができるから，底面積について，

$(x-4)^2=20$が成り立つ。$x-4=\pm 2\sqrt{5}$　　$x=4\pm 2\sqrt{5}$

$x-4>0$より，$x>4$だから，$x=4-2\sqrt{5}$は不適であり，$x=4+2\sqrt{5}$

⑶　周りの長さが20cmの長方形の縦と横の長さの和は$20\div 2=10$(cm)になるから，

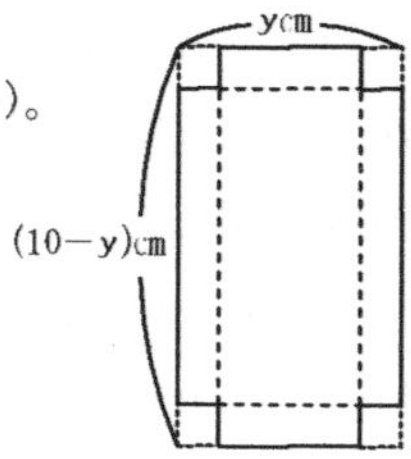

横の長さをycmとすると，縦の長さは$(10-y)$cmと表せる(横の方が短いとして$2<y<5$)。

底面の横の長さは，$(y-2)$cm，縦の長さは$(10-y)-2=8-y$(cm)となるから，

容積について，$1\times(y-2)(8-y)=4$が成り立つ。

$-y^2+10y-16=4$　　$y^2-10y+20=0$　　$y=5\pm\sqrt{5}$

$2<y<5$だから，$y=5-\sqrt{5}$が条件にあてはまる。縦の長さは，$10-(5-\sqrt{5})=5+\sqrt{5}$(cm)になるから，縦と横の辺の長さの差は，$(5+\sqrt{5})-(5-\sqrt{5})=2\sqrt{5}$(cm)

Ⅳ　⑴　△ＢＣＤはＢＣ＝ＤＣ＝１の二等辺三角形だから，ＣからＢＤに垂線ＣＨを引くと，

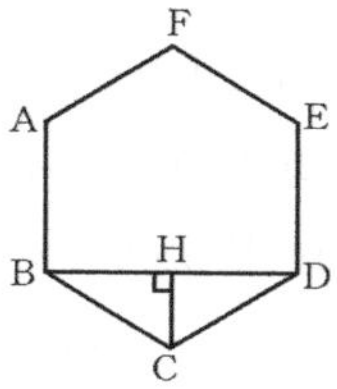

△ＢＣＨ≡△ＤＣＨとなる。六角形の内角の和は$180\times(6-2)=720$(°)だから，正六角形の１つの内角は，$720\div 6=120$(°)である。よって，$\angle BCH=\frac{1}{2}\angle BCD=60$(°)となるので，△ＢＣＨは，$1:2:\sqrt{3}$の直角三角形だから，$CH=\frac{1}{2}BC=\frac{1}{2}$，

$BH=\sqrt{3}CH=\frac{\sqrt{3}}{2}$である。したがって，$BD=2BH=2\times\frac{\sqrt{3}}{2}=\sqrt{3}$

⑵①　△ＯＢＤは，$OB=BD=DO=\sqrt{3}$の正三角形になる。⑴で作図したＨをそのまま利用すると，$OH\perp BD$になるから，△ＯＢＨは，$1:2:\sqrt{3}$の直角三角形であり，$OH=\sqrt{3}BH=\frac{3}{2}$になる。よって，$\triangle OBD=\frac{1}{2}\times\sqrt{3}\times\frac{3}{2}=\frac{3\sqrt{3}}{4}$

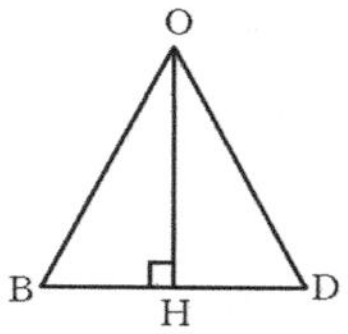

②　頂点Ｃから３点Ｏ，Ｂ，Ｄを含む平面に下した垂線の長さは，

三角すいＯ－ＢＣＤで，底面を△ＯＢＤとしたときの高さにあたるから，

まず，三角すいＯ－ＢＣＤの体積を，△ＢＣＤを底面として求める。

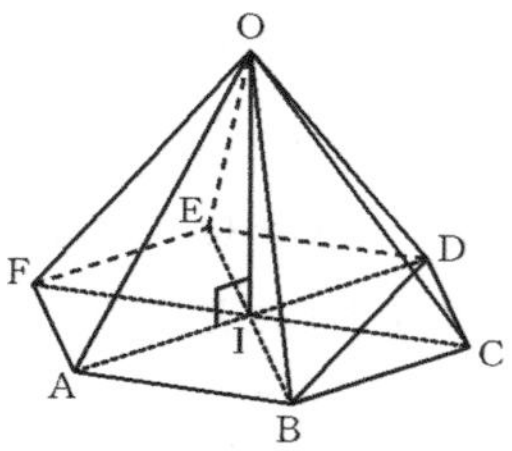

右図で，正六角形ＡＢＣＤＥＦの内部に合同な正三角形が６つ作図できるから，

ＡＩ＝ＡＢ＝１である。直角三角形ＯＡＩにおいて，三平方の定理を使うと，ＯＩ＝$\sqrt{OA^2-AI^2}$＝$\sqrt{(\sqrt{3})^2-1^2}$＝$\sqrt{2}$になるから，三角すいＯ－ＢＣＤの体積は，$(\frac{1}{2}\times\sqrt{3}\times\frac{1}{2})\times\sqrt{2}\times\frac{1}{3}=\frac{\sqrt{6}}{12}$である。

よって，三角すいＯ－ＢＣＤで，底面を△ＯＢＤとしたときの高さをｈとすると，$\frac{1}{3}\times\frac{3\sqrt{3}}{4}\times h=\frac{\sqrt{6}}{12}$が成り立つから，$\frac{\sqrt{3}}{4}h=\frac{\sqrt{6}}{12}$より，$h=\frac{\sqrt{6}}{12}\times\frac{4}{\sqrt{3}}=\frac{\sqrt{2}}{3}$

③　図３において，頂点Ｆから３点Ｏ，Ｂ，Ｄを含む平面に下した垂線は，右図のＯＨと交わり，△ＯＦＨの底辺をＯＨとしたときの高さにあたる。

ＦＣ＝ＦＩ＋ＩＣ＝１＋１＝２，$CH=\frac{1}{2}$だから，$FH=2-\frac{1}{2}=\frac{3}{2}$である。

①より，ＯＨ＝ＦＨとわかるので，底辺の長さが等しければ，高さも等しくなるから，求める長さは，ＯＩに等しく$\sqrt{2}$である。

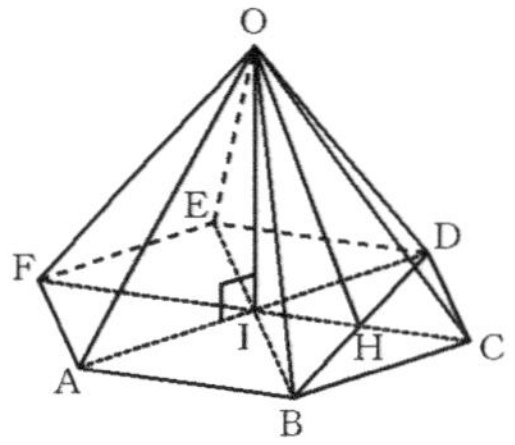

《2020　英語　解説》

Ⅰ　【本文の要約】参照。

1　○「マララはテストでよい成績を取ったので嬉しかった」

2　「銃を持った男が×バスを止めるために，後ろからバスに乗り込んできた」

3　○「銃を持った男はマララを探していた」

4　「銃を持った男は×何も尋ねることなくマララに気づいた」

5　「マララは×頭を撃たれた後のことを何も覚えていない」

6　「マララは×撃たれた２週間後に目を覚ました」

7　「マララは目を覚ました時，×故郷の病院にいた」

8　○「マララは，医師や看護師が何を言っているか理解したが，はっきりと話すことができなかった」

9　「マララは『国』と『父』という×単語をボードの中から選んだ」

10　「マララは自分の恐ろしい経験を×最初から最後まで覚えていた」

11　「マララは更に手術を受けるため，×より大きな病院に転院した」

12　「マララは×新しい学校に通う計画がなかった」

13　○「マララには運動と特別な訓練が必要だった」

14　○「マララ襲撃のニュースは世界中の人々を怖がらせた」…第５段落４～５行目と一致。

【本文の要約】

2012年10月9日，マララは友達と一緒に小さなスクールバスに乗った時，とても嬉しく誇らしい気持ちでした。1彼女は一生懸命テスト勉強をして，よい点を取ったのです。暖かい秋の日で，木々の葉が赤色や茶色や黄色に色づき始めていました。マララは15歳でした。

マララの小さなバスは，全然本物のバスではありませんでした。小型トラックのようなものでした。バスの横側は覆いがあったものの，後ろ側にはほとんど覆いがありませんでした。バスは高校生の女の子達と３人の先生でいっぱいでした。マララは友達のモニバの横に座っていました。みんなは歌ったりテストについて話したりしていました。突然バスが止まると，銃を持った男が後ろからバスに乗り込んできました。

3「マララはどいつだ？」男は尋ねました。

何人かの女の子がマララを見ました。男は彼女たちの目を見ました。男は女の子たちが見ていた子がマララだとわかりました。

男はマララに銃を向け，彼女に発砲しました。

マララはその後何があったのか，ほとんど覚えていませんでした。頭を撃たれたことを覚えていませんでした。

10 月 16 日，マララは目が覚めました。彼女は，今故郷のミンゴラではなくて，イングランドにいることがわかりました。イングランドは故郷から４千マイル以上離れたところでした。

マララはあたりを見渡して，自分が病院にいることがわかりました。8 医師と看護師たちは英語を話していました。彼女は話すことができませんでした。口に呼吸を助けるためのチューブが入れられていたからです。誰かがアルファベットが書いてあるボードを持ってきてくれました。マララは指で指し示すことで２つの単語を１語１語伝えることができました。それは「国」と「父」でした。

彼女は自分がイングランドにいると伝えられました。彼女の父は家族と共にすぐに来ることになっていました。

数日後，チューブが取り外されました。それでも彼女はまったく話すことができませんでした。みんなは待ちました。ウルドゥー語を話す人が呼ばれました。マララは自分がどこにいて何が起こったのか，尋ね始めました。彼女は，自分がスクールバスに乗っていたことを思い出しましたが，それ以外は思い出せませんでした。母はここに向かっているの？兄弟は？みんなはいつ到着するの？

医者たちは，彼女が話すことができて喜びました。しかしマララが回復するには長い時間がかかりそうでした。彼女は顔をうまく動かすことができませんでした。聴覚が損傷を受けていました。更に手術を受ける必要がありました。

家族はイングランドに到着すると，近くのアパートで暮らしました。後に，ようやくマララが退院できた時，彼らはバーミンガムのもっと大きな家に引っ越しました。そこは彼女が通う新しい学校から遠くありませんでした。

13 マララが回復するためには何か月もの運動と特別な訓練が必要でした。彼女は，最初は短く，徐々に長い距離を歩く必要がありました。

14 マララ襲撃のニュースは，素早く世界を駆け回りました。世界中の人々が怖がりました。

2013 年の夏までには，マララはアメリカに行けるほど十分回復していました。彼女は怪我から回復するのに９か月かかりました。マララは，銃を持ったテロリストも彼女を止めることはできなかったのだということを世界に示しました。彼女は自分の考えを発信し続けることでしょう。

Ⅱ 【本文の要約】参照。

問１　接続詞や代名詞に着目して並べかえる。

問２　１　質問「『聴衆』という単語は何を意味しますか？」…第１段落１～２行目の The people who watch the performer are the “audience.”を It means に続く形にして答える。

２　質問「ニコラス・コットレルによると，人はどんなときに演技が下手になりますか？」…コットレルの持論が書かれている第３段落参照。最後の文の when 以下(they...by audience)が答えとなる。

問３　One scientist named Nikolas Cottrell《ニコラス・コットレルという名の科学者は》／had different ideas《異なった考え方を持っていた》／about the audience effect.《聴衆効果について》：

One scientist《名詞》 named《過去分詞》 Nikolas Cottrell《語句》は〈過去分詞＋語句〉で後ろから名詞を修飾する形。

問４　・as well as ~「～と同じように／変わることなく」

問５　エ「他人が見ていると人々の演技は変化する」…聴衆がいるとうまく演技できる場合もあれば，聴衆の評価が気になって緊張してしまう場合もあるという内容なので，エが適切。

【本文の要約】

あなたは人前で，ステージの上で演技をしたことがありますか？演者を見ている人のことを「聴衆」と言います。人は聴衆がいるときといないときでは，演技が違います。この違いは，「聴衆効果」と呼ばれます。

簡単な動きをする時に，聴衆がいる時の方がうまくできるのは，聴衆効果です。Aウこれは，たくさん練習してきた動きに関してもあてはまります。Bイ実際，聴衆がいるということが，うまく演技するための理由になります。Cア例えば，歌手はよく練習した歌をステージ上で歌う方が，１人で歌う時よりも上手です。Dエしかしながら，もしその演技が難しすぎたり，初めてだったりすると，しばしば聴衆がいる時の方が演技は下手になります。その理由は，緊張するからです。

ニコラス・コットレルという名の科学者は，聴衆効果について異なった考え方を持っていました。問4ウ彼の研究のうちの１つで，演技中，聴衆は目を閉じていました。この時演者は聴衆の前で，１人で演じている時と変わることなく演技することができました。ですから，彼はただ聴衆がいるだけではきっと何も変わらないと考えました。彼は，人は聴衆からの評価を心配すると，たとえ簡単な演技でもうまくできないことを発見しました。

人前で演技しなければならない時には，演技に影響を与える可能性のあることについて考慮すべきです。

Ⅲ 【本文の要約】参照。

【本文の要約】

ガイド：今，我々は大阪で最も有名な大きな建物である，大阪城に向かっています。

観光客：すごい！①ア私は日本のお城の大ファンなんです。それを見るのが待ちきれません！

ガイド：お城に到着する前に，大阪城の歴史についてお話しします。

観光客：やった！

ガイド：大阪城の建設は，豊臣秀吉により1583年に始まり1598年に終わりました。②イ秀吉は，自分が日本の新しい指導者になった時，その城が日本の象徴になるようにと願っていました。それはその当時最も大きな城でした。

観光客：なるほど。

ガイド：しかし，秀吉の死後，徳川幕府により1615年大阪夏の陣で城は壊されました。

観光客：③オそれはひどい！

ガイド：④ウその数年後，城は再び徳川家によって再建されました。しかし天守閣が雷で焼け落ちました。200年後，他の建物も火事によって焼けてしまいました。

観光客：それは興味深い歴史ですね！

ガイド：はい！今見える天守閣は1931年に建てられた３代目のものです。⑤エそれは初代よりも小さいですが，今もなお初代の城の力を有しています！

Ⅳ 必要に応じて，日本語では略されている主語を補ったり，別の言い方にしたりして考える。

1 I couldn't sleep all night because of the noise from the floor above me.：「～のせいで」＝because of～

2 Don't speak to someone who is talking on the phone.：「～するのはやめましょう」は命令形〈Don't＋動詞の原形〉で表す。「(人)に話しかける」＝speak to＋(人)
「電話で話している人」は〈who《関係代名詞》 is talking on the phone《語句》〉で後ろからsomeoneを修飾して表す。

3 This is one of the most interesting novels of all I have ever read.：「～の１つ」＝one of～
「〇〇の中で最も…」＝the＋最上級＋of＋〇〇

4 The teacher standing in front of the school gate is five years younger than my father.：「校門の前に立っている先生」は，〈standing《現在分詞》 in front of the school gate《語句》〉で後ろからteacherを修飾して表す。「〇〇よりも…だ」は〈比較級＋than＋〇〇〉で表す。five years(＝差の程度を表す言葉)はyounger《比較級》の直前に置く。

Ⅴ ２，３，４，５，８は文法的に誤りのない文である。

1　×many→○much…water「水」は数えられない名詞だから，量を尋ねる文はHow much water ~?が正しい。

6　×interesting→○interested…「(人)が(ものごと)に興味がある」は〈人＋be動詞＋interested in＋ものごと〉で表す。

7　×on yesterday→○yesterday…このyesterdayは副詞だから，前置詞は不要。

9　×During→○While…「～の間」は〈During+名詞〉または〈While＋主語＋動詞〉で表す。

10　×to swim→○swimming…enjoyの後はto不定詞ではなく動名詞が適切。

11　×very→○much…hotter《比較級》を強める語はveryではなくmuchなどが適切。

12　×of→○for…「(人)にとって～することは…だ」は〈It is … for＋人＋to ~〉で表す。ただし，kindなど，人の性質を表す場合はIt is … of＋人＋to ~「～するなんて(人)は…だ」の形にする。

VI　1　「いつジョンに電話するべきですか？私にはわかりません」＝「私はいつジョンに電話すべきかわかりません」「いつ～するべきか」＝when to ~

2　「昨年はたくさん雨が降りました」を，上の文ではその地に暮らす人々が主語の文で，下の文では天気が主語の文で表している。天気を表す文の主語はItを使う。なお，上の文のrainは名詞，下の文のrainedは動詞である。

3　「これはケーキです。ユミがこれを作りました」＝「これはユミによって作られたケーキです」　「ユミによって作られたケーキ」は〈made《過去分詞》 by Yumi《語句》〉で後ろからcake《名詞》を修飾して表す。

4　「私は姉(妹)と同じくらい上手にバイオリンを弾くことができません」＝「姉(妹)は私よりも上手にバイオリンを弾くことができます」　「～よりも上手に」＝better than ~

5　「私は彼に何のアドバイスも与えなかったが，彼は作業を終えることができた」＝「彼は私のアドバイス無しに作業を終えることができた」　「～無しに」＝without ~

《2020　理科　解説》

I　問1　オ○…高い音ほど振動数が多い。なお，音が大きい順(振幅が大きい順)に並べると，A＞B＞Cとなる。

問2　イ○…〔圧力(Pa)＝$\dfrac{力(N)}{面積(m^2)}$〕より，下にした面の面積が小さいほど，底面にはたらく圧力は大きくなる。

問3　〔質量パーセント濃度(%)＝$\dfrac{溶質の質量(g)}{溶質の質量(g)＋溶媒の質量(g)}\times 100$〕より，$\dfrac{20}{20+80}\times 100=20$(%)である。

問4　ア×…塩素は水によく溶け，水溶液は酸性を示す。　ウ×…塩素は燃える気体ではない。

問7　イ○…ピストンを強く引くとフラスコ内の空気が膨張して温度が下がり，露点に達して水蒸気が水滴に変わり，白くくもる。

問8　カ○…セキエイとチョウ石などの無色鉱物や黒ウンモが多く含まれた斑状組織がみられたことから，粘り気の強いマグマからできた白っぽい火山岩である流紋岩だとわかる。また，マグマの粘り気が強いと鐘状火山になる。

II　問1　実験1より，AとBは酸性の塩酸か炭酸水，CとDとEはアルカリ性のアンモニア水か水酸化ナトリウム水溶液か石灰水，FとGは中性の食塩水か砂糖水である。実験2より，混ぜると白くにごる組み合わせは炭酸水と石灰水のときだから，Bは炭酸水(Aは塩酸)，Eは石灰水だとわかる。実験3より，電流が流れるFは電解質の塩化ナトリウムが溶けている食塩水，電流が流れないGは非電解質の砂糖が溶けている砂糖水である。実験4より，塩酸(A)と混ぜると食塩水(F)になったことから，Dは水酸化ナトリウム水溶液(Cはアンモニア水)だとわかる。

問2　実験4より，A15cm^3とD20cm^3が過不足なく反応するから，ここではDが28－20＝8(cm^3)残る。残ったD8cm^3と過不足なく反応するAは$15\times\dfrac{8}{20}=6$(cm^3)である。

問3　Aは塩化水素，Bは二酸化炭素，Cはアンモニアの水溶液であり，いずれも溶質が気体だから，水分を蒸発させてもあとには何も残らない。

問4，5　青色のリトマス紙に酸性の水溶液をつけると赤色に変化し，赤色のリトマス紙にアルカリ性の水溶液をつけると青色に変化する。酸性を示すイオンは陽イオンである水素イオン〔H^+〕だから，AとBでは青色のリトマス紙の陰極側(図の④)が赤色に変化し，アルカリ性を示すイオンは陰イオンである水酸化物イオン〔OH^-〕だから，CとDとEでは赤色のリトマス紙の陽極側(図の①)が青色に変化する。

Ⅲ　問1　イ○…図のⒶが電流計，Ⓥが電圧計である。

問2　エ○…図の電源の記号の長い縦線が＋極，短い縦線が－極を表す。電流計や電圧計の＋端子は電源の＋極側につなぐ。

問3　〔抵抗(Ω)＝$\frac{\text{電圧(V)}}{\text{電流(A)}}$〕，240mA→0.24Aより，$\frac{3.6}{0.24}=15(\Omega)$である。

問4　電流計の値が小さいときほど，回路全体の合成抵抗が大きい。よって，最も合成抵抗が大きいのは④で，表より，R_Dの抵抗は$\frac{4.0(V)}{0.2(A)}=20(\Omega)$だから，回路全体の合成抵抗は10＋20＝30(Ω)である。

問5　〔電力(W)＝電圧(V)×電流(A)〕より，ａｂ間での消費電力は，①が2.0×0.4＝0.8(W)，②が3.0×0.3＝0.9(W)，③が3.6×0.24＝0.864(W)，④が4.0×0.2＝0.8(W)である。

問6　R_Aの抵抗は$\frac{2.0(V)}{0.4(A)}=5(\Omega)$，$R_B$の抵抗は$\frac{3.0(V)}{0.3(A)}=10(\Omega)$である。ｒを15Ωの抵抗に取り替えたときのａｂ間の消費電力は，〔電力(W)＝電圧(V)×電流(A)〕，〔電圧(V)＝抵抗(Ω)×電流(A)〕より，〔電力(W)＝抵抗(Ω)×電流(A)×電流(A)〕で求められる。よって，①では$5\times\frac{6.0}{15+5}\times\frac{6.0}{15+5}=0.45(W)$，②では$10\times\frac{6.0}{15+10}\times\frac{6.0}{15+10}=0.576(W)$，③では$15\times\frac{6.0}{15+15}\times\frac{6.0}{15+15}=0.6(W)$，④では$20\times\frac{6.0}{15+20}\times\frac{6.0}{15+20}=0.587\cdots(W)$である。

Ⅳ　問1，2　地球に現れた時代からAは魚類，Bは両生類，Cはは虫類，Dはほ乳類，Eは鳥類である。脊椎動物の主な特徴について表Ⅰにまとめた。

表Ⅰ

	魚類	両生類	は虫類	鳥類	ほ乳類
呼吸のしかた	えら	子はえら 親は肺と皮膚	肺	肺	肺
体の表面	うろこ	しめった皮膚	うろこや甲ら	羽毛	毛
子孫の残しかた	卵生 (殻なし)	卵生 (殻なし)	卵生 (殻あり)	卵生 (殻あり)	胎生
体温調節	変温	変温	変温	恒温	恒温

問3　A，B，C○…図2のように，外界の温度の変化に伴って体温も変化する動物を変温動物という。魚類，両生類，は虫類は変温動物である(表Ⅰ)。なお，鳥類とほ乳類は外界の温度が変化しても体温をある程度一定に保つことができる恒温動物である。

問4　B○…両生類の成体の肺は十分に発達していないため，しめった皮膚でも高い割合で呼吸をする。

問5　C，E○…シソチョウは「体全体が羽毛でおおわれ，前足が翼になっている」などの鳥類の特徴と，「歯や長い尾をもち，翼の先に爪がある」などのは虫類の特徴をもっている。

問6，7　古生代(5.4億年前～2.5億年前)→中生代(2.5億年前～0.66億年前)→新生代(0.66億年前～)の順である。

Ⅴ　問2　太陽は，東の地平線からのぼり，南の空で最も高くなり，西の地平線に沈む。よって，Cが南だから，Aが北，Dが東(日の出の位置)，Bが西(日の入りの位置)である。

問3　ｂ○…太陽の南中高度が最も低いａが冬至の日だから，そこから約３ヶ月ごとに，春分の日(ｂ)→夏至の日(ｃ)→秋分の日(ｄ)となる。

問4　図Ⅰ参照。このときの南中高度は$(90-x)$度であり，x＝緯度－23.4＝34.7－23.4＝11.3(度)である。よって，90－11.3＝78.7(度)が正答である。

図Ⅰ

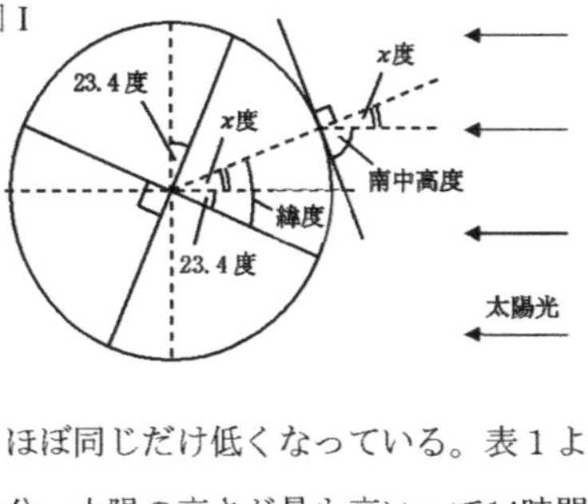

問5　ウ○…図2より，太陽の南中高度はｃからｂ(ｄ)，ｂ(ｄ)からａへとほぼ同じだけ低くなっている。表1より，日の出から日の入りまでの時間は，太陽の高さが同じｂとｄで12時間10分，太陽の高さが最も高いｃで14時間30分であり，その差は２時間20分だから，ａの日の出から日の入りまでの時間はｂ(ｄ)よりも２時間20分短い９時間50分であると考えられる。よって，ａの日の入りの時刻は日の出の時刻から９時間50分後の16時51分である。

問6　①図5の辺の比が1：5の直角三角形を利用すると，L：220＝1：5　5L＝220　L＝44(㎝)である。
②春分の日の太陽の南中高度は〔90－緯度〕で求められる。この角度が水平面に当たるときの太陽光の角度だから，パネルに当たる太陽光の角度が90度になるようにするには，パネルを水平線から緯度の分だけ傾ければよい。

―《2020　社会　解説》―

Ⅰ　問2　足尾銅山鉱毒事件は渡良瀬川流域で発生した。衆議院議員であった田中正造は，帝国議会でこの事件を取り上げて政府の責任を追及し，議員を辞職した後も，鉱毒問題の解決に努めた。

問3⑴　エ．スイスを中心にして，フランスは西，オーストリアは東，ドイツは北，イタリアは南に隣接する。

⑵　イを選ぶ。ライン川は国際河川として有名である。アはフランス，ウはイギリスの河川。エはドイツに源を発する国際河川で，南東部ヨーロッパを東流し黒海にそそぐ。

問4⑵　ヨーロッパ北西部では小麦と家畜の飼育を組み合わせた混合農業が盛んだから，エを選ぶ。乾燥する夏にオリーブやぶどう，まとまった雨が降る冬に小麦を栽培する農業は地中海沿岸で行われる。

問5　イが正しい。　a．石油危機は，第四次中東戦争をきっかけとして，1973年にアラブの産油国が石油価格の大幅な引き上げなどを実施して起こった。(日米間の自動車における)貿易摩擦は1980年代に起こった。

問6⑴　経済特区はシェンチェン・アモイ・チューハイ・スワトウ・ハイナン島だから，エが誤り。経済特区では税が減免されるなどの優遇措置がとられ，海外の企業の誘致がさかんに実施されている。　⑵　ウが正しい。小麦は温帯や冷帯の半乾燥地域，米は東南アジアや中国で生産が盛んである。人口12億人以上の中国やインドでは，生産されたほとんどが国内で消費される。

問7⑴　緯度0度の赤道はマレー半島の先端にあるシンガポール付近を通るから，ウを選ぶ。　⑵　プランテーションは，マレーシアやインドネシアで始まった天然ゴムやコーヒー，油ヤシなどの大農園が有名である。

⑶　タイは自動車の輸出が盛んだからアを選ぶ。労働力が豊富であることや賃金が安いことをいかして，日本企業がタイで多くの自動車を生産し，日本に輸出している。イはマレーシア，ウはフィリピン，エはインドネシア。

問8　2020年時点のASEAN加盟国は，インドネシア・カンボジア・シンガポール・タイ・フィリピン・ブルネイ・ベトナム・マレーシア・ミャンマー・ラオスの10か国である。

問9　イ．フィリピンは，かつてスペインの植民地だったので，その影響でカトリック教徒が多い。

問10⑴　イヌイットはあざらしの皮で作ったテントに居住している。　⑵　アが正しい。イはアメリカ，ウはブラジル，エはオーストラリア。

問11　エを選ぶ。ゴミの発生を抑制する「リデュース」，そのままの形体で繰り返し使用する「リユース」，資源として再利用する「リサイクル」の3Rが進められている。近年では，不要なものを買わない「リフューズ」や，修理して長く使い続ける「リペア」を加えて，5Rと呼ぶこともある。

問12⑴　首里城は1945年の沖縄戦で破壊された。　⑵　尖閣諸島付近の海底には石油や天然ガスなどの資源が大量にあるとされている。　⑶　根を幾重にも張るマングローブは生物の生息地であり，波の浸食も防いでいる。

Ⅱ　問1　ウが正しい。東大寺南大門の金剛力士像は鎌倉文化の代表例である。アは平安時代，イは飛鳥時代，エは奈良時代(東大寺の大仏)。

問2　聖武天皇は，仏教の力で世の中を安定させようとして国分寺を全国につくり，奈良の都に東大寺と大仏をつくった。

問3　イが正しい。平清盛は大輪田泊(兵庫の港)を整備し，厳島神社に海路の安全を祈願して，日宋貿易を進めた。アは青森，ウは鹿児島，エは広島。

問4　エが正しい。源頼朝は1192年に鎌倉幕府を開いた征夷大将軍である。アとイは平安時代の人物。ウは頼朝の異母弟で，1189年に自害した。

問5　1517年にルターが宗教改革を始めたため，フランシスコ・ザビエルらは，プロテスタントに対抗するイエズス会を設立し，キリスト教の海外布教を活発に進めた。

問7　aのみ誤りだからウを選ぶ。1498年にインド航路を開拓したのはバスコ＝ダ＝ガマ。マゼランは初めて世界一周に成功した船隊の長である。ただし，マゼランは航海の途中で亡くなった。

問8　アが正しい。『解体新書』は，オランダ語で書かれた『ターヘル・アナトミア』を杉田玄白・前野良沢らが翻訳して，1774年に出版したものである。イは大日本沿海輿地全図を作成，ウはエレキテル(摩擦起電器)を復元，エは『ハルマ和解』を完成した。

問9　エが正しい。蘭学は８代将軍徳川吉宗の享保の改革の中で，洋書の禁をゆるめたことで登場した。アは３代，イは５代，ウは初代の江戸幕府将軍である。

問10　両方とも誤りだからエを選ぶ。　a．1688年の名誉革命では，血を流すことなく国王の国外追放に成功し，国王の権利を議会が制限することのできる「権利章典」が制定された。　b．1789年にフランス革命がおこり，革命政府がルイ16世を処刑して共和制を開始した。

問11　イが正しい。アは「三代目大谷鬼次の奴江戸兵」，ウは「富嶽三十六景」，エは「見返り美人図」などを描いた。

問12　アが正しい。　Xはaである。世界で最初に産業革命が起こり工場制機械工業のさかんになったイギリスは，安く良質な綿織物などの工業製品を大量に輸出したので，世界の工場と呼ばれた。Yはcである。三国同盟は日本・ドイツ・イタリアによって結ばれた。日清戦争後の下関条約で獲得した遼東半島は，ロシア・ドイツ・フランスの三国干渉で清に返還された。

問13　浮世絵は，長崎での貿易が許可されていたオランダを通してヨーロッパへと伝わった。

問14　ウ．Ⅲ．鹿鳴館の建設(1883年)→Ⅰ．大津事件(1891年)→Ⅳ．甲午農民戦争(1894年)→Ⅱ．日比谷焼打ち事件(1905年)

問15　アが正しい。1960年に発表された「所得倍増計画」は，1961年度から1970年度までの10年間で，国民所得を２倍にしようという計画である。これをきっかけに企業の生産は拡大し，1968年にアメリカに次ぐ世界第２位の国民総生産を記録した。イは1972年の日中共同声明，ウは1951年のサンフランシスコ平和条約・日米安全保障条約時の内閣総理大臣として知られる。

問16　高度経済成長期は1950年代後半～1973年だからウが正しい(問15の解説参照)。アは1953年，イは1980年代後半～1990年代初頭，エは1950年～1953年の出来事である。

問17　イが誤り。石油化学コンビナートが作られたのは1960年代であり，その結果第２次産業が躍進した。

Ⅲ　**問2**　アが誤り。最高裁判所長官の指名は内閣の権限である。

問3　aのみ誤りだからウを選ぶ。衆議院で内閣不信任が可決されると内閣は総辞職するか，10日以内に衆議院を解散しなければならない。

問4　エが誤り。「民事裁判」が不適切である。裁判員裁判では，重大な刑事事件の一審について，くじで選ばれた６人の裁判員と３人の裁判官で審議し，有罪か無罪か，有罪であればどのような量刑が適当かを決定する。

問5(1)　イが正しい。　ア．経済活動の自由は公共の福祉によって制限される。土地収用法によって財産権の不可侵が制限されることがある。　ウ．国や地方公共団体による宗教的活動は日本国憲法第20条で禁じられている(政教分離)。　エ．黙秘権は日本国憲法第38条で保障されている。

問6　ふるさと納税制度は，地方自治体と都市部との格差是正などを理由に導入された。

問7　ウ．ドント式では，各党による得票数を整数で１，２，３…と割っていき，商の大きい順に議席を配分する。

各党の獲得議席数については右表参照。

	A党	B党	C党
÷1	①2000	②1200	④700
÷2	③1000	⑥600	350
÷3	⑤666.6	400	233.3
議席数	3	2	1

丸番号は当選順位

問8　エが正しい。　ア．かつては年功序列の制度が一般的であったが，近年では能力主義や成果主義の風潮が高まっている。　イ．近年非正規労働者は増加傾向にある。　ウ．ワーキングプアの増加に伴い，所得格差は拡大している。

問9(1)　カルテルは，公正取引委員会が運用する独占禁止法によって禁じられている。　(2)　アが誤り。企業が倒産した場合，出資した以上の損失はない(株主の有限責任)が，出資した金額は株主に戻らない場合がある。

問10　イが正しい。　a．円高とは，円の価値がドルに対して上がること。円安とは，円の価値がドルに対して下がること。　b．円高は日本の輸出産業に不利にはたらき，輸入産業に有利にはたらく。

問11　アが正しい。右上がりの曲線が供給曲線，右下がりの曲線が需要曲線である。価格が150円のとき供給量は300個，需要量は200個となるので，売れ残りが生じて価格は下落していく。

■ ご使用にあたってのお願い・ご注意

（1）問題文等の非掲載

著作権上の都合により，問題文や図表などの一部を掲載できない場合があります。

誠に申し訳ございませんが，ご了承くださいますようお願いいたします。

（2）過去問における時事性

過去問題集は，学習指導要領の改訂や社会状況の変化，新たな発見などにより，現在とは異なる表記や解説になっている場合があります。過去問の特性上，出題当時のままで出版していますので，あらかじめご了承ください。

（3）配点

学校等から配点が公表されている場合は，記載しています。公表されていない場合は，記載していません。

独自の予想配点は，出題者の意図と異なる場合があり，お客様が学習するうえで誤った判断をしてしまう恐れがあるため記載していません。

（4）無断複製等の禁止

購入された個人のお客様が，ご家庭でご自身またはご家族の学習のためにコピーをすることは可能ですが，それ以外の目的でコピー，スキャン，転載（ブログ，ＳＮＳなどでの公開を含みます）などをすることは法律により禁止されています。学校や学習塾などで，児童生徒のためにコピーをして使用することも法律により禁止されています。

ご不明な点や，違法な疑いのある行為を確認された場合は，弊社までご連絡ください。

（5）けがに注意

この問題集は針を外して使用します。針を外すときは，けがをしないように注意してください。また，表紙カバーや問題用紙の端で手指を傷つけないように十分注意してください。

（6）正誤

制作には万全を期しておりますが，万が一誤りなどがございましたら，弊社までご連絡ください。

なお，誤りが判明した場合は，弊社ウェブサイトの「ご購入者様のページ」に掲載しておりますので，そちらもご確認ください。

■ お問い合わせ

解答例，解説，印刷，製本など，問題集発行におけるすべての責任は弊社にあります。

ご不明な点がございましたら，弊社ウェブサイトの「お問い合わせ」フォームよりご連絡ください。迅速に対応いたしますが，営業日の都合で回答に数日を要する場合があります。

ご入力いただいたメールアドレス宛に自動返信メールをお送りしています。自動返信メールが届かない場合は，「よくある質問」の「メールの問い合わせに対し返信がありません。」の項目をご確認ください。

また弊社営業日（平日）は，午前９時から午後５時まで，電話でのお問い合わせも受け付けています。

2025 春

株式会社教英出版

〒422-8054　静岡県静岡市駿河区南安倍３丁目 12-28

TEL　054-288-2131　　FAX　054-288-2133

URL　https://kyoei-syuppan.net/

MAIL　siteform@kyoei-syuppan.net

教英出版

学校別問題集

北海道

①札幌北斗高等学校
②北星学園大学附属高等学校
③東海大学付属札幌高等学校
④立命館慶祥高等学校
⑤北海高等学校
⑥北見藤高等学校
⑦札幌光星高等学校
⑧函館ラ・サール高等学校
⑨札幌大谷高等学校
⑩北海道科学大学高等学校
⑪遺愛女子高等学校
⑫札幌龍谷学園高等学校
⑬札幌日本大学高等学校
⑭札幌第一高等学校
⑮旭川実業高等学校
⑯北海学園札幌高等学校

青森県

①八戸工業大学第二高等学校

宮城県

①聖和学園高等学校（A日程）
②聖和学園高等学校（B日程）
③東北学院高等学校（A日程）
④東北学院高等学校（B日程）
⑤仙台大学附属明成高等学校
⑥仙台城南高等学校
⑦東北学院榴ケ岡高等学校
⑧古川学園高等学校
⑨仙台育英学園高等学校（A日程）
⑩仙台育英学園高等学校（B日程）
⑪聖ウルスラ学院英智高等学校
⑫宮城学院高等学校
⑬東北生活文化大学高等学校
⑭東北高等学校
⑮常盤木学園高等学校
⑯仙台白百合学園高等学校
⑰尚絅学院高等学校（A日程）
⑱尚絅学院高等学校（B日程）

山形県

①日本大学山形高等学校
②惺山高等学校
③東北文教大学山形城北高等学校
④東海大学山形高等学校
⑤山形学院高等学校

福島県

①日本大学東北高等学校

新潟県

①中越高等学校
②新潟第一高等学校
③東京学館新潟高等学校
④日本文理高等学校
⑤新潟青陵高等学校
⑥帝京長岡高等学校
⑦北越高等学校
⑧新潟明訓高等学校

富山県

①高岡第一高等学校
②富山第一高等学校

石川県

①金沢高等学校
②金沢学院大学附属高等学校
③遊学館高等学校
④星稜高等学校
⑤鵬学園高等学校

山梨県

①駿台甲府高等学校
②山梨学院高等学校（特進）
③山梨学院高等学校（進学）
④山梨英和高等学校

岐阜県

①鶯谷高等学校
②富田高等学校
③岐阜東高等学校
④岐阜聖徳学園高等学校
⑤大垣日本大学高等学校
⑥美濃加茂高等学校
⑦済美高等学校

静岡県

①御殿場西高等学校
②知徳高等学校
③日本大学三島高等学校
④沼津中央高等学校
⑤飛龍高等学校
⑥桐陽高等学校
⑦加藤学園高等学校
⑧加藤学園暁秀高等学校
⑨誠恵高等学校
⑩星陵高等学校
⑪静岡県富士見高等学校
⑫清水国際高等学校
⑬静岡サレジオ高等学校
⑭東海大学付属静岡翔洋高等学校
⑮静岡大成高等学校
⑯静岡英和女学院高等学校
⑰城南静岡高等学校
⑱静岡女子高等学校
⑲常葉大学附属常葉高等学校
常葉大学附属橘高等学校
常葉大学附属菊川高等学校
⑳静岡北高等学校
㉑静岡学園高等学校
㉒焼津高等学校
㉓藤枝明誠高等学校
㉔静清高等学校
㉕磐田東高等学校
㉖浜松学院高等学校
㉗浜松修学舎高等学校
㉘浜松開誠館高等学校
㉙浜松学芸高等学校
㉚浜松聖星高等学校
㉛浜松日体高等学校
㉜聖隷クリストファー高等学校
㉝浜松啓陽高等学校
㉞オイスカ浜松国際高等学校

愛知県

①［国立］愛知教育大学附属高等学校
②愛知高等学校
③名古屋経済大学市邨高等学校
④名古屋経済大学高蔵高等学校
⑤名古屋大谷高等学校
⑥享栄高等学校
⑦椙山女学園高等学校
⑧大同大学大同高等学校
⑨日本福祉大学付属高等学校
⑩中京大学附属中京高等学校
⑪至学館高等学校
⑫東海高等学校
⑬名古屋たちばな高等学校
⑭東邦高等学校
⑮名古屋高等学校
⑯名古屋工業高等学校
⑰名古屋葵大学高等学校
（名古屋女子大学高等学校）
⑱中部大学第一高等学校
⑲桜花学園高等学校
⑳愛知工業大学名電高等学校
㉑愛知みずほ大学瑞穂高等学校
㉒名城大学附属高等学校
㉓修文学院高等学校
㉔愛知啓成高等学校
㉕聖カピタニオ女子高等学校
㉖滝高等学校
㉗中部大学春日丘高等学校
㉘清林館高等学校
㉙愛知黎明高等学校
㉚岡崎城西高等学校
㉛人間環境大学附属岡崎高等学校
㉜桜丘高等学校

㉝光ヶ丘女子高等学校
㉞藤ノ花女子高等学校
㉟栄徳高等学校
㊱同朋高等学校
㊲星城高等学校
㊳安城学園高等学校
㊴愛知産業大学三河高等学校
㊵大成高等学校
㊶豊田大谷高等学校
㊷東海学園高等学校
㊸名古屋国際高等学校
㊹啓明学館高等学校
㊺聖霊高等学校
㊻誠信高等学校
㊼誉高等学校
㊽杜若高等学校
㊾菊華高等学校
㊿豊川高等学校

三重県

①暁高等学校(3年制)
②暁高等学校(6年制)
③海星高等学校
④四日市メリノール学院高等学校
⑤鈴鹿高等学校
⑥高田高等学校
⑦三重高等学校
⑧皇學館高等学校
⑨伊勢学園高等学校
⑩津田学園高等学校

滋賀県

①近江高等学校

大阪府

①上宮高等学校
②大阪高等学校
③興國高等学校
④清風高等学校
⑤早稲田大阪高等学校
(早稲田摂陵高等学校)
⑥大商学園高等学校
⑦浪速高等学校
⑧大阪夕陽丘学園高等学校
⑨大阪成蹊女子高等学校
⑩四天王寺高等学校
⑪梅花高等学校
⑫追手門学院高等学校
⑬大阪学院大学高等学校
⑭大阪学芸高等学校
⑮常翔学園高等学校
⑯大阪桐蔭高等学校
⑰関西大倉高等学校
⑱近畿大学附属高等学校
⑲金光大阪高等学校
⑳星翔高等学校
㉑阪南大学高等学校
㉒箕面自由学園高等学校
㉓桃山学院高等学校
㉔関西大学北陽高等学校

兵庫県

①雲雀丘学園高等学校
②園田学園高等学校
③関西学院高等部
④灘高等学校
⑤神戸龍谷高等学校
⑥神戸第一高等学校
⑦神港学園高等学校
⑧神戸学院大学附属高等学校
⑨神戸弘陵学園高等学校
⑩彩星工科高等学校
⑪神戸野田高等学校
⑫滝川高等学校
⑬須磨学園高等学校
⑭神戸星城高等学校
⑮啓明学院高等学校
⑯神戸国際大学附属高等学校
⑰滝川第二高等学校
⑱三田松聖高等学校
⑲姫路女学院高等学校
⑳東洋大学附属姫路高等学校
㉑日ノ本学園高等学校
㉒市川高等学校
㉓近畿大学附属豊岡高等学校
㉔夙川高等学校
㉕仁川学院高等学校
㉖育英高等学校

奈良県

①西大和学園高等学校

岡山県

①[県立]岡山朝日高等学校
②清心女子高等学校
③就実高等学校
(特別進学コース〈ハイグレード・アドバンス〉)
④就実高等学校
(特別進学チャレンジコース・総合進学コース)
⑤岡山白陵高等学校
⑥山陽学園高等学校
⑦関西高等学校
⑧おかやま山陽高等学校
⑨岡山商科大学附属高等学校
⑩倉敷高等学校
⑪岡山学芸館高等学校(1期1日目)
⑫岡山学芸館高等学校(1期2日目)
⑬倉敷翠松高等学校
⑭岡山理科大学附属高等学校
⑮創志学園高等学校
⑯明誠学院高等学校
⑰岡山龍谷高等学校

広島県

①[国立]広島大学附属高等学校
②[国立]広島大学附属福山高等学校
③修道高等学校
④崇徳高等学校
⑤広島修道大学ひろしま協創高等学校
⑥比治山女子高等学校
⑦呉港高等学校
⑧清水ヶ丘高等学校
⑨盈進高等学校
⑩尾道高等学校
⑪如水館高等学校
⑫広島新庄高等学校
⑬広島文教大学附属高等学校
⑭銀河学院高等学校
⑮安田女子高等学校
⑯山陽高等学校
⑰広島工業大学高等学校
⑱広陵高等学校
⑲近畿大学附属広島高等学校福山校
⑳武田高等学校
㉑広島県瀬戸内高等学校(特別進学)
㉒広島県瀬戸内高等学校(一般)
㉓広島国際学院高等学校
㉔近畿大学附属広島高等学校東広島校
㉕広島桜が丘高等学校

山口県

①高水高等学校
②野田学園高等学校
③宇部フロンティア大学付属香川高等学校
(普通科〈特進・進学コース〉)
④宇部フロンティア大学付属香川高等学校
(生活デザイン・食物調理・保育科)
⑤宇部鴻城高等学校

徳島県

①徳島文理高等学校

香川県

①香川誠陵高等学校
②大手前高松高等学校

愛媛県

①愛光高等学校
②済美高等学校
③FC今治高等学校
④新田高等学校
⑤聖カタリナ学園高等学校

福岡県

①福岡大学附属若葉高等学校
②精華女子高等学校(専願試験)
③精華女子高等学校(前期試験)
④西南学院高等学校
⑤筑紫女学園高等学校
⑥中村学園女子高等学校(専願入試)
⑦中村学園女子高等学校(前期入試)
⑧博多女子高等学校
⑨博多高等学校
⑩東福岡高等学校
⑪福岡大学附属大濠高等学校
⑫自由ケ丘高等学校
⑬常磐高等学校
⑭東筑紫学園高等学校
⑮敬愛高等学校
⑯久留米大学附設高等学校
⑰久留米信愛高等学校
⑱福岡海星女子学院高等学校
⑲誠修高等学校
⑳筑陽学園高等学校(専願入試)
㉑筑陽学園高等学校(前期入試)
㉒真颯館高等学校
㉓筑紫台高等学校
㉔純真高等学校
㉕福岡舞鶴高等学校
㉖折尾愛真高等学校
㉗九州国際大学付属高等学校
㉘祐誠高等学校
㉙西日本短期大学附属高等学校
㉚東海大学付属福岡高等学校
㉛慶成高等学校
㉜高稜高等学校
㉝中村学園三陽高等学校
㉞柳川高等学校
㉟沖学園高等学校
㊱福岡常葉高等学校
㊲九州産業大学付属九州高等学校
㊳近畿大学附属福岡高等学校
㊴大牟田高等学校
㊵久留米学園高等学校
㊶福岡工業大学附属城東高等学校
(専願入試)
㊷福岡工業大学附属城東高等学校
(前期入試)
㊸八女学院高等学校
㊹星琳高等学校
㊺九州産業大学付属九州産業高等学校
㊻福岡雙葉高等学校

佐賀県

①龍谷高等学校
②佐賀学園高等学校
③佐賀女子短期大学付属佐賀女子高等学校
④弘学館高等学校
⑤東明館高等学校
⑥佐賀清和高等学校
⑦早稲田佐賀高等学校

長崎県

①海星高等学校(奨学生試験)
②海星高等学校(一般入試)
③活水高等学校
④純心女子高等学校
⑤長崎南山高等学校
⑥長崎日本大学高等学校(特別入試)
⑦長崎日本大学高等学校(一次入試)
⑧青雲高等学校
⑨向陽高等学校
⑩創成館高等学校
⑪鎮西学院高等学校

熊本県

①真和高等学校
②九州学院高等学校
(奨学生・専願生)
③九州学院高等学校
(一般生)
④ルーテル学院高等学校
(専願入試・奨学入試)
⑤ルーテル学院高等学校
(一般入試)
⑥熊本信愛女学院高等学校
⑦熊本学園大学付属高等学校
(奨学生試験・専願生試験)
⑧熊本学園大学付属高等学校
(一般生試験)
⑨熊本中央高等学校
⑩尚絅高等学校
⑪文徳高等学校
⑫熊本マリスト学園高等学校
⑬慶誠高等学校

大分県

①大分高等学校

宮崎県

①鵬翔高等学校
②宮崎日本大学高等学校
③宮崎学園高等学校
④日向学院高等学校
⑤宮崎第一高等学校
(文理科)
⑥宮崎第一高等学校
(普通科·国際マルチメディア科·電気科)

鹿児島県

①鹿児島高等学校
②鹿児島実業高等学校
③樟南高等学校
④れいめい高等学校
⑤ラ・サール高等学校

新刊
もっと過去問シリーズ

愛知県

愛知高等学校
7年分(数学・英語)

中京大学附属中京高等学校
7年分(数学・英語)

東海高等学校
7年分(数学・英語)

名古屋高等学校
7年分(数学・英語)

愛知工業大学名電高等学校
7年分(数学・英語)

名城大学附属高等学校
7年分(数学・英語)

滝高等学校
7年分(数学・英語)

※もっと過去問シリーズは入学試験の実施教科に関わらず、数学と英語のみの収録となります。

教英出版
〒422-8054
静岡県静岡市駿河区南安倍3丁目12−28
TEL 054-288-2131
FAX 054-288-2133
詳しくは教英出版で検索
教英出版 検索
URL https://kyoei-syuppan.net/

2024年度

上宮高等学校

入学考査問題

国語

（50分）

（注意）　①　解答はすべて解答用紙に記入しなさい。
②　字数の指定がある設問は、句読点やカッコもすべて一字に数えること。
③　問題の作成の都合上、本文の表現などを一部変更しています。

受験番号	名前

2024(R6) 上宮高
教英出版

一　次の文章を読んで、後の問いに答えなさい。

世の中で言葉がどんどん消費されていくのを㋐眺めているのは気持ちいいものではありませんけれど、ただ、①言葉というのは、言葉だけを取り上げて問題にすることはできないと思うんですね。いろんな集まりに呼ばれて、「好きな言葉はなんですか」と尋ねられたり、「好きな言葉を色紙に書いてください」とか頼まれていつも困ることがあるんですけれど、ぼくにとって好きな言葉というのは、単語ではないんです。辞書を開くと言葉が単語で並んでいるⓐので、言葉だけを抽象的に切り離して問題にできるようにⓑつい思うんだけれども、実際には、言葉というのはそれが話された言葉であれ、書かれた言葉であれ、言葉の背後に必ず人間がいるわけです。その人となりというか、人格を抜きにしては、言葉は本来語れないはずなんです。

（中　略）

ぼくがこどもを対象にして書いた詩のなかに、悪口を使った詩がⓒいくつかあって、そこにはもちろん「馬鹿野郎」とかそういう言葉が入っているんですけれども、そういうのを朗読するとみんなすごく喜ぶんですよね。生き生きしてくるんです。悪意のある人間関係のなかで使えば、不快感を与える言葉なんだけれども、詩という作品のなかで、(a)ウイットとかユーモアみたいなもので扱うと、同じ悪口が快適に聞こえる。みんなを楽しませることができるんです。言葉というのは生き物だから、すごく摑《つか》まえにくいような気がしますね。

ぼくは気持ちのいい言葉そのものよりも、[A]、そういうものを求める時代情況や背景のほうに興味を感じますね。今の時代はⓓさまざまなメディアで言語情報が氾濫《はんらん》していて、[B]、言語情報というのがほとんどの場合、意味を追っているわけです。その意味が自分にとって㋑ユウコウな場合には、[C]その人自身が使いこなしているわけだから不快だと思わないんだろうけれども、新聞や雑誌、テレビ・ラジオなどのマスメディアから流されてくる情報には、②時代を覆っている決まり文句の洪水みたいなものを感じてしまうんです。そういう意味のある言葉にみんなが少し疲れてきているというのかな、言語情報そのものに本当に意味があるのかどうかってことを疑っているようなところがある気がするんですね。

さきほど悪口の話をしましたけれども、このごろ詩を朗読するときに、③ぼくは、けっこう、㊟ノンセンスな詩を読むんですね。㋒チョウシュウに受けたい、笑わせたいと思って、「うんちの詩」とかを読むんですけれども、そういうものをみんな喜ぶんです。

現代詩があまりにも重い意味に喘《あえ》いでしまっているので、なにか意味というものをはぎ取って、もっと軽いものにしたかったって話すんです。でも、なかなか言葉から意味を㊟剝奪してしまうのは難しくて、どうも意味と無意味の中間の「意味ありげ」ってところに留《とど》まっているような気もするけど。

今、過剰に流通している情報のなかに、本当に意味のⓔある情報がどれだけあるのかよくわからなくて、みんなが④そういうものに心をかき乱されてしまって、もっと意味から逃れたいみたいなところがあるんじゃないかと思うんです。そういうところで、童謡であるとか、ぼくが書くノンセンスソングとか、言葉遊びとかというものが、⑤一種の救いになっているようなところがあると思いますね。

学校教育の場面でも、同じようなことが起こっていて、小学校で詩を教えるときに、今までは、詩の意味を問いかけたり、作者はどういう意図で書いたのかというすごく分析的な教え方をしてきたわけです。だけれど、それは先生も困るし生徒も困る。意味だけを追求されるっていうのは、われわれ詩人も大いに㋓メイワクしているわけです。［ D ］数年前に、㊟文部省が小学校の㊟カリキュラムで音読を薦めだしたらしいんですね。こどもたちに詩を朗読させるテキストブックというのがたくさん出て、けっこう売れている⑥らしい。現場の先生たちが詩の意味を教えることがすごく難しいものだから、詩というのは音読すればいいんだよということに安心感を持ったんじゃないかと思うんです。でもぼくはそれはむしろ本来の詩の楽しみ方、味わい方に近いと思っているんですね。

言葉というのは意味ばかり追っているわけじゃなくて、話したり書いたりする主体があれば、感情っていうのを必ず負っているはずなんです。意味じゃない感情を負っている言葉をもっと交換したいという気持ちをみんなが持ちはじめているんじゃないかと思うんです。携帯電話みたいなものがこれだけ爆発的に増えているというのも、生の声によるコミュニケーションをもっと求めているからじゃないかと思うんですよね。書き言葉でⓕはなく、話し言葉を求めるというところにも、⑦気持ちのいい言葉のもうひとつの側面があると思いますね。

日本人はとても㊟識字率が高いと言われていますけれど、これは明治以降の政策の㋔イッカンだったわけです。おかげで、日本は植民地化もされⓖないで、ⓗある程度の近代化に成功したということになっていますけれど、読み書きがすごく重視されてきた反面、［ X ］、［ Y ］ということが教育の場面で軽視されてきたんじゃないかと思うんです。政治家の演説なんかを聞いていると㋕ツウセツに感じることなんだけれど、日本人は今でも話すのがそんなに上手じゃないですよね。

これは日本の漢字文化ともかかわっていることだと思うんです。急激に西洋の文化を輸入しようとしたときに、西洋の思想とか概念とかというものを全部漢語に置き換えたわけですよね。あの時点で、日本語がものすごく⒝根なし草になった。頭でっかちな言葉が氾濫して、今でもそれが続いていると思うんですよね。

言葉の気持ちよさというのは、そういう頭でっかちな㊟観念語ではなくて、毎日の暮らしとか、体に根ざした言葉にこそ感じるものだと思うんです。こどもが書いた詩みたいなものを、けっこう評価する人たちがいるし、確かに面白いものもあるんだけど、こどもたちの言葉が心地よく㋖ヒビくのは、それが日常の行動と体に根ざしたところから出てくるからじゃないかという気がするんですね。

気持ちのいい言葉というのは、ぼくたちがほとんど意識しないで使っている、普通の暮らしのなかに㋗潜んでるはずだと思いますよ。今の相当変化してきた家庭関係とか人間関係のなかで使われても、それが本来持っている力や暖かさとかを持ちえているかどうかよくわかりませんけれど、田舎に行ってお婆さんの話を聞いたらほっとしたって話がありますよね。それは、もともとのわれわれの暮らしや伝統に根付いた言葉がいまだにそこで生きているからだろうという気がするんですよね。

（谷川俊太郎『気持ちのいい言葉をめぐって』による）

㊟ ノンセンス …… ナンセンス。無意味なこと。くだらないこと。
剝奪 …… 無理にとりあげること。
文部省 …… 現在の文部科学省。
カリキュラム …… 学校教育の内容・計画を表したもの。
識字率 …… 文字の読み書きが出来る人の割合。
観念語 …… 現実とは離れた頭の中で思い描いた考えを表した言葉。

問一 ――線部㋐～㋗の、カタカナは漢字に直し、漢字はその読みをひらがなで、それぞれ答えなさい。

問二 ――線部ⓐ～ⓗの語の品詞名を、次の**ア**～**コ**の中からそれぞれ一つずつ選んで、記号で答えなさい。

ア 名詞　**イ** 動詞　**ウ** 形容詞　**エ** 形容動詞　**オ** 副詞
カ 連体詞　**キ** 接続詞　**ク** 感動詞　**ケ** 助動詞　**コ** 助詞

問三 ――線部(a)・(b)の文中での意味として最も適当なものを、次の**ア**～**オ**の中からそれぞれ一つずつ選んで、記号で答えなさい。

(a) ウイット
ア 即興
イ 理知
ウ 機知
エ 皮肉
オ 飛躍

(b) 根なし草
ア 危険なもののたとえ
イ 定まらないもののたとえ
ウ 成長できないもののたとえ
エ 腐りかけているもののたとえ
オ こわれかかったもののたとえ

問四 [A]～[D]に入る語句として最も適当なものを、次の**ア**～**オ**の中からそれぞれ一つずつ選んで、記号で答えなさい。

ア たとえば　**イ** しかも　**ウ** たぶん　**エ** むしろ　**オ** ところが

問五 ――線部①「言葉というのは、言葉だけを取り上げて問題にすることはできない」と筆者が思ったのはなぜですか。「～から。」に続くように文中から**二十字**以内で抜き出して答えなさい。

問六 ――線部②「時代を覆っている決まり文句」とは異なると筆者が思っているものを、文中から**漢字二字**で抜き出して答えなさい。

問七 ――線部③「ぼくは、けっこう、ノンセンスな詩を読むんですね」には筆者のどのような考えがこめられていますか。その考えを、文中から**三十字**で抜き出し、始めと終わりの**三字**を答えなさい。

問八 ――線部④「そういうもの」とは何を指していますか。文中から抜き出して答えなさい。

問九 ――線部⑤「一種の救いになっている」とありますが、それはなぜですか。文中の語句を使って、**二十字**以内で答えなさい。

問十 ――線部⑥「らしい」と同じ使い方をしている「らしい」を、次の**ア**～**オ**の中から一つ選んで、記号で答えなさい。

ア 彼の言動は役者らしい。
イ 今日は冬らしい天気だ。
ウ この作品はとてもすばらしい。
エ 彼は剣道に興味があるらしい。
オ 彼は誇らしい気持ちになった。

問十一 ――線部⑦「気持ちのいい言葉」について、

(1) 「気持ちのいい言葉」とは、どのような言葉ですか。――線部⑦「気持ちのいい言葉」以降の文中から**二つ**、それぞれ**十五字**以上**二十字**以内で抜き出し、始めと終わりの**三字**を答えなさい。

(2) 「気持ちのいい言葉」と対義語的に用いられている語句を、文中から**十字**以内で抜き出して答えなさい。

問十二 [X]・[Y] に当てはまる語句の組み合わせとして最も適当なものを、次の**ア**～**オ**の中から一つ選んで、記号で答えなさい。

ア X話す・Y聞く
イ X話す・Y覚える
ウ X覚える・Y聞く
エ X作る・Y聞く
オ X学ぶ・Y作る

問十三 本文の内容に一致するものを、次の**ア**～**オ**の中から一つ選んで、記号で答えなさい。

ア 悪口として使われる言葉は、使う人自身は不快だと思わないが、言われた人は重く受け取ってしまう。
イ 学校現場で生徒に詩の意味を教えずに、読むことだけをさせることに、筆者は警鐘を鳴らしている。
ウ 言葉は意味だけではなく感情を含んでいるが、今の多くの人が求めているのは、意味のある言葉である。
エ 日本が明治以降に近代化をするために、西洋の考え方を漢語に置き換えたことが現代においても課題を残している。
オ 気持ちのいい言葉は、今では田舎にしか残っておらず、都会では日常的に使われることは全くなくなってしまった。

二　次の**１**～**５**の（　　）にそれぞれ漢字を入れて四字熟語を完成させなさい。また、**１**～**５**の四字熟語の意味として最も適当なものを、後の**ア**～**オ**の中からそれぞれ一つずつ選んで、記号で答えなさい。

１　（　　）名無実

２　起死回（　　）

３　傍（　　）無人

４　取（　　）選択

５　危機一（　　）

ア　周囲に対して、気配りなくわがままにふるまうこと。

イ　立派な肩書きがあっても、それに伴う価値がないこと。

ウ　良いものや必要なものを残し、悪いものや不必要なものを手元から離すこと。

エ　少し間違えれば大変な状況に陥る瀬戸際であること。

オ　今にもだめになりそうなところを立て直すこと。

三　次の文章を読んで、後の問いに答えなさい。

今は昔、①㊟比叡山《ひえのやま》に僧ありけり。いと貧しかりけるが、㊟鞍馬《くらま》に七日参りけり。「夢などや見ゆる」《仏のお告げの夢などが見えるかも》とて参りけれど、見えざりければ、今七日とて参れども、猶《なほ》見えねば、七日を延べ延べして《次々と延長して》、百日参りけり。その百日といふ夜の夢に、「我はえ知らず《自分にはどうにもできない》。㊟清水《きよみづ》へ参れ」と仰《おほ》せらるると見ければ、明日《次の日から》より、又、清水へ百日参るに、又、「我はえこそ知らね。㊟賀茂《かも》に参りて申せ」と夢に見てければ、又、賀茂に参る。

七日と思へども、例の《前のように》、夢見ん夢見んと参るほどに、百日といふ夜の夢に、わ僧が《お前さんが》かく参る、いとほしければ《気の毒なので》、㊟御幣紙《ごへいがみ》、㊟打撒《うちまき》の米ほどの物、たしかにとらせんと仰せらるると見て、うちおどろきたる心地《めざめたときの気持ち》、②いと心うく、あはれに悲し。「所所《あちこち》参りありきつるに、ありありて《結局のところ》、③かく仰せらるるよ。打撒のかはり斗《ばかり》給はりて、なにかはせん《いただいても、何にもならない》。我山《わがやま》へ帰りのぼらむも、人目はづかし。賀茂川にや落ち入りなまし《飛び込んでしまおうか》」など思へど、又、さすがに身をもえ投げず。

「㋐いかやうにはからはせ給ふべきにか」《どういう風にお考えなさったのだろうか》と、(a)ゆかしきかたもあれば、もとの山の坊に帰りてゐたる程に、知りたる所より、「物申し候《さぶら》はん」といふ人あり。「誰《た》そ」とて見れば、㊟白き長櫃《ながびつ》をになひて、縁《えん》に置きて帰りぬ。いと(b)あやしく思ひて、使《つかひ》を尋ぬれど、㋑おほかたなし《全く姿が見えない》。これをあけて見れば、白き米と、よき紙とを、一《ひと》長櫃入れたり《長櫃いっぱいに入れていた》。「これは見し夢のままなりけり。④さりともとこそ思ひつれ《そうおっしゃってもと思っていたけれど》、こればかりを誠にたびたる《本当にお与え下さったとは》」と、いと心うく思へど、いかがはせんとて（どうしようもない）、此米《このこめ》を(c)よろづに使ふに、ただおなじ多さにて、尽くる事なし。紙もおなじごと㋒つかへど、失《う》する事なくて、いと別《べち》（特別に）にきらきらしからねど（はなやかではないけれど）、⑤いとたのしき法師になりてぞありける。

猶、[X]。

（『宇治拾遺物語』による）

㊟ 比叡山 …… 滋賀県大津市にある延暦寺《えんりゃくじ》のこと。
鞍馬 …… 京都市にある鞍馬寺のこと。
清水 …… 京都市にある清水寺のこと。
賀茂 …… 京都市にある賀茂神社のこと。
御幣紙 …… 神に供える御幣（紙や布を切って木にはさんでたらしたもの）を作るための紙。
打撒 …… 神に供えるための米。魔除《まよ》けなどのためにまきちらす米についてもいう。
白き長櫃 …… 白木で作られた短い脚の付いた長方形の箱。

問一 ——線部㋐～㋒の語句を現代仮名遣いに直して、ひらがなで答えなさい。

問二 ——線部(a)～(c)の語句の文中での意味として最も適当なものを、次の**ア**～**オ**の中からそれぞれ一つずつ選んで、記号で答えなさい。

(a) ゆかしきかた

ア 悲しい気持ち
イ うれしい気持ち
ウ 恐ろしい気持ち
エ 知りたい気持ち
オ ありがたい気持ち

(b) あやしく

ア 粗末に
イ 不思議に
ウ 恐ろしく
エ 見苦しく
オ 不都合に

(c) よろづに

ア 一緒に
イ 大切に
ウ 遠慮なく
エ ほとんど
オ いろいろと

問三 ——線部①「比叡山」を言いかえた表現を、文中から**二字**と**四字**で、それぞれ抜き出して答えなさい。

問四 ——線部②「いと心うく、あはれに悲し」とありますが、「僧」がそう思ったのはなぜですか。その理由として最も適当なものを、次の**ア**～**オ**の中から一つ選んで、記号で答えなさい。

ア 神秘の力を見ることができると信じていたのに、小さな利益しか施せない仏に長年仕えていたのだと気づいたから。
イ 告げられた内容は、一年近くかけ何箇所もお参りした労力に見合わないし、すばらしいお告げとは言えない内容だったから。

ウ　仏の哀れみの心を受けたい一心で何度もお参りをしていたのに、今までのお参りの方法が間違っていたとやんわりと指摘されたから。

エ　寺の僧侶に取り次いでくれず、百日を無駄に過ごさせてあきらめるよう仕向ける人間がどこにでもいる、世の中の厳しさを実感したから。

オ　心待ちにしていた夢を三百日たってやっと見られ、めったにない経験ができたと趣深く感じて、自分の貧しさが気にならなくなったから。

問五　――線部③「かく」の指している内容を、文中から**四十字**以内で抜き出し、始めと終わりの**三字**を答えなさい。

問六　――線部④「さりともとこそ思ひつれ」とありますが、この言葉からどのような心情が読み取れますか。その心情として最も適当なものを次の**ア**～**オ**の中から一つ選んで、記号で答えなさい。

ア　不信　　**イ**　満足　　**ウ**　焦燥　　**エ**　期待　　**オ**　同情

問七　――線部⑤「いとたのしき法師になりてぞありける」とは、どういうことですか。それを説明した次の文の（　　）に当てはまる語句を、文中から**六字**で抜き出して答えなさい。

米と紙が（　　　　　　　）手に入るので、裕福になったということ。

問八　[X] に当てはまる「教訓」を、次の**ア**～**オ**の中から一つ選んで、記号で答えなさい。

ア　少しでも違和感があれば、疑いを持つのがよい

イ　どんな時でも、遊び心を持って生活するのがよい

ウ　何があってもあきらめずに、参拝を続けるのがよい

エ　修行が未熟であっても、願いをあきらめないのがよい

オ　すばらしいお告げの夢を見るために、努力をするのがよい

問九　この作品は鎌倉時代に成立しましたが、鎌倉時代以降に成立した作品を、次の**ア**～**オ**の中から一つ選んで、記号で答えなさい。

ア　奥の細道　　**イ**　竹取物語　　**ウ**　土佐日記　　**エ**　枕草子　　**オ**　万葉集

2024年度

上宮高等学校

入学考査問題

数学

(50分)

(注意) ① 解答はすべて解答用紙に記入しなさい。

② 答えが無理数になるときは、根号の中を最も小さい正の整数にしなさい。

③ 円周率はπを使いなさい。

④ 答えを分数で書くときは、既約分数（それ以上約分できない分数）に、

また、分母が無理数になるときは、分母を有理化しなさい。

受験番号	名前

I 次の問いに答えなさい。

(1) 次の計算をしなさい。

(ア) $2^3+(-3)^2\div\left(-\frac{3}{2}\right)$

(イ) $(\sqrt{2}-1)^2+\sqrt{32}-\frac{12}{\sqrt{2}}$

(2) $a=-\frac{1}{2}$, $b=\frac{2}{3}$ のとき，$5(a-2b)-7(3a-4b)$ の値を求めなさい。

(3) 2次方程式 $(x-3)^2-2(x-3)-35=0$ を解きなさい。

(4) 連立方程式 $\begin{cases}2x-y=7\\5x+2y=4\end{cases}$ と，連立方程式 $\begin{cases}ax-y=9\\x+by=14\end{cases}$ が同じ解をもつとき，a，b の値をそれぞれ求めなさい。

(5) $\sqrt{45n}$ が整数となるような自然数 n のうち，2番目に小さい数を求めなさい。

(6) 1から6までの目がある大小2個のさいころを同時に1回投げるとき，出た目の数の和が10以上となる確率を求めなさい。

(7) 下の図において，AB // CD，AC = AE です。$\angle x$ の大きさを求めなさい。

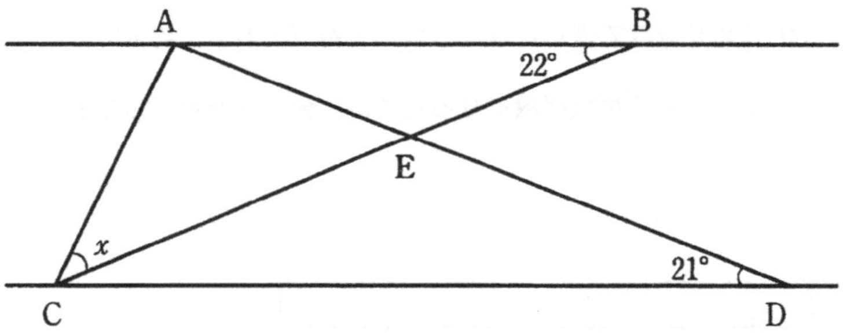

【計算用紙】

Ⅱ 下の図のように，関数 $y=ax^2$ のグラフと 2 点 A，B で交わる直線を ℓ，点 C $(-2,\ -4)$ を通り，直線 ℓ と平行な直線を m とします。点 A の座標は $(-2,\ 2)$，点 B の x 座標は -2 より大きく，y 座標は 8 です。次の問いに答えなさい。

(1) a の値を求めなさい。

(2) 点 B の x 座標を求めなさい。

(3) 直線 ℓ の式を求めなさい。

(4) 直線 m が x 軸と交わる点を D とするとき，△ADB の面積を求めなさい。

(5) 直線 m 上に，x 座標が -2 より大きい部分に点 P をとり，点 P の x 座標を p とします。四角形 ACPB の面積が 42 になるとき，p の値を求めなさい。

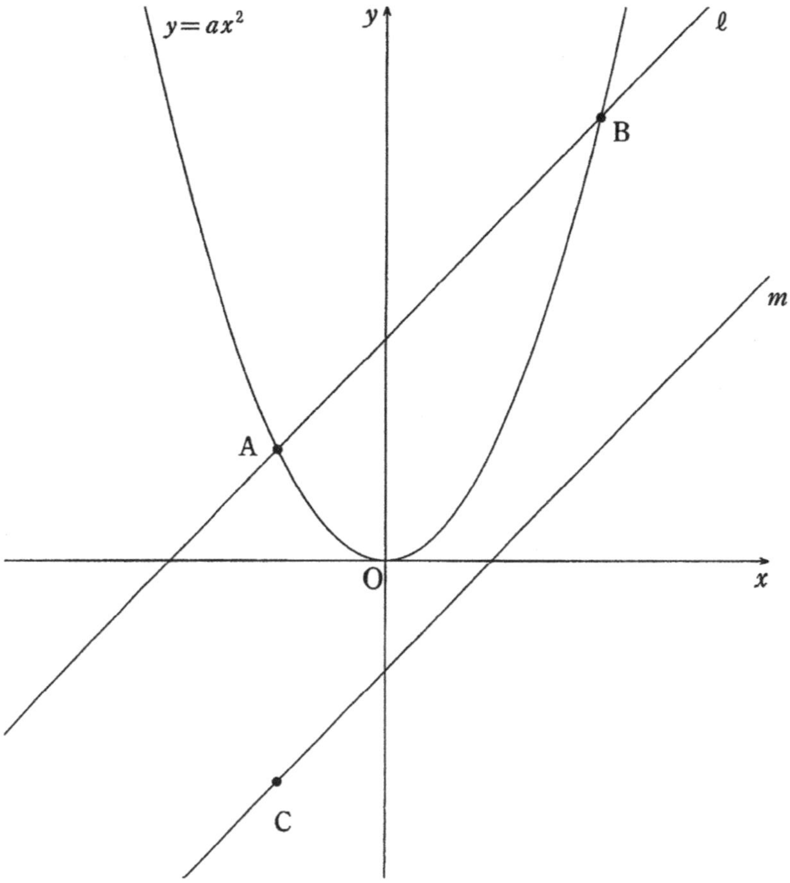

【計算用紙】

Ⅲ 容器Aには10％の食塩水が150g，容器Bには4％の食塩水が50g入っています。次の問いに答えなさい。

(1) 容器Aの食塩水に含まれる食塩は何gですか。

(2) 容器Aと容器Bの食塩水をすべて混ぜ合わせたときにできる食塩水の濃度は何%ですか。

容器Aと容器Bから同じ量の食塩水を同時に取り出します。容器Aから取り出した食塩水を容器Bに入れ，容器Bから取り出した食塩水を容器Aに入れて，それぞれの容器をよくかき混ぜる操作を行います。

(3) 容器Aと容器Bからそれぞれ10gずつ取り出し，この操作を1回行ったとき，容器Aの食塩水の濃度は何%ですか。

(4) この操作を1回行ったとき，容器Aの食塩水の濃度が9％となりました。取り出した食塩水は何gですか。

【計算用紙】

Ⅳ　下の図のように，AB＝6 cm，BC＝9 cm の平行四辺形 ABCD があります。点 E は辺 CD 上の点で，AE ⊥ CD，DE＝3 cm です。点 P はこの平行四辺形の辺上を，点 A を出発して A → B → C → E の順に点 E まで毎秒 2 cm の速さで動きます。このとき，次の問いに答えなさい。

(1) 点 P が点 A を出発してから 1 秒後の △APE の面積を求めなさい。

(2) AP ⊥ BC となるのは，点 P が点 A を出発してから何秒後かを求めなさい。

(3) △APE の面積と平行四辺形 ABCD の面積の比が 1：3 になるときが 2 回あります。2 回目は，点 P が点 A を出発してから何秒後かを求めなさい。

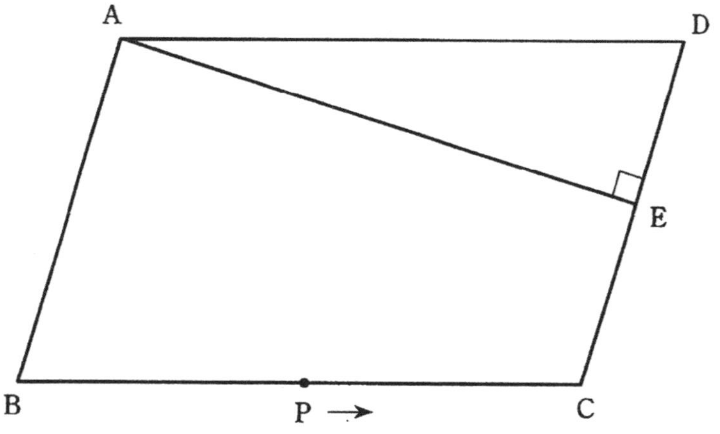

2024年度

上 宮 高 等 学 校

入 学 考 査 問 題

英　　語

（50分）

（注意）　解答はすべて解答用紙に記入しなさい。

受験番号	名　　前

※音声は収録しておりません

I

対話を聞いて，そのあとに流れる質問の答えとして最も適当なものを，次のア～エからそれぞれ１つずつ選んで，記号で答えなさい。対話と質問は２回ずつ放送されます。

１．ア She will buy apple juice.

イ She will bring a shopping bag.

ウ She will talk with her father.

エ She will wear her coat.

２．ア Judy's mother did.

イ Judy's father did.

ウ Tom did.

エ Tom's father did.

３．ア At four.

イ At four fifteen.

ウ At four forty.

エ At five.

４．ア In the river in Australia.

イ In the swimming pool in Australia.

ウ In the sea in Japan.

エ In Kazuki's house in Japan.

II 英文を聞いて，そのあとに流れる質問の答えとして最も適当なものを，次の**ア**～**エ**からそれぞれ1つずつ選んで，記号で答えなさい。英文と質問は２回ずつ放送されます。

1．
ア Yuichi does.
イ Yuichi's father does.
ウ Yuichi's mother does.
エ Yuichi's sister does.

2．
ア For a year.
イ For three years.
ウ For five years.
エ For eight years.

3．
ア Last Saturday.
イ Next Friday.
ウ Next Saturday.
エ Next Sunday.

4．
ア Because he wanted to eat delicious sushi.
イ Because he wanted to be able to make sushi by himself.
ウ Because his Japanese friend asked him to work at a sushi restaurant.
エ Because he wanted to open his French restaurant there.

III 留学生のボブが道を聞こうとして女性に話しかけています。2人の対話を聞いて，次の各問いに答えなさい。対話は2回ずつ放送されます。

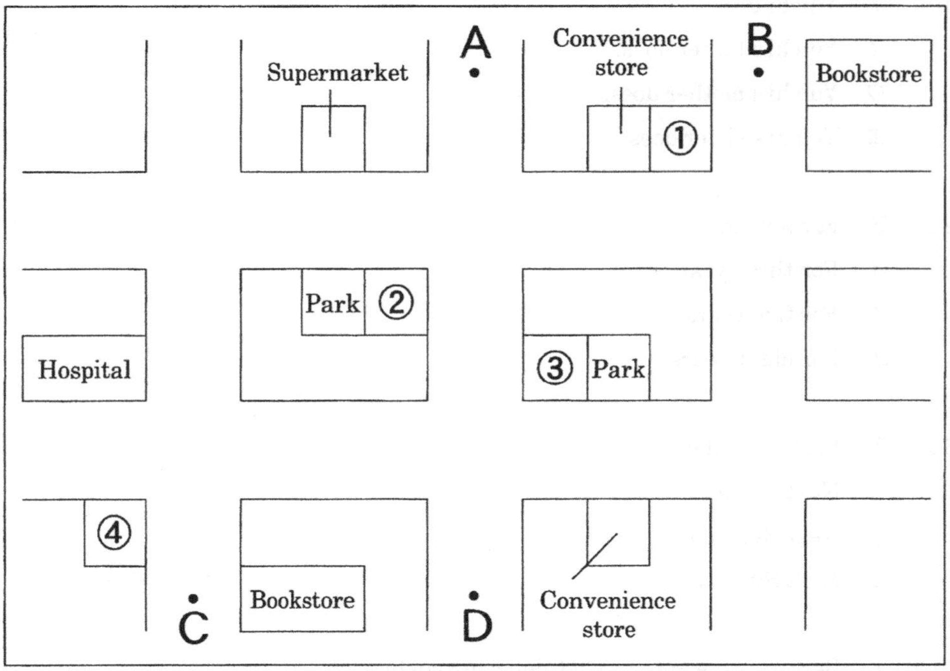

1．　ボブの友だちの家がある場所として最も適当なものを，次の**ア**～**エ**から1つ選んで，記号で答えなさい。

ア　①
イ　②
ウ　③
エ　④

2．　ボブが女性と会話をしている場所として最も適当なものを，次の**ア**～**エ**から1つ選んで，記号で答えなさい。

ア　A
イ　B
ウ　C
エ　D

ここから先は，放送の指示があるまで開かないこと。

Ⅳ 次の英文を読み，本文の内容に一致するものを後の１～１４から５つ選んで，番号で答えなさい。

Do you like to solve *puzzles? Some people enjoy solving them, and others think it is difficult. Actually, puzzles are becoming more and more popular in the world. One of the most popular puzzles in the world is Sudoku. Now, I'm going to tell you about a Japanese person who made Sudoku popular around the world. His name is Maki Kaji.

Sudoku is a puzzle written on paper, and people solve it by writing in the numbers one to nine. Kaji did not create Sudoku. It was originally made by an American *architect, Howard Garns, in the 1970s. In those days, the puzzle was called Number Place. Kaji first learned about Number Place in 1984 and became interested in it. But he soon found that it was boring because he could solve the Number Place puzzles easily. In fact, Garns himself lost *interest in Number Place after making about ten puzzles. Kaji thought that Number Place was a good puzzle, so he decided to bring it back to Japan to spread it. He had a company that made magazines about puzzles, so he *printed some Sudoku puzzles in them. The puzzle magazines had many readers. They enjoyed solving the Sudoku puzzles. They also create more difficult ones and sent them to the company. Kaji bought the difficult puzzles and printed them in his magazines. In this way, Number Place became popular in the country. Kaji wanted to give a Japanese name to this puzzle, so he changed its name to Sudoku.

At the end of 2004, Kaji noticed that Sudoku was very popular in London. A famous newspaper in the UK, *The Times*, had Sudoku puzzles printed in its copies. A lot of people in the UK solved and loved them. He was very surprised at that. He was also surprised to learn the name of the person who introduced Sudoku to *The Times*. That man was Wayne Gould. He was from New Zealand, and he liked puzzles. He bought a Sudoku puzzle book at a bookstore when he went to Japan. He got interested in Sudoku because of the book and later created a computer program that *automatically made Sudoku puzzles. Gould respected Kaji and his magazine because he liked Sudoku very much. Since his trip, he *had contacted Kaji, so they knew each other. Thanks to Gould, Sudoku became popular in England. Sudoku puzzles appeared in the newspapers every day, and every morning, people in England talked about *whether they could solve the day's puzzle.

Kaji was the *president of his puzzle-making company, but making money was not important to him. He didn't *register Sudoku as a trademark in other countries. He just wanted people to enjoy solving Sudoku puzzles and thought that was more important than making money.

Kaji left his company at the end of July 2021 and died in August of the same year, but Sudoku continues to be enjoyed all over the world. We often see Sudoku in books, magazines, newspapers, and on the computer screen. And *competitions to solve Sudoku are held around the world every year. Sudoku will be loved forever.

2024(R6) 上宮高
K 教英出版

は，問Ⅱです。問Ⅱは，英文を聞いて，質問に答える問題です。それぞれの英文を聞いて，そのあとに流れる質の答えとして最も適当なものを，次のア～エの中からそれぞれ 1 つずつ選んで，記号で答えなさい。英文と質問 2 回ずつ放送されます。それでは，問題に入ります。

Yuichi gets up at six every morning to study math. His father gets up at five thirty to go jogging. His mother gets up at six twenty to make breakfast. They eat breakfast at seven. After that, Yuichi goes to school, and his parents go to work.

Question: Who gets up the earliest in Yuichi' s family?

(Listen again.)

Paul plays basketball very well. He has played it for five years. He sometimes plays it with his friend, Mark. Mark is a good basketball player, too. Mark has played it for eight years. Paul wants to play basketball as well as Mark.

Question: How long has Paul played basketball?

(Listen again.)

Yoko likes coffee very much. Last month, a new coffee shop opened. She wanted to go there last Sunday but couldn't because she had to study for her math test at school. She will go to the shop the day after she finishes her test next Friday.

Question: When will Yoko go to the coffee shop

(Listen again.)

Mr. White has lived in Japan for many years. He is from France. When he was young, he went on a trip to Japan. He ate delicious sushi during his trip and wanted to make sushi by himself. After the trip, he decided to live in Japan to learn how to make sushi. He works at a sushi restaurant now and enjoys making it. Having his own sushi restaurant in France is his dream.

Question: Why did Mr. White decide to live in Japan?

(Listen again.)

れで，問 2 を終わります。

は，問Ⅲです。問Ⅲは，対話を聞いて，その対話に関する設問に答える問題です。ボブと女性の対話を聞いて，題用紙に書かれている各問いに答えなさい。対話は 2 回放送されます。それでは，問題に入ります。

b: Excuse me, could you tell me the way to the park?
I'm going to visit my friend who lives next to the park.
man: There are two parks near here. Which one do you want to go to?
b: Well, I don't know the name of the park. My friend just said, "Come to the park at ten- thirty."
man: I see. Did your friend say anything about buildings near your friend's house?
b: He told me that he often buys ice cream at a convenience store across from the park.
man: Then I think your friend lives near Hikari Park. We are in front of a bookstore right now.
Go straight ahead and turn right at the second corner.
You will see the park on your right and the convenience store on your left.
b: Thank you so much.
man: You're welcome. Have a nice day.

(Listen again.)

スニング問題は以上です。5ページを開いて，筆記問題の解答を始めてください。

リスニング問題　スクリプト

※音声は収録しておりません

問Ⅰは，対話を聞いて，質問に答える問題です。それぞれの対話を聞いて，そのあとに流れる質問の答えとして最も適当なものを，次のア～エの中からそれぞれ1つずつ選んで，記号で答えなさい。対話と質問は2回ずつ放送されます。それでは，問題に入ります。

1.

Cindy's father:　Cindy, could you go to the convenience store and buy some apple juice?

Cindy:　Sure, Dad.　I'll go right now.

Cindy's father:　Wait.　It's very cold today.　You should wear your coat before going outside.

Cindy:　OK.　I'll do that.

●Question:　What will Cindy do before going to the convenience store?

(Listen again.)

2.

Tom:　Is this your new smartphone, Judy?

Judy:　Yes, my mother bought it for me last week.　Do you have a smartphone, Tom?

Tom:　Yes, I have been using this one for about a year.　This is my father's old smartphone. He gave it to me when he bought a new one.

Judy:　I see.　Smartphones are very useful, aren't they?　Can I send a message to you later?

Tom:　Sure.

●Question:　Who bought a smartphone for Judy last week?

(Listen again.)

3.

Emily:　Jason, the soccer game will start at the stadium at five.　What time should we meet tomorrow?

Jason:　Hi, Emily.　Let's meet in front of my house at four.

Emily:　All right.　How long does it take from your house to the stadium?

Jason:　It takes about forty minutes to walk there.　But tomorrow, my father will drive us to the stadium. It will take only fifteen minutes.

Emily:　That's great.　Thank you so much.　See you tomorrow.

●Question:　What time will Emily and Jason arrive at the stadium?

(Listen again.)

4.

Kazuki:　You swim very fast, Linda.　You are a good swimmer.

Linda:　Thank you, Kazuki.　The sea in Japan is beautiful, so swimming here is exciting. I also often swam when I lived in Australia.

Kazuki:　Did you swim in the sea?

Linda:　No, I swam in the river near my house.　I went there with my friends every summer.

Kazuki:　I see.　I sometimes go to the swimming pool, but I'm not good at swimming.

Linda:　Don't worry.　You will be able to swim if you practice hard.

●Question:　Where are Linda and Kazuki talking?

(Listen again.)

これで，問1を終わります。

【注】 puzzle：パズル　architect：建築家　interest：興味　print：掲載する
automatically：自動的に　had contacted：連絡をとってきた　whether：～かどうか
president：社長　register ～ as a trademark：～を商標登録する　competition：大会

1．Maki Kaji was the first person in the world to make a puzzle by using numbers.

2．The person who made Number Place was an American architect.

3．Kaji made easy Sudoku puzzles because he wanted everyone to enjoy solving them.

4．Kaji printed Sudoku puzzles in puzzle magazines made by his company.

5．Kaji bought the difficult puzzles that readers of his magazines created.

6．Garns named the puzzle he invented Sudoku to spread it in Japan.

7．In 2004, Sudoku became very popular in London because people bought Kaji's magazines.

8．Gould found Sudoku books in a bookstore in New Zealand.

9．Gould made a computer program that could solve Sudoku quickly.

10．Kaji knew the person who introduced Sudoku to *The Times*.

11．Kaji didn't think that making money was important and wanted people to enjoy Sudoku.

12．Kaji registered Sudoku as a trademark in other countries, so it became famous in the world.

13．Kaji died the year after he left his company.

14．Kaji won the competition to solve Sudoku.

V　次の英文を読み，後の問いに答えなさい。

We don't just go to convenience stores to buy things.　In 1981, convenience stores began offering *luggage delivery services, and six years later after that, they began offering *utility bill *payment services.　Now we don't have to go to city halls to get some *certificates.　Why do convenience stores offer many kinds of services?　① It will be hard for people working at convenience stores to learn how to offer them all.　Convenience stores offer them for several reasons.

When convenience stores offer these services, they collect a small *service charge.　For people who don't have a post office or a city hall near their house, it is hard to go there to send some luggage or pay utility bills.　If it is difficult for them to send their luggage, some of them won't send it at all.　It is not good for companies that offer delivery services.　On the other hand, if people can send their luggage from somewhere near their house, they will use the service more often.　② It is good for both the people who want to send things and the delivery companies, so convenience stores offer these services instead of the companies and get money from them as a service charge.　But this charge is not high, so they do not get much money.

Convenience stores also offer many services for another reason.　They always want more people to come to the stores.　If people come to the stores to send their luggage at noon, they may buy lunch there, too.　And if they come to pay utility bills on a hot day, they may buy juice or ice cream.
[A] [B] [C] [D]

Thanks to convenience stores, we can do many things in a short time in one place.　They keep trying to offer new services.　In 2017, one major convenience store *chain started a service in Hokkaido that delivers ordered items to people's homes from the nearest store.　Convenience stores always make our lives more "convenient."

【注】 luggage：荷物　　utility bill：公共料金　　payment：支払い　　certificate：証明書
service charge：手数料　　chain：チェーン店

問１　下線部①を日本語に直しなさい。

問２　下線部②が指す内容として最も適当なものを，次の**ア**～**エ**から１つ選んで，記号で答えなさい。

ア　家の近くで荷物を送ることができれば，人々はより頻繁にそうするだろうということ。
イ　人々が公共料金を支払うために市役所へ行くこと。
ウ　人々がコンビニサービスを利用すると，会社の売り上げが増えること。
エ　コンビニがサービスを提供する代わりに手数料を受け取ること。

問3　本文の[A]～[D]には，それぞれ文が省略されています。全体の意味が通る文章にするのに最も適当なものを，次の**ア**～**エ**からそれぞれ１つずつ選んで，記号で答えなさい。

ア　This is the biggest *reason why they offer many kinds of services.

イ　When convenience stores offer a lot of services, people will come to the stores more often.

ウ　It will lead to increased sales for convenience stores.

エ　They may buy things while they are inside.

【注】 reason why S＋V：SがVする理由

問4　次の１と２の質問の答えになるように，英語で正しく答えなさい。

1．When did we become able to pay our utility bills at convenience stores?
We became able to do it (　　　　　)(　　　　　).

2．Where did a major convenience store chain start a service in 2017?
It started (　　　　　)(　　　　　).

問5　この英文は，何についての話ですか。最も適当なものを，次の**ア**～**エ**から１つ選んで，記号で答えなさい。

ア　The history of the convenience stores in Japan.

イ　Why do convenience stores offer many services?

ウ　The problems between convenience stores and other companies.

エ　How can we buy items at lower prices at convenience stores?

VI 次の各日本文の意味を表すように〔　　〕内の語句を並べかえるとき，（ ① ）〜（ ⑧ ）に入る語句を，それぞれ記号で答えなさい。

1．お会いできてうれしく思います。

I (　　)(①)(　　)(②)(　　).

〔ア glad　イ to　ウ you　エ am　オ meet〕

2．私は今日，家で読むための本を買うつもりです。

I am (　　)(　　)(③)(　　)(　　)(　　)(④) at home today.

〔ア a　イ to　ウ going　エ read　オ to
カ buy　キ book〕

3．彼女に私たちを手伝ってくれるように頼みませんか。

(　　)(　　)(　　)(⑤)(　　)(⑥)(　　)?

〔ア her　イ ask　ウ to　エ us　オ we
カ shall　キ help〕

4．ラジオ番組によると，駅のまわりで夏祭りが開催されるそうです。

The radio program (　　)(⑦)(　　)(　　)(　　)(⑧)(　　)(　　)(　　).

〔ア the summer　イ that　ウ around　エ says　オ festival
カ held　キ be　ク the station　ケ will〕

VII 次の１～１２の英文の中から，**文法的に誤りのないもの**を５つ選んで，番号で答えなさい。

１．My friend gave this picture for me.

２．Four cats in my house is very small and I like them.

３．It takes twenty minutes to go to the library from my house.

４．How many do you have pens in your pencil case?

５．Do you know where is Tom from?

６．They want something cold to drink.

７．We are looking forward to see you.

８．We had a lot of rain last year.

９．My grandfather named my sister Satomi.

１０．How will the weather in Osaka tomorrow?

１１．I didn’t know that Kumi could play the violin well.

１２．My brother always use a computer in his room.

Ⅷ 次の各組の英文がほぼ同じ意味になるように，（ ① ）～（ ⑩ ）に入る最も適当な英語１語を，それぞれ答えなさい。

1．Math is easier than English for me.
English is (①) (②) than math for me.

2．May I borrow this book?
Can you (③) this book to (④)?

3．He didn't say anything, and went out of the room.
He went out of the room (⑤) (⑥) anything.

4．Eating delicious pizza made me happy.
I was happy (⑦) (⑧) delicious pizza.

5．I can't go to her house because she doesn't live near here.
(⑨) she (⑩) near here, I could go to her house.

2024年度

上宮高等学校

入学考査問題

理科

（50分）

（注意）① 解答はすべて解答用紙に記入しなさい。

② 計算問題で特に指定がなく，割り切れない場合は，小数第２位を四捨五入して，小数第１位まで答えなさい。

受験番号	名前

I　以下の各問いに答えなさい。

問１　図１は，２cm 程度に伸びたタマネギの根の先端から等間隔に印Ａ～Ｃをつけたものです。図２の①～③は印Ａ～Ｃの細胞を顕微鏡で観察した時のスケッチです。図２の①～③は，それぞれ図１のＡ～Ｃのどの部分を観察したものですか。組み合わせとして正しいものを，次のア～カから１つ選んで，記号で答えなさい。

	A	B	C
ア	①	②	③
イ	①	③	②
ウ	②	①	③
エ	②	③	①
オ	③	①	②
カ	③	②	①

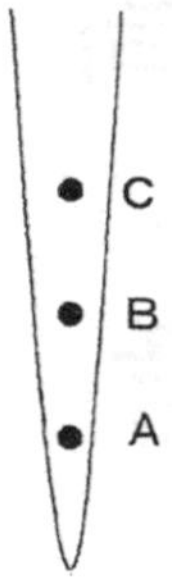

図１

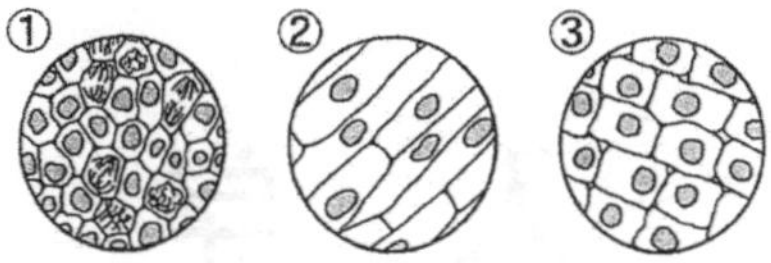

図２

問２　図３はヒトの神経系を模式的に表したものです。感覚器官で受け取った刺激に対し，意識して反応を起こすまでの信号の道すじはどれですか。次のア～エから１つ選んで，記号で答えなさい。

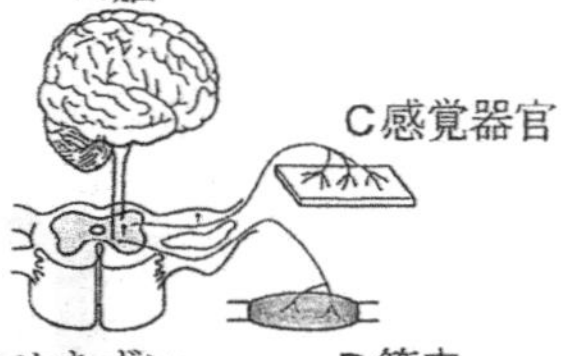

図３

ア　C→B→A→B→D　　イ　C→B→A→B→C
ウ　C→B→D　　エ　C→B→C

問３　水とエタノールの混合物を加熱し，出てくる気体の温度を測定しました。加熱した時間と出てくる気体の温度との関係を表したグラフはどれですか。次のア～エから１つ選んで，記号で答えなさい。

ア
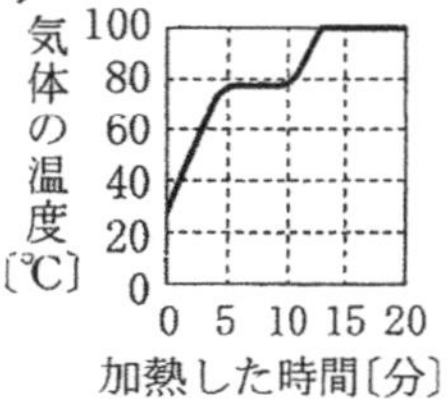

イ
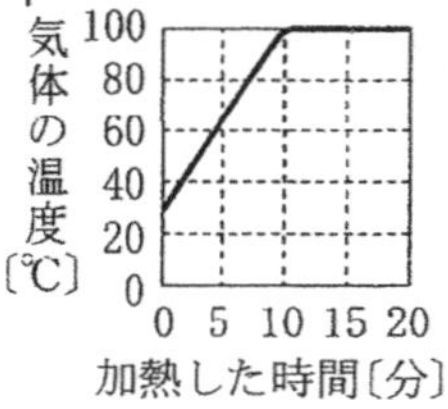

ウ
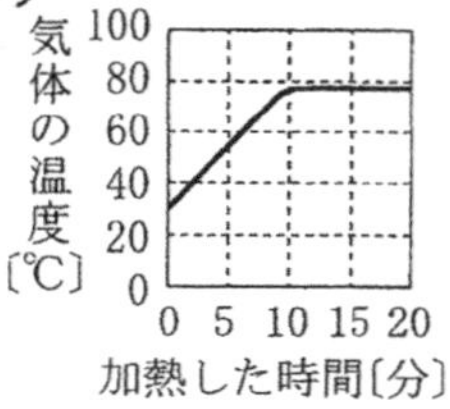

エ
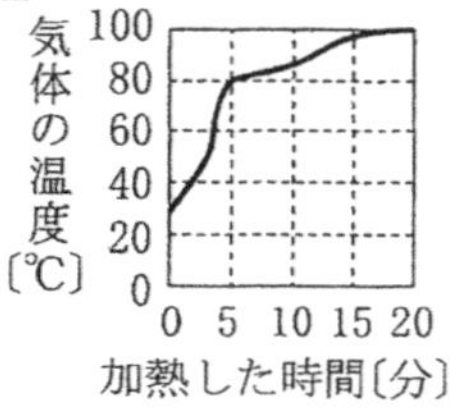

問４　同量の水を入れた２つのビーカーに，それぞれ同量の硫酸銅とデンプンを入れてよくかき混ぜました。硫酸銅を入れた液は透明のまま色がつきましたが，デンプンを入れた液は白くにごりました。２つのビーカー内の液の説明として正しいものはどれですか。次のア～エから１つ選んで，記号で答えなさい。

ア　硫酸銅を入れた液は水溶液であるが，デンプンを入れた液は水溶液ではない。
イ　デンプンを入れた液は水溶液であるが，硫酸銅を入れた液は水溶液ではない。
ウ　２つのビーカー内の液はともに水溶液である。
エ　２つのビーカー内の液はともに水溶液ではない。

2024(R6) 上宮高
K 教英出版

問５　実験室でくみ置きしていた水を金属製のコップに入れたところ，水の温度は実験室の室温と同じ 15 ℃でした。**図４**のように，氷を入れた試験管をさし，ゆっくりと冷やしたところ，水の温度が 12 ℃になったとき，コップの表面がくもり始めました。同じ実験を実験室の室温を 20 ℃にして行うと，15 ℃のときと比べて，実験室の湿度とコップの表面がくもり始めるときの水の温度はどうなりますか。次の**ア**～**エ**から１つ選んで，記号で答えなさい。ただし，実験室の水蒸気量は一定とします。

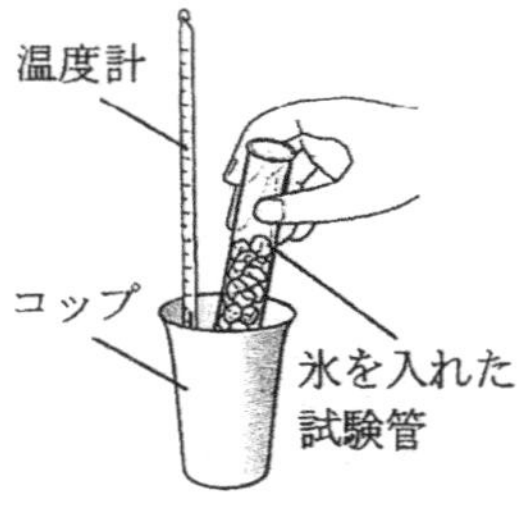

図４

ア　20 ℃での湿度は高くなり，コップの表面がくもり始めるときの水の温度は低くなる。
イ　20 ℃での湿度は高くなり，コップの表面がくもり始めるときの水の温度は変わらない。
ウ　20 ℃での湿度は低くなり，コップの表面がくもり始めるときの水の温度は高くなる。
エ　20 ℃での湿度は低くなり，コップの表面がくもり始めるときの水の温度は変わらない。

問６　**図５**は，２種類の火山**A**，**B**の断面を模式的に表したものです。火山**A**と火山**B**の噴出物の色と噴火のようすを比べると，火山**B**の説明として正しいものはどれですか。次の**ア**～**エ**から１つ選んで，記号で答えなさい。

ア　噴出物の色は白っぽく，おだやかに噴火する。
イ　噴出物の色は白っぽく，激しく噴火する。
ウ　噴出物の色は黒っぽく，おだやかに噴火する。
エ　噴出物の色は黒っぽく，激しく噴火する。

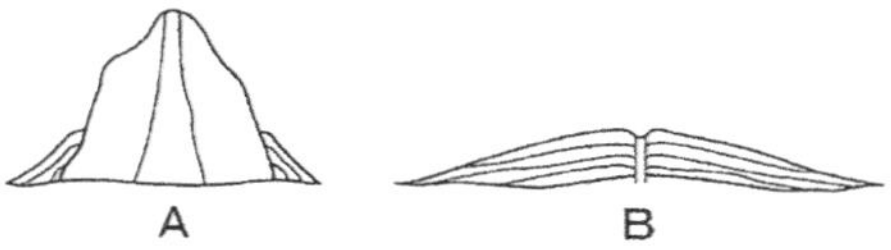

図５

問７　**図６**のように，摩擦《まさつ》のある水平面上の物体を右向きに引っ張ると，引く力が２Ｎをこえない限り物体は動きませんでした。力をかえて１Ｎ の力で引っ張ったときにも物体は動きませんでした。このときの，摩擦力の大きさと摩擦力と物体を引く力の関係として正しい組み合わせはどれですか。次の**ア**～**エ**から１つ選んで，記号で答えなさい。

	摩擦力の大きさ	摩擦力と物体を引く力の関係
ア	１Ｎ	作用・反作用の関係
イ	１Ｎ	つりあいの関係
ウ	２Ｎ	作用・反作用の関係
エ	２Ｎ	つりあいの関係

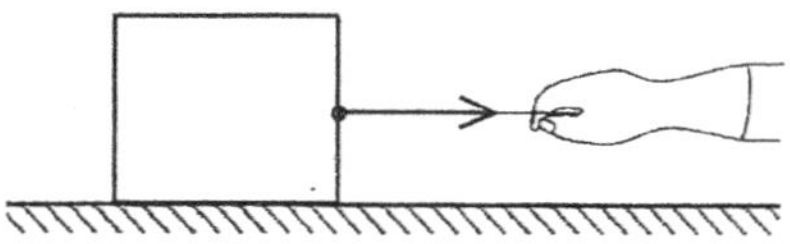
図６

問８　電源装置，スイッチ，電熱線を用いて，**図７**のような回路をつくりました。電熱線にかかる電圧と流れる電流を測定するための電圧計Ⓥと電流計Ⓐのつなぎ方として正しいものはどれですか。次の**ア**～**エ**から１つ選んで，記号で答えなさい。

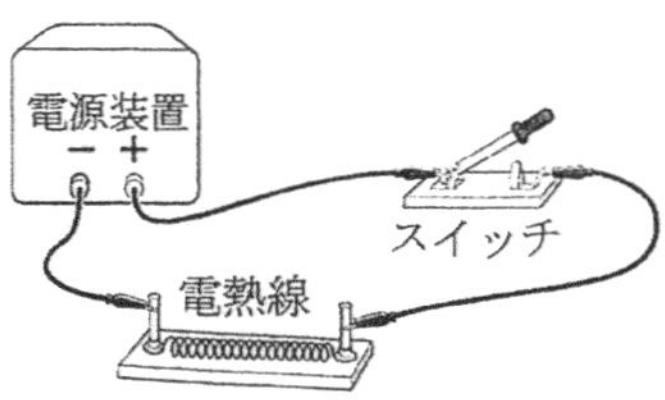

図７

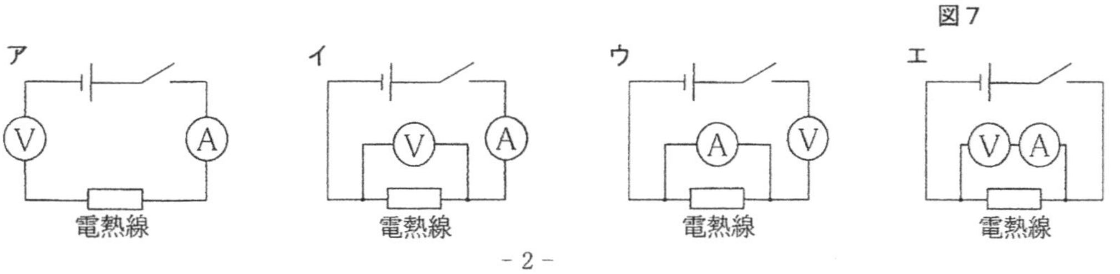

II　金属の酸化と還元に関して，次の【実験１】と【実験２】を行いました。以下の各問いに答えなさい。

【実験１】スチールウールの燃焼実験

図１のように，細くてさびていないスチールウールをピンセットでつまみ，ガスバーナーで加熱しました。燃え始めたら空気を送り，完全に燃焼させました。2.5 g のスチールウールを完全に燃焼させたとき，燃焼後にできた物質の質量を測定したところ 3.5 g でした。

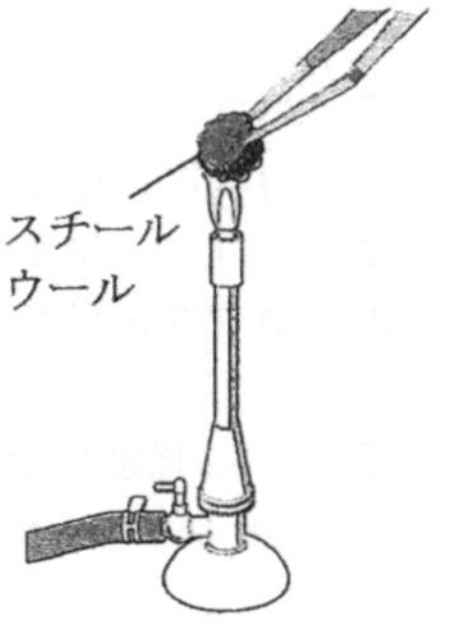

図１

問１　図１のスチールウールの燃焼のようすとして正しいものはどれですか。次のア～エから１つ選んで，記号で答えなさい。

ア　赤っぽく燃え広がり，燃焼後は黒っぽい物質に変わる。
イ　青白い炎を出して燃え広がり，燃焼後は白っぽい物質に変わる。
ウ　刺激臭のある気体が発生し，燃焼後は黒っぽい物質に変わる。
エ　強い光を発しながら燃え，燃焼後は白っぽい物質に変わる。

問２　燃焼後にできた物質の性質として正しいものはどれですか。次のア～エから１つ選んで，記号で答えなさい。

ア　燃焼前よりもよく電流を通す。
イ　うすい塩酸に入れると激しく反応する。
ウ　手でさわると，ぼろぼろとくずれる。
エ　燃焼前よりも強く磁石に引きつけられる。

次に図２のように，石灰水を入れた容器内に酸素を満たした集気びんをかぶせてスチールウールの燃焼実験を行ったところ，スチールウールの燃焼後に集気びん内の水面が上昇しました。

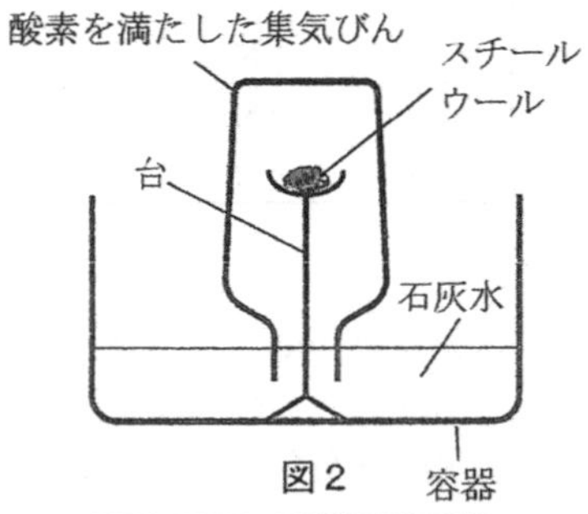

図２

問３　次の文はスチールウールの燃焼後に石灰水の水面が上昇した理由について説明しています。（　①　）と（　②　）に当てはまるものの組み合わせとして正しいものはどれですか。下のア～エから１つ選んで，記号で答えなさい。

石灰水の色が（　①　）ことから，水面が上昇したのは集気びん内で（　②　）からです。

	①	②
ア	白くにごった	二酸化炭素ができ水に溶けた
イ	白くにごった	酸素が使われた
ウ	変化しなかった	二酸化炭素ができ水に溶けた
エ	変化しなかった	酸素が使われた

【実験２】酸化銅と炭素の粉末を用いた燃焼実験

３本の試験管Ａ，Ｂ，Ｃにそれぞれ酸化銅を 4.0 g ずつ入れ，試験管Ａには炭素の粉末を 0.1 g，試験管Ｂには炭素の粉末を 0.3 g，そして試験管Ｃには炭素の粉末を 0.5 g 加えてよくかき混ぜました。それぞれの試験管を**図３**のようにガスバーナーで加熱して十分に反応させ，発生した気体を石灰水に通すと，どの試験管も石灰水は白くにごりました。次の**表**は，ゴム管をピンチコックで閉じ，試験管が冷えてから，試験管の中に残った物質のようすを調べたものです。

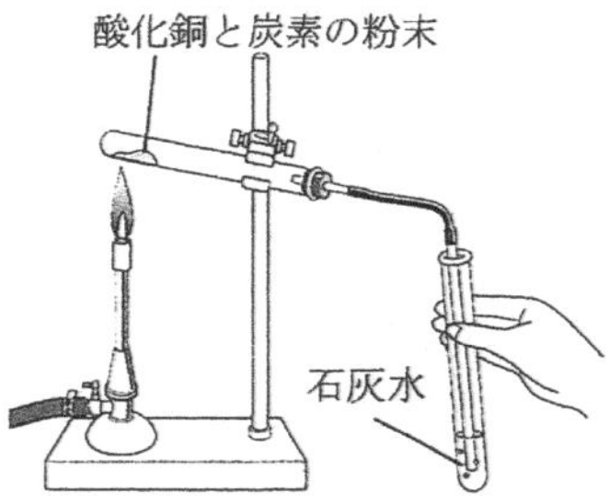

図３

表

試験管Ａ	銅と黒い物質が残っていた。
試験管Ｂ	銅だけが残っていたので，銅の質量をはかると 3.2 g であった。
試験管Ｃ	銅と黒い物質が残っていた。

問４　**【実験２】**で発生した気体と同じ気体を発生させる方法として正しいものはどれですか。次の**ア～エ**から１つ選んで，記号で答えなさい。

ア　うすい塩酸に亜鉛を入れる。
イ　塩化アンモニウムに水酸化ナトリウムを加えて，水を注ぐ。
ウ　二酸化マンガンにオキシドール（うすい過酸化水素水）を加える。
エ　炭酸水素ナトリウムを加熱する。

問５　次の式は，**【実験２】**で起こった化学変化を化学反応式で表したものです。式中の［　①　］～［　③　］に適した化学式を**【例】**にならってそれぞれ答えなさい。

2CuO ＋ ［　①　］ → 2［　②　］ ＋ ［　③　］

【例】　［ Na ］

問６　酸化銅 6.0 g と炭素の粉末 1.0 g を試験管に入れてよくかき混ぜ，**【実験２】**と同じ実験を行いました。このとき得られる銅の質量は何 g ですか。

問７　**【実験２】**について説明した文として正しいものはどれですか。次の**ア～エ**から１つ選んで，記号で答えなさい。

ア　この実験では，酸化の反応だけが起こっている。
イ　この実験では，還元の反応だけが起こっている。
ウ　この実験では，酸化の反応と還元の反応の両方が起こっている。
エ　この実験では，酸化の反応も還元の反応も起こっていない。

III　次の【調査結果】について，以下の各問いに答えなさい。

地層のできかたについて知るために，調査を行いました。図１は，ある地域におけるＡ～Ｄ地点の標高と位置関係を示したものです。調査結果は次の通りです。

【調査結果】

１．地層は平行に重なっており，上下の逆転や断層はない。
２．地層はある方角に向かって低くなるように傾いている。
３．Ａ地点，Ｂ地点には地層が露出した急な斜面が見られた。
４．凝灰岩《ぎょうかいがん》の層は，同じ時期に堆積したものである。
５．Ａ地点，Ｂ地点ではどちらの斜面にも，れき岩，砂岩，泥岩，凝灰岩でできた各層が見られた。
６．Ａ地点の地層からはビカリアの化石が，Ｂ地点の地層からはチャートのかけらが見つかった。

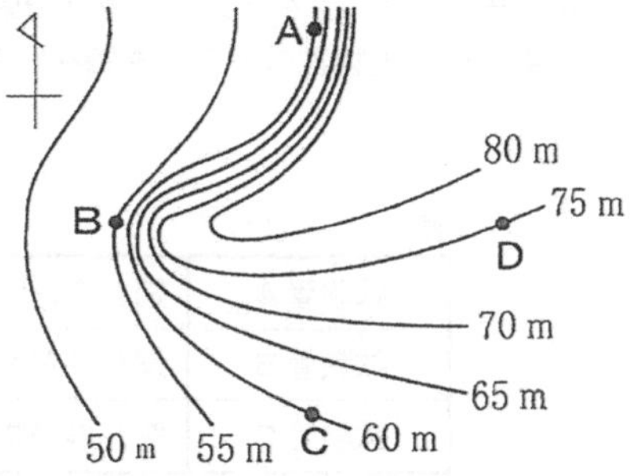

図１

問１　地層について説明した文として正しいものはどれですか。次のア～エから１つ選んで，記号で答えなさい。

ア　離れた地点の地層を比較し地層の広がりを調べるときの手がかりになる地層をかぎ層という。
イ　石灰岩の地層は，火山灰などの火山の噴出物が堆積してつくられる。
ウ　地層をつくる代表的な岩石である火成岩は，れき・砂・泥などの土砂が押し固められてできる。
エ　地層が堆積した地質年代を推定するために用いられる化石を示相化石《しそうかせき》という。

問２　【調査結果】５の下線部の岩石は，岩石をつくる粒の何によって区別しますか。次のア～エから１つ選んで，記号で答えなさい。

ア　形　　　イ　色　　　ウ　大きさ　　　エ　かたさ

問３　次の文中の（　①　）と（　②　）に当てはまる語の組み合わせとして正しいものはどれですか。下のア～エから１つ選んで，記号で答えなさい。

ビカリアと同じ（　①　）とよばれる地質年代に生きていた生物には（　②　）があります。

	①	②
ア	新生代	マンモス
イ	新生代	サンヨウチュウ
ウ	中生代	アンモナイト
エ	古生代	フズリナ

問4　B地点の地層で見つかったチャートのかたさと，うすい塩酸をかけたときの反応について正しいものはどれですか。次のア～エから１つ選んで，記号で答えなさい。

ア　チャートは石灰石よりもかたく，うすい塩酸をかけても反応しなかった。
イ　チャートは石灰石よりもかたく，うすい塩酸をかけると二酸化炭素が発生した。
ウ　チャートは石灰石よりもやわらかく，うすい塩酸をかけても反応しなかった。
エ　チャートは石灰石よりもやわらかく，うすい塩酸をかけると二酸化炭素が発生した。

問5　図２は，A，B地点の斜面の観察結果とC，D地点のボーリング資料をもとにつくった柱状図です。この図を見て下の①，②について答えなさい。

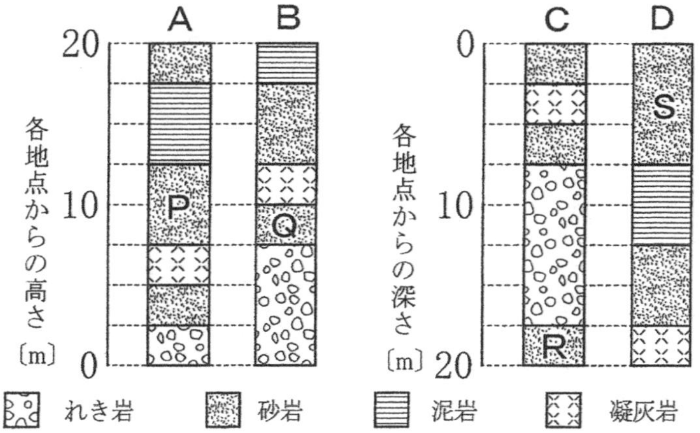

図２

①　A～Dの各地点に凝灰岩が見られることから，この地域では過去にどのような自然現象が起こったことがわかりますか。次のア～エから１つ選んで，記号で答えなさい。

ア　山火事　　イ　地震　　ウ　大規模な洪水　　エ　火山の噴火

②　図２の柱状図中の記号P～Sの層を，堆積した古い順に正しく並べたものはどれですか。次のア～カから１つ選んで，記号で答えなさい。

ア　P→Q→R→S　　イ　P→R→Q→S　　ウ　Q→R→P→S
エ　Q→S→P→R　　オ　R→S→P→Q　　カ　R→Q→P→S

問6　この地域の地層はどの方角に向かって低くなるように傾いていますか。次のア～エから１つ選んで，記号で答えなさい。

ア　北東　　イ　北西　　ウ　南東　　エ　南西

Ⅳ 植物のはたらきに関して，次の【実験１】と【実験２】を行いました。以下の各問いに答えなさい。

【実験１】

オオカナダモを入れた水そうをａ一晩暗い部屋に置いたのち，よく光の当たる場所へ移動させました。２時間後，オオカナダモの先端近くの葉を取って湯にひたしてやわらかくし，エタノールで脱色したのち，水洗いしてから［　Ｘ　］をたらしました。葉を顕微鏡で観察すると，ｂ葉の細胞の一部が青紫色に変化していました。

【実験２】

うすい青色のＢＴＢ溶液にストローで息を吹き込んで緑色に調節したものを試験管Ａ～Ｄに同量ずつ入れました。葉の大きさや枚数が同じオオカナダモを水そうに入れ一晩暗い部屋に置いたものを，図のように試験管ＡとＣに１本ずつ入れ，Ａ～Ｄのすべての試験管にゴム栓をして密閉しました。また，試験管ＣとＤはアルミニウムはくでおおいました。これらの試験管Ａ～Ｄを光がよく当たる場所に４時間置いたのち，試験管Ａ～Ｄの色を調べ，表にまとめました。

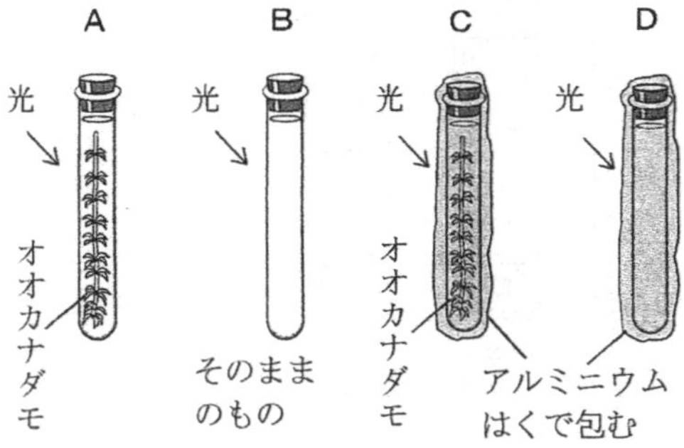

図

試験管	A	B	C	D
色	青色	緑色	黄色	緑色

表

問１　【実験１】の下線部ａのような操作を行った理由として正しいものはどれですか。次のア～エから１つ選んで，記号で答えなさい。

ア　葉に含まれている酸素を減らすため。
イ　葉に含まれている二酸化炭素を減らすため。
ウ　葉に含まれているデンプンをなくすため。
エ　葉を染色しやすいようにするため。

問２　【実験１】の文中の［　Ｘ　］に当てはまる薬品はどれですか。次のア～エから１つ選んで，記号で答えなさい。

ア　ヨウ素液　　イ　酢酸《さくさん》カーミン溶液　　ウ　フェノールフタレイン溶液　　エ　石灰水

問3　**【実験１】**の下線部bについて説明した次の文中の（　①　）に当てはまる語を**漢字３文字**で答えなさい。また，（　②　）に入る正しいものはどれですか。下の**ア～エ**から１つ選んで，記号で答えなさい。

青紫色に変化していた部分は（　①　）であり，その特徴は（　②　）です。

ア　植物の細胞にあり，酸素をつくること
イ　植物の細胞にあり，細胞の形の維持や植物の体を支えること
ウ　呼吸を行い，エネルギーをとり出すこと
エ　細胞の核の中にあり，遺伝子を含んでいること

問4　**【実験２】**で，オオカナダモが入っていない試験管ＢやＤを用意した理由として正しいものはどれですか。次の**ア～エ**から１つ選んで，記号で答えなさい。また，そのような理由で行う実験を何実験といいますか。その名称を**漢字**で答えなさい。

ア　実験結果がオオカナダモによることを確かめるため。
イ　実験結果がオオカナダモとは関係ないことを確かめるため。
ウ　実験結果が光によることを確かめるため。
エ　実験結果が光とは関係ないことを確かめるため。

問5　**【実験２】**で，試験管Ａのオオカナダモで行われたはたらきはどれですか。次の**ア～エ**から１つ選んで，記号で答えなさい。

ア　呼吸のみ　　**イ**　光合成のみ　　**ウ**　呼吸と光合成　　**エ**　光合成と蒸散

問6　**【実験２】**でわかったことについて説明した次の文中の①，②の（　　）に入るものはどちらですか。それぞれ記号で答えなさい。また，［　③　］に当てはまる気体の名称を**漢字**で答えなさい。

表から試験管Ａは①（**ア**　酸性　**イ**　アルカリ性）で，試験管Ｃは②（**ア**　酸性　**イ**　アルカリ性）であったことがわかります。これは，試験管Ａでは［　③　］の量が減少し，試験管Ｃでは［　③　］の量が増加したためです。これらのことから，オオカナダモは試験管Ａでは［　③　］を吸収し，試験管Ｃでは［　③　］を放出したことがわかります。

V　光の屈折に関して，次の【実験】を行いました。以下の各問いに答えなさい。

【実験】

図１のように，物体，凸レンズ，スクリーンを光学台の上に置き，凸レンズから物体までの距離をX，凸レンズからスクリーンまでの距離をYとしました。物体の位置は変えずに，凸レンズとスクリーンを光学台上で動かして，スクリーンに物体のはっきりとした像がうつったときのXとYを調べ，結果を表にまとめました。

次に，凸レンズを物体に近づけていったところ，あるところからスクリーンをどの位置に動かしても，スクリーン上に物体の像はうつらなくなりました。そこで，スクリーンを光学台からはずしてスクリーンのあった側から凸レンズをのぞいたところ，はっきりとした物体の像が見えました。

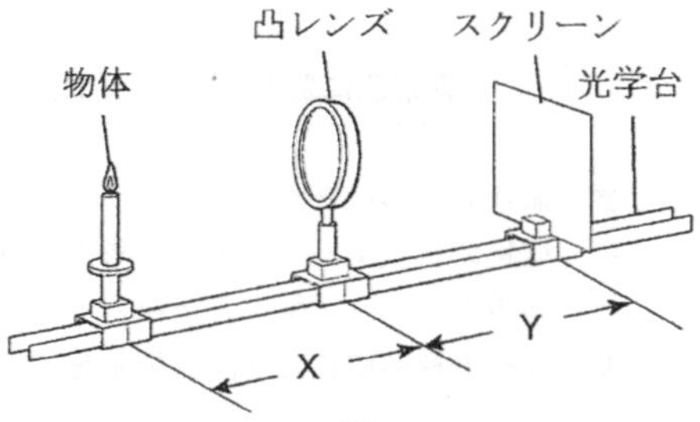

図１

表

X〔cm〕	20	24	30	36
Y〔cm〕	30	24	20	18

問１　図１で物体から出た光は，空気と凸レンズの境界面で折れ曲がって進みます。この現象と同じ現象の説明として正しいものはどれですか。次のア～エから１つ選んで，記号で答えなさい。

ア　道路にあるカーブミラーには，車の接近するようすがうつって見える。
イ　水をはったコップの底にある物体が浮き上がったように見える。
ウ　光ファイバーに光を通すと，光ファイバーが曲がっていても光が伝わる。
エ　万華鏡をのぞくと，線対称に美しい模様が見える。

問２　図２はヒトの目のつくりを模式的に表したものです。図１の①レンズと②スクリーンのはたらきをしているものは，それぞれ図２のどの部分ですか。ア～オから１つずつ選んで，記号で答えなさい。

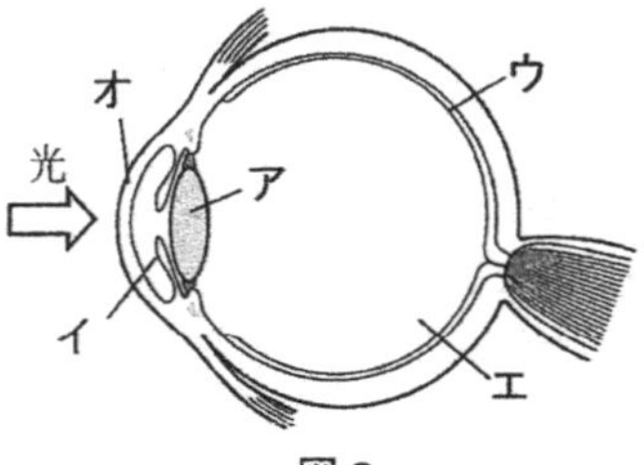

図２

問３　【実験】で，物体の先端から出た後，光軸に平行に進んだ光が，凸レンズを通過した後に進む光の道すじとして正しいものはどれですか。図３のア～エから１つ選んで，記号で答えなさい。ただし，横方向の方眼の１目盛りの大きさは3cm とし，レンズの中を進む光の道すじはレンズの中央で１回だけ屈折するように省略して表しています。

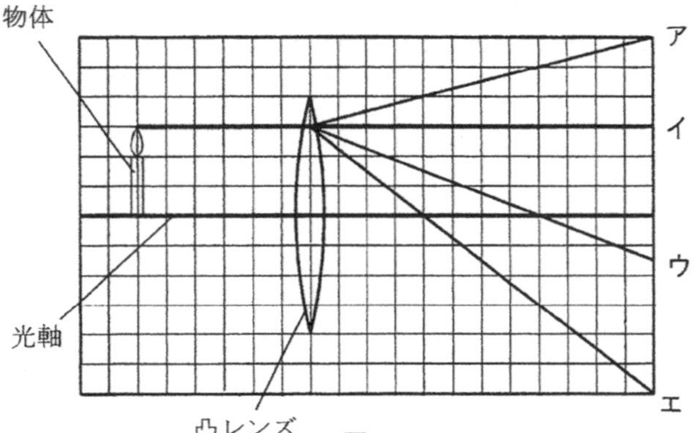

図３

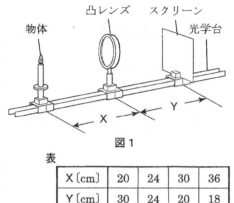

問4　**図3**で，物体の大きさが9 cmのとき，スクリーンにうつる像の大きさは何cmですか。三角形の相似《そうじ》を利用して答えなさい。ただし，スクリーンは像の全体を十分にうつすものとします。

問5　次の文中の（　①　），（　②　）に当てはまる語の組み合わせとして正しいものはどれですか。下の**ア**～**エ**から1つ選んで，記号で答えなさい。

【実験】で，凸レンズの距離Xを 20 cm に固定し，凸レンズを焦点距離の短い凸レンズに変えて，スクリーンを移動させて物体とスクリーンにはっきりとした像がうつるようにしました。このとき，凸レンズからスクリーンまでの距離Yは 30 cm よりも（　①　）なります。また像の大きさは（　②　）なります。

	①	②
ア	小さく	大きく
イ	小さく	小さく
ウ	大きく	大きく
エ	大きく	小さく

問6　**【実験】**で，**図4**のように，物体側から見て凸レンズの右半分に不透明な紙を貼りつけると，スクリーン上の像はどのようになりますか。次の**ア**～**オ**から1つ選んで，記号で答えなさい。

ア　像の右半分が見えなくなるが，左半分ははっきりとうつる。
イ　像の左半分が見えなくなるが，右半分ははっきりとうつる。
ウ　像の右半分が見えなくなり，左半分も暗くなる。
エ　像の左半分が見えなくなり，右半分も暗くなる。
オ　像の全体が見えるが，像は暗くなる。

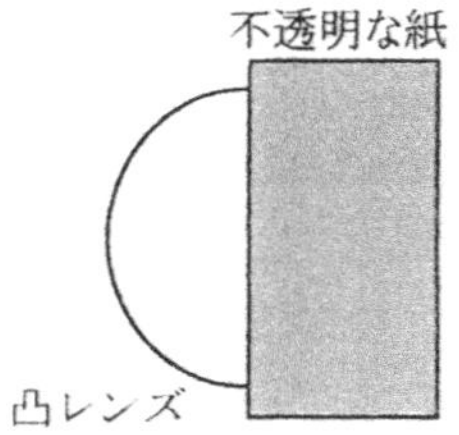

図4

問7　**【実験】**の下線部で見えた像について，この像の種類と大きさ，向きの組み合わせとして正しいものはどれですか。次の**ア**～**ク**から1つ選んで，記号で答えなさい。

	像の種類	像の大きさ	像の向き
ア	実像	物体より大きい	物体と同じ
イ	実像	物体より大きい	物体と逆
ウ	実像	物体より小さい	物体と同じ
エ	実像	物体より小さい	物体と逆
オ	虚《きょ》像	物体より大きい	物体と同じ
カ	虚像	物体より大きい	物体と逆
キ	虚像	物体より小さい	物体と同じ
ク	虚像	物体より小さい	物体と逆

2024年度

上宮高等学校

入学考査問題

社　会

（50分）

（注意）　解答はすべて解答用紙に記入しなさい。

受験番号	名　　前

I　次の文章は、2023 年 1 月の「人口 80 億人　地球の限界を考える」と題された新聞記事からの引用です。この文章を読んで、後の問いに答えなさい。

①世界の人口が昨年 11 月に国連の推計で 80 億人を超えた。

人間は②文明の発達とともに養える人口を増やしてきた。技術が進歩して食糧を増産し、利用できる土地や資源も広がった。③農業や産業革命といった大きな技術革新で急速に増えてきた。

今後、人間が必要とする物資を効率的に得る飛躍的な技術革新が起きたり、人口が減少して④食糧やエネルギーを分かち合ったりして暮らしていけば、明るい未来を描けそうだ、といった楽観論もあるかもしれない。

半面、地球が生産できる生物資源も、利用できる⑤地下資源も無限ではない。

いま、地球は、どれくらいの人口を抱えられるのだろうか。

人間が地球環境にどれだけの負荷を与えているかを知るひとつの指標がある。「エコロジカル・フットプリント」という。「生態系を踏みつけている足跡」という意味で、カナダの学者らが提唱した。

人間の生活や経済活動によって農地や⑥森林などの陸地や、⑦漁場となる海をどれだけ使っているかを示す。統計データなどを元に、食糧や衣類の生産、廃棄物の分解や（　⑧　）燃料の活用で排出された二酸化炭素を吸収するのに必要な土地なども計算に入れる。地球が 1 年間でまかなえる量で人間が生活をしているかが、推定できる。

国際組織「グローバル・フットプリント・ネットワーク」によると、世界人口が 30 億人余りだった 1961 年には人間は地球 0.7 個分の生活だったが、71 年に 1 個分を超え、いまは 1.8 個分の暮らしだ。

もし、世界中の人々が日本と同じ暮らしをしたら、地球が 2.9 個必要になる。⑨米国と同じなら 5.1 個、中国なら 2.4 個、⑩インドなら 0.8 個だ。

裕福な生活ほど、1 人あたりの⑪消費は増える。同じ距離の移動でも、飛行機は鉄道や船より大量の燃料を使い、牛肉や豚肉は穀物よりも生産段階で多くの資源が必要だ。もちろん絶対的な指標ではないが、豊かで便利な生活は、それだけ未来に負荷をかけているさまが浮かぶ。

昨年末開かれた生物多様性条約締約国会議（ＣＯＰ15）は、2030 年までに地球の 30％を保全する「30by30」など、生態系を守る新目標で合意した。高いハードルだが、危機感を世界が共有するあらわれでもある。（　⑧　）燃料の消費やそれを原因とする⑫気候変動も、地球に大きく負荷をかける。食糧生産のために森林を切り開いて農地を増やすのも同様だ。

地球は 46 億年の歴史で 5 回の大量絶滅を経験してきた。現在は、6500 万年前に恐竜などが絶滅した時代に続く第 6 の大量絶滅時代と呼ばれ、当時よりも急速に生物種が減っている。約 800 万種いるとされる動植物のうち約 100 万種が絶滅の危機に直面し、絶滅の勢いは、過去 1 千万年間の平均の数十倍から数百倍も早まっている。人間による破壊力はすさまじい。

自然の破壊が一定の境界を越えると回復不可能となり、人類が繁栄を続けることができない。「プラネタリー・バウンダリー」（地球の限界）という考え方では、人間が地球の機能に変化を引き起こす九つの要素を特定して、越えてはいけない境界を示している。

すでに「生物多様性」「窒素とリンの循環」「気候変動」「土地利用の変化」でリスクが顕在化して、人間が安全に活動していく範囲を超えていると分析される。窒素やリンは肥料として食糧生産を支えるが、過剰だと⑬川や海の汚染を招く。

地球の人口は2050年代に100億人を超え、2080年代に104億人でピークを迎えると推定されている。その先、減少を続けて安定的な人口になっていくとしても、それまで、生活を支える地球の限界を人類は超えずにすむのだろうか。

国を超える共通課題に一つひとつ取り組み、社会のあり方を考え直すことが求められる。⑭循環型の社会づくりは、地球のためでも自然のためでもなく、人間の未来のためだ。

80億人突破を機に、地球の現状と生活を見つめ直し、子孫に何を残せるか考えていきたい。

（朝日新聞2023年1月10日）

問1　下線部①について、次の（**1**）・（**2**）の各問いに答えなさい。

（**1**）　次の表は1950年と2020年の国別人口上位10か国を示したものです。この表について述べた次の**a**・**b**の文について、その正誤の組合せとして正しいものを、下の**ア**～**エ**の中から1つ選んで、記号で答えなさい。

	1950年	（万人）	2020年	（万人）
1位	中国	55442	中国	143932
2位	インド	37633	インド	138000
3位	アメリカ	15880	アメリカ	33100
4位	ロシア	10280	インドネシア	27352
5位	日本	8280	パキスタン	22089
6位	ドイツ	6997	ブラジル	21256
7位	インドネシア	6954	ナイジェリア	20614
8位	ブラジル	5398	バングラデシュ	16469
9位	イギリス	5062	ロシア	14593
10位	イタリア	4660	メキシコ	12893

（国際連合資料より作成）

※1　現在の国土における人口を記載しています（1950年のドイツは東西ドイツ、ロシアは旧ソ連におけるロシア連邦、ただしクリミア半島などを含みません）。

※2　2つの年代の中国の人口にはホンコン・マカオ・台湾は含まれません。

a　2023年4月現在、ＥＵ加盟国で、国別人口上位10位以内の国は、1950年は2か国、2020年は0である。

b　国別面積が上位5位以内の国はすべて、1950年と2020年両方の年代の上位10位以内に入っている。

ア　**a**－正　**b**－正　　**イ**　**a**－正　**b**－誤

ウ　**a**－誤　**b**－正　　**エ**　**a**－誤　**b**－誤

（２）　右のグラフは、前のページの表でともに１位の中国の人口ピラミッド（2021 年）を示したものです。30 代より若い年齢の割合が低いのは、この国でとられていた人口政策によるものです。この人口政策を何といいますか。答えなさい。

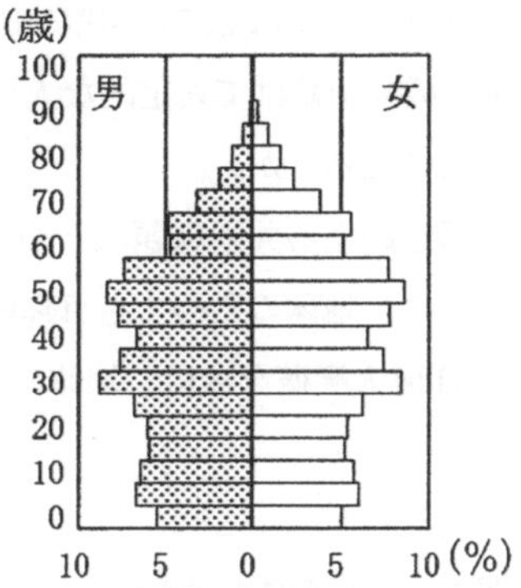

(国際連合資料より作成)

問２　下線部②について、古代文明のエジプト文明で使われていた文字として正しいものを、次の**ア**～**エ**の中から１つ選んで、記号で答えなさい。

ア

イ

ウ

エ

問３　下線部③について、次の（１）・（２）の各問いに答えなさい。

（１）　次の表は小麦・米・大豆・とうもろこしについて、生産量上位５位までの国（2020 年）を示したものです。小麦にあてはまるものを、次の**ア**～**エ**の中から１つ選んで、記号で答えなさい。

	ア	イ	ウ	エ
1位	ブラジル	中国	アメリカ	中国
2位	アメリカ	インド	中国	インド
3位	アルゼンチン	ロシア	ブラジル	バングラデシュ
4位	中国	アメリカ	アルゼンチン	インドネシア
5位	インド	カナダ	ウクライナ	ベトナム

（「世界国勢図会 2022/23」より作成）

（２）　日本では地形や気候をいかした農業が各地で行われています。地図中[1]～[3]の地域で行われている農業の特徴を述べたものを次のＡ～Ｆから選び、その組合せとして正しいものを、下の**ア**～**カ**の中から１つ選んで、記号で答えなさい。

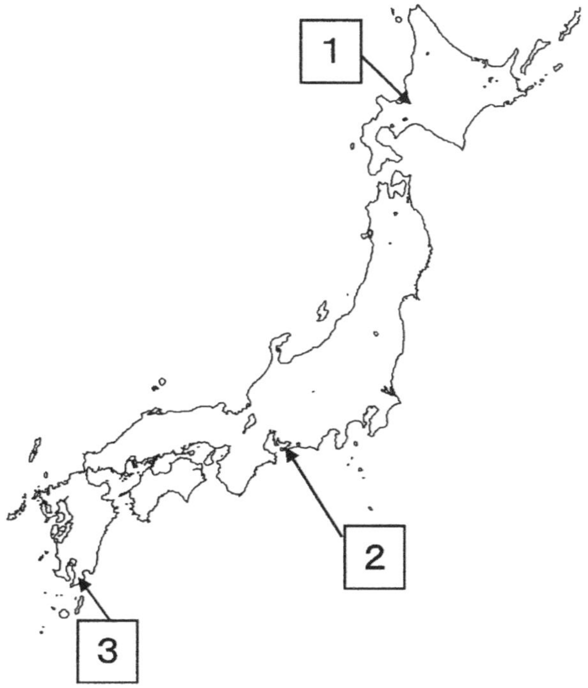

Ａ　用水路を引き耕地面積を広げ、キャベツや電照菊の栽培がさかんとなった。

Ｂ　冬にビニルハウスでなすやピーマンなどの夏野菜をつくり、消費地へ送っている。

Ｃ　火山灰土がつもった広大な土地に牧草を栽培して、酪農を発展させた。

Ｄ　なだらかな高原に畑をつくり、夏に冷涼な気候をいかして、秋冬の野菜の栽培を行っている。

Ｅ　火山灰土がつもった土地を改良して、さつまいもや茶などの栽培を行っている。

Ｆ　作物の栽培に適さない泥炭地を、客土を繰り返すことで、耕地へと変えていった。

ア　１－Ｆ　２－Ａ　３－Ｅ
イ　１－Ｆ　２－Ｄ　３－Ｂ
ウ　１－Ｆ　２－Ａ　３－Ｂ
エ　１－Ｃ　２－Ｄ　３－Ｅ
オ　１－Ｃ　２－Ａ　３－Ｅ
カ　１－Ｃ　２－Ｄ　３－Ｂ

問4　下線部④について、次のグラフは日本の果実・米・大豆・野菜の食料自給率の推移を示しています。果実にあてはまるものを、グラフ中の**ア**～**エ**の中から１つ選んで、記号で答えなさい。

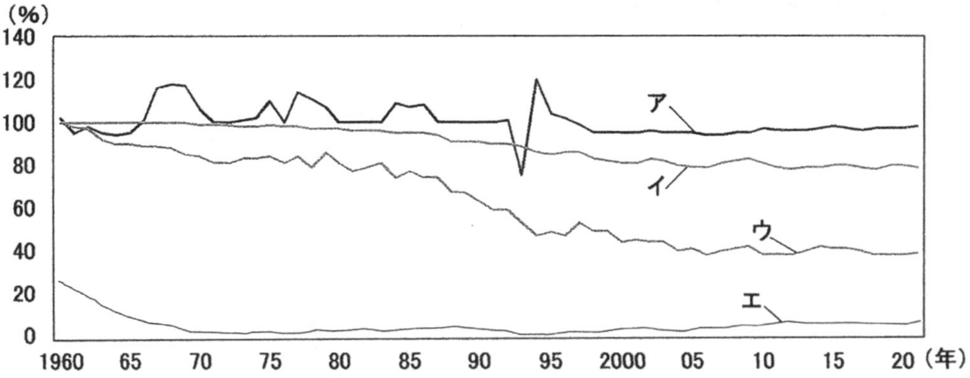

(農林水産省「食料需給表」より作成)

問5　下線部⑤について、コバルトやクロムなど入手しにくい希少な金属を何と言いますか。**カタカナ**で答えなさい。

問6　下線部⑥について、次の（１）・（２）の各問いに答えなさい。

（１）　日本の森林ついて述べた次の**a**・**b**の文について、その正誤の組合せとして正しいものを、下の**ア**～**エ**の中から１つ選んで、記号で答えなさい。

a　日本の国土面積に占める森林の割合はおよそ半分である。

b　白神山地は，世界最大級の杉の原生林があることから、世界自然遺産に登録されている。

ア　a－正　b－正　　**イ**　a－正　b－誤

ウ　a－誤　b－正　　**エ**　a－誤　b－誤

（２）　冷帯に広がる針葉樹林帯の名称を、次の**ア**～**エ**の中から１つ選んで、記号で答えなさい。

ア　セルバ　　**イ**　パンパ　　**ウ**　サバナ　　**エ**　タイガ

問7　下線部⑦について、次の（１）・（２）の各問いに答えなさい。

（１）　瀬戸内海や北海道などでは、卵から稚魚や稚貝になるまでを人が育て、放流してから獲る漁業が行われています。このような漁業を何といいますか。答えなさい。

（２）　房総半島沖から三陸海岸沖にかけて、暖流と寒流が交わる潮目があり、世界でも有数の漁場となっています。その海域を流れる暖流と寒流の組合せとして正しいものを、次の**ア**～**エ**の中から１つ選んで、記号で答えなさい。

ア　暖流－リマン海流　寒流－対馬海流　　**イ**　暖流－対馬海流　寒流－リマン海流

ウ　暖流－日本海流　寒流－千島海流　　**エ**　暖流－千島海流　寒流－日本海流

問8　（　⑧　）には、石炭・石油・天然ガスなどのエネルギー資源があてはまります。これらの資源をまとめて何燃料といいますか。答えなさい。

問9　下線部⑨について、大阪（東経 135 度）が２月 10 日午後２時のとき、アメリカ合衆国の首都ワシントン（西経 75 度）の日時として正しいものを、次の**ア**～**エ**の中から１つ選んで、記号で答えなさい。

ア　２月 10 日午前０時　　**イ**　２月 11 日午前０時

ウ　２月 10 日午後４時　　**エ**　２月 11 日午後４時

問10 下線部⑩について、次の（1）～（3）の各問いに答えなさい。

（1） 次の地図中の**A～D**は、小麦、米、茶、綿花の栽培がさかんな地域を示しています。**A～D**の組合せとして正しいものを、下の**ア～エ**の中から1つ選んで、記号で答えなさい。

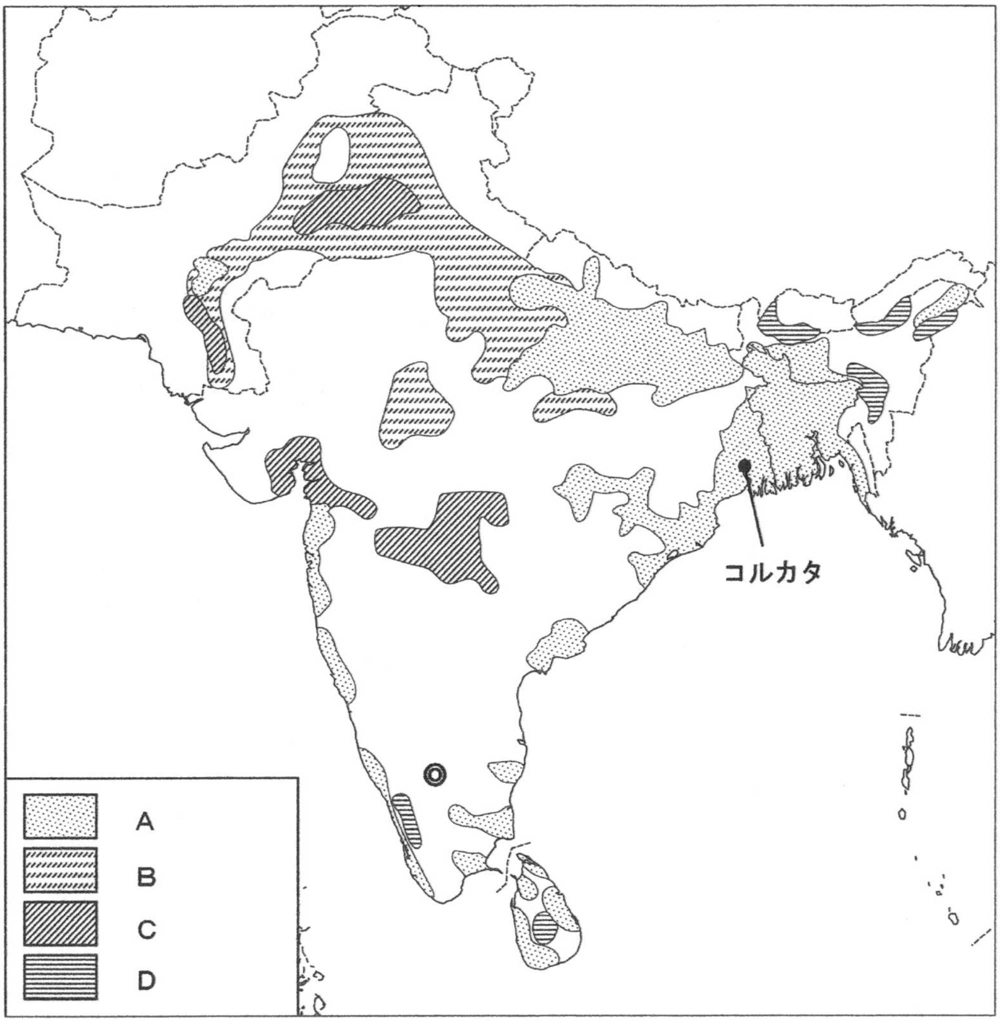

	ア	イ	ウ	エ
A	米	米	小麦	小麦
B	小麦	小麦	米	米
C	綿花	茶	綿花	茶
D	茶	綿花	茶	綿花

（2） 地図中の◎に位置する情報通信技術（ICT）産業が発達している都市として正しいものを、次の**ア～エ**の中から1つ選んで、記号で答えなさい。

ア デリー　　**イ** ムンバイ　　**ウ** ハイデラバード　　**エ** ベンガルール

（3） 次のグラフは、前のページの地図中の**コルカタ**、東京、スペインのバルセロナ、サウジアラビアのリヤドの雨温図を示しています。**コルカタ**を示す雨温図として正しいものを、次の**ア**～**エ**の中から1つ選んで、記号で答えなさい。

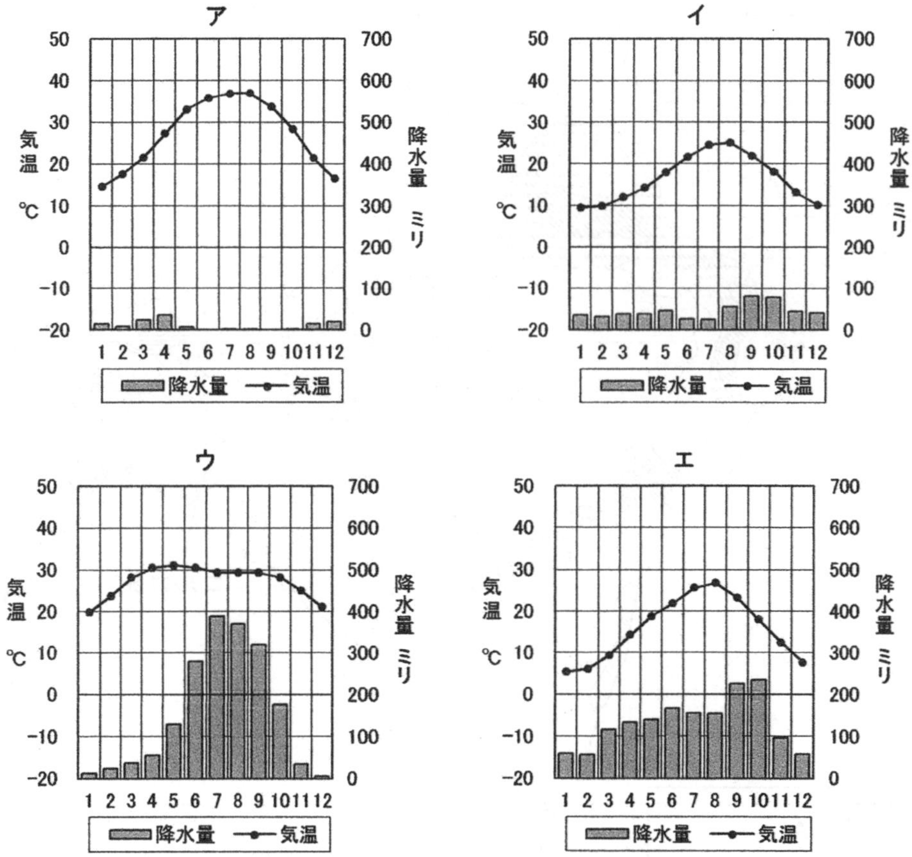

（気象庁ホームページより作成）

問11 下線部⑪について、次のグラフは1970年と2022年の消費支出の内訳を示しており、グラフの**A**～**D**は、教養娯楽、交通・通信、食料、被服のいずれかを示しています。**D**にあてはまる項目として正しいものを、下の**ア**～**エ**の中から1つ選んで、記号で答えなさい。

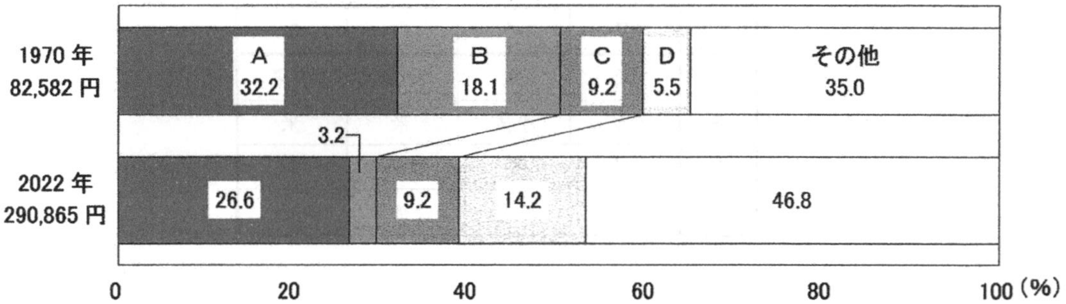

（「数字でみる日本の100年 改訂第7版」「日本国勢図会 2023/24」より作成）

ア 教養娯楽　　**イ** 交通・通信　　**ウ** 食料　　**エ** 被服

問12　下線部⑫について、2015年12月に気候変動枠組条約第21回締約国会議が開催された場所として正しいものを、次の**ア**～**エ**の中から1つ選んで、記号で答えなさい。

ア　パリ　　**イ**　グラスゴー　　**ウ**　リオデジャネイロ　　**エ**　ストックホルム

問13　下線部⑬について、川や海の汚染について述べた次の**a**・**b**の文について、その正誤の組合せとして正しいものを、下の**ア**～**エ**の中から1つ選んで、記号で答えなさい。

a　カドミウムが排出された富山県の神通川流域では、イタイイタイ病が発生した。

b　海洋汚染から海洋生物を保護し、漁獲量を制限するためラムサール条約が結ばれた。

ア　a－正　b－正　　**イ**　a－正　b－誤

ウ　a－誤　b－正　　**エ**　a－誤　b－誤

問14　下線部⑭について、これについて述べた次の文章の（　a　）・（　b　）にあてはまる語句の組合せとして正しいものを、下の**ア**～**エ**の中から1つ選んで、記号で答えなさい。

限りある資源を有効活用するために、まず資源の消費を抑え、廃棄物の発生をおさえることが重要です。これを（　a　）といいます。また、廃棄したものを再使用したり、再生利用したりすることによって資源の枯渇を防ぎ、持続可能な開発を進めていく取り組みが行われています。2015年に国際連合が定めた持続可能な開発目標を（　b　）といいます。

ア　a－リデュース　b－ＥＳＧ　　**イ**　a－リユース　b－ＳＤＧｓ

ウ　a－リユース　b－ＥＳＧ　　**エ**　a－リデュース　b－ＳＤＧｓ

Ⅱ　紛争の歴史について述べた次のA～Ｉの文章を読んで、後の問いに答えなさい。

A　①吉野ヶ里遺跡は、集落を二重の堀で囲った環濠集落の跡が見つかった遺跡です。鉄の矢じりが体の中に残っている人骨や、首のない人骨などが出土していることから、弥生時代に人々が武器を持ち、戦っていたことがわかります。

B　天智天皇の後継をめぐった、子の大友皇子と弟の大海人皇子との争いを壬申の乱といいます。この戦いに勝った大海人皇子は（　②　）として、（　②　）の死後は、その妻が持統天皇として即位し、③律令制度の整備に力を尽くしました。

C　元の皇帝フビライは日本に使者を送り、武力を背景に国交をせまりましたが、鎌倉幕府の執権（　④　）はこの要求を拒否し、⑤西日本の御家人たちに防備を命じました。元は2度にわたって日本を襲いましたが、御家人たちは元の侵攻を許しませんでした。

D　将軍家や有力守護大名家の跡継ぎをめぐった対立をきっかけに、全国各地の守護大名が東軍、西軍に分かれて11年間続いた戦乱を⑥応仁の乱といいます。この戦乱は地方にも広がり、京都で戦っていた守護大名たちは自分の領地に戻りましたが、⑦その中には下位の者が上位の者に実力で打ち勝ち、地位をうばう者もいました。

E　明の征服を企てた⑧豊臣秀吉は朝鮮に通行許可を要求しましたが、拒否されると、大軍を朝鮮に送りました。しかし苦戦が続き、秀吉の病死にともない全軍が引きあげました。その後、徳川家康と石田三成との対立から関ヶ原の戦いが起こり、勝利した徳川家康が⑨江戸幕府を開きました。

F　⑩徳川慶喜は朝廷に政権を返上することを申し出ましたが、朝廷は幕府を廃止して天皇を中心とする新政府の樹立を宣言しました。さらに新政府は、将軍が朝廷に土地を返納することなどを求めました。新政府は戊辰戦争を経て、⑪今までの政治を一新する改革を進めました。

G　日本は東方進出を進めるロシアに対抗するため、朝鮮への進出を進めました。そこで朝鮮に強い影響力を持つ清との対立が深まり、朝鮮での反乱をきっかけに日清戦争が起こりました。その戦争には勝利しましたが、ロシアの介入により、⑫講和条約で獲得した半島を返還させられ、ロシアの満州進出でさらに対立が深まって、⑬日露戦争へと発展しました。

H　日本は⑭三国同盟を締結し、東南アジアに植民地を持つ国々と対立したため、これらの国々は日本に経済制裁を加えました。一方、日本はアメリカと戦争回避に向け交渉を進めていましたが、決裂し、戦争へと突入しました。当初は日本が支配地を広げていましたが、次第に戦況が悪化し、1945年、⑮日本は連合国に降伏しました。

Ｉ　第二次世界大戦後、アメリカを中心とした資本主義国とソ連を中心とした社会主義国の対立が激しくなりました。この対立は両国が直接戦火を交えなかったことから「⑯冷たい戦争」とよばれましたが、朝鮮半島や⑰インドシナ半島では、この対立が原因となり戦争が起こりました。

から。

一

問十二

問十三

問一．１点×８
問二．１点×８
問三．１点×２
問四．１点×４
問五．４点
問六．３点
問七．３点
問八．３点
問九．４点
問十．２点
問十一．３点×３
問十二．２点
問十三．４点

二

1 漢字 記号

2 漢字 記号

3 漢字 記号

4 漢字 記号

5 漢字 記号

１点×10

三

問一 ㋐ ㋑ ㋒

問二 (a) (b) (c)

問三 二字 四字

問四

問五 ～

問六

問七

問八

問九

問一．１点×３
問二．２点×３
問三．３点×２
問四．３点
問五．３点
問六．３点
問七．３点
問八．４点
問九．３点

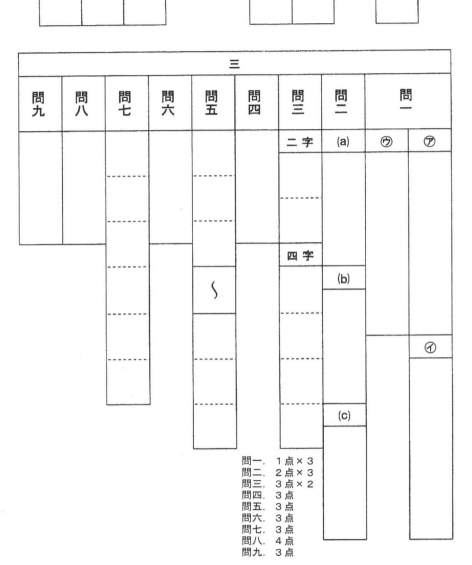

(4)		(5)	$p=$

III

(1)	g	(2)	%	(3)	%	(4)	g

IV

(1)	cm^2	(2)	秒後	(3)	秒後

問4 完答3点×2

1. We became able to do it (　　　　)(　　　　).

2. It started (　　　　)(　　　　).

問5 4点

VI 完答3点×4

1 ① ②

2 ③ ④

3 ⑤ ⑥

4 ⑦ ⑧

VII 2点×5

VIII 完答2点×5

1 ① ②

2 ③ ④

3 ⑤ ⑥

4 ⑦ ⑧

5 ⑨ ⑩

Ⅲ	問5	①	②	問6	

問1．２点　問2．２点　問3．２点×２　問4．記号…３点　名称…２点　問5．２点　問6．２点×３

Ⅳ	問1		問2		問3	①	②
	問4	記号	名称	実験	問5		
	問6	①	②	③			

問1．２点　問2．２点×２　問3．３点　問4．３点　問5．３点　問6．３点　問7．３点

Ⅴ	問1		問2	①	②	問3	
	問4	cm	問5		問6		問7

問9		問10		問11			
問12		問13		問14		問15	
問16		問17	戦争				

Ⅲ

問1	(1)		(2)		問2		問3	
問4	(1)		(2)		問5	制度		
問6		問7		問8				
問9		問10		問11				

教英出版

242140

↓ここにシールを貼ってください↓

受験番号	名前

※100点満点

2024年度　上宮高等学校　入学考査　解答用紙　社会

2点×50

I

問1	(1)		(2)		問2				
問3	(1)		(2)		問4		問5		
問6	(1)		(2)		問7	(1)	漁業	(2)	
問8	燃料	問9							
問10	(1)		(2)		(3)		問11		
問12		問13		問14					

II

問1		問2		問3		問4	

↓ここにシールを貼ってください↓

242130

受　験　番　号	名　　　前

※100点満点

2024年度　上宮高等学校　入学考査　解答用紙　理　科

2点×8

Ⅰ								
	問1		問2		問3		問4	
	問5		問6		問7		問8	

3点×7（問5は完答）

Ⅱ								
	問1		問2		問3		問4	
	問5	①		②		③		
	問6	g	問7					

3点×7

【解答用

242150

↓ここにシールを貼ってください↓

受験番号				名前	

※100点満点

2024年度　上宮高等学校　入学考査　解答用紙　英語

Ⅰ　1 [　]　2 [　]　3 [　]　4 [　]　2点×4

Ⅱ　1 [　]　2 [　]　3 [　]　4 [　]　2点×4

Ⅲ　1 [　]　2 [　]　2点×2

Ⅳ　[　]　[　]　[　]　[　]　[　]　4点×5

Ⅴ

問1 [　]　6点

問2 [　]　4点

【解答用

242120

↓ここにシールを貼ってください↓

受験番号	名前

※100点満点

2024年度　上宮高等学校　入学考査　解答用紙　数学

I

5点×20

(1)	(ア)		(イ)		(2)	

(3)	$x=$	(4)	$a=$ 　　　　, $b=$

(5)	$n=$	(6)		(7)	$\angle x=$ 　　　度

II

【解答用

242110

↓ここにシールを貼ってください↓

受験番号				名前	

※100点満点

2024年度　上宮高等学校　入学考査　解答用紙　国語

一

- 問一: ㋐ めて / ㋑ / ㋒ / ㋓ / ㋔ / ㋕ / ㋖ く / ㋗ んで
- 問二: ⓐ / ⓑ / ⓒ / ⓓ / ⓔ / ⓕ / ⓖ / ⓗ
- 問三: (a) / (b)
- 問四: A / B / C / D
- 問五
- 問六
- 問七: 〜
- 問八
- 問九
- 問十
- 問十一: (1) 〜 〜 / (2)

【解答

問１　下線部①について、吉野ヶ里遺跡の位置として正しいものを、次の図の**ア**～**エ**の中から１つ選んで、記号で答えなさい。

問２　（　②　）にあてはまる人物として正しいものを、次の**ア**～**エ**の中から１つ選んで、記号で答えなさい。

ア　推古天皇　　**イ**　天武天皇　　**ウ**　聖武天皇　　**エ**　清和天皇

問３　下線部③について、律令制度に関して述べた次の**a**・**b**の文について、その正誤の組合せとして正しいものを、下の**ア**～**エ**の中から１つ選んで、記号で答えなさい。

a　６年ごとに戸籍をつくり、荘園を与える班田収授法を定めた。

b　唐の制度にならい、租・庸・調を基本とした税制度を整えた。

ア　a－正　b－正　　**イ**　a－正　b－誤　　**ウ**　a－誤　b－正　　**エ**　a－誤　b－誤

問４　（　④　）にあてはまる人物名を答えなさい。

問５　下線部⑤について、次の絵図は鎌倉時代の備前国の様子を描いたものです。この絵図について述べた**a**・**b**の文について、その正誤の組合せとして正しいものを、下の**ア**～**エ**の中から１つ選んで、記号で答えなさい。

a　絵に描かれている僧の一遍は、題目を唱えると人も国も救われると説いた。
b　絵には定期市の様子が描かれており、土倉・酒屋や馬借・車借の活動が見られる。

ア　**a**－正　**b**－正　　**イ**　**a**－正　**b**－誤
ウ　**a**－誤　**b**－正　　**エ**　**a**－誤　**b**－誤

問６　下線部⑥について述べた次の文章の（　**a**　）～（　**c**　）にあてはまる語句の組合せとして正しいものを、下の**ア**～**エ**の中から１つ選んで、記号で答えなさい。

室町幕府８代将軍（　**a**　）の後継争いや、守護大名の（　**b**　）と山名氏との対立などが原因となって起こりました。この戦いでは（　**c**　）とよばれる雇い兵が動員され、京都の多くの寺社や貴族の屋敷が焼かれました。

ア　**a**－足利義政　**b**－細川氏　**c**－足軽
イ　**a**－足利義政　**b**－大友氏　**c**－防人
ウ　**a**－足利義昭　**b**－細川氏　**c**－防人
エ　**a**－足利義昭　**b**－大友氏　**c**－足軽

問７　下線部⑦について、このような風潮を何と言いますか。**漢字**で答えなさい。

問８　下線部⑧について、豊臣秀吉に関して述べた次の**a**・**b**の文について、その正誤の組合せとして正しいものを、下の**ア**～**エ**の中から１つ選んで、記号で答えなさい。

a　朝廷から関白に任じられ、朝廷の権威を利用して政治を行った。
b　当初はキリスト教を認めていたが、のちにバテレン追放令を出した。

ア　**a**－正　**b**－正　　**イ**　**a**－正　**b**－誤
ウ　**a**－誤　**b**－正　　**エ**　**a**－誤　**b**－誤

問9　下線部⑨について、江戸幕府に関する次のⅠ～Ⅳの文の出来事を年代の古い順に正しく並び替えたものはどれですか。下のア～エの中から1つ選んで、記号で答えなさい。

Ⅰ　徳川綱吉が生類憐みの令を出した。

Ⅱ　天草四郎が島原・天草一揆を起こした。

Ⅲ　浅間山が噴火し天明の大ききんがおこった。

Ⅳ　ペリーが軍艦4隻を率いて浦賀沖に来航した。

ア　Ⅰ→Ⅱ→Ⅲ→Ⅳ　　イ　Ⅱ→Ⅰ→Ⅲ→Ⅳ　　ウ　Ⅰ→Ⅱ→Ⅳ→Ⅲ　　エ　Ⅱ→Ⅳ→Ⅰ→Ⅲ

問10　下線部⑩について、この出来事を何と言いますか。答えなさい。

問11　下線部⑪について、この改革に関する記述として正しいものを、次のア～エの中から1つ選んで、記号で答えなさい。

ア　全国の土地を測量して地価を決め、土地の耕作者に地価の3%を金納させた。

イ　徴兵令を出し、満25歳以上の男子は3年間兵役につくことを義務付けた。

ウ　藩を廃して府・県を置き、中央政府から府知事・県令を派遣した。

エ　天皇の一族を皇族、公家や大名を華族、武士を士族、その他を臣民とした。

問12　下線部⑫について、次のグラフは日清戦争の講和条約で得た賠償金と遼東半島の還付金の使い道を示しています。(　　　)にあてはまる費目として正しいものを、下のア～エの中から1つ選んで、記号で答えなさい。

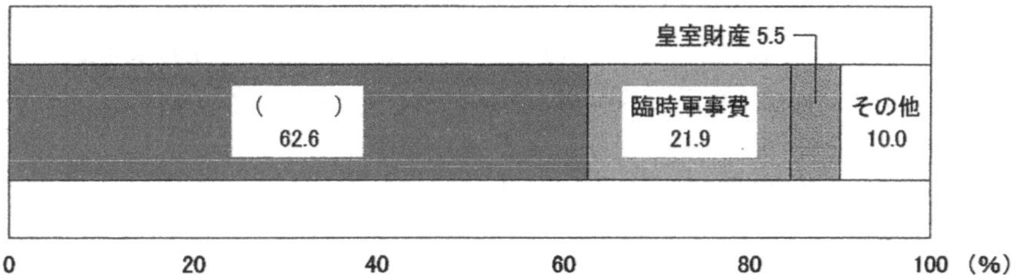

（「近代日本経済史要覧」より作成）

ア　軍備拡張費　　イ　外国債券償還金　　ウ　災害準備基金　　エ　教育基金

問13　下線部⑬について、この戦争中に、「君死にたまふことなかれ」という詩を発表した人物として正しいものを、次のア～エの中から1つ選んで、記号で答えなさい。

ア　津田梅子　　イ　平塚らいてう　　ウ　樋口一葉　　エ　与謝野晶子

問 14　下線部⑭について、日本が同盟を結んだ他の２国の指導者の組合せとして正しいものを、下の**ア**～**エ**の中から１つ選んで、記号で答えなさい。

a

b

c

d

ア　a－c　　**イ**　a－d　　**ウ**　b－c　　**エ**　b－d

問 15　下線部⑮について、1945 年 7 月に出された、日本の無条件降伏などを求めた会談が開かれた場所として正しいものを、次の**ア**～**エ**の中から１つ選んで、記号で答えなさい。

ア　テヘラン　　**イ**　ポツダム　　**ウ**　ヤルタ　　**エ**　カイロ

問 16　下線部⑯について、1962 年にソ連がカリブ海にある社会主義国にミサイル基地を建設しようとし、それに反対したアメリカと対立して、核戦争が起こる寸前まで緊張が高まりました。ミサイル基地が建設されようとした国として正しいものを、次の**ア**～**エ**の中から１つ選んで、記号で答えなさい。

ア　キューバ　　**イ**　ハイチ　　**ウ**　ジャマイカ　　**エ**　プエルトリコ

問 17　下線部⑰について、1965 年からアメリカがこの地域で起こっている戦争に本格的に介入しました。この戦争を何といいますか。答えなさい。

〔このページは白紙です〕

Ⅲ　次の文章を読んで、後の問いに答えなさい。

財政とは、国や①地方公共団体が、国民や②企業から③租税により資金を調達し、公共のために使う経済活動のことをいいます。

財政には３つの役割があります。１つ目は、公共財やサービスを提供する役割です。道路、橋、港湾などや、④国防、消防、警察などに使われます。

２つ目は、貧富の差を小さくする役割です。⑤高所得者に対しては所得税の負担を大きくする一方、低所得者に対しては⑥生活保護や雇用保険などを給付することで、経済格差の是正を図ります。

３つ目は、⑦景気を調整する役割です。⑧不景気の時には減税をし、公共事業費や給付を増やすことで、市場の通貨流通量を増やします。好景気の時には、不景気の時と逆の政策をとり、市場の通貨流通量を減らします。

財政には２つの大きな原則があります。１つ目は国や地方公共団体の活動を維持するために必要な歳出を先に計算し，その額に応じて歳入を確保するという原則です。家計は収入に応じて支出を考えますから、財政は逆の考え方になります。

もう１つは、⑨日本国憲法に基づいて、民主的な手続きを経て行われるという原則です。まず、⑩予算案が国会や議会を通らなければ、国や地方公共団体は予算を執行することができません。そして、執行した予算は⑪内閣や地方公共団体の執行機関が決算にまとめ、国会や議会に提出して審議されます。また、歳入の基本となる税金はすべて法律で定めなければならず、歳出は公共の目的のみに限定されます。

問１　下線部①について、次の（１）・（２）の各問いに答えなさい。

（１）　地域住民は有権者の署名を集め、請求先に提出することで直接請求権を行使できます。次のうち請求に必要な署名数が**異なるもの**を、次の**ア**～**エ**の中から１つ選んで、記号で答えなさい。

ア　知事の解職　　**イ**　議会の解散　　**ウ**　条例の制定・改廃　　**エ**　議員の解職

（２）　2023年は統一地方選挙の年で、大阪府知事選挙、大阪府議会選挙をはじめ、府下のいくつかの都市で市長選が実施されました。次回の統一地方選挙が行われる年として正しいものを、次の**ア**～**エ**の中から１つ選んで、記号で答えなさい。

ア　2025年　　**イ**　2026年　　**ウ**　2027年　　**エ**　2028年

問２　下線部②について、次の表は製造業における大規模事業所と中小規模事業所の事業所数、従業者数、製造品出荷額等の内訳を示しており、大規模事業所と中小規模事業所を**１**または**２**で、事業所数、従業者数、製造品出荷額等を**Ａ**～**Ｃ**で示しています。大規模事業所の製造品出荷額にあてはまるものを、下の**ア**～**カ**の中から１つ選んで、記号で答えなさい。

	A	B	C
1	67.0%	98.4%	48.9%
2	33.0%	1.6%	51.1%

（「日本国勢図会 2023/24」より作成）

ア　１－Ａ　　**イ**　１－Ｂ　　**ウ**　１－Ｃ　　**エ**　２－Ａ　　**オ**　２－Ｂ　　**カ**　２－Ｃ

問３　下線部③について、次の表は税の分類を示したものです。次の税とその分類の組合せとして正しいものを、下の**ア**～**エ**の中から１つ選んで、記号で答えなさい。

	直接税	間接税
国税	a	b
地方税	c	d

ア　自動車税－a　　**イ**　酒税－b　　**ウ**　法人税－c　　**エ**　関税－d

問４　下線部④について、次の（１）・（２）の各問いに答えなさい。

（１）　日本をとりまく安全保障の変化により、集団的自衛権について様々な議論がされてきました。この集団的自衛権について述べた次の**a**・**b**の文について、その正誤の組合せとして正しいものを、下の**ア**～**エ**の中から１つ選んで、記号で答えなさい。

a　集団的自衛権とは、同盟関係にある国の防衛活動に参加する権利のことである。

b　政府は2014年、集団的自衛権を条件付きで行使できるという見解に変更した。

ア　a－正　b－正　　**イ**　a－正　b－誤

ウ　a－誤　b－正　　**エ**　a－誤　b－誤

（２）　防衛関係費に関する次の文の（　a　）（　b　）にあてはまる語句・数値の組合せとして正しいものを、下の**ア**～**エ**の中から１つ選んで、記号で答えなさい。

近年の日本の（　a　）に占める防衛関係費の割合は（　b　）％程度の水準となっている。

ア　a－GDP　b－５　　**イ**　a－GDP　b－１

ウ　a－ODA　b－５　　**エ**　a－ODA　b－１

問５　下線部⑤について、この制度を何といいますか。答えなさい。

問６　下線部⑥について、これらの制度は日本国憲法第25条を根拠につくられています。次の条文の空欄にあてはまる語句を答えなさい。

第25条　すべて国民は、健康で（　　）的な最低限度の生活を営む権利を有する。

問７　下線部⑦について、市場への通貨の流通量を調整することで景気の調整を行う、政府以外の機関を何といいますか。答えなさい。

問８　下線部⑧について、不景気になると需要が供給を下回り、価格が低くても購入されない状態が続くため、物価が下がり続ける現象が起きます。このような現象を何といいますか。**カタカナ７字**で答えなさい。

問９　下線部⑨について、日本国憲法に関して述べた次の**a**・**b**の文について、その正誤の組合せとして正しいものを、下の**ア**～**エ**の中から１つ選んで、記号で答えなさい。

a　基本的人権は公共の福祉により制限されることがある。

b　天皇は日本の国と日本国民の象徴であると規定されている。

ア　a－正　b－正　　**イ**　a－正　b－誤

ウ　a－誤　b－正　　**エ**　a－誤　b－誤

問10 下線部⑩について、日本の国会における予算案の審議、議決では、衆議院に優越権があります。次のうち、衆議院の優越が**認められていないもの**を、次の**ア**～**エ**の中から１つ選んで、記号で答えなさい。

ア 内閣総理大臣の指名　　**イ** 条約の承認

ウ 法律案の議決　　**エ** 憲法改正の発議

問11 下線部⑪について述べた文として**誤っているもの**を、次の**ア**～**エ**の中から１つ選んで、記号で答えなさい。

ア 内閣は、内閣総理大臣と省庁などをつかさどる国務大臣で構成される。

イ 内閣総理大臣と国務大臣は閣議を開いて、内閣の方針を話し合う。

ウ 内閣は行政を担当し、行政機関では全体の奉仕者である公務員が業務を行う。

エ 内閣は、国会、裁判所の信任に基づき成立し、それぞれと連帯責任を負う。

〔このページは白紙です〕

2023年度

上宮高等学校

入学考査問題

国　語

（50分）

（注意）　①　解答はすべて解答用紙に記入しなさい。
　　　　　②　字数の指定がある設問は、句読点もすべて一字に数えること。

受験番号	名前

2023(R5) 上宮高
教英出版

一　次の文章を読んで、後の問いに答えなさい。

コミュニケーションの基本となる表情は、社会の中で生きていく上では欠かせⓐないものですが、動物も表情を読み取ることができます。表情は、社会をつくる動物にも備わっているのです。ただし動物では顔ではなく、身体全体で情動を表現します。

イヌを飼っている人ならば、実感できるでしょう。吠《ほ》えるイヌは、毛を逆立てて尻尾《しっぽ》をたちあげています。身体を大きく見せて、怒りを表現しているのです。㋐コウサンした方のイヌは、尻尾を丸めて足の間にはさみます。ひっくり返って、おなかを見せることもあります。自分の弱い部分を見せて、攻撃する意思がないことを示しているのです。このように表情は、イヌ同士の社会関係をつくるために利用されているのです。

（中略１）

動物に起源を持つ表情表現は、人間では顔に集中するようになりました。表情は生まれつきで、世界共通といわれています。外国に行って言葉が通じなくても、ジェスチャーを使えば、意思の疎通ができます。それは感情表現が共通だからです。

悲しいときは涙を流して泣き、ⓑうれしいときはにっこり笑う……基本的な喜怒哀楽が表情で通じないとしたら、困りものです。

とはいえその一方で、①表情にも文化差があることがわかりました。そもそも「【　X　】」ということわざがあるように、文化が変われば「振る舞い」も変わることは(a)自明のことでもあります。ホームステイなどで海外の暮らしを体験してみると、ちょっとした違いを感じることもあるでしょう。特に欧米で暮らすとなると、いつも㊟ハイに演じ続けるⓒしんどさを感じる人もいるでしょう。喜びは積極的に表現しなくてはいけない、知らない人でもすれ違ったらにっこり挨拶をする、そんな習慣に疲れてカルチャーショックで引きこもってしまう学生もいると聞きます。

欧米と日本とでは、表情をどう表出すべきかのルールが違うのです。プレゼントをもらったとき、テストでよい点を取ったとき、㊟ポジティブな感情は大げさに表現するように、欧米では求められるのです。一方の日本では、自分だけが得したことを大っぴらに表現することを控えます。周りの目を気にして、喜びを大げさに表現することを控える日本人の行動は、欧米では㋑フシンに思われてしまうことすらあります。まさしく異文化です。

マスコミの前で赤ん坊のように大泣きする議員が、話題になったことがあります。いい年をした大人が人前で恥ずかしいと、日本人でも拒否感を持ちますが、人前で㊟ネガティブな表現を自制する傾向が強い欧米では、さらにありえないこととして映ることでしょう。

このようなふるまいの違いだけでなく、相手の表情を見るとき、顔のどこに注目するかが、文化によって異なることもわかりました。先にも㋒フれたように、相手の表情を読み取る時、欧米人は顔をⓓくまなく見るのですが、②日本人では相手の目に注目するのです。

これには、表情のつくり方の違いが影響しているようです。欧米人の表情はどちらかというと㋓意図的に大きく表現されますが、そうした場合、口に大きく表現されます。口角をしっかりと上にあげて大きく喜びを表現するのが、欧米人の表情のつくり方だとすると、目でにっこりとⓔ自然な表情をつくり出すのが、日本人です。

喜びを大げさに表現しない日本人の表情は、欧米と比べると動きが小さいのです。その小さい表情の変化を読み取るように、目に注目するのです。文化による見方の違いは、なんと一歳未満の小さいころから始まっていることもわかっています。

文化による洗礼は、とても早い時期に成立するのですが、遺伝子のかかわりも議論されています。攻撃を抑制する神経伝達物質であるセロトニンを運ぶ、セロトニン・トランスポーターの量が、欧米人と東アジア人で異なるといわれているのです。セロトニン・トランスポーター遺伝子多型は、特に少ないSS型とやや少ないS型、多いLL型に分かれ、日本人の比率がそれぞれ六三%、三一%、六%であるのに対し、アメリカでは一九%、四九%、三二%でした。日本人では特に少ない人が多く、アメリカでは逆に多い人が結構いるのです。

セロトニン・トランスポーターの量が少なく不安の強いタイプは、日本人の特徴であるともいえるのです。こうした人たちは㊟抑うつになりやすく、社会不安等のリスク因子ともいわれる一方で、衝動的な行動や社会的な㋔逸脱行為は低くなるそうです。

ピアノの発表会や試合や面接などで、大事な時にあがってしまった苦い経験は、誰でも一度はあることでしょう。 A それこそが、日本人の特徴なのです。

こうした人々を㋕タバねる日本文化の特徴に、③「相互協調的自己観」があるといわれています。他人との結びつきを優先し、協調性に重きをおき、社会的に逸脱することに対する恐れが強いのです。

その傾向は、「みんな同等」という暗黙の前提で成り立つ中学校や高校で、よりⓕ大きなプレッシャーとなっている可能性があります。学校生活や友達との関係で、思い当たることはありませんか。他人の目を気にして、自分の意見を曲げたことはありませんか。お昼を誰かと食べなくてはいけないプレッシャーを、感じたことはありませんか。友達と一緒に行動するのは安心ではありますが、度が過ぎると、苦痛となることもありましょう。その気がないのに一緒にトイレに行かなければならないとか、もらったメールにはすぐ返事をしなくてはいけない、そんな強迫観念を持ったことはありませんか。

これらは、日本人の大半を占める不安の高い遺伝子を持つ人々が、互いに不安を抱きあってつくりだした慣習なのかもしれません。それともあるいは、こうした慣習にあう不安の高い遺伝子を持つ人々が、日本の社会に適応しているのかもしれません。いずれにせよ、うまくいっているときは気持ちのいい協調的関係も、行き過ぎると互いに苦しめあⓖったり、自分たちの基準に合わない異端を㋖排斥してしまう、そんな悪い傾向にも㋗陥りがちなようにも思えます。

時には、④自分達の持つ特徴や慣習について、自覚してみる必要があるのかもしれません。

　表情を読み取る能力についても、話しておきましょう。相手の表情をうまく読み取れないとしたら、どんなことになるでしょうか。

顔を見るときには、表情も一緒に見えるものです。㊟先に、あちこちに顔が見える病気の話をしましたが、そこには必ず表情がついています。悲しそうにしているとか、嬉《うれ》しそうにしている顔が見えるというのです。これとは別に幽霊が見えると主張する人も、表情がくっついているようです。恨んでいる人がⓗいるとか、感謝している人がいるとか、何もないところに人の顔が見えたそのときには、その表情も見るのです。

　これは人以外の「顔」にもあてはまります。子どもの事故を防ぐために、フロントがわざと怖い顔に見えるように設計したバイクがありました。車やバイクを前から見ると、ヘッドライトがちょうど左右二つの目となり、人の顔のように見えますが、その目のヘッドライトを吊《つ》り上げて、怖い顔に仕立てているのです。

　さまざまな感情の中でも、⑤恐怖の感情は重要です。恐怖の感情には、脳の特別な領域、扁桃体《へんとうたい》が働くからです。「怖い」の感情は生死に直結し、怖い感情が生まれたとき、身体がぞくぞくっと反応して、とにかく急いでその場を逃げ出すことになります。考えるよりも先に、身体が反応するのです。そんな人の本能を利用して、子どもたちがバイクを避けて、交通事故を防ぐように設計されたのです。

（中略２）

　扁桃体がうまく働かないと、どんなことになるでしょう。扁桃体に損傷のある人は、笑った顔や泣いた顔はわかっても、怖い顔がわからないのです。目をかっと見開き歯をむき出した恐怖の表情を見ても、その顔が何を意味するのかが、まったくわからないのです。

　扁桃体は、虐待などの経験にさらされると損傷を受けることは㊟先に説明しましたが、扁桃体の活動には個人差があることもわかっています。アメリカの実験では、「白人はよい人で黒人は悪いやつだ」という偏見の強さと扁桃体の活動のかかわりを調べたところ、偏見が強い人ほど扁桃体の活動が高いということがわかりました。アメリカでは、黒人に銃口を向ける白人警察官の事件が後を絶たないため、行われた実験です。恐ろしい話ですが、このような⑥偏見に基づいた誤った判断は、扁桃体の活動が強い人に起きる可能性があるとも考えられているのです。

　B 生まれついて扁桃体の活動が弱いがために、表情を読み取れないといわれている人たちもいます。ウィリアムズ症候群とよばれる遺伝的疾患です。知的能力はやや低いのですが、一度聞いた音楽をそのままピアノで弾いたり歌ったり、音楽に天才的な能力を示すことも多いのが特徴です。また、とても社交的です。他人に関する【　Y　】の強さは人並み以上で、他者の痛みを自分と同じか、それ以上に感じ取ることもあります。

ところがこれほど高い共感性と高い社交性の能力を持つ一方で、恐怖を処理する扁桃体の活動が弱いのです。なれなれしすぎるほど初対面の人とも仲良くできるのですが、それはむしろ、怖いという感情がわきにくいからだと考えられています。危なげな人物を避けることや、危険な状況で逃げるべきかの判断も、苦手なようです。

通り魔に襲われたときなどには、とっさの判断で逃げねばなりませんし、目つきがあやしげな人には、近づかない方が(b)無難です。この世の中を生き抜く上では適度な警戒心は必要で、それは感情が判断してくれるのです。

（山口真美『自分の顔が好きですか？―「顔」の心理学』岩波ジュニア新書による）

(注) ハイ … ここでは気分が盛り上がっているようす。

ポジティブな … 前向きである様子。

ネガティブな … 否定的、消極的である様子。

抑うつ … 重く沈んだ気分になっている症状。

先に、あちこちに顔が見える病気の話をしました … レビー小体型認知症患者は、幻視や妄想がある特徴があり、その原因は、顔ではないところに顔を発見してしまい、「想像力豊かにどんな顔かまでも認識してしまう傾向にある」ことが述べられている。

先に説明しました … 「大切な対象から裏切られたり、傷つけられたりすることは、大きな恐怖のひとつ」であり、そのような恐怖に「扁桃体が強く反応する」という説明がある。

問一　——線部㋐～㋗の、カタカナは漢字に直し、漢字はその読みをひらがなで、それぞれ答えなさい。

問二　——線部ⓐ～ⓗの語の品詞名を、次の**ア**～**コ**の中からそれぞれ一つずつ選んで、記号で答えなさい。

ア　動詞　**イ**　形容詞　**ウ**　形容動詞　**エ**　名詞　**オ**　副詞
カ　連体詞　**キ**　接続詞　**ク**　感動詞　**ケ**　助動詞　**コ**　助詞

問三　——線部(a)・(b)の文中での意味として最も適当なものを、次の**ア**～**オ**の中からそれぞれ一つずつ選んで、記号で答えなさい。

(a)　自明のこと
ア　自分としては当然のこと
イ　証明され、認められたこと
ウ　正しくはなくとも有無を言わさぬこと
エ　誰もがうまれながらに知っていること
オ　言うまでもなくはっきりしていること

(b)　無難
ア　最善のこと
イ　特徴のないこと
ウ　危険がないこと
エ　ありきたりのこと
オ　大したことのないこと

問四　[A]・[B]に入る語句として最も適当なものを、次の**ア**～**オ**の中からそれぞれ一つずつ選んで、記号で答えなさい。

ア　ところで　**イ**　しかし　**ウ**　あるいは　**エ**　一方で　**オ**　もしも

問五　——線部①「表情にも文化差がある」とありますが、その「差」があるのは、表情について欧米と日本とではどのようなところが違うからですか。次の説明の[Ⅰ]・[Ⅱ]・[Ⅲ]に当てはまる語句を、それぞれ指定された字数で文中から抜き出して答えなさい。

> 欧米と日本とでは表情を表出する際の[Ⅰ　三字]が違うだけでなく、表情の[Ⅱ　四字]が異なるため、表情を読み取る時に[Ⅲ　四字]ところが違うから。

問六【　X　】に入ることわざとして最も適当なものを、次の**ア**～**オ**の中から一つ選んで、記号で答えなさい。

ア　郷《ごう》に入《い》っては郷に従え　　**イ**　立つ鳥あとをにごさず　　**ウ**　肉を切らせて骨をたつ

エ　虎穴《こけつ》に入《い》らずんば虎子《こじ》をえず　　**オ**　長いものには巻かれろ

問七　――線部②「日本人では相手の目に注目する」とありますが、それはなぜですか。「～ため。」に続くように文中から**十三字**で抜き出して答えなさい。

問八　――線部③「相互協調的自己観」が持つ良い点と悪い点を説明したものとして、最も適当なものを次の**ア**～**オ**の中から一つ選んで、記号で答えなさい。

ア　「みんな同等」という安心感から日々を平穏に過ごせるが、一度別の価値観を知ってしまうと、途端に周囲の環境を窮屈に感じてしまい、多大なストレスがかかってしまう点。

イ　他人と強く結びつくことで自分から積極的に働きかけなくても気持ちよく生活できる一方、少しでも単独行動をすれば周囲から異端とみなされ、排除されてしまう危うさがある点。

ウ　社会を構成する大勢と同じ行動を求められるときは堂々としていられるが、個別に動かなければならないときはどのような行動が最も適当なのか判断できず、社会活動が止まってしまう点。

エ　周囲と自分の意見にあまり違いがないときは社会から逸脱することなく安心して過ごせるが、意見が異なった場合に自分の意思をおし殺したり、自分自身が排除されたりする可能性がある点。

オ　協調性を身につけさえすれば自動的にコミュニティに入って楽な生活ができるが、それぞれの個性が伸ばされることがないまま成長していくので、ありきたりでつまらない生活になってしまう点。

問九　――線部④「自分達の持つ特徴や慣習」とありますが、日本人の持つ特徴や慣習を、**四十五字以内**で簡潔に説明しなさい。

問十　――線部⑤「恐怖の感情は重要」とありますが、それはなぜですか。その理由が具体的に述べられている部分を、「～だから。」に続くように**（中略2）**以降の文中から**二十二字**で抜き出し、始めと終わりの**三字**を答えなさい。

問十一　――線部⑥「偏見に基づいた誤った判断は、扁桃体の活動が強い人に起きる可能性がある」とありますが、それはなぜですか。その理由として最も適当なものを次の**ア～オ**の中から一つ選んで、記号で答えなさい。

ア　扁桃体の活動が強い人は、相手の表情の変化に敏感になり、自分から見て嫌な部分に注目しやすいから。

イ　扁桃体の活動が強い人は、表情から読み取る恐怖の感情に敏感で、相手に対し警戒心を抱きやすいから。

ウ　扁桃体の活動が強い人は、恐怖の感情を最優先させ、相手のどんな表情にも裏があると思ってしまうから。

エ　扁桃体の活動が強い人は、相手の表情を読み取ることに不慣れで、あらゆる表情を恐怖としてとらえてしまうから。

オ　扁桃体の活動が強い人は、相手と自分との関係に先入観があり、相手の顔をよく見ずに常に恐怖を感じてしまうから。

問十二　【　Y　】に当てはまる語句として最も適当なものを、文中から**漢字二字**で抜き出して答えなさい。

問十三　本文の内容に一致するものを、次の**ア～ク**の中から**二つ**選んで、記号で答えなさい。

ア　動物は身体全体を使わないと情動を表現できないが、人間は高度に発達した顔の表情だけですべての情動を表現することができる。

イ　表情は人間同士の社会関係をつくるために利用されており、感情表現が共通である場合は言葉が通じなくても意思の疎通ができることがある。

ウ　ネガティブな表情を嫌う欧米では、人前で泣いたり怒ったりすることはめったにない。

エ　セロトニン・トランスポーター遺伝子多型の三つの型の比率が違うことによって、文化の特徴に差が出ると考えられる。

オ　人は相手の顔を見るときに表情も同時に認識するため、常に相手の心の内をのぞき見るような気持ちになる。

カ　恐怖の感情は特に子どもに強くあらわれるため、バイクや車などのデザインを工夫することで子どもの交通事故を減らす試みがなされている。

キ　扁桃体に傷がつくと人間のあらゆる表情が理解できなくなり、相手の気持ちや自分が置かれている状況がわかりにくくなる。

ク　この世を生き抜くためには、他者と円滑な関係を築くための社交性や共感性に加え、音楽的な能力を持つことも重要だ。

二　次の1～5の文の（　　　）に入る四字熟語として最も適当なものを、後の［　　］からそれぞれ選んで、漢字に直しなさい。

1　時間がないので、（　　　）に本題に入らせていただきます。

2　（　　　）して、後回しにしていた部屋の掃除を始める。

3　背中を強く打って、痛みに（　　　）する。

4　どの人も（　　　）に賛成を表明した。

5　全く解決策が見当たらず、（　　　）の状態だ。

イクドウオン　・　タントウチョクニュウ　・　ゴリムチュウ　・　イチネンホッキ　・　シチテンバットウ

三 次の文章を読んで、後の問いに答えなさい。（問題作成の都合上、一部の表現を改めています。）

和邇部用光《わにべのもちみつ》といふ㊟楽人《がくにん》ありけり。㊟土佐《とさ》の御船遊《おふなあそ》びに下《くだ》りて、上《のぼ》りけるに《ある神社の御船遊びのために下り、都に上る途中、》、㊟安芸《あき》の国、なにがしの泊《とまり》にて《なんとかという港で》、海賊押し寄せたりけり。弓矢の行方《ゆくへ》知らねば《使い方も知らないので》、防ぎ戦ふに力なくて、今はうたがひなく殺されなむず《殺されるに違いない》と思ひて、㊟篳篥《ひちりき》を取り出でて、屋形《やかた》《船の屋根》の上に㋐ゐて、「あの党《たう》や《そこの海賊たちよ。》。今は沙汰《さた》に及ばず《もうどうしようもない。》。(a)とくなにものをも取り給へ《お取りなさい。》。ただし、(b)年ごろ、思ひしめたる《大切に思ってきた》篳篥の、小調子《こてうし》といふ曲、吹きて聞かせ申さむ。①さることこそありしかと、のちの物語にもし給へ」と㋑いひければ、㊟宗《むね》との声にて、主《ぬし》たち、しばし待ち給へ。かくいふことなり。もの聞けといひければ、②船を押さへて、おのおの㋒しづまりたるに、用光、今はかぎりとおぼえければ《これで最後だ》、涙を流して、(c)めでたき音を吹き出でて、吹きすましたりけり《澄んだ音色で吹いていた。》。

をりからにや、その調べ、波の上にひびきて、かの㊟潯陽江《じんやうかう》のほとりに、㊟琵琶《びは》を聞きし昔語りにことならず。海賊、静まりて、いふことなし。

よくよく聞きて、曲終りて、③先の声にて、「君が船に心をかけて、寄せたりつれども、曲の声に涙落ちて、かたさりぬ《船を離すぞ》」とて、④漕《こ》ぎ去りぬ。

（『十訓抄』による）

㊟ 楽人 … 楽器を演奏する人。　土佐 … 現在の高知県。　安芸の国 … 現在の広島県西部。
篳篥 … 管楽器の一つ。　宗と … 中心人物。ここでは海賊の首領。
潯陽江 … 中国の川の名前。　琵琶 … 弦楽器の一つ。

問一 ――線部㋐～㋒の語句を現代仮名遣いに直して、平仮名で答えなさい。

問二 ――線部(a)～(c)の語句の文中での意味として最も適当なものを、次の**ア**～**オ**の中からそれぞれ一つずつ選んで、記号で答えなさい。

(a) とく
- **ア** 多く
- **イ** 早く
- **ウ** 特別に
- **エ** 仕方なく
- **オ** 理解して

(b) 年ごろ
- **ア** 毎年
- **イ** 最近
- **ウ** 過去
- **エ** 折よく
- **オ** 長い間

(c) めでたき音
- **ア** 軽快で楽しい音
- **イ** 大げさで重苦しい音
- **ウ** 趣深く素晴らしい音
- **エ** にぎやかで華々しい音
- **オ** 静かで今にも消えそうな音

問三　――線部①「さること」の指している内容を説明した次の文の（　　）に当てはまる語句を、文中から**二字**で抜き出して答えなさい。

安芸の国のある港で、用光が船の屋根の上で、（　　）に自慢の篳篥を聞かせたこと。

問四　――線部②「船を押さへて」の主語を、次の**ア**～**エ**の中から一つ選んで、記号で答えなさい。

ア　用光　**イ**　海賊　**ウ**　宗と　**エ**　用光の使用人

問五　――線部③「先の声」と同じものを、文中から**四字**で抜き出して答えなさい。

問六　――線部④「漕ぎ去りぬ」とあるが、海賊たちが去った理由として最も適当なものを、次の**ア**～**オ**の中から一つ選んで、記号で答えなさい。

ア　用光の演奏する姿があまりにも悲壮で、あわれに思ったから。
イ　用光が音楽の天才だと知って、殺すには惜しいと思ったから。
ウ　用光の堂々とした立ちふるまいに、かなわないと恐怖を感じたから。
エ　用光の覚悟が宿った音楽に心打たれ、用光に従うべきだと感じたから。
オ　用光の演奏があまりにも上手で感動し、襲うのをやめようと思ったから。

問七　この文章には一個「　」が抜けているところがあります。その部分を文中から**三十字以内**で抜き出し、始めと終わりの**三字**を答えなさい。

問八　この文章の説明として最も適当なものを、次の**ア**～**オ**の中から一つ選んで、記号で答えなさい。

ア　用光は命だけは助けてもらおうと、先に品物を差し出し、篳篥の演奏でもてなした。
イ　用光の演奏を聞いた海賊たちは、自分たちのこれまでの行いを反省して涙を流した。
ウ　突然船の屋根に飛び乗った用光の行動に驚いた海賊は、船を止めて用光の話に耳を傾けた。
エ　海賊は用光の篳篥の音に誘われて演奏を聞くために船を寄せたが、用光は殺されると勘違いした。
オ　用光の演奏は中国の琵琶についての昔話と同じようで、海賊たちは何も言葉を出せずに聞き入った。

問九　この作品は、鎌倉時代に成立したとされていますが、同じように鎌倉時代に成立した作品を、次の**ア**～**オ**の中から一つ選んで、記号で答えなさい。

ア　古事記　**イ**　土佐日記　**ウ**　伊勢物語　**エ**　徒然草　**オ**　伊曾保物語

2023年度

上宮高等学校
入学考査問題

数学

（50分）

（注意）① 解答はすべて解答用紙に記入しなさい。

② 答えが無理数になるときは、根号の中を最も小さい正の整数にしなさい。

③ 円周率はπを使いなさい。

④ 答えを分数で書くときは、既約分数（それ以上約分できない分数）に、
また、分母が無理数になるときは、分母を有理化しなさい。

受験番号				名前	

I　次の問いに答えなさい。

(1) 次の計算をしなさい。

(ア) $\left(-\dfrac{1}{2}\right)^3-(4-5)$

(イ) $(1+\sqrt{6})\left(\sqrt{3}-\dfrac{1}{\sqrt{2}}\right)$

(2) 次の式の $\boxed{\text{　ア　}}$ ～ $\boxed{\text{　ウ　}}$ にそれぞれ適当な正の数を入れて等式を完成させなさい。

$2x^2+\boxed{\text{　ア　}}\,x=\boxed{\text{　イ　}}\,(x+3)^2-\boxed{\text{　ウ　}}$

(3) 2次方程式 $(x+1)^2+(x+2)^2=(x+3)^2$ を解きなさい。

(4) n を自然数とします。$\sqrt{\dfrac{756}{n}}$ が最大の自然数となるような n の値を求めなさい。

(5) 1から5までの数字が書かれたカードが1枚ずつ箱の中に入っています。この箱の中から1枚ずつ2回続けて取り出し，左から順に並べて2けたの整数を作ります。このようにしてできる整数が4の倍数である確率を求めなさい。

(6) 下の図の線分 AE, DE はそれぞれ ∠BAD, ∠CDA の二等分線です。∠x の大きさを求めなさい。

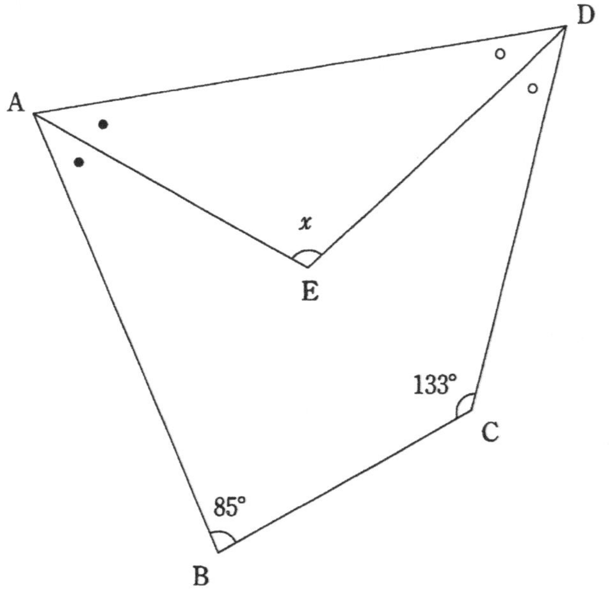

(7) 下の図の正四角すいの体積を求めなさい。

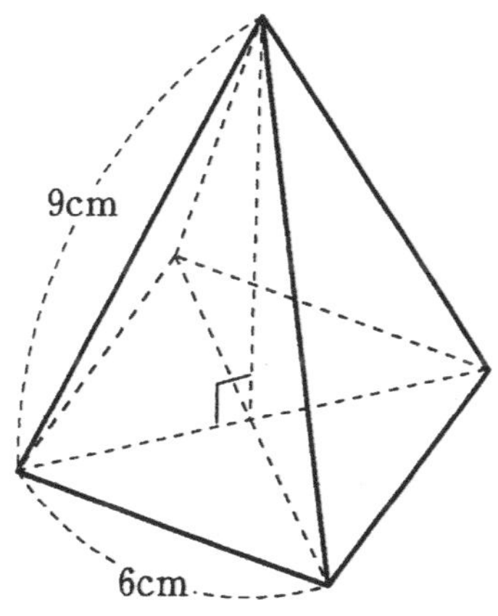

Ⅱ　下の図のように，関数 $y=\frac{1}{2}x^2$ のグラフ上に 2 点 A，B があり，x 軸上に 2 点 C，D があります。A と C の x 座標はともに -4，B と D の x 座標はともに 2 です。次の問いに答えなさい。

(1) 点 A の y 座標を求めなさい。

(2) 直線 AB の式を求めなさい。

(3) 台形 ACDB を x 軸の周りに 1 回転させてできる立体の体積を求めなさい。

(4) 線分 AB 上に点 P をとります。四角形 ACOP と四角形 PODB の面積の比が 2 : 1 になるとき，点 P の座標を求めなさい。

(5) 直線 AB 上に点 Q をとります。CQ＋DQ の長さが最小となるような点 Q の座標を求めなさい。

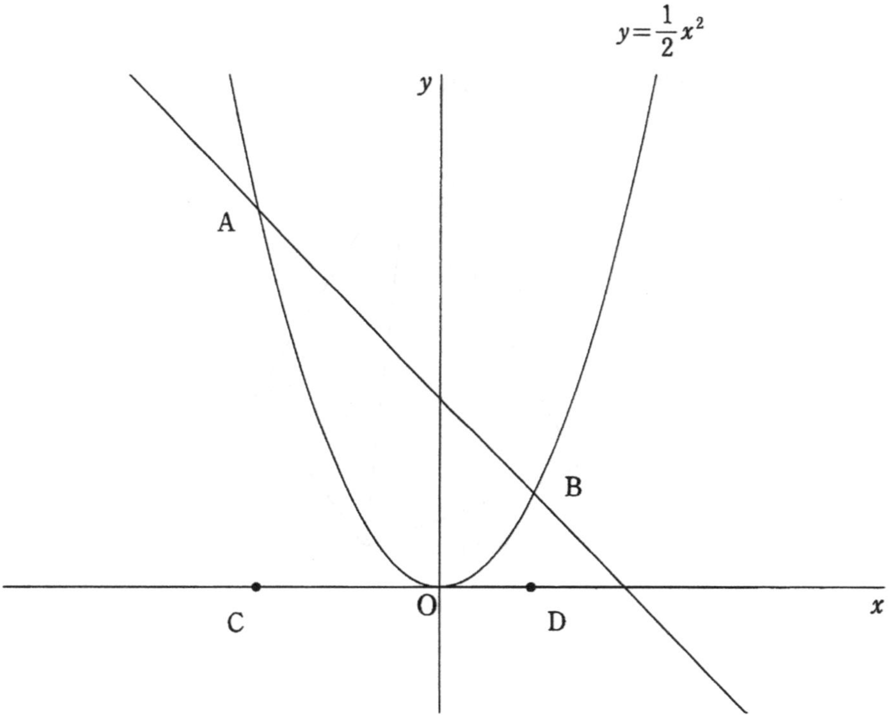

【計算用紙】

Ⅲ　ある店では次のような２枚のクーポン券を発行しています。

10 ％ 引き

全品を 10% 引きいたします。
ただし，他のクーポンの割引きが
適用された商品は除外いたします。

20 ％ 引き

ご購入商品の中で最も値段が高い商品のうち，
１点のみを 20% 引きいたします。
商品を２点以上ご購入の際にご利用になれます。

これらのクーポン券は併用できます。例えば，200 円と 500 円の商品を１点ずつ購入するとき，この２枚のクーポン券を利用すると，200 円の商品は 10 ％引き，500 円の商品は 20 ％引きになり，代金の合計は 580 円になります。次の問いに答えなさい。ただし，消費税は考えないものとします。

(1) ２枚のクーポン券を利用して 930 円，1500 円，670 円の商品を１点ずつ購入するときの代金の合計を求めなさい。

(2) Aさんは，この店で同じ歯ブラシを２点，洗剤を１点，風邪薬を１点購入しました。２枚のクーポン券を利用しないときの代金の合計は 2700 円ですが，２枚のクーポン券を利用したので，代金の合計は 2300 円になりました。洗剤１点の値段は歯ブラシ１点の値段の２倍で，風邪薬の値段が最も高いとき，次の問いに答えなさい。

① 歯ブラシ１点の値段を x 円，風邪薬１点の値段を y 円とします。２枚のクーポン券を利用しないときの代金の合計を，x，y を用いたもっとも簡単な式で表しなさい。

② 風邪薬の値段を求めなさい。

【計算用紙】

Ⅳ 下の図のように，AD∥BC，AB＝5cm，BC＝6cm，CD＝4cm，DA＝3cm，∠BCD＝90°の台形 ABCD があります。辺 AD 上に点 P，辺 BC 上に点 Q があり，対角線 BD と線分 PQ との交点を R とします。AP＝x cm，BQ＝y cm とするとき，次の問いに答えなさい。

(1) $x=y=2$ のとき，PR : RQ をもっとも簡単な整数の比で表しなさい。

(2) $x : y = 1 : 3$，台形 ABQP の面積が 10cm^2 のとき，x の値を求めなさい。

(3) 台形 ABQP と台形 PQCD の周りの長さが等しいとき，$x+y$ の値を求めなさい。

(4) 点 R が対角線 BD の中点になるとき，四角形 ABRP と四角形 DRQC の面積の差を求めなさい。

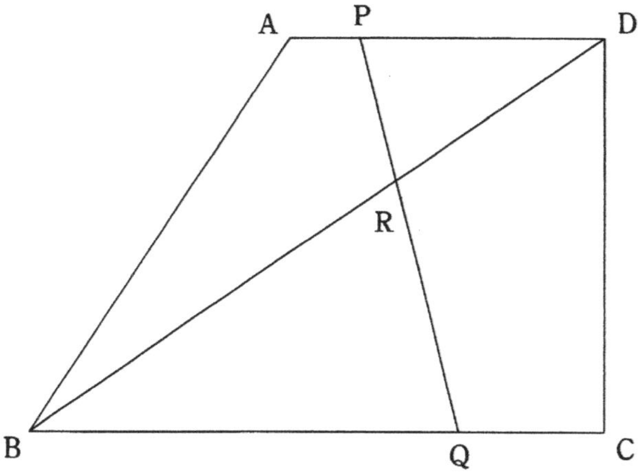

2023年度

上宮高等学校

入学考査問題

英語

(50分)

(注意) 解答はすべて解答用紙に記入しなさい。

受験番号	名前

※音声は収録しておりません

I

対話を聞いて，そのあとに流れる質問の答えとして最も適当なものを，次の**ア**～**エ**からそれぞれ１つずつ選んで，記号で答えなさい。対話と質問は２回ずつ放送されます。

１． **ア** On Thursdays.
イ At school.
ウ With Kent.
エ For two hours.

２． **ア** He is reading a comic book.
イ He is studying math.
ウ He is playing tennis.
エ He is changing his clothes.

３． **ア** For about an hour.
イ For about two hours.
ウ For about three hours.
エ For about four hours.

４． **ア** Because he has liked the color since he was a child.
イ Because he didn't have much time to choose clothes at a shop.
ウ Because he doesn't want to think about which clothes to wear.
エ Because he got five black T-shirts from his father.

Ⅱ 英文を聞いて，そのあとに流れる質問の答えとして最も適当なものを，次の**ア**～**エ**からそれぞれ1つずつ選んで，記号で答えなさい。英文と質問は２回ずつ放送されます。

1．
ア She was talking with her friends.
イ She was listening to music.
ウ She was waiting for a train.
エ She was riding on a bus.

2．
ア Because she couldn't finish her homework.
イ Because she forgot to buy a new notebook.
ウ Because her brother didn't help her.
エ Because she left her notebook at home.

3．
ア In front of Kumi's house.
イ At the bus stop.
ウ At the train station.
エ At the soccer stadium.

4．
ア On March 3.
イ On March 13.
ウ On March 14.
エ On March 20.

Ⅲ フレッドとサクラの対話を聞いて，次の各問いに答えなさい。対話は２回ずつ放送されます。

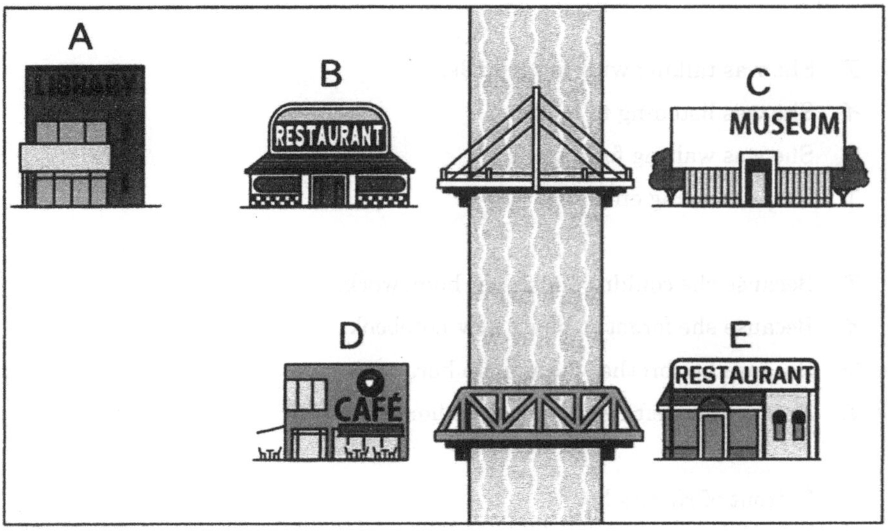

1．　フレッドが今度訪れたいと思っている場所として最も適当なものを，次の**ア**～**エ**から１つ選んで，記号で答えなさい。

ア　図書館
イ　博物館
ウ　カフェ
エ　レストラン

2．　サクラが訪れた場所の順序として最も適当なものを，次の**ア**～**エ**から１つ選んで，記号で答えなさい。

ア　A→E→D→C
イ　A→B→D→C
ウ　A→E→C→D
エ　A→B→E→C

ここから先は，放送の指示があるまで開かないこと。

IV 次の英文を読み，本文の内容に一致するものを後の１～１４から５つ選んで，番号で答えなさい。

In June 2010, an *asteroid explorer, Hayabusa, returned to Earth from an asteroid called Itokawa. Hayabusa brought back rock samples from Itokawa for the first time in the world. Why is the asteroid called Itokawa?

Itokawa Hideo was born in Tokyo in 1912. He was a very *curious boy. When he was four, he saw *acrobatic flying by a pilot from the U.S. He was surprised and thought, "I want to be a pilot and fly in the sky." When he was five, he saw a *light bulb that his father bought and asked his father, "Who invented the light bulb?" He learned that Thomas Edison made it and thought, "I want to be like Edison." Also, he was interested in many different things. For example, he liked music very much and he was in the music club at high school.

In 1927, Charles Lindbergh *succeeded in making a *transatlantic flight. Many people thought he was great, but Itokawa was sad when he heard the news. He thought, "Why can't Japanese people do that?" At that time, he decided to make an airplane by himself.

Itokawa entered *Tokyo Imperial University and studied *aeronautics. After graduation, he started working at a company that made airplanes. However, it was during the war, so he had to make *fighter planes. He made a wonderful fighter plane called the Hayabusa in 1941. However, Japan lost the war, and Japanese people were not allowed to study airplanes. He was very sad about that.

Itokawa got sick from his hard work during the war. While he was in the hospital, a doctor asked him to make an *EEG measuring device. Then, Itokawa remembered that he liked music very much. Both EEG and violin have *vibrations. He became interested in making it and studied hard.

Itokawa succeeded in making the measuring device and became famous in other countries. One day, he went to the U.S. to give a lecture at a university there. In the university's library, he found a book, and its title was *Space Medicine*. He thought to himself, "The U.S. will not only *launch a rocket into space but also send people there." He also thought, "I want to make a rocket, too." So, he quickly returned to Japan. He told many researchers about his idea and made a research team.

First, the team made a pencil rocket. It was as small as a pencil. He did a *test launch. "5, 4, 3, 2, 1, zero!" The rocket was launched at a high speed, and the test was successful. Then, five years after the first test launch, they were able to make another rocket that could fly 190 kilometers high. That meant the rocket could go into space. After that, Itokawa became interested in launching a *satellite and made a research team at Tokyo University. His dream came true in 1970. In February, the team was able to launch a satellite named Osumi. At that time, Japan became the fourth country in the world to launch a satellite into space. However, Itokawa was not there. He left the university three years before the launch. He heard the wonderful news while he was driving. He was so happy that he couldn't stop crying.

Itokawa was still curious about many things even after he grew old. He made his own violin when he was 78 and had a concert when he was 80. He died at the age of 86.

次は，問 2 です。
問 2 は，英文を聞いて，質問に答える問題です。それぞれの英文を聞いて，そのあとに流れる質問の答えとして最も適当なものを，次のア～エの中からそれぞれ 1 つずつ選んで，記号で答えなさい。英文と質問は 2 回ずつ放送されます。それでは，問題に入ります。

1. Koji saw one of his friends, Haruka, on the train. He spoke to her, but she didn't look back at him. At the time, he noticed that she was listening to music.
Question: What was Haruka doing when Koji spoke to her?
(listen again.)

2. Kana did her math homework yesterday. She's not good at math, so her brother helped her do her homework, and she finished it. At school this morning, she noticed that she didn't have her math notebook. She left it at home, and she was sad about that.
Question: Why was Kana sad?
(listen again.)

3. Kumi was going to watch a soccer game at the stadium with Shingo, but she got up late. She ran to the bus stop, and Shingo was there. She said, "I'm sorry I'm late." He smiled and said, "I got up late, too. I've just arrived." They took a bus and went to the stadium together.
Question: Where did Kumi meet Shingo?
(listen again.)

4. It is Sunday, March thirteenth. Daigo is a member of the baseball team, and he was going to have an important baseball game today. But it was rainy, and he couldn't play the game. The date of the game was changed to next Sunday.
Question: When will Daigo play the important baseball game?
(listen again.)

これで，問 2 を終わります。

次は，問 3 です。
問 3 は，対話を聞いて，その対話に関する設問に答える問題です。フレッドとサクラの対話を聞いて，問題用紙に書かれている各問いに答えなさい。対話は 2 回放送されます。それでは，問題に入ります。

Fred: What did you do last Sunday, Sakura?
Sakura: I went to the library to return books in the morning. Then, I had lunch at a restaurant with Kumi.
Fred: You mean the new restaurant near the river?
Sakura: Yes. We were able to see the beautiful river from there. After that, we wanted to go to the museum, but the bridge near the museum was closed.
Fred: That's too bad.
Sakura: We decided to use another bridge to get there. We found a good cafe in front of the bridge, so we had coffee and then went to the museum.
Fred: Sounds like you had a very good time. I want to go to that cafe next time.
(listen again.)

リスニング問題は以上です。5ページを開いて，筆記問題の解答を始めてください。

リスニング問題

※音声は収録しておりません

問1は，対話を聞いて，質問に答える問題です。それぞれの対話を聞いて，そのあとに流れる質問の答えとして最も適当なものを，次のア～エの中からそれぞれ1つずつ選んで，記号で答えなさい。対話と質問は2回ずつ放送されます。それでは，問題に入ります。

1．Kent: Do you belong to any club at school, Mary?
Mary: No, Kent. But I go to dance school in the city.
Kent: That's nice. When do you practice?
Mary: After school every Thursday.
Question: When does Mary go to dance school?
(listen again.)

2. John's mother: Are you reading a comic book, John?
John: No, I'm studying math.
John's mother: It's sunny today. Can you take your sister to the park?
John: Sure.
John's mother: Thank you. She wants to play tennis.
John: OK. I'll change my clothes.
Question: What is John doing now?
(listen again.)

3. Emma: Dad, can I use your computer?
Emma's father: Sorry, Emma, I'm using it now. You can use it after me.
Emma: OK. How long are you going to use it?
Emma's father: For about an hour. You can use it at about three.
Emma: I see. I'll wait then.
Question: How long will Emma's father use his computer?
(listen again.)

4. Mary: You always wear a black T-shirt. Do you like black, Bob?
Bob: Not so much.
Mary: Then why do you wear a black T-shirt every day?
Bob: Because I don't want to spend much time choosing clothes. I have a lot of black T-shirts.
Mary: How many black T-shirts do you have?
Bob: Maybe, five.
Question: Why does Bob wear a black T-shirt every day?
(listen again.)

これで，問１を終わります。

In 2003, an asteroid explorer, Hayabusa, was launched, and the asteroid was named Itokawa *after Itokawa Hideo. *Strangely, Hayabusa was the same name given to a fighter plane that Itokawa made. Itokawa made a great *contribution to space science in Japan.

【注】 asteroid explorer：小惑星探査機　curious：好奇心旺盛な　acrobatic flying：曲芸飛行
light bulb：電球　succeed in ～：～に成功する　transatlantic flight：大西洋横断飛行
Tokyo Imperial University：東京帝国大学（のちの東京大学）　aeronautics：航空学
fighter plane：戦闘機　EEG measuring device：脳波計　vibration：振動
launch：発射する　test launch：発射実験　satellite：人工衛星
after ～：～にちなんで　strangely：偶然にも　contribution：貢献

１．In 2010, Hayabusa returned to Earth with some rock samples.

２．Itokawa saw acrobatic flying by a Japanese pilot when he was four.

３．Itokawa learned about Edison from a book that his father bought.

４．The news of transatlantic flight by Charles Lindbergh made Itokawa happy.

５．Itokawa made a fighter plane called the Hayabusa when he was a university student.

６．After the war, Itokawa was sad because he wasn't able to study airplanes.

７．Itokawa was tired from making an EEG measuring device and got sick.

８．Itokawa went to the U.S. to read a book about space medicine.

９．Itokawa returned to Japan and told about making a rocket to many researchers.

１０．The research team could not succeed in launching a pencil rocket.

１１．Itokawa's dream of launching a satellite came true in 1970.

１２．Itokawa did not see the launch of a satellite, Osumi, in his own eyes.

１３．Itokawa made a violin by himself and had a concert when he was 86.

１４．An asteroid explorer, Hayabusa, was named after a fighter plane that Itokawa made.

V 次の英文を読み，後の問いに答えなさい。

In January 2022, there was a big *eruption in Tonga. However, people in other countries weren't able to quickly find out what was happening in the country. Usually, you can get news about other countries on the Internet, so you may not be able to understand the reason. Let's think about it.

Did you ever talk on a *string telephone when you were little? [A] [B] [C] [D] Your voice is turned into electricity and travels through those cables. They work in the same way as the string in string telephones.

Then, what about *international calls? How can we talk to someone in another country? The "strings" of international calls are at the bottom of the sea. They are called *submarine cables, and they connect countries to countries. The history of submarine cables is long. In 1851, the first submarine cable was *laid between the UK and France. It was the Edo period in Japan in 1851, and the country was closed to the outside world at that time. Maybe Japanese people in those days couldn't even imagine that cables at the bottom of the sea connected countries to countries. In 1871, submarine cables were laid between Japan and China and between Japan and Russia. Now 99 percent of information in Japan passes through submarine cables.

① Submarine cables can't usually be seen because they are under the sea. So, some people don't know about them at all. But thanks to those cables, we can use the Internet every day.

In Tonga, a submarine cable was cut because of the eruption, and information from Tonga couldn't reach other countries. It was a big problem for people in Tonga. ② Japanese people shouldn't think that this accident *has nothing to do with them. Japan may have the same problem because it is also an island country and often has eruptions like Tonga.

【注】 eruption：噴火　string telephone：糸電話　international call：国際通話
submarine cable：海底ケーブル　laid：lay(敷く)の過去分詞
have nothing to do with 〜：〜とまったく関係がない

問1 本文の[A]〜[D]には，1文ずつ英文が入ります。全体の意味が通る文章にするのに最も適当なものを，次の**ア**〜**エ**からそれぞれ1つずつ選んで，記号で答えなさい。

ア Voice *travels through the string.
イ If you look up when you are walking on the street, you can see many *electric cables.
ウ It is made from two cups and a string, and the string connects one cup to the other.
エ Then, why can we talk with our friends in Japan on the phone?
【注】 travel：伝わる　electric cable：電線

問2 下線部①を日本語に直しなさい。

問3　下線部②の理由として最も適当なものを，次のア～エから１つ選んで，記号で答えなさい。

ア　トンガにある海底ケーブルを敷設したのは日本の会社だから。
イ　トンガにある海底ケーブルが切れると，日本でもインターネットが使えなくなるから。
ウ　トンガの情報が届かないことは世界の国々にとって大きな問題だから。
エ　トンガと日本はどちらも噴火が多い島国で，日本でも同じ事故が起こる可能性があるから。

問4　次の１と２の質問の答えになるように，英語で正しく答えなさい。

１．When was the first submarine cable in the world laid?
It was laid in (　　　　　).

２．Where were the submarine cables in Japan connected in 1871?
They were connected Japan to (　　　　　) and (　　　　　).

問5　この英文は，何についての話ですか。最も適当なものを，次のア～エから１つ選んで，記号で答えなさい。

ア　The man who made submarine cables for the first time.
イ　The ways to help people in Tonga.
ウ　The history and importance of submarine cables.
エ　Friendship between Japan and Tonga.

Ⅵ 次の各日本文の意味を表すように〔　　　〕内の語句を並べかえるとき，（ ① ）～（ ⑧ ）に入る語句を，それぞれ記号で答えなさい。

1．あなたは来年ロンドンを訪れるそうですね。

I (　　) (①) (　　) (②) (　　) London next year.

〔ア will　　イ that　　ウ you　　エ hear　　オ visit〕

2．どのような靴をお探しですか。

What (　　) (　　) (③) (　　) (　　) (　　) (④)?

〔ア are　　イ for　　ウ of　　エ kind　　オ looking
カ you　　キ shoes〕

3．私はあなたに同じ失敗をしてほしくありません。

I (　　) (　　) (⑤) (　　) (　　) (　　) (⑥) mistake.

〔ア you　　イ make　　ウ want　　エ the　　オ don't
カ to　　キ same〕

4．食事を作る前に，どれだけの人がパーティーに参加するか考えておかなければなりません。

You (　　) (　　) (　　) (　　) (⑦) (　　) (　　) (　　) (⑧) cooking meals.

〔ア how many　　イ think about　　ウ have　　エ people　　オ join
カ to　　キ before　　ク the party　　ケ will〕

Ⅶ 次の１～１２の英文の中から，**文法的に誤りのないもの**を５つ選んで，番号で答えなさい。

１．Food delivery services are becoming popular and popular.

２．This is my first visit to New York.

３．There is my favorite picture on the wall.

４．This book was written by easy English.

５．Ayumi wants that she can eat at an expensive French restaurant.

６．Ted is going to stay in Japan until the end of next month.

７．This box is too heavy for me to carry it.

８．I don't know when my dream will come true.

９．Most of the boys in my class like baseball.

１０．Tom doesn't never eat *natto*.

１１．Hiroshi stopped playing a video game when his mother came home.

１２．I don't like this blue T-shirt, so please show me the another one.

Ⅷ 次の各組の英文がほぼ同じ意味になるように，(①) ～ (⑩) に入る最も適当な英語１語を，それぞれ答えなさい。

1．My father can play tennis well.
My father is a (①) tennis (②).

2．When was your school built?
(③) (④) is your school?

3．My favorite season is winter.
I like winter the (⑤) of all the (⑥).

4．Ryota started to live in the U.S. three years ago, and he lives there now.
Ryota (⑦) (⑧) in the U.S. for three years.

5．Kana wants to know how to learn English easily.
Kana wants to know an (⑨) way of (⑩) English.

2023年度

上 宮 高 等 学 校

入 学 考 査 問 題

理　科

（50分）

（注意）　①　解答はすべて解答用紙に記入しなさい。

②　計算問題で特に指定がなく，割り切れない場合は，小数第２位を四捨五入して，小数第１位まで答えなさい。

受験番号	名前

I　以下の各問いに答えなさい。

問1　次の文中の（　①　）と（　②　）に当てはまる組み合わせとして正しいものはどれですか。下の表の**ア～エ**から1つ選んで，記号で答えなさい。

> 血液中の成分**A**は（　①　）で二酸化酸素を運ぶはたらきがあり，
> 血液中の成分**B**は白血球で（　②　）はたらきがある。

	ア	イ	ウ	エ
①	血しょう	血しょう	組織液	組織液
②	出血したときに血液を固める	体内に入ってきた細菌などを分解する	出血したときに血液を固める	体内に入ってきた細菌などを分解する

問2　図1は中生代中期の地層から発見されたシソチョウ（始祖鳥）の復元図です。シソチョウは現在のハチュウ類と鳥類の中間の生物と考えられています。この復元図からシソチョウには，

A：①の部分に爪がある　　**B**：②の部分に歯がある　　**C**：③の部分に羽毛がある

という特徴があることがわかります。この特徴**A～C**を現在のハチュウ類と鳥類の特徴に分けたものとして正しいものはどれですか。次の**ア～オ**から1つ選んで，記号で答えなさい。

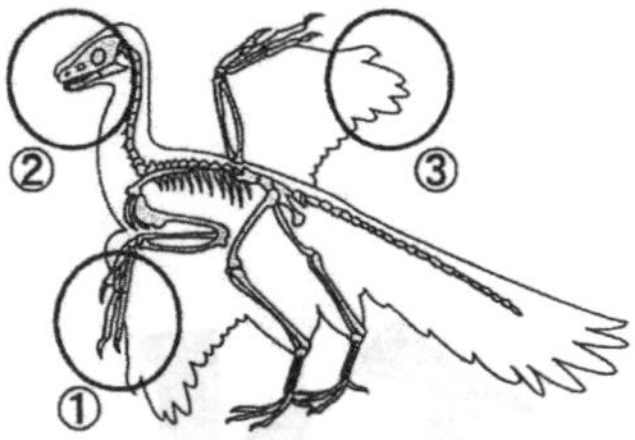

図1

	ハチュウ類の特徴	鳥類の特徴
ア	A	BとC
イ	AとB	AとC
ウ	AとB	BとC
エ	AとB	C
オ	AとC	B

問3　前線のでき方を調べるために，図2のようにドライアイスで冷やした空気とあたたかい空気を分けている仕切り板を持ち上げ，前線のモデルをつくりました。このモデルで表される前線の名前として正しいものはどれですか。次の**ア～オ**から1つ選んで，記号で答えなさい。

ア　温暖前線　　**イ**　寒冷前線　　**ウ**　梅雨前線
エ　閉そく前線　　**オ**　停滞前線

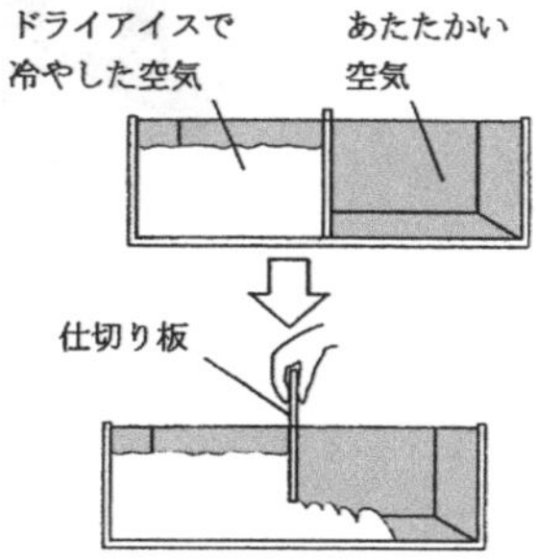

図2

問4　次の**ア～エ**の文は，**図3**のような双眼実体顕微鏡の使い方を説明したものです。**3番目**の操作として正しいものはどれですか。次の**ア～エ**から1つ選んで，記号で答えなさい。

ア　両目の間隔に合うように鏡筒を調節し，左右の視野が重なって1つに見えるようにする。
イ　右目だけでのぞきながら，微動ねじでピントを合わせる。
ウ　粗動ねじをゆるめ，鏡筒を上下させて両目でおおよそのピントを合わせる。
エ　左目だけでのぞきながら，視度調節リングを左右に回してピントを合わせる。

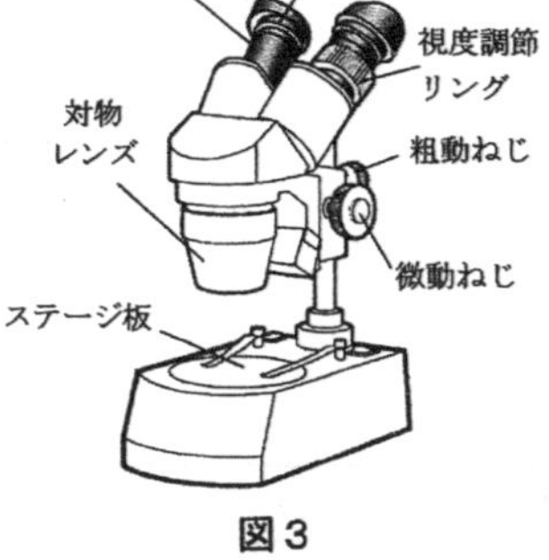

図3

問５　図４は，硝酸カリウム，塩化ナトリウム，ミョウバンにおける水溶液の温度と，100 g の水に溶ける物質の最大の質量の関係を表したグラフです。３つのビーカーにそれぞれ 60 ℃の水を 100 g ずつ入れ，硝酸カリウム，塩化ナトリウム，ミョウバンを 30 g ずつ溶かしました。これらを 30 ℃まで冷やしたとき出てきた固体として正しいものはどれですか。次の**ア**～**カ**から１つ選んで，記号で答えなさい。

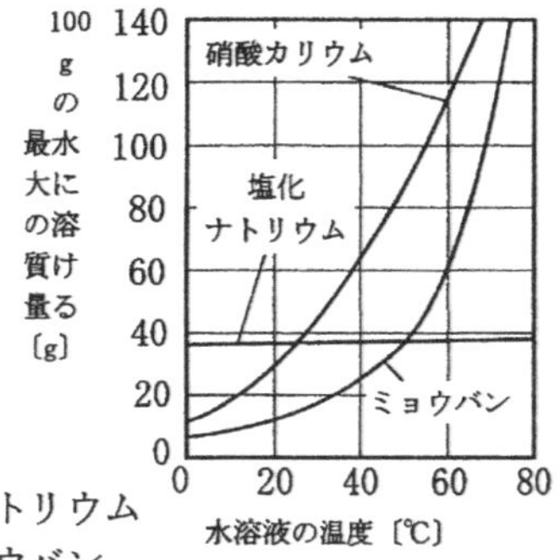

図４

ア　硝酸カリウム　　　　**イ**　塩化ナトリウム
ウ　ミョウバン　　　　　**エ**　硝酸カリウムと塩化ナトリウム
オ　硝酸カリウムとミョウバン　　**カ**　塩化ナトリウムとミョウバン

問６　図５のガスバーナーの点火の手順について，次の①～⑤を正しい順に並びかえたものはどれですか。下の**ア**～**カ**から１つ選んで，記号で答えなさい。

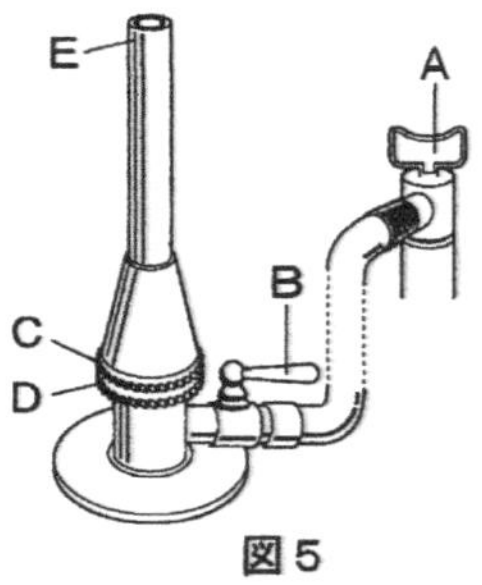

図５

①　Aをまわして開ける。
②　Eにななめ下から火を近づけ，Dをゆるめてガスに火をつける。
③　Dをおさえながら，Cをまわして青い炎にする。
④　C，Dが閉まっていることを確認する。
⑤　Bをまわして開けて，マッチに火をつける。

ア　①→④→②→⑤→③　　**イ**　④→①→②→⑤→③　　**ウ**　①→④→⑤→③→②
エ　④→①→⑤→③→②　　**オ**　①→④→⑤→②→③　　**カ**　④→①→⑤→②→③

問７　図６のように，垂直な壁に固定されている表面が平らな鏡があります。鏡の正面の位置Aにまっすぐに立ち，自分の姿を鏡にうつしたところ，鏡にうつっていた範囲はひざから上だけでした。次に，位置Aから同じ鏡の正面の位置Bまで近づき，まっすぐに立ったとき，鏡にうつって見える範囲は位置Aに立ったときと比べてどうなりますか。次の**ア**～**オ**から１つ選んで，記号で答えなさい。

ア　見える範囲は広くなり，ひざの下まで見える。
イ　見える範囲は広くなり，ひざが見えなくなる。
ウ　見える範囲は狭くなり，ひざの下まで見える。
エ　見える範囲は狭くなり，ひざが見えなくなる。
オ　見える範囲は変わらず，ひざまで見える。

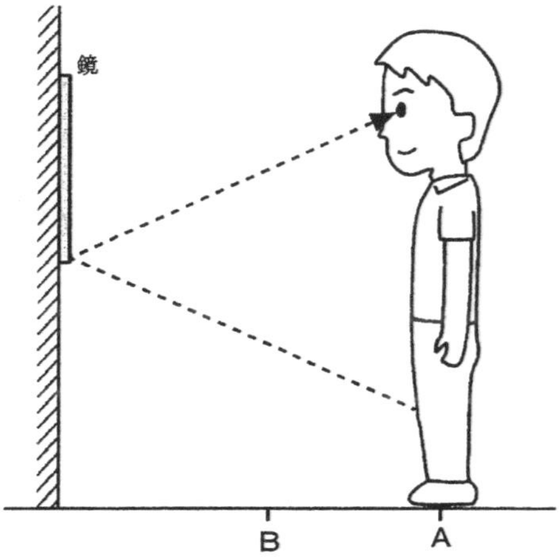

図６

問８　上宮太郎さんは，家から駅まで往復するのに，行きは 4.0 km/時で歩き，帰りは時速 6.0 km/時の早歩きで帰りました。往復の平均の速さは何 km/時ですか。次の**ア**～**オ**から１つ選んで，記号で答えなさい。

ア　4.6 km/時　　**イ**　4.8 km/時　　**ウ**　5.0 km/時
エ　5.2 km/時　　**オ**　5.4 km/時

II 次の【実験１】，【実験２】について，以下の各問いに答えなさい。

【実験１】図１のように，うすい塩酸を入れたビーカーに亜鉛板と銅板を入れ，プロペラつきのモーターを導線でつないだところ，モーターが作動しプロペラがまわりました。また，図１の装置で金属板の組み合わせや水溶液を，表の①～⑤のように変えて，モーターが作動するかを調べました。

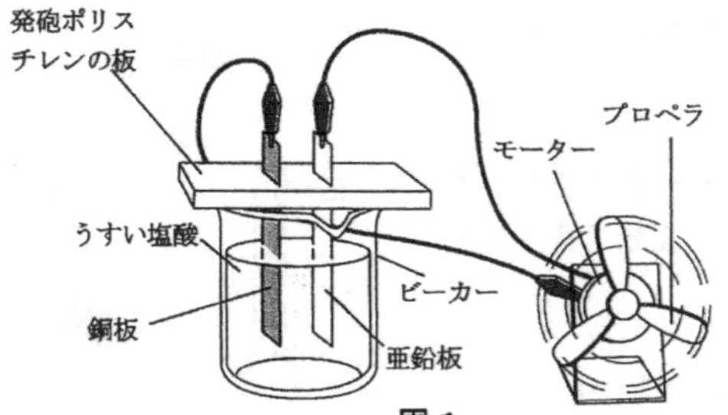

図１

表

	金属板の組み合わせ	水溶液
①	亜鉛板と亜鉛板	うすい塩酸
②	銅板とマグネシウム板	うすい塩酸
③	亜鉛板と銅板	砂糖水
④	亜鉛板と銅板	食塩水
⑤	亜鉛板と銅板	エタノール水溶液

問１　【実験１】の下線部について，亜鉛板と銅板に見られる変化について述べたものとして正しいものはどれですか。次のア～エから１つ選んで，記号で答えなさい。

ア　銅板は溶けず，亜鉛板は水溶液中に溶けだした。
イ　銅板は溶けず，亜鉛板も溶けなかった。
ウ　銅板も亜鉛板も水溶液中に溶けだした。
エ　銅板は水溶液中に溶けだし，亜鉛板は溶けなかった。

問２　【実験１】について，モーターが作動しているとき，銅板の表面から気体が発生していました。この気体の性質として正しいものはどれですか。次のア～エから１つ選んで，記号で答えなさい。

ア　水によく溶けて，その水溶液は酸性を示す。
イ　空気中に体積の割合で，約 80%含まれている。
ウ　石灰石や貝がらに塩酸を加えると発生する。
エ　熱した酸化銅を還元することができる。

問３　【実験１】の表の①～⑤で，電池として使用できる電極と水溶液の組み合わせとして正しいものはどれですか。次のア～コから１つ選んで，記号で答えなさい。

ア　①と②　　イ　②と③　　ウ　②と④　　エ　②と⑤
オ　③と④　　カ　③と⑤　　キ　①と②と⑤　　ク　②と③と④
ケ　②と③と⑤　　コ　②と④と⑤

問４　【実験１】で，モーターが作動し一定の向きにまわっている間，ビーカー内のうすい塩酸の中で増加しているイオンをイオン式で答えなさい。ただし，イオン式は【例】にならって答えなさい。

【例】 Na^{+}

問５　【実験１】で使用したうすい塩酸は６％の塩酸でした。６％の塩酸は，40％の塩酸に水を加えて作ったものです。６％の塩酸 100 g をつくるとき，必要な 40％の塩酸の質量は何 g ですか。

【実験２】レモンや木炭という身近な材料を使って電池をつくりました。図２のように，亜鉛板と銅板が接触しないようにしてレモンにさしこみ，プロペラつきモーターにつないだところ，モーターが作動しプロペラがまわりました。また，図３のように，食塩水をしみこませたキッチンペーパーを木炭に巻きつけ，その上からアルミニウムはくを巻きました。プロペラつきモーターの導線をアルミニウムはくと木炭につないだところ，モーターが作動しプロペラがまわりました。

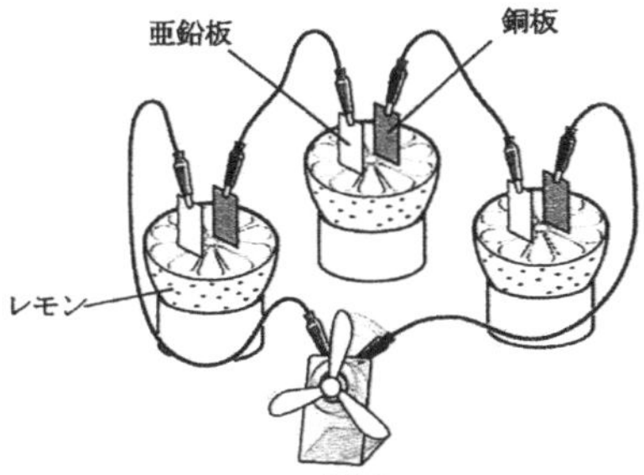

図２

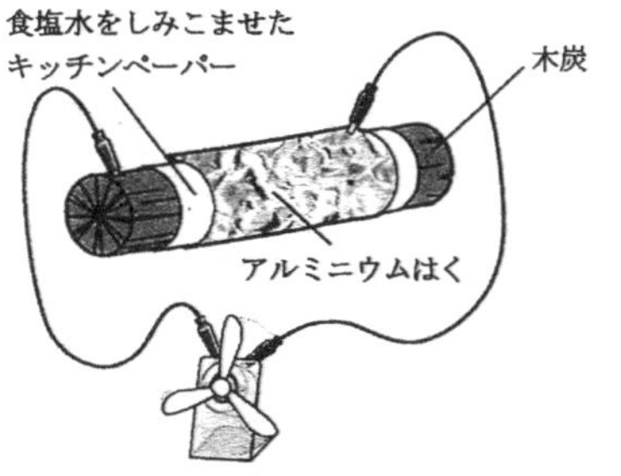

図３

問６　図２のレモン電池で，レモンにさしこむ２枚の金属の位置はそのままにして，３個のレモンすべてについて銅板と亜鉛板を入れかえました。このとき，モーターについたプロペラはどのようになりますか。次のア～キから１つ選んで，記号で答えなさい。

ア　入れかえた後の方が，入れかえる前よりも勢いよく同じ向きにまわる。
イ　入れかえた後の方が，入れかえる前よりも勢いよく逆向きにまわる。
ウ　入れかえた後の方が，入れかえる前よりもゆっくりと同じ向きにまわる。
エ　入れかえた後の方が，入れかえる前よりもゆっくりと逆向きにまわる。
オ　入れかえた後も，入れかえる前と同じ勢いで同じ向きにまわる。
カ　入れかえた後も，入れかえる前と同じ勢いで逆向きにまわる。
キ　入れかえた後はまわらない。

問７　図３の木炭電池について説明した次の文章中の（　①　）～（　③　）に当てはまる組み合わせとして正しいものはどれですか。下の表のア～カから１つ選んで，記号で答えなさい。

図３の木炭電池では，アルミニウムはくのアルミニウム原子が１個あたり（　①　）個の電子を離して Al^{3+} になり，この電子が木炭の表面で反応していると考えられます。このとき，アルミニウムはくは電池の（　②　）極になり，木炭は電池の（　③　）極になっています。

	ア	イ	ウ	エ	オ	カ
①	1	1	2	2	3	3
②	＋《プラス》	−《マイナス》	＋	−	＋	−
③	−	＋	−	＋	−	＋

III　地震について，以下の各問いに答えなさい。

各地点に設けられた地震計の情報をもとに，最大震度が５弱以上と予想される地域に緊急地震速報が出されます。Ｓ波による大きなゆれが起こる前に，緊急地震速報を受信することができれば，地震による被害を小さくするための対応を事前に取ることができます。**図１**は，地震が発生した直後に発表される緊急地震速報の仕組みを表したものです。

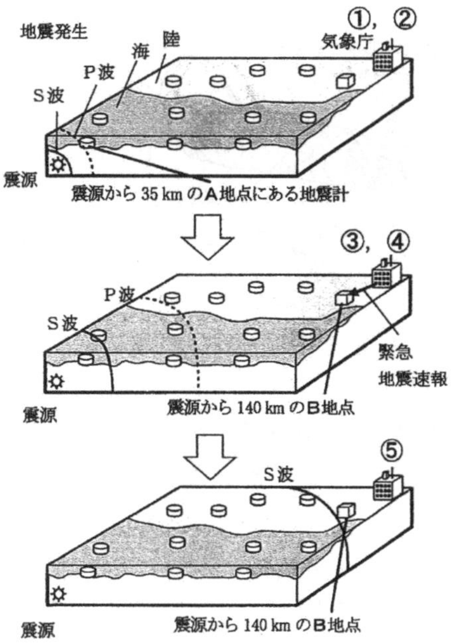

図１

【緊急地震速報のしくみ】

①　地震が発生した。

②　震源から 35 km の距離にあるＡ地点でＰ波をとらえた。

③　②と同時に，気象庁は観測データを受けとり，直ちに緊急地震速報を発表した。

④　震源から 140 km の距離にあるＢ地点では，②の７秒後に緊急地震速報を受信した。

⑤　Ｂ地点にＳ波が到着した。

図２は，このとき発生した地震について，震源からの距離とＰ波，Ｓ波が届くまでの時間の関係を調べ，グラフに表したものです。なお，地震波が伝わる震源からＢ地点までの地中のようすは変わらないものとします。

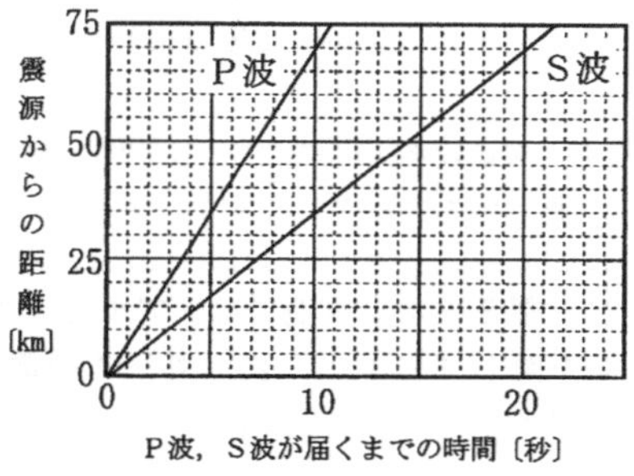

図２

問１　**図２**で記録された地震において，震源から 35 km の距離にあるＡ地点での初期微動継続時間は何秒ですか。

問2　図3は地震計のしくみを模式的に表したものです。
地震計が地震のゆれを記録するしくみの説明として正しいものはどれですか。次の**ア**〜**エ**から１つ選んで，記号で答えなさい。

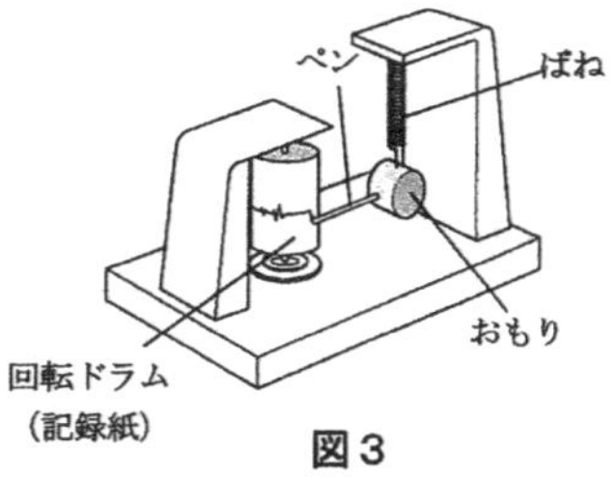

図３

ア　地面がゆれたとき，おもりはほとんど動かないが，記録紙は地面のゆれと反対の方向に動く。
イ　地面がゆれたとき，おもりはほとんど動かないが，記録紙は地面のゆれと同じ方向に動く。
ウ　地面がゆれたとき，記録紙はほとんど動かないが，おもりは地面のゆれと反対の方向に動く。
エ　地面がゆれたとき，記録紙はほとんど動かないが，おもりは地面のゆれと同じ方向に動く。

問3　この地震において，**A**地点にＰ波が到着した７秒後に，**B**地点で緊急地震速報を受信しました。**B**地点で大きなゆれを感じたのは緊急地震速報を受信してから何秒後であったと考えられますか。

問4　図１や図２で記録された地震と同じ震源で，この地震よりもマグニチュードの大きな地震が起こったとすると，**A**地点や**B**地点で観測される結果として正しいものはどれですか。次の**ア**〜**エ**から１つ選んで，記号で答えなさい。

ア　Ｐ波とＳ波の伝わる速さは速くなり，初期微動継続時間は短くなる。
イ　Ｐ波の伝わる速さは速くなり，初期微動継続時間は長くなる。
ウ　Ｐ波とＳ波の伝わる速さには変化はなく，初期微動継続時間も変わらない。
エ　初期微動の振幅は小さくなり，主要動の振幅は大きくなる。

問5　地震が起こる原因の一つとしてプレートの動きがあります。
図４は，日本列島付近の４つのプレートを表しています。
フィリピン海プレートと太平洋プレートの動きを表した①〜④の矢印の組み合わせとして正しいものはどれですか。次の**ア**〜**エ**から１つ選んで，記号で答えなさい。

ア　①と③　　**イ**　①と④　　**ウ**　②と③　　**エ**　②と④

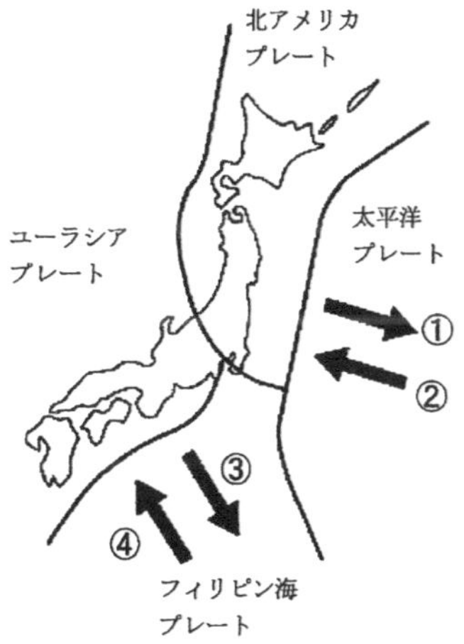

図４

問6　次の文章中の（　①　）と（　②　）に当てはまる語を，それぞれ**漢字**で答えなさい。

海底で地震が発生すると，海底が隆起したり（　①　）したりすることで（　②　）が発生する。この（　②　）によって，海岸地域に大きな被害をもたらすことがある。

Ⅳ　動物の生殖や種類について，以下の各問いに答えなさい。

問１　**図１**のように，動物はからだのつくりや生活のしかたのちがいによって，６つのなかまに分けられます。次の①，②について答えなさい。

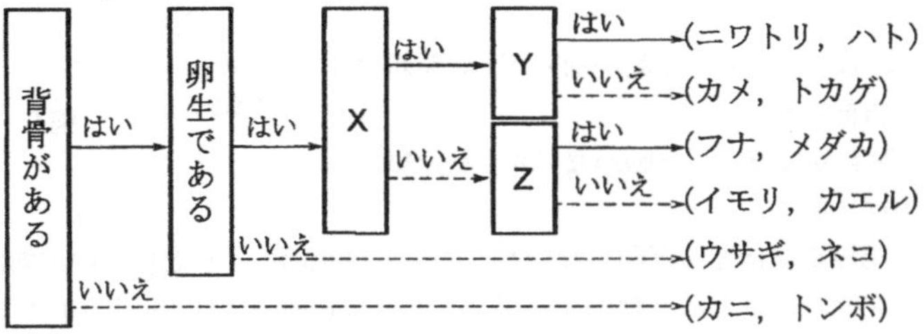

図１

①　イモリやカエルのなかまとして正しいものはどれですか。次の**ア**～**オ**から１つ選んで，記号で答えなさい。

ア　魚類　　**イ**　鳥類　　**ウ**　は虫類　　**エ**　哺乳類　　**オ**　両生類

②　**図１**のなかま分けで，空欄**X**～**Z**に入る特徴の組み合わせとして正しいものはどれですか。次の**ア**～**カ**から１つ選んで，記号で答えなさい。

	X	Y	Z
ア	卵に殻がある	一生えらで呼吸する	体表が羽毛でおおわれている
イ	卵に殻がある	体表が羽毛でおおわれている	一生えらで呼吸する
ウ	一生えらで呼吸する	卵に殻がある	体表が羽毛でおおわれている
エ	一生えらで呼吸する	体表が羽毛でおおわれている	卵に殻がある
オ	体表が羽毛でおおわれている	卵に殻がある	一生えらで呼吸する
カ	体表が羽毛でおおわれている	一生えらで呼吸する	卵に殻がある

問２　**図２**は気温と動物の体温との関係を模式的に表したグラフです。次の①，②について答えなさい。

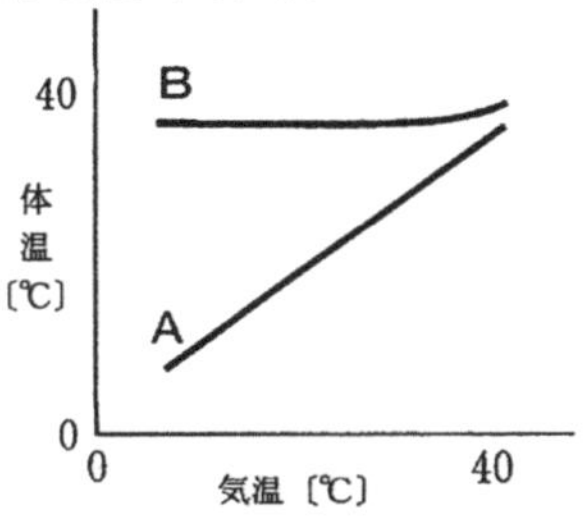

図２

①　気温と動物の体温との関係が**図２**の**A**のようになる動物を何動物といいますか。**漢字**で答えなさい。

②　気温と動物の体温との関係が**図２**の**B**のようになる動物はどれですか。次の**ア**～**オ**から**すべて**選んで，記号で答えなさい。

ア　魚類　　**イ**　鳥類　　**ウ**　は虫類　　**エ**　哺乳類　　**オ**　両生類

問3　**図3**はヒキガエルの生殖と発生のようすを模式的に表したものです。**A**は精子，**B**は卵，**C**は受精卵で，**D**～**F**は受精卵が細胞分裂を繰り返していくようすを表しています。**図3**について次の①～③について答えなさい。

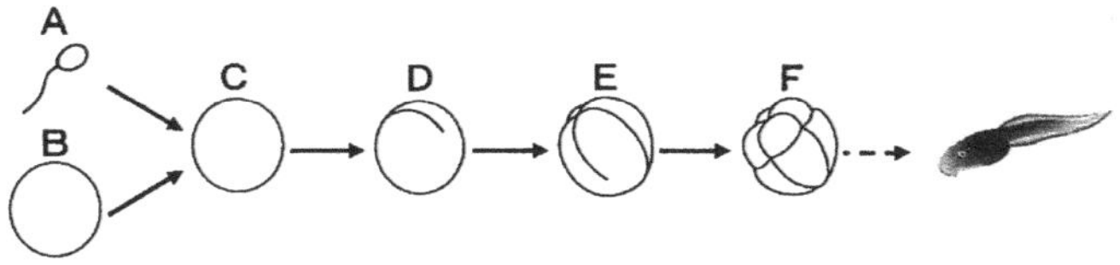

D：細胞が2個になったときの胚
E：細胞が4個になったときの胚
F：細胞が8個になったときの胚

図3

① **B**の大きさとして最も近いものはどれですか。次の**ア**～**エ**から1つ選んで，記号で答えなさい。

ア　0.02mm　　**イ**　0.2mm　　**ウ**　2mm　　**エ**　20mm

② **C**が細胞分裂を繰り返して体ができていく過程を何といいますか。**漢字**で答えなさい。

③ **A**～**F**のそれぞれ1つの細胞に含まれる染色体の数の説明として正しいものはどれですか。次の**ア**～**カ**から**すべて**選んで，記号で答えなさい。

ア　**B**の染色体の数は，**A**の染色体の数と同じである。
イ　**C**の染色体の数は，**B**の染色体の数と同じである。
ウ　**D**の染色体の数は，**B**の染色体の数の半分である。
エ　**E**の染色体の数は，**C**の染色体の数の半分である。
オ　**E**の染色体の数は，**A**の染色体の数の2倍である。
カ　**F**の染色体の数は，**E**の染色体の数の2倍である。

V　電気回路に関する次の実験について，以下の各問いに答えなさい。

抵抗値の異なる５つの電熱線Ｒａ，Ｒｂ，Ｒｃ，Ｒｄ，Ｒｅを用いて，それぞれの抵抗値を調べる**【実験１】**～**【実験４】**を行いました。ただし，その抵抗値は，1.0Ω，2.0Ω，3.0Ω，4.0Ω，5.0Ωのいずれかとします。

【実験１】　図１のように電熱線Ｒａを接続すると，電圧計V_1は3.0V，電流計A_1は1.0Aの値を示しました。

【実験２】　図２のように電熱線Ｒｂ，Ｒｃを接続すると，電流計A_2，電圧計V_2は図３のとおりになりました。また，電圧計V_2とV_3ではV_2の方が大きな値を示しました。

【実験３】　図４のように，**【実験２】**の電熱線Ｒｂ，Ｒｃを電熱線Ｒｄ，Ｒｅに付け替えても，電流計A_3の値は**【実験２】**と同じ値でした。

【実験４】　図５のようにＲｄとＲｅを接続し電圧を加えると，電流計A_4に流れる電流の値は，電流計A_5に流れる電流の値の２倍を示しました。

図１

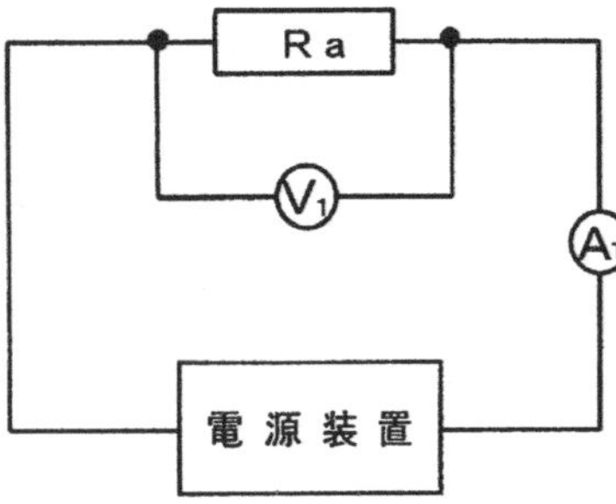

図２

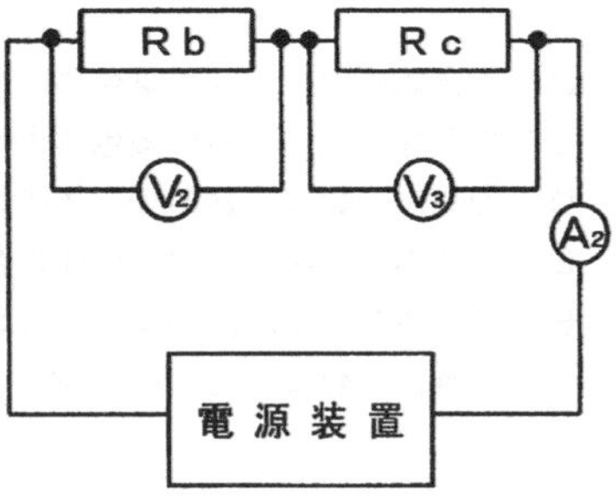

図３

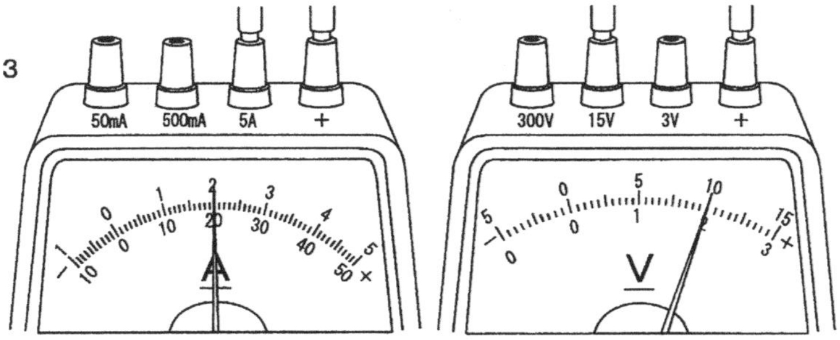

図４

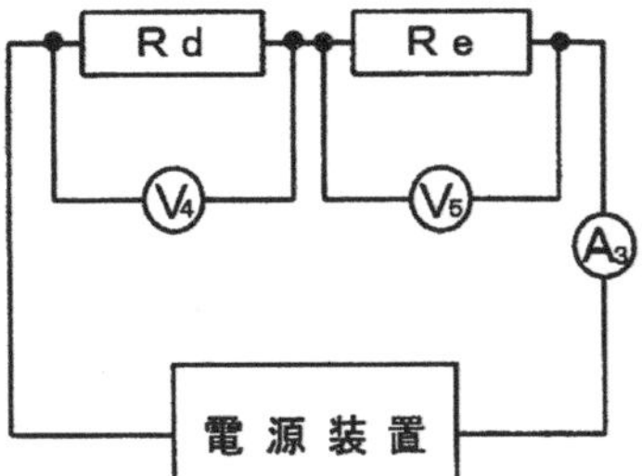

図５

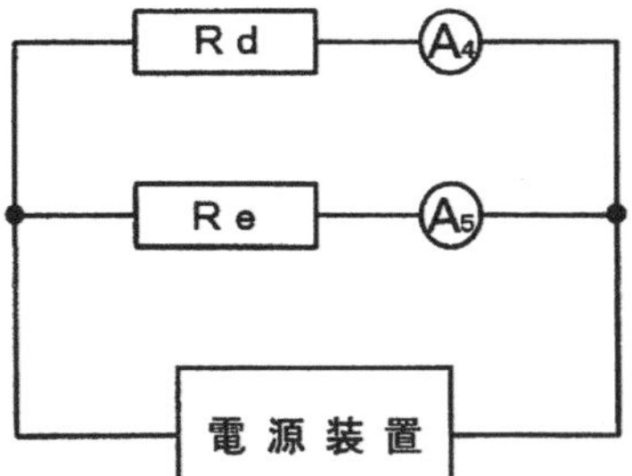

問１　【実験１】での電熱線Ｒａの抵抗は何Ωですか。

問２　【実験１】での電熱線Ｒａでの消費電力は何Ｗですか。

問３　【実験２】の回路に流れる電流を変化させ，縦軸に電流Ｉ，横軸に電圧Ｖをグラフで表すときの概形として正しいものはどれですか。次のア～エから１つ選んで，記号で答えなさい。

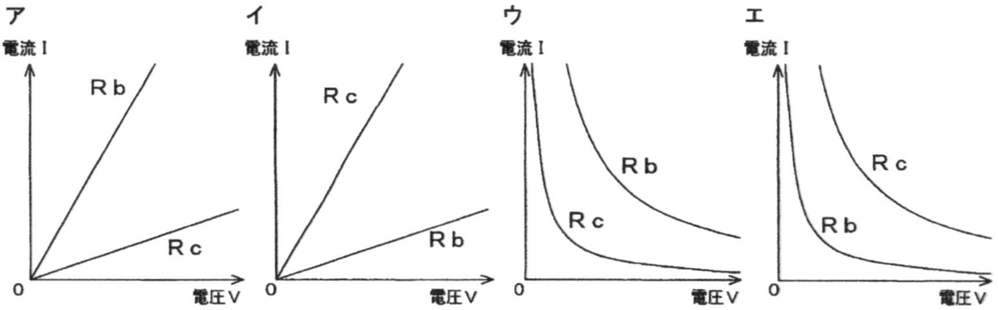

問４　【実験２】の結果より，電熱線Ｒｂの抵抗値は何Ωですか。

問５　【実験３】の結果より，電熱線Ｒｃの抵抗値は何Ωですか。

問６　【実験４】の結果より，電熱線Ｒｄの抵抗値は何Ωですか。

問７　【実験４】の電熱線Ｒｅを 200g の水に入れ，電圧 6.0V の電池につないで７分間電流を流すと，水の温度は何度上昇しますか。ただし，水 1g を 1℃上げるのに必要な熱量は 4.2J とし，電熱線から発熱した熱はすべて水の温度上昇に使われたものとします。

2023年度

上宮高等学校

入学考査問題

社会

（50分）

（注意）　解答はすべて解答用紙に記入しなさい。

受験番号				名前	

I　次の文章は、2022 年 1 月の「農林水産輸出『1 兆円』達成の次は」と題された新聞記事からの引用です。この文章を読んで、後の問いに答えなさい。

農林水産物の昨年の①輸出額が、政府が目標に掲げる 1 兆円を初めて超えた。

農林水産省によると、昨年 1～11 月の輸出額は前年同期比 26.8%増の 1 兆 779 億円。②ホタテ貝（前年同期比 103.2%増)、日本酒（73.5%増)、イチゴ（73.2%増）などが大きく増えた。日米貿易協定で③アメリカ向けの低④関税枠が広がった⑤牛肉も 87.7%伸びた。コロナ禍の巣ごもり消費に対応するため、⑥ネット販売を強化したことなどが功を奏したという。

日本では今後、⑦人口減少が避けられない。政府は輸出拡大を、国内の⑧農林水産業の基盤を維持する有力な選択肢と位置づけて支援を続けてきた。

「輸出 1 兆円」は、最初に政府が目標を掲げた 2006 年当時は 2013 年に達成するはずだった。予定より 8 年遅れたとはいえ、⑨食料自給率など農林水産省の掲げる目標の多くが未達であることを考えれば、達成できたことは一定の評価ができよう。

政府は輸出を今後も拡大し、2025 年に 2 兆円、2030 年に 5 兆円をめざす。1 兆円を超えても、国内生産額に占める割合はまだ 2%にとどまる。アメリカ（12%)、⑩イギリス（18%）などほかの主要国を下回っており、輸出の拡大余地はまだ大きいというのが農林水産省の見解だ。

ただ、世界の⑪日本食ブームを追い風に拡大してきた輸出の伸びは、2019 年以降鈍化していた。原因として指摘されるのは、主な販売先だった海外の富裕層で日本産の需要が飽和状態に達しつつあることだ。中間層にも販売を広げることが、次の目標達成には欠かせない。

日本の農業生産者は、（　⑫　）政策で政府が生産量を調整してきたコメを中心に、品質のよい商品を高価格で販売しようとする傾向が強い。輸出をさらに拡大するには、生産者が自ら⑬市場のニーズを見極め、何をどれだけのコストで生産するかを決めることが求められる。

重要なのは、輸出で生産者が利益をあげられる構造をつくることだ。コメのように輸出向けの生産を助成金で優遇する政策は、生産コストを高止まりさせる結果を招きかねない。政府の支援は、品種改良や物流の効率化、加工施設の整備など、中長期的な競争力強化につながる政策に絞るべきだ。

⑭中国や韓国、台湾[注)]など主要輸出先の多くが⑮福島第一原子力発電所事故後に導入した日本産の輸入規制を続けている。政府は、⑯環太平洋経済連携協定（ＴＰＰ）の新規加盟協議などを通じ、規制解除を粘り強く働きかけてほしい。福島第一原子力発電所の処理水を海洋放出するのであれば、安全性を丁寧に説明する必要がある。

注）台湾は 2022 年 2 月 21 日に規制を解除している。

問１　下線部①について、次の表は衣類、自動車、鉄鋼、半導体等電子部品の輸出額全体に占める割合の推移を示したものです。自動車にあてはまるものを、ア～エの中から１つ選んで、記号で答えなさい。

（%）

	1960 年	1980 年	2000 年	2020 年
ア	9.6	11.9	3.1	3.8
イ	5.4	0.4	0.1	0.1
ウ	1.9	17.9	13.4	14.0
エ	---	1.8	8.9	6.0

（「数字でみる日本の 100 年」「日本国勢図会 2021/22」などより作成）

問２　下線部②について、ホタテ貝は漁獲されたものだけでなく、養殖されたものも輸出されています。養殖水産物としてその他にカキ、真珠があります。それらの養殖がさかんな地域（１～６）とその地名（Ａ～Ｆ）の組合せとして正しいものを、下のア～カの中から１つ選んで、記号で答えなさい。

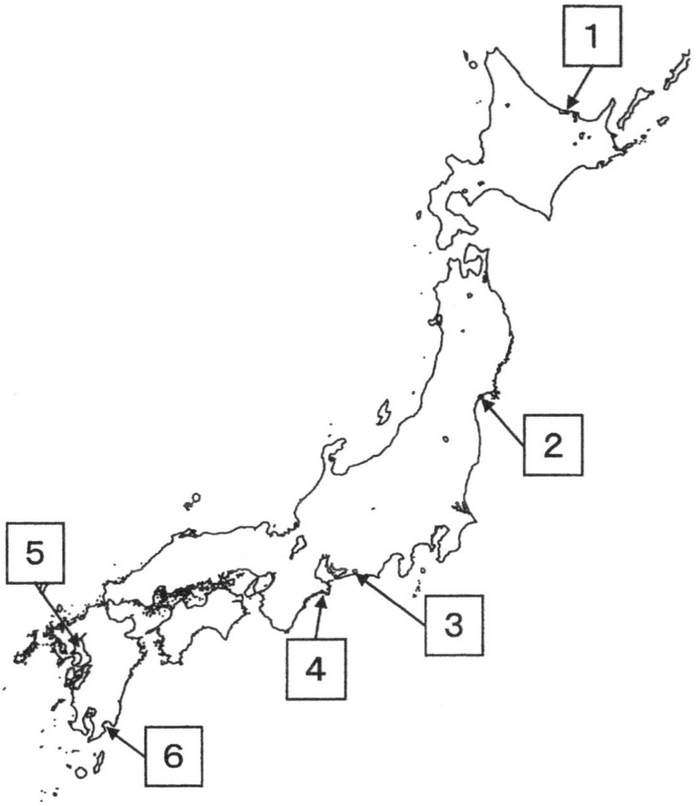

Ａ　松島湾
Ｂ　有明海
Ｃ　サロマ湖
Ｄ　英《あ》虞《ご》湾
Ｅ　志《し》布《ぶ》志《し》湾
Ｆ　浜名湖

	カキ	真珠	ホタテ貝
ア	３－Ｃ	５－Ｂ	２－Ｅ
イ	２－Ａ	４－Ｄ	１－Ｃ
ウ	３－Ｆ	６－Ｄ	１－Ａ

	カキ	真珠	ホタテ貝
エ	６－Ｂ	５－Ａ	２－Ｄ
オ	４－Ｄ	６－Ｅ	２－Ａ
カ	５－Ｅ	４－Ｆ	１－Ｂ

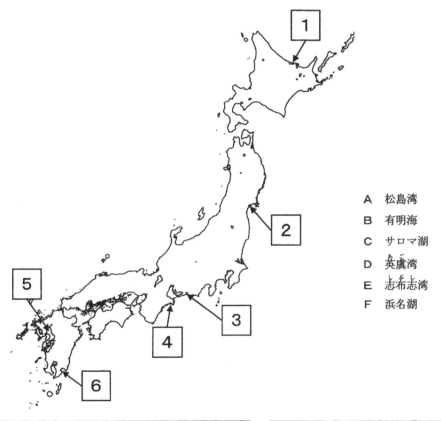

問３　下線部③について、次の（１）・（２）の各問いに答えなさい。

（１）　次の表は日本の貿易（2020 年）について、輸出と輸入の相手国上位５位の国や地域を示したものです。アメリカにあてはまるものを、**ア**～**エ**の中から１つ選んで、記号で答えなさい。

	輸出	輸入
1位	ア	ア
2位	イ	イ
3位	ウ	エ
4位	（台湾）	（台湾）
5位	（香港）	ウ

（「日本国勢図会 2022/23」より作成）

（２）　1787 年に採択された合衆国憲法は、初めて三権分立を成文化した憲法といわれています。『法の精神』を著し、三権分立を説いた人物名として正しいものを、次の**ア**～**エ**の中から１つ選んで、記号で答えなさい。

ア　ルソー　　**イ**　マルクス　　**ウ**　ロック　　**エ**　モンテスキュー

問４　下線部④について、関税は国が徴収する国税の１つです。国税の種類として**あてはまらないもの**を、次の**ア**～**エ**の中から１つ選んで、記号で答えなさい。

ア　法人税　　**イ**　固定資産税　　**ウ**　相続税　　**エ**　酒税

問５　下線部⑤について、アメリカでは一度放牧した肉牛を、トウモロコシなどの濃厚飼料を与える肥育場で育て、肉質を高め、牛肉に加工して出荷しています。このような肥育場を何といいますか。**カタカナ**で答えなさい。

問６　下線部⑥について、インターネットで注文した商品は、宅配業者によって自宅に届けられます。次の表は、日本の輸送機関別の輸送量（2018 年）を示したもので、**１**・**２**は貨物輸送か旅客輸送のいずれかを、**Ａ**～**Ｄ**は船舶、鉄道、航空機、自動車のいずれかを示しています。貨物輸送と自動車の組合せとして正しいものを、**ア**～**ク**の中から１つ選んで、記号で答えなさい。

（％）

	A	B	C	D
1	55.5	39.9	4.3	0.2
2	62.8	0.2	30.4	6.6

（「日本国勢図会 2022/23」より作成）

ア　１－Ａ　　**イ**　１－Ｂ　　**ウ**　１－Ｃ　　**エ**　１－Ｄ
オ　２－Ａ　　**カ**　２－Ｂ　　**キ**　２－Ｃ　　**ク**　２－Ｄ

問７　下線部⑦について、次の（１）・（２）の各問いに答えなさい。

（１）　次のグラフはアジア、アフリカ、中央・南アメリカとカリブ海沿岸諸国、ヨーロッパの人口が 1950 年と比べてそれぞれ何倍になったかを示したものです。アジアにあてはまるものを、グラフ中の**ア**～**エ**の中から１つ選んで、記号で答えなさい。

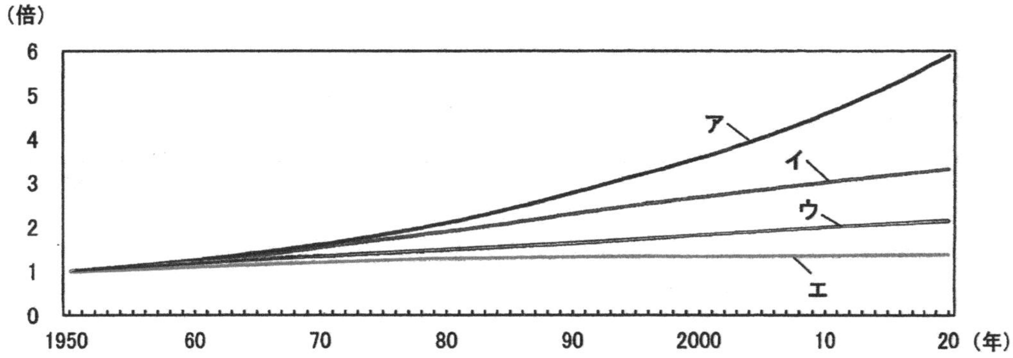

（国際連合資料より作成）

（２）　次のグラフは 1930 年、1960 年、1990 年、2020 年のいずれかの年の日本の人口ピラミッドを示しています。2020 年にあてはまるものを、**ア**～**エ**の中から１つ選んで、記号で答えなさい。

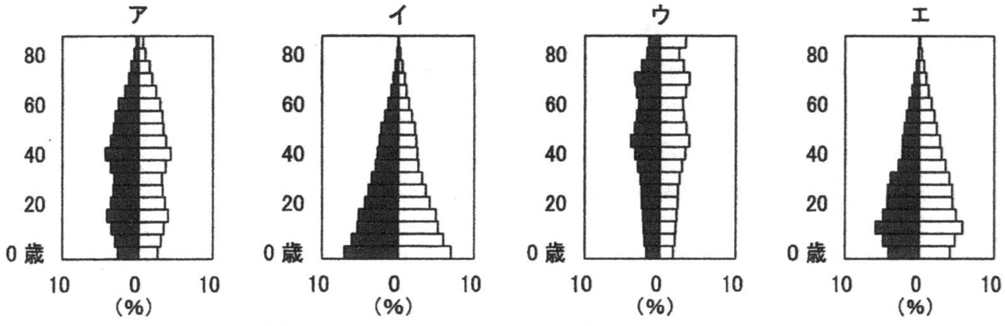

（「国勢調査」より作成）

問８　下線部⑧について、次の（１）・（２）の各問いに答えなさい。

（１）　農林水産業について述べた文として正しいものを、次の**ア**～**エ**の中から１つ選んで、記号で答えなさい。

ア　昨年１月のトンガ沖で噴火した火山による津波が日本に到達し、養殖のいけすが壊れた。

イ　昨年２月のロシアのウクライナ侵攻により、各国が日本への小麦の輸出を完全に停止した。

ウ　2022 年現在、日本は国際捕鯨委員会の取り決めに従い、商業捕鯨を一切実施していない。

エ　エルニーニョ現象による気候不順により、昨年の米の収穫量は一昨年の７割程度にとどまった。

（２）　近年、農林水産業に従事する人たちがインターネットなどを利用して、情報を発信したり自分たちがつくったものを販売したりしています。このようなインターネットなどを有効活用することで情報を伝達することに焦点を当てた情報通信技術を何といいますか。**アルファベット３字**で答えなさい。

問9　下線部⑨について、次の表は5つの国の果実類、牛乳・乳製品、小麦、肉類の食料自給率（2018年）を示したものです。牛乳・乳製品にあてはまるものを、**ア**～**エ**の中から1つ選んで、記号で答えなさい。

（%）

	オーストラリア	オランダ	カナダ	スペイン	フランス
ア	240	16	406	78	183
イ	164	253	136	152	103
ウ	102	39	25	129	65
エ	109	157	97	89	104

（農林水産省「食料需給表」より作成）

問10　下線部⑩について、イギリスの国家元首であったエリザベス2世が、2022年の9月に亡くなられました。エリザベス2世の在位年数として正しいものを、次の**ア**～**エ**の中から1つ選んで、記号で答えなさい。

ア　50年　　**イ**　60年　　**ウ**　70年　　**エ**　80年

問11　下線部⑪について、日本食に用いられる食材や調味料の歴史について述べた次の**a**・**b**の文について、その正誤の組合せとして正しいものを、下の**ア**～**エ**の中から1つ選んで、記号で答えなさい。

a　江戸時代、北海道でとれた昆布や鮭等の海産物や、にしんを加工した肥料は、北前船で太平洋を渡り大阪に運ばれていた。

b　温暖で晴天の日が続く瀬戸内地方の海岸では、江戸時代から塩田によって塩がつくられてきた。1970年代以降、塩づくりの方法は、塩田から工場での生産に変わった。

ア　**a**－正　**b**－正　　**イ**　**a**－正　**b**－誤

ウ　**a**－誤　**b**－正　　**エ**　**a**－誤　**b**－誤

問12　（　⑫　）にあてはまる語句を**漢字2字**で答えなさい。

問 13　下線部⑬について、市場価格は需要と供給の関係で成り立っています。次のグラフはある品物の 1 日の需要・供給と価格の関係を示したものです。これについて述べた文章の（　a　）・（　b　）にあてはまる語句の組合せとして正しいものを、下の**ア**～**エ**の中から 1 つ選んで、記号で答えなさい。

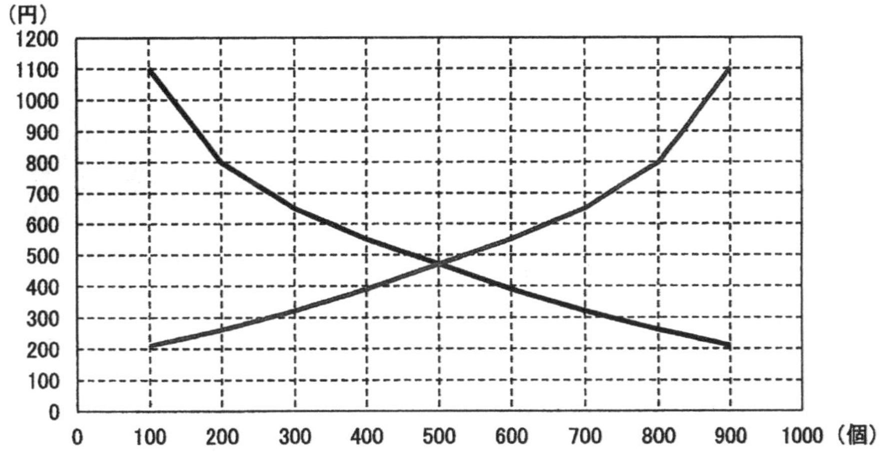

（　a　）価格が 470 円の場合、品物は 1 日に 500 個売り切れている。供給量が変わらず需要量が 800 個になった場合、（　a　）価格は（　b　）円になる。

ア　a－均衡　　b－800　　　**イ**　a－統制　　b－800

ウ　a－均衡　　b－270　　　**エ**　a－統制　　b－270

問 14　下線部⑭について、次の（1）・（2）の各問いに答えなさい。

（1）　昨年、中国の首都北京で冬季オリンピック・パラリンピックが開催されました。北京について述べた次の a・b の文について、その正誤の組合せとして正しいものを、下の**ア**～**エ**の中から 1 つ選んで、記号で答えなさい。

a　北京は冬季オリンピック・パラリンピックの開催地の中で、最も低緯度に位置する都市である。

b　北京の年間降水量は 1000 mm を超え、特に冬の降水量が多い豪雪地帯である。

ア　a－正　b－正　　　**イ**　a－正　b－誤

ウ　a－誤　b－正　　　**エ**　a－誤　b－誤

（2） 次のグラフは、韓国（2017 年)、オーストラリア（2017 年)、タイ（2010 年)、中国（2018 年）の都市の中で、人口が 1 位から 3 位までの都市が、それぞれ総人口の何%を占めているのかを示したものです。韓国にあてはまるものを、**ア**～**エ**の中から 1 つ選んで、記号で答えなさい。

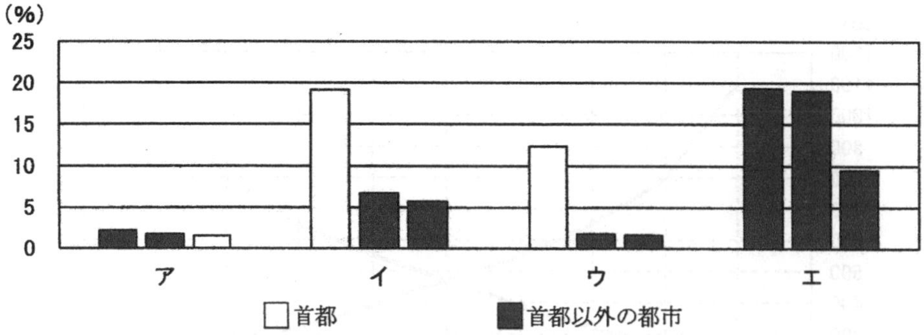

（国際連合資料、「世界国勢図会 2021/22」より作成）

問 15　下線部⑮について、右の表は日本国内で運転された原子炉 59 基の稼働・運転開始年の分布を示したものです。その中でも 1970 年代後半から 1980 年代前半の数が増えたのは、原子力発電所の建設を推進させるために法律を改正したことによるものです。そのきっかけとなった出来事として正しいものを、次の**ア**～**エ**の中から 1 つ選んで、記号で答えなさい。

ア　第四次中東戦争
イ　ソ連のアフガニスタン侵攻
ウ　湾岸戦争
エ　アメリカ同時多発テロ

稼働･運転開始年	原子炉数(基)
1970 年以前	3
1971 年～1975 年	7
1976 年～1980 年	12
1981 年～1985 年	11
1986 年～1990 年	7
1991 年～1995 年	11
1996 年～2000 年	4
2001 年～2005 年	2
2006 年～2010 年	2

（「原子力ポケットブック」より作成）

問 16　下線部⑯について、世界は貿易や投資の自由化などの経済関係で結ばれています。各国の利害対立を調整し、世界貿易を円滑に発展させるためにつくられた国際機関として正しいものを、次の**ア**～**エ**の中から 1 つ選んで、記号で答えなさい。

ア　UNESCO　　**イ**　UNCTAD　　**ウ**　IMF　　**エ**　WTO

このページは白紙です。
問題は次ページに続きます。

Ⅱ　道の歴史について述べた次のＡ～Ｉの文章を読んで、後の問いに答えなさい。

Ａ

紀元前３世紀後半に中国を統一した秦の（　①　）は国内の道路を整備するだけでなく、同じ幅の轍《わだち》を車が通れるように車幅を統一しました。その後、中国を統一した②漢の時代には西アジアや地中海を結ぶシルクロードと呼ばれる交易路が開けました。

Ｂ

③7世紀ごろから日本でも道路建設が計画され、飛鳥から各地に直線的な幅の広い道路が整備されました。幅が広い道路が整備されたのは、多数の兵を移動させたり、外国からの使者や位が高い人たちの行列を人々に見せつけたりするためだったといわれています。

Ｃ

中国から新しい制度を取り入れていく中で、「七道駅路《しちどうえきろ》」と呼ばれる道路網が整備されるようになりました。加えて駅制が整えられ、道にはおよそ16 kmごとに駅家《うまや》と呼ばれる馬小屋がおかれ、朝廷の役人たちは各地に情報を伝えるために馬に乗り換え移動していました。また、④納税や兵役、労役のため移動する農民たちもこの道を使っていました。

Ｄ

七道のうち東山道は現在の滋賀県から内陸部を通り東北地方へ行く道でした。奈良時代の天平年間に、現在の宮城県から秋田県まで道を新たにつくる工事が行われたという記録があります。平安時代の初期、坂上田村麻呂は⑤阿弖流為《アテルイ》と戦うためこの道を通り東北地方へ向かいました。

Ｅ

⑥源頼朝は東海道の要衝である鎌倉を政治の根拠地としました。⑦御家人たちが京都や鎌倉の警備に行くため、東海道や鎌倉街道が整備されました。鎌倉は三方を山で囲まれており、大軍の侵入を防ぐために切通しと呼ばれる細い道がつくられました。

Ｆ

⑧室町時代、⑨朝鮮・中国・琉球やアイヌの人々との交易が増え、商工業が発展しました。定期市の回数も増え、行商人が各地で商いをしました。⑩交通の発達に目をつけた幕府は関所を設け通行税を取りましたが、次第に守護大名や寺社も関所を設けるようになり、流通の妨げとなりました。

Ｇ

⑪江戸幕府は基幹道路として五街道を整備しました。参勤交代が制度化されるとその他の街道も人の往来がさかんになりました。道中に⑫関所を設け、通行人を取り締まりました。街道を歩く紀行文学の傑作として、⑬松尾芭蕉の『おくのほそ道』がありますが、その旅は江戸から日光街道を通り、北上していくところから始まります。

Ｈ

近代は道路よりも鉄道が重視される時代でした。物資の輸送だけではなく、兵隊の移動など国土防衛にも用いられました。⑭日清戦争後、鉄道網は急速に広がり、日露戦争後、政府は主要な幹線を国有化しました。一方、道路は長距離輸送には不向きで、整備が遅れました。

Ｉ

昭和初期、⑮ドイツのアウトバーンを参考にした高速道路建設の機運が高まりましたが、戦争で頓挫《とんざ》しました。⑯高度経済成長期、⑰自動車が普及し、道路整備に力を入れるようになりました。1963年に名神高速道路が一部開通して、次第に日本の高速道路網が広がりました。

れた

ねる

一

問十 〜 だから。

問十一

問十二

問十三

問一．１点×８
問二．１点×８
問三．１点×２
問四．１点×２
問五．３点×３
問六．２点
問七．４点
問八．２点
問九．６点
問十．４点
問十一．３点
問十二．２点
問十三．３点×２

二

1

2

3

4

5

２点×５

三

問一 ㋐ ㋑ ㋒

問二 (a) (b) (c)

問三

問四

問五

問六

問七 〜

問八

問九

問一．１点×３
問二．２点×３
問三．３点
問四．３点
問五．３点
問六．３点
問七．３点
問八．４点
問九．４点

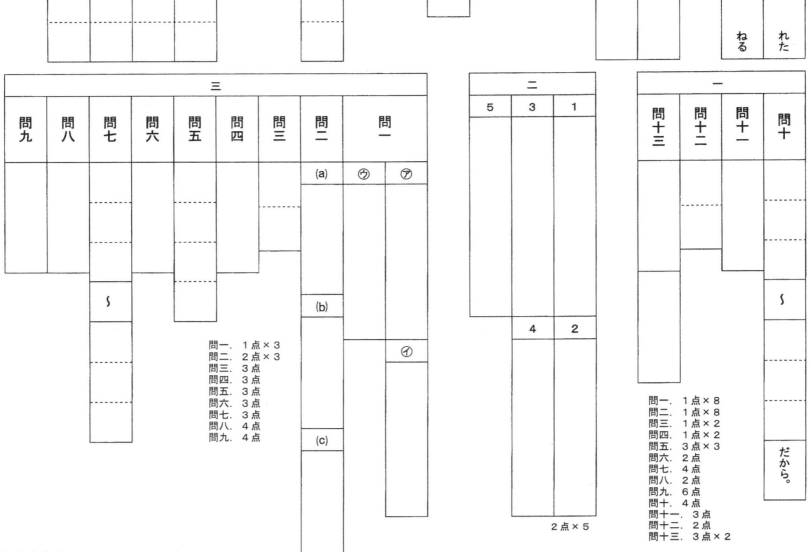

(4)	P(　　　,　　　)	(5)	Q(　　　,　　　)

Ⅲ

(1)	円	(2)	①		②	円

Ⅳ

(1)	:	(2)	$x =$	(3)	$x+y =$	(4)	cm^2

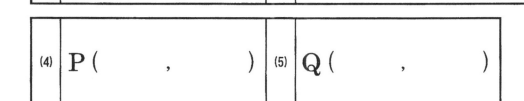

問4

1. It was laid in (　　　　).	
2. They ～ to (　　　　) and (　　　　).	

3点×2

問5

4点

Ⅵ

1	①	②	2	③	④	3	⑤	⑥
4	⑦	⑧						

完答3点×4

Ⅶ

2点×5

Ⅷ

1	①	②	2	③	④
3	⑤	⑥	4	⑦	⑧
5	⑨	⑩			

完答2点×5

Ⅲ	問5		問6	①	②	

3点×7

Ⅳ	問1	①	②	問2	① 動物	②
	問3	①	②	③		

3点×7

Ⅴ	問1	Ω	問2	W	問3		問4	Ω
	問5	Ω	問6	Ω	問7	度		

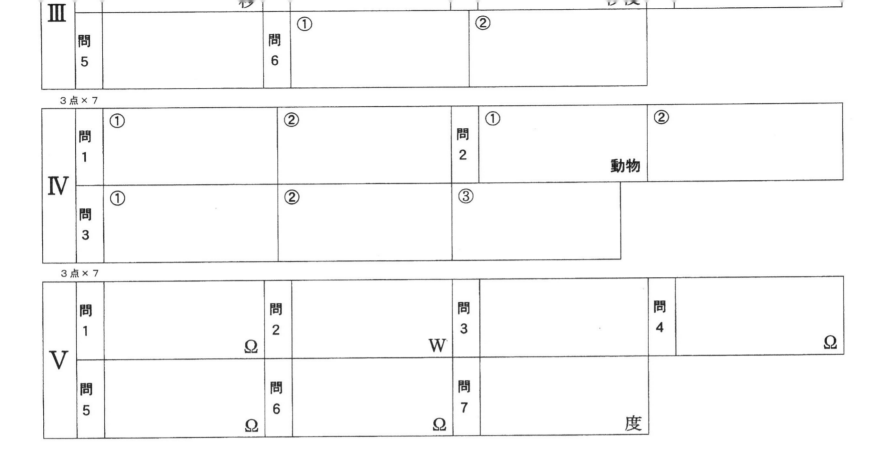

問9		問10		問11		問12	
問13		問14		問15			
問16		問17					

III

問1		問2	(1)		(2)				
問3		問4		問5		問6			
問7		問8		問9		問10		問11	
問12									

232140

↓ここにシールを貼ってください↓

受験番号	名前

※100点満点

2023年度　上宮高等学校　入学考査　解答用紙　社会

2点×50

Ⅰ

問1		問2		問3	(1)		(2)		
問4		問5		問6					
問7	(1)		(2)		問8	(1)		(2)	
問9		問10		問11		問12			
問13		問14	(1)		(2)				
問15		問16							

Ⅱ

問1		問2		問3		問4	

【解答

232130

↓ここにシールを貼ってください↓

受験番号	名前

※100点満点

2023年度　上宮高等学校　入学考査　解答用紙　理科

2点×8

Ⅰ	問1		問2		問3		問4	
	問5		問6		問7		問8	

3点×7

Ⅱ	問1		問2		問3		問4	
	問5	g	問6		問7			

3点×7

【解答

232150

↓ここにシールを貼ってください↓

受験番号	名前

※100点満点

2023年度 上宮高等学校 入学考査 解答用紙 英語

Ⅰ	1		2		3		4		2点×4
Ⅱ	1		2		3		4		2点×4
Ⅲ	1		2		2点×2				
Ⅳ									4点×5
Ⅴ	問1	A	B	C	D	2点×4			
	問2								6点

【解答

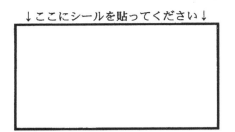

232120

↓ここにシールを貼ってください↓

受験番号				名前	

※100点満点

2023年度　上宮高等学校　入学考査　解答用紙　数学

I

5点×20

(1)	(ｱ)		(ｲ)	

(2)	ア ＝　　, イ ＝　　, ウ ＝	(3)	$x =$

(4)	$n =$	(5)		(6)	$\angle x =$　　度	(7)	cm^3

II

【解答

↓ここにシールを貼ってください↓

232110

受験番号	名前

※100点満点

2023年度　上宮高等学校　入学考査　解答用紙　国語

一

問一	問二	問三	問四	問五	問六	問七	問八	問九
㋐ ㋑ ㋒	ⓐ ⓑ ⓒ	(a)	A	Ⅰ		ため。		
㋓ ㋔ ㋕	ⓓ ⓔ ⓕ	(b)	B	Ⅱ				
㋖ ㋗りがち	ⓖ ⓗ			Ⅲ				

【解答

問１　（　①　）にあてはまる人物名を答えなさい。

問２　下線部②について、『漢書』地理志に書かれた日本に関する記述として正しいものを、次のア～エの中から１つ選んで、記号で答えなさい。

ア　もともと男の王だったが、70～80 年経つと倭国が乱れ、何年も争い合うようになった。そこで周辺の国々がともに一人の女性を王に立てた。

イ　倭の奴国が、貢ぎ物を持ってあいさつに来た。使いの者は自らを大夫と名のった。奴国は倭国の南の方にある。光武帝には印とひもを賜った。

ウ　楽浪郡を越えた海の向こうに倭人が住んでいる。百余りの小さな国に分かれていて、毎年のように貢ぎ物を持ってくるという。

エ　王となってから、王に直接会えたものは少ない。…（中略）…宮殿、物見やぐら、城柵が厳重につくられ、常に武器を持った兵が警備をしている。

問３　下線部③について、この期間に起こった次のⅠ～Ⅳの出来事を年代の古い順に並び替えたものとして正しいものを、下のア～エの中から１つ選んで、記号で答えなさい。

Ⅰ　白村江の戦いが起こった。

Ⅱ　壬申の乱が起こった。

Ⅲ　十七条憲法が制定された。

Ⅳ　蘇我入鹿が暗殺された。

ア　Ⅰ→Ⅱ→Ⅲ→Ⅳ　　イ　Ⅱ→Ⅰ→Ⅲ→Ⅳ　　ウ　Ⅳ→Ⅲ→Ⅰ→Ⅱ　　エ　Ⅲ→Ⅳ→Ⅰ→Ⅱ

問４　下線部④について、奈良時代の農民たちに課されていたことに関する記述として**誤っているもの**を、次のア～エの中から１つ選んで、記号で答えなさい。

ア　租は収穫した稲の 3%を都に納めるものである。

イ　庸は都にのぼって労役をするかわりに布を都に納めるものである。

ウ　防人は北九州の警備など３年間兵役につくことである。

エ　調は布や塩、海産物など地域の特産物を都に納めるものである。

問５　下線部⑤について、阿弖流為は東北地方で朝廷に従おうとしない人々の指導者でした。朝廷はこのような人々を何と呼びましたか。その呼び名を答えなさい。

問６　下線部⑥について、このころから鎌倉時代末にかけて、新しい仏教の教えが広まりました。この時代に広まった仏教の教えに関して述べた次のａ・ｂの文について、その正誤の組合せとして正しいものを、下のア～エの中から１つ選んで、記号で答えなさい。

ａ　栄西は中国に留学し、座禅によって悟りを得る禅宗を日本に伝え、臨済宗を開いた。

ｂ　日蓮は、一心に念仏を唱えれば、死後誰でも極楽にいけると説き、浄土宗を開いた。

ア　ａ－正　ｂ－正　　イ　ａ－正　ｂ－誤　　ウ　ａ－誤　ｂ－正　　エ　ａ－誤　ｂ－誤

問７　下線部⑦について、御家人は警備についていないときには、戦に備えて訓練に励んでいました。右の絵図が示す訓練の名として正しいものを、次のア～エの中から１つ選んで、記号で答えなさい。

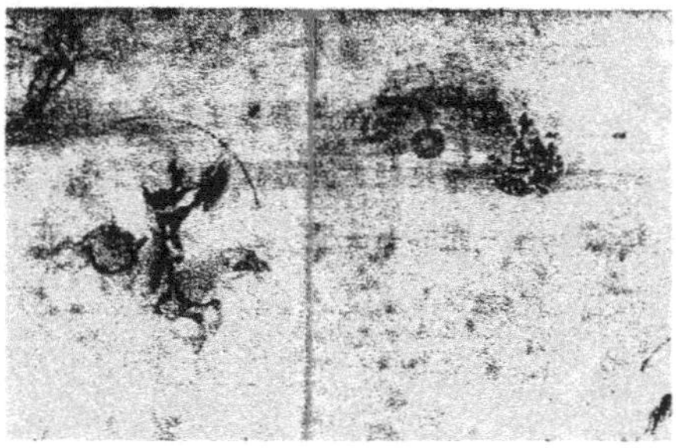

ア　犬追物《いぬおうもの》　　イ　通し矢

ウ　流鏑馬《やぶさめ》　　エ　笠懸《かさがけ》

問８　下線部⑧について、この時代のヨーロッパではイタリアから始まったルネサンスが花開いていました。この時代の絵画として正しいものを、次のア～エの中から１つ選んで、記号で答えなさい。

ア

イ

ウ

エ

問９　下線部⑨について、室町時代の東アジアの地域に関する記述として正しいものを、次のア～エの中から１つ選んで、記号で答えなさい。

ア　中国では漢民族によって清が建国され、倭寇と呼ばれる海賊をおさえる目的もあり、室町幕府と朝貢貿易を行った。

イ　アイヌの人々は、本州の人々との間で起こった交易をめぐる衝突をきっかけに、シャクシャインを中心に戦いを起こした。

ウ　沖縄島を統一した尚氏は首里城を拠点とする琉球王国を建国し、アジア各地と産物のやりとりをする中継貿易で栄えた。

エ　朝鮮半島では李成桂が高句麗を滅ぼして朝鮮国を建国し、15 世紀にはハングルという文字をつくるなど独自の文化が発展した。

問10　下線部⑩について述べた次の文章の（　ａ　）～（　ｃ　）にあてはまる語句の組合せとして正しいものを、下のア～エの中から１つ選んで、記号で答えなさい。

> 陸上での物資の運搬では（　ａ　）などが活躍した。また、河川や海運の交通もさかんになり、港町では（　ｂ　）と呼ばれる運送業をかねた倉庫業者が活動した。おもな港町として、貿易で栄えた（　ｃ　）などがあげられる。

ア　ａ－馬借　ｂ－問　ｃ－堺・博多
イ　ａ－飛脚　ｂ－蔵屋敷　ｃ－堺・博多
ウ　ａ－飛脚　ｂ－問　ｃ－神奈川・兵庫
エ　ａ－馬借　ｂ－蔵屋敷　ｃ－神奈川・兵庫

問11　下線部⑪について述べた次のａ・ｂの文について、その正誤の組合せとして正しいものを、下のア～エの中から１つ選んで、記号で答えなさい。

ａ　幕府の政治を取りまとめる役職として老中がおかれ、譜代大名の中から選ばれた。

ｂ　京都には六波羅探題がおかれ、朝廷や西国大名の監視や京都の警備にあたった。

ア　ａ－正　ｂ－正　　イ　ａ－正　ｂ－誤　　ウ　ａ－誤　ｂ－正　　エ　ａ－誤　ｂ－誤

問 12　下線部⑫について述べた次の文章の（　a　）～（　c　）にあてはまる語句の組合せとして正しいものを、下のア～エの中から１つ選んで、記号で答えなさい。

> 江戸時代の関所は軍事や警察の必要からおかれたもので、「入り（　a　）に出（　b　）」は江戸時代の関所の役割を端的に表現したものである。東海道においては「入り（　a　）」は現在の静岡県の新居関、「出（　b　）」は現在の神奈川県の（　c　）関で厳しく調べられていた。

ア　a－鉄砲　　b－米俵　　c－逢坂
イ　a－病　　b－女　　c－逢坂
ウ　a－鉄砲　　b－女　　c－箱根
エ　a－病　　b－米俵　　c－箱根

問 13　下線部⑬について、松尾芭蕉が旅に出た年に、イギリスでは権利の章典が発布されました。これが発布されるきっかけとなった出来事として正しいものを、次のア～エの中から1つ選んで、記号で答えなさい。

ア　ピューリタン革命　　イ　インドの大反乱　　ウ　アヘン戦争　　エ　名誉革命

問 14　下線部⑭について、日清戦争後の 1895 年から鉄道国有法が公布された 1906 年の期間に関する次のⅠ～Ⅳの出来事を年代の古い順に並び替えたものとして正しいものを、下のア～エの中から１つ選んで、記号で答えなさい。

Ⅰ　中国で義和団事件が起こった。
Ⅱ　朝鮮が国名を大韓帝国に改めた。
Ⅲ　桂太郎内閣が日英同盟を結んだ。
Ⅳ　日比谷焼き打ち事件が起こった。

ア　Ⅳ→Ⅱ→Ⅲ→Ⅰ　　イ　Ⅱ→Ⅰ→Ⅲ→Ⅳ　　ウ　Ⅲ→Ⅰ→Ⅳ→Ⅱ　　エ　Ⅰ→Ⅳ→Ⅲ→Ⅱ

問 15　下線部⑮について、第一次世界大戦後から第二次世界大戦が終わるまでのドイツに関する記述として正しいものを、次のア～エの中から１つ選んで、記号で答えなさい。

ア　ソ連と不可侵条約を結び、ポーランドに侵攻した結果、第二次世界大戦が始まった。
イ　第一次世界大戦後、世界で初めて財産権を明記したワイマール憲法を制定した。
ウ　イギリスを降伏させた後、日本やイタリアと日独伊三国同盟を結んだ。
エ　ファシスト党のヒトラーが政権を獲得し、ベルサイユ条約を無視し再軍備を始めた。

問 16　下線部⑯について、1950 年半ばに日本経済の水準が戦争前の状態に戻り、高度経済成長に入りました。1956 年の経済白書でその状態を次の言葉で表現しました。（　　　）にあてはまる語句を答えなさい。

> もはや「（　　　）」ではない。われわれはいまや異なった事態に当面しようとしている。回復を通じての成長は終わった。今後の成長は近代化によって支えられる。

問 17　下線部⑰について、右のグラフは日本の自動車、エアコン、カラーテレビ、電気冷蔵庫の世帯普及率の移り変わりを示しています。自動車にあてはまるものとして正しいものを、グラフ中のア～エの中から１つ選んで、記号で答えなさい。

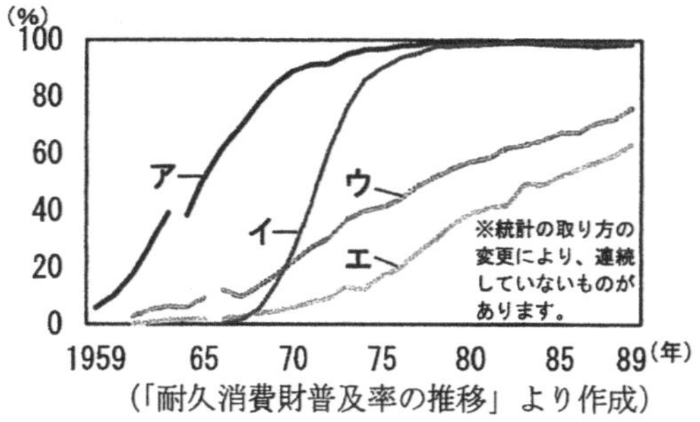

（「耐久消費財普及率の推移」より作成）

Ⅲ　次の文章を読んで、後の問いに答えなさい。

2018年6月、①国会で②民法の一部を改正する法律が成立しました。それにともない、2022年4月より成人年齢が20歳から18歳に引き下げられました。では、成人年齢が引き下げられたことでどのような変化がおこったでしょうか。

まず、18歳になると自らの意思で③クレジットカードやローンの④契約を結ぶことができます。さらに、⑤企業の株式などを売買するために必要な証券口座の開設もできます。また、⑥国家資格に基づく職業に就くことに関しても18歳から可能です。こうした社会情勢を踏まえ、2023年1月からは18歳及び19歳でも⑦裁判員に選ばれ、⑧裁判で審理を行うことができます。これらは年齢が引き下げられる例ですが、一方で女性の⑨結婚できる年齢が16歳から18歳に引き上げられる例もあります。

民法が改正されてもこれまでと変わらないこともあります。⑩社会保障制度の1つである国民年金への加入は、20歳以上のままで変更はありません。さらに⑪選挙に投票できる年齢も、18歳以上の国民のままで変更はありません。なお、成人式は⑫各地方公共団体が催す行事のため、各地方公共団体で判断されます。

問１　下線部①について、日本の国会に関して述べた文として正しいものを、次の**ア**～**エ**の中から1つ選んで、記号で答えなさい。

ア　国会議員の中から、内閣総理大臣を任命することができる。

イ　天皇の国事行為に対して、助言と承認を行うことができる。

ウ　衆議院と参議院はそれぞれ、内閣不信任決議を行うことができる。

エ　重大な過ちのあった裁判官を辞めさせるかどうかを決める、弾劾裁判所を設けることができる。

問２　下線部②について、民法は家族についても規定しています。次の家族構成の割合の変化を示したグラフを見て、下の（１）・（２）の各問いに答えなさい。

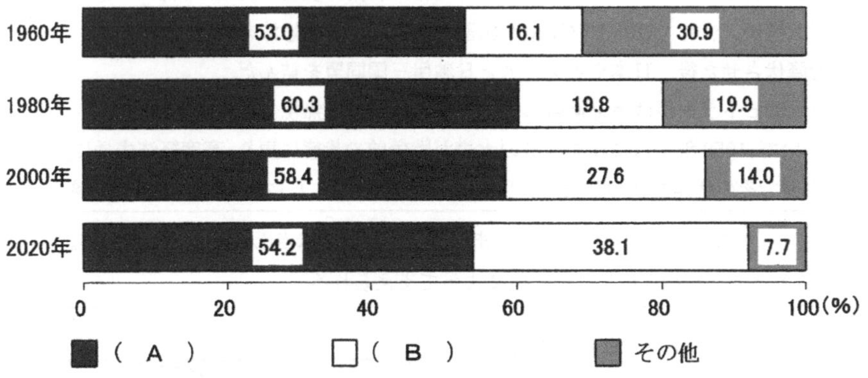

（総務省「国勢調査」より作成）

（１）　（ A ）は夫婦のみ、夫婦と未婚の子ども、または一人親と子どもで構成される世帯を示しています。このような家族を何といいますか。

（2）　（　B　）にあてはまる世帯構成として正しいものを、次のア～エの中から１つ選んで、記号で答えなさい。

ア　親・子・孫の三世代が一緒に住んでいる世帯

イ　ひとりで住んでいる世帯

ウ　親族以外の人と一緒に住んでいる世帯

エ　親・子に加え、おじ・おば・いとこなどの親族が一緒に住んでいる世帯

問３　下線部③について、金融機関はクレジットカードの発行や、ローンによるお金の貸付を業務の１つとしています。金融機関は個人や企業などからお金を集めて、お金を必要とする個人や企業などに貸す仲立ちをしていますが、このように金融機関を通してお金を調達する方法を何といいますか。

問４　下線部④について、契約に関して述べた次のa・bの文について、その正誤の組合せとして正しいものを、下のア～エの中から１つ選んで、記号で答えなさい。

a　契約とは、その時期、相手、内容などを当事者どうしの自由な意思で決めることができるので、お互いにその契約を守り実行する義務が生じる。

b　訪問販売などで契約が成立した場合、一定の期間内であれば契約の解除ができるように、ＰＬ法が定められている。

ア　a－正　b－正　　イ　a－正　b－誤　　ウ　a－誤　b－正　　エ　a－誤　b－誤

問５　下線部⑤について、企業は利潤を求めるだけでなく社会的責任を果たすことも期待されています。企業の社会的責任の略称として正しいものを、次のア～エの中から１つ選んで、記号で答えなさい。

ア　ＩｏＴ　　イ　ＮＰＯ　　ウ　ＣＳＲ　　エ　ＥＳＧ

問６　下線部⑥について、国家資格に基づく職業には医師などのように免許が必要なものもあります。職業選択の自由が認められている一方で、権利の制限を規定する根拠となっている次の憲法の条文の（　　）にあてはまる語句を答えなさい。

第22条　①　何人も、（　　　）に反しない限り、居住、移転及び職業選択の自由を有する。

問７　下線部⑦について、裁判員裁判に関して述べた文として**誤っているもの**を、次のア～エの中から１つ選んで、記号で答えなさい。

ア　裁判員裁判は、すべての刑事裁判の第1審のみで行われる。

イ　裁判員裁判は、原則として裁判員６名、裁判官３名で行われる。

ウ　裁判員は、公判中に被告人や証人などに質問することができる。

エ　裁判員は裁判官と話し合い、被告人の罪の有無や量刑を決めることができる。

問８　下線部⑧について、日本では同一の事件について３回まで裁判を受けることができます。その三審制のしくみを示した次の図中の（　ａ　）～（　ｄ　）にあてはまる語句の組合せとして正しいものを、下のア～エの中から１つ選んで、記号で答えなさい。

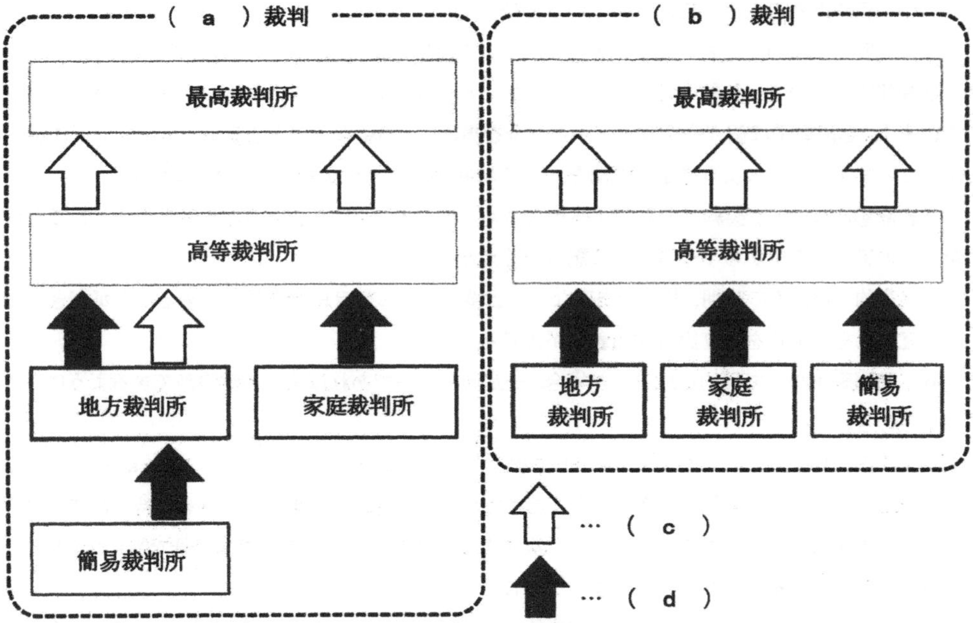

ア　ａ－民事　ｂ－刑事　ｃ－控訴　ｄ－上告
イ　ａ－民事　ｂ－刑事　ｃ－上告　ｄ－控訴
ウ　ａ－刑事　ｂ－民事　ｃ－上告　ｄ－控訴
エ　ａ－刑事　ｂ－民事　ｃ－控訴　ｄ－上告

問９　下線部⑨について、結婚（婚姻）に関して述べた次のａ・ｂの文について、その正誤の組合せとして正しいものを、下のア～エの中から１つ選んで、記号で答えなさい。

ａ　日本国憲法では、婚姻は両性の合意のみに基いて成立し、夫婦が同等の権利を有することを基本とすることが定められている。

ｂ　民法では、婚姻の際に夫婦はどちらか一方の苗字を名のることが定められている。

ア　ａ－正　ｂ－正　　イ　ａ－正　ｂ－誤　　ウ　ａ－誤　ｂ－正　　エ　ａ－誤　ｂ－誤

問10　下線部⑩について、次のグラフは日本における部門別の社会保障給付費のうち、医療、年金、福祉やその他の移り変わりを示しています。グラフ中の**A**～**C**の組合せとして正しいものを、下の**ア**～**エ**の中から1つ選んで、記号で答えなさい。

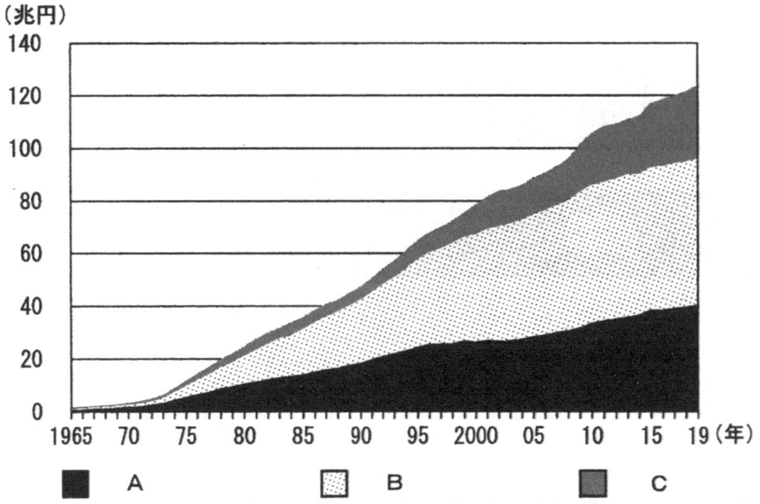

(国立社会保障・人口問題研究所「社会保障費用統計」より作成)

ア　A－医療　　B－年金　　C－福祉やその他

イ　A－福祉やその他　　B－医療　　C－年金

ウ　A－医療　　B－福祉やその他　　C－年金

エ　A－年金　　B－医療　　C－福祉やその他

問11　下線部⑪について、現在、日本における選挙の基本原則として正しいものを、次の**ア**～**エ**の中から1つ選んで、記号で答えなさい。

ア　制限選挙　　**イ**　記名選挙　　**ウ**　間接選挙　　**エ**　平等選挙

問 12　下線部⑫について、次のグラフは大阪府と東京都の歳入のうち、地方税、地方債、地方交付税交付金、国庫支出金、その他の割合（2019 年度）を示しています。このグラフについて述べた文として正しいものを、下の**ア**～**エ**の中から 1 つ選んで、記号で答えなさい。

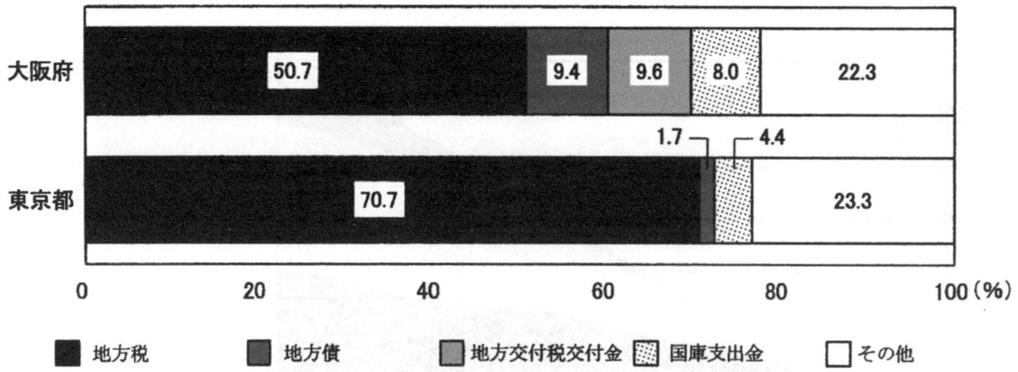

（「データでみる県勢 2022」より作成）

ア　東京都の地方交付税交付金の割合は、大阪府よりも高い。

イ　大阪府の地方債の割合は、東京都の約 3 倍である。

ウ　東京都の地方税の割合は、大阪府よりも高い。

エ　大阪府の国庫支出金の割合は、東京都の約半分である。

2023(R5) 上宮高
教英出版

2022年度

上 宮 高 等 学 校

入 学 考 査 問 題

国　語

（50分）

（注意）　①　解答はすべて解答用紙に記入しなさい。
　　　　　②　字数の指定がある設問は、かっこや句読点もすべて一字に数えること。

受験番号				名前	

2022(R4) 上宮高
K 教英出版

一　次の文章を読んで、後の問いに答えなさい。

世間の評価と自分の満足感は一致して当然。

僕もそう考えていた時期がある。だから、メダルがすべてだと思っていた。メダルを手に入れると収入が増え、女性からもモテて、メディアからも(a)ひっぱりだこ……そんなイメージを持っていた。つまりは世間的な「幸せ」や「成功」へのライセンスが、メダルを手にすることだと思い込んでいたのだ。

［A］、メダルを取ってみたら違っていた。人間は慣れるものだ。「いつまでちやほやしてくれるのか」ということを考え始めると、今の状態がそれほどいいとは思えなくなってくる。メダルを取った高揚感は、不安で打ち消されてプラスマイナスゼロとなる。［B］、普通の状態である。

「それが普通なんて、贅沢《ぜいたく》だ」と言う人も多かった。他人に㋐羨ましいと言ってもらえる間は、なんとなく幸福なのかなという気もする。しかし、いつまでも人が褒めてくれるわけではない。だんだんⓐ冷静になっていくにつれて、いろいろなものが見えてくる。

(注)僕が取ったのは銅メダルだった。世の中には金メダルを取っている人もいる。銅メダルで㋑有頂天になることに意味はない。そもそもメダルなど取らなくても、金持ちになっている人や女性にモテる人なんかいくらでもいる。

ⓑでは、金メダルを取ったらもっと幸せになれるのだろうかと考えてみた。

たぶん、違うなと思った。金メダルを取ったら取ったで、また①同じようなループに入っていくのだろうということは容易に想像できた。この状態は、誰かに褒められ続けていないと自分が成し㋒トげたことが確認できない「依存症」のⓒようなものである。

［C］、どういう状態が幸せなのだろうと考えてみた。

「あのへんが幸せだ」

「あそこまで㋓トウタツすれば幸福になれる」

他人由来の幸福は、つまり②移ろいやすい世の中の評価の中心に振り回され続けることになる。そして未来にゆだねた幸福は、ずっと追い続けて掴《つか》んだと思えば慣れてしまい、もっともっとと加速する。③幸福は外や先になく、今ここにしかない。

何でもかんでも手当たりしだいに手に入れることで、幸福が得られるわけではない。

むしろ、ⓓある段階がきたら「もういらない」と手放していくことで、幸福が近づいてくるのではないだろうか。最近の僕はそんなふうに思うようになった。

「何も諦めたくない」という姿勢で生きている人たちは、どこか悲愴《ひそう》である。

仕事も諦めない、家庭も諦めない、ⓔ自分らしさも諦めない。なぜなら幸せになりたいから。でも、こうしたスタンスがかえって幸せを遠ざける原因に見えてしまう。むしろ、何か一つだけ諦めないことをしっかりと決めて、残りのことはどっちでもいいやと割り切ったほうが、幸福感が実感できるような気がする。

賛否両論あると思うが、突き詰めていけば仕事と家庭は(注)トレードオフだ。一日の時間は限られていて、仕事と家庭に同じ時間を㋔割くことは無理である。遅くまで残業したり、休日も返上して出勤したとしたら、今流行の「(注)育メン」になることはできない。仕事をどこかで割り切らないと、責任を持ったかたちで子育てにかかわることはできないのだ。

現に、働く女性はそうやって仕事と育児を必死で両立させようとしてきたが、その過程で多くの犠牲を払ⓕってきたのだと思う。仕事も諦めない、子育ても諦めない……そうやっていると、どこかで行き詰まるものだ。

どちらかを完全に諦めろと言っているわけではない。ただ「今自分はどちらを優先したいと思っているのか」ということを自覚していないと、④自分に対する不満ばかりがたまっていく。

「仕事もしたいのにできていない」

「子育てにもきちんとⓖ取り組みたいのにできていない」

あれも、これも手に入れたいという㋕ハッソウの行き着く先は、つねに「できていない」「足りていない」という不満になってしまう。

現代は生き方、働き方にも多様な選択肢がある時代だ。それはとてもいいことだが、すべてを選べるということではない。

［D］、多様な選択肢を持つことにはメリットもある。ただ、一方では選択肢がありすぎて選べないデメリットもある。それを考えると、メリットばかりを強調することは、自分の軸を見誤らせる危険性を高めていく。

僕は手放したものの数で成功を測ったほうがいいと感じている。そして、何かを手放すためにはある程度の経験を積まなければならない。

［X］に聞こえるかもしれないが、人間にとっての軸というものは、⑤たくさんのものを見ることで形成される。昔であれば、歳《とし》を取っていくことと軸ができていくことが時間的に一致していた。だが、今の世の中は情報が与えられすぎていて、軸ができていない段階で突然多様な選択肢を見せられる。

⑥若い親にとっては、子どもの可能性も無限に広がっているように見えるだろう。

「この子は音楽家になるかもしれない」
「勉強ができるから学者になるかもしれない」
「金メダルを取れるかもしれない」

夢を見るのは自由だが、これらが実現する可能性はきわめて低い。子どもは意思すらない段階で実現可能性の低い夢に向かって努力をさせられることになり、これはかなりきつい人生のスタートになると思う。

(注)北野《きたの》武《たけし》さんが、あるインタビューでこんな話をしていた。

子どものころ、武さんが何かになりたいと言ったとき、武さんのお母さんがこう言ったそうだ。

「バカヤロー。おまえがなれるわけないだろ！」

武さんは、お母さんのことを「ひどいことを言う母親だろ？」と言わず、㋐「そういう優しい時代もあったんだよ」と言った。

何にでもなれるという無限の可能性を前提にすると、その可能性をかたちにするのは本人（もしくは親）の努力次第といった話になってしまう。しかし「おまえはそんなものにはなれない」という前提であれば、たとえ本当に何者にもなれなくても、誰からも㋖セめられない。もしひとかどの人間になれたら、「立派だ、よくやったな」と褒められる。武さんは、それを「優しさ」と言ったのではないだろうか。

僕の母親は、僕が何か新しいことをやろうとすると、今でもよくこういう言い方をする。

「広島の田舎から出ていって、東京のど真ん中でなんてⓑ大それたことを」

この言葉は㋗キョウギ人生を送るうえでも、今でも、僕をすごく楽にしてくれる。期待値が低ければ低いほど、自由にチャレンジできる気がするからだ。

僕は「何にでもなれる」「何でもできる」という考え方には息苦しさを覚える。

本当は、何にでもなれる人なんていないはずだ。しかし、誰もが［ Y ］には何者かになっている。それを「何にでもなれる」から出発すると、何かすごいものにならなくてはいけないような気になってしまう。すると、すでに「何者か」になれている自分を、ⓗきちんと認めてあげることができなくなる。

だからといって「きみはオンリーワンだから」という話でもないと思う。

自分をほかの誰とも比べることなく「オンリーワン」などと言っているのは、単なる自己満足にすぎない。そもそも自分の特徴が何であるのかすら、他人との比較がなければわからない。まずは「自分はこの程度」と見極めることから始め、自分は「何にでもなれる」という考えから卒業することだ。そこから「何かになる」第一歩を踏み出せるのではないだろうか。

（為末　大『諦める力』による）

㊟　僕が取ったのは銅メダルだった　…　筆者は二〇〇一年エドモントン世界選手権の男子四〇〇ｍハードルで、日本人初の銅メダルを獲得。二〇〇五年世界選手権ではプロ陸上選手として出場し、再び銅メダルを獲得した。

トレードオフ　…　何かを得ると、別の何かを失う、相容《い》れない関係。

育メン　…　育児休暇を取得したり、育児のサークルなどに参加したり、子育てを積極的に行おうとする男性。

北野武さん　…　日本のお笑いタレント、映画監督、俳優、司会者。

問一　――線部㋐～㋗の、カタカナは漢字に直し、漢字はその読みをひらがなで、それぞれ答えなさい。

問二　――線部ⓐ～ⓗの語の品詞名を、次の**ア**～**コ**の中からそれぞれ一つずつ選んで、記号で答えなさい。

ア　動詞　**イ**　形容詞　**ウ**　形容動詞　**エ**　名詞　**オ**　副詞
カ　連体詞　**キ**　接続詞　**ク**　感動詞　**ケ**　助動詞　**コ**　助詞

問三　空欄［Ａ］～［Ｄ］に入る最も適当な語句を、次の**ア**～**オ**の中からそれぞれ一つずつ選んで、記号で答えなさい。

ア　例えば　**イ**　確かに　**ウ**　しかし　**エ**　さらに　**オ**　つまり

問四 ――線部(a)・(b)の文中での意味として最も適当なものを、次の**ア**～**オ**の中からそれぞれ一つずつ選んで、記号で答えなさい。

(a) ひっぱりだこ

ア すべて同じ反応をされること
イ あらゆるものが提供されること
ウ 一つの企画に何度も呼ばれること
エ 多くの誘いや働きかけを受けること
オ 様々な指示を受けてあやつられること

(b) 大それたこと

ア ありえないこと
イ この上ないこと
ウ そつのないこと
エ つまらないこと
オ とんでもないこと

問五 ――線部①「同じようなループ」とは、どういうことですか。それを説明した次の文の空欄 Ⅰ ・ Ⅱ ・ Ⅲ に当てはまる語句を、それぞれ指定された字数で文中から抜き出して答えなさい。

> 最初はメダルを取った［Ⅰ　三字］で冷静な判断ができずに「自分は［Ⅱ　二字］した幸せな人間だ。」と思えるが、徐々に周囲に認められなくなるのではという［Ⅲ　二字］な気持ちが増して、スタートの状態に戻ってしまうこと。

問六 ――線部②「移ろいやすい世の中の評価の中心に振り回され続けることになる」とありますが、こうなってしまうのはなぜですか。それを説明した次の文の空欄に当てはまる語句を文中から**十九字**で抜き出して答えなさい。

> 多くの人が［　　　　］という考えをしてしまいがちだから。

問七 ――線部③「幸福は外や先になく、今ここにしかない」とありますが、幸福を感じるために大切なことは何だと筆者は考えていますか。文中の語句を使って、四十字以内で説明しなさい。

問八 ――線部④「自分に対する不満ばかりがたまっていく」とありますが、そうなる原因として最も適当なものを、次の**ア**～**オ**の中から一つ選んで、記号で答えなさい。

ア 仕事と育児を両立させているのに、自己実現ができていないと感じること。
イ すべてに完璧を求めすぎて、どれもが中途半端になっていると感じること。
ウ 多くの犠牲を払ってやってきたことが、評価の対象にならないと感じること。
エ 選択肢が少なすぎて、好きなことを自分が選んで精一杯やれないと感じること。
オ 自分の今すべきことが何か分からず、何事にもやる気が起きないと感じること。

問九 空欄 X ・ Y に入る語句として最も適当なものを、次の**ア**～**オ**の中からそれぞれ一つずつ選んで、記号で答えなさい。

ア 意識的　**イ** 感覚的　**ウ** 逆説的　**エ** 希望的　**オ** 結果的

問十 ――線部⑤「たくさんのものを見る」とは、どうすることだと筆者は述べていますか。適当なものを、次の**ア**～**オ**の中から**二つ**選んで、記号で答えなさい。

ア 適度な経験を積むこと。
イ 複数の選択肢を選ぶこと。
ウ 手放したものの数を数えること。
エ スケールの大きな夢を持つこと。
オ 他者との比較で自分を見極めること。

問十一 ――線部⑥「若い親にとっては、子どもの可能性も無限に広がっているように見える」とありますが、それが原因で子どもに起こり得ることは何ですか。解答欄に合うように、文中から**三十一字**で抜き出して、初めと終わりの**三字**を答えなさい。

問十二 ――線部⑦「そういう優しい時代もあったんだよ」とありますが、この発言の意図を筆者はどのように受け止めましたか。それを説明したものとして最も適当なものを、次の**ア**～**オ**の中から一つ選んで、記号で答えなさい。

ア 親が子どもに全く関心を持たず突き放すことで、子どもの自立心が芽生えて一生懸命頑張ることになり、その子の持った無限の可能性を最大限に伸ばそうとしていたということを伝える意図があったと受け止めた。

イ 夢を追いかけることが現実的でないということをさりげなく教えることで、親と同じような職業を選ぶように導いて、誰からも非難されない人生を歩ませようとしていたということを伝える意図があったと受け止めた。

ウ 何か新しいことをやろうとしている子どもに対して本当は期待感が大きくなっているが、あえて辛《つら》くあたり続けることで、威厳ある親として子どもを教育しようとしていたということを伝える意図があったと受け止めた。

エ 親が子にさほど期待していないという姿勢を見せることで、何者かにならねばならないというプレッシャーから子どもが解放され、結果的に我が子を温かく見守ろうとしていたということを伝える意図があったと受け止めた。

オ 実現不可能な夢に向かおうとしている子どもの将来を案じている親が、子どもに対して地道に努力することの大切さを訴えかけることで、子どもを世間の荒波から守ろうとしていたということを伝える意図があったと受け止めた。

問十三 本文の内容に一致するものを、次の**ア**～**ク**の中から**二つ**選んで、記号で答えなさい。

ア 筆者は銅メダルで満足する生き方より、より高みを目指して努力し続ける生き方を選んだ。

イ 仕事と家庭は完全な形での両立は難しく、優先順位をつけないと行き詰まってしまう。

ウ 女性が社会進出する時代において、仕事と育児を両立させることが世間の常識となった。

エ 現代は働き方に多様な選択肢があり、そのことにはデメリットよりも多くのメリットがある。

オ 努力して何者かになるためには、本人の努力だけではなく親のバックアップも必要である。

カ 親が常に子どもを褒めていると、子どもの自己肯定感が高まり期待どおりの子に育つ。

キ 筆者の母親は筆者に期待する言葉をかけなかったが、かえってそれが筆者の挑戦を後押しした。

ク 何にでもなれるという前向きな気持ちをしっかりと持てば、息苦しさを覚えることはない。

二　次の1～5の七文字の漢字を使って二つの四字熟語を作ろうとすると、二回使わなければならない漢字が一つあります。その漢字を答えなさい。

例　耳・西・馬・東・今・風・古
「馬耳東風」・「古今東西」の二つの四字熟語を作ることができる。↓（答え）東

1　専・意・得・挙・両・心・一

2　進・故・温・新・鋭・知・気

3　巧・朝・言・暮・色・改・令

4　尽・網・縦・無・一・横・打

5　意・到・深・用・味・長・周

三　次の文章を読んで、後の問いに答えなさい。

信濃《しなの》の国（現在の長野県）の守《かみ》（長官）藤原陳忠《ふじわらののぶただ》が、任期を終えて帰京することになった。その帰り道で守の乗った馬はかけ橋を踏み折り、守は馬もろとも谷底に転落してしまう。慌てた家来たちが谷底をのぞくと、底から「旅籠《はたご》（旅行の荷物を入れるかご）に縄をつけて降ろせ」と、守は叫んでいた。家来たちは言われるがまま旅籠を降ろして引き上げると、旅籠には平茸《ひらたけ》（キノコ）が山盛り載っていた。もう一度旅籠を降ろすと、今度は守が平茸を握りしめながら上がってきた。

引き上げつれば、懸け橋の上に㋐すゑて、郎等《家来たち》ども喜び合ひて、「そもそもこれはなにぞの平茸にか候《さぶら》ふぞ」《この平茸はどういうものでございますか》と問へば、守の答ふるやう、「落ち入りつる時に、馬はとく《一気に》底に落ち入りつるに、われは遅れてふめき《転がり》落ち行きつるほどに、木の枝のしげくさし合ひたる上に、不意に落ちかかりつれば、その木の枝をとらへて下りつるに、下に大きなる木の枝のさへつれば《が支えてくれたので》、それを踏まへて大きなる股の枝に取りつきて、それを抱《いだ》かへてとどまりたりつるに、①その木に平茸の多く生ひたりつれば、見捨てがたくて、まづ手の及びつる限り取りて、旅籠に入れて上げつるなり。いまだ残りやありつらむ。②言はむかたなく多かりつるものかな。いみじき《たいそう》損を取りつるものかな。いみじき損を取りつる心地こそすれ」と言へば、郎等ども、げに《本当に》御損に候ふなど言ひて、その時にぞ集まりて、さと笑ひにけり《どっと笑った。》。

守、「(a)ひがことな言ひそ、㋑なんぢらよ。宝の山に入りて、(b)手を空《むな》しくして帰りたらむ心地ぞする。『受領《ずりやう》《諸国の長官》は倒るる所に土をつかめ』とこそ言へ」と言へば、③長《おとな》だちたる《年配の》御目代《おほんもくだい》《代官が》、心の内には、「いみじくにくし」と思へども、「げにしか候ふことなり《そのとおりでございます。》。たよりに候はむものをば、いかでか取らせ《手近にありますものを、どうしてお取りにならない》

給はざらむ。誰に候ふとも、取らで候ふべきにあらず。④もとより御心賢くおはします人は、かかる死ぬべき㋒きはみにも、御心を騒がさずして、よろ

ないでしょうか。　取らないはずは　瞬間

づのことをみな(c)ただなる時のごとく、用ひつかはせ給ふことに候へば、騒がずかく取らせ給ひたるなり。されば国の政《まつりごと》をもいこへ、物をもよく

処理しなさる方ですので　心静かにこのように平茸を取りなさったのです。　落ち度なく、税も順調に

納めさせ給ひて、御思ひのごとくにて上らせ給へば、国の人は父母の㋓やうに恋ひ惜しみ奉るなり。されば、末にも万歳千秋《ばんぜいせんしう》おはしますべきなり」な

収納しなさって　願いどおり帰京しなさるのですから　行く末も、永遠にめでたくいらっしゃいます

ど言ひてぞ、忍びておのれらがどち笑ひける。

こっそり　仲間同士で

これを思ふに、さばかりのことにあひて、肝・心を惑はさずしてまづ平茸を取りて上げけむ心こそ、いとむくつけけれ。まして、⑤便宜あらむもの

恐ろしいことだ　在職中、取れるものは

など取りけむことこそ、思ひやらるれ。

なんでも取っただろうということは、自然と想像される。

⑥これを聞きける人、いかににくみ笑ひけむ、となむ語り伝へたるとや。

(『今昔物語集』による)

問一 ―――線部㋐～㋓の語句を現代仮名遣いに直して、平仮名で答えなさい。

問二 ―――線部(a)～(c)の語句の文中での意味として最も適当なものを、次の**ア**～**オ**の中からそれぞれ一つずつ選んで、記号で答えなさい。

(a) ひがことな言ひそ

ア 泣き言を言うな
イ 笑い声をたてるな
ウ おおげさにほめるな
エ 勘違いしたことを言うな
オ つまらないことを言わせるな

(b) 手を空しくして

ア 手ぶらで
イ 手が動かせず
ウ 手持ちぶさたで
エ 次の手がなくて
オ 手を突き上げて

(c) ただなる時

ア 無くなった時
イ 退屈に感じた時
ウ 普段と変わらない時
エ 身の危険を覚えた時
オ よくないことが起きた時

問三 ―――線部①「その木に平茸の多く生ひたりつれば、見捨てがたくて」とあることから、陳忠は多く生えている平茸をどのようなものだと考えていますか。文中から**三字**で抜き出して答えなさい。

問四　――線部②「言はむかたなく多かりつるものかな」の解釈として最も適当なものを、次の**ア**～**オ**の中から一つ選んで、記号で答えなさい。

ア　言うまでもなく、たくさん取ってきていたぞ
イ　何も言われなくても、たくさんあったんだぞ
ウ　何とも言い表せないぐらい、たくさん取ったなあ
エ　何とも言いようがないほど、たくさんあったなあ
オ　何も言う者がいなかったら、たくさん取ったのになあ

問五　――線部③「長だちたる御目代」とありますが、この人物の心理についての説明として最も適当なものを、次の**ア**～**オ**の中から一つ選んで、記号で答えなさい。

ア　心の底では陳忠のことを憎んでいるが、国を治める力だけは評価に値すると思っている。
イ　心の底では陳忠のことを尊敬しているが、これ以上仕えることはできないと思っている。
ウ　心の底では陳忠のことを嫌っているが、とっさの機転には感心せざるを得ないと思っている。
エ　心の底では陳忠のことを気に入っているが、あからさまに同意するのは白々しいと思っている。
オ　心の底では陳忠のことを馬鹿にしているが、うわべだけは大げさにほめておこうと思っている。

問六　――線部④「もとより御心賢くおはします人」は誰を指していますか。次の**ア**～**エ**の中から一つ選んで、記号で答えなさい。

ア　郎等　　**イ**　守　　**ウ**　御目代　　**エ**　国の人

問七　――線部⑤「便宜あらむものなど取りけむことこそ、思ひやらるれ」と筆者が思ったのはなぜですか。解答欄に合うように守の発言から二十字以内で抜き出して答えなさい。

問八 ――線部⑥「これを聞きける人、いかににくみ笑ひけむ」とありますが、これを説明したものとして最も適当なものを、次の**ア**〜**オ**の中から一つ選んで、記号で答えなさい。

ア 陳忠の一件を聞いた人たちは、彼のむごたらしさにあきれ果て、全く笑えなかった。

イ 陳忠の一件を聞いた人たちは、彼の財力をねたみ、自らの現状を笑うしかなかった。

ウ 陳忠の一件を聞いた人たちは、彼のしぶとくて強欲なふるまいを、あざけり笑った。

エ 陳忠の一件を聞いた人たちは、彼の楽観的な考え方に不安を抱いて、顔がひきつった。

オ 陳忠の一件を聞いた人たちは、彼の行動には腹を立てたが、命が助かったことを喜んだ。

問九 この文章には、「　」が抜けているところが一ヶ所あります。その部分を文中から**七字**で抜き出して答えなさい。

問十 この作品は平安時代末期ごろに成立したとされていますが、これより後の時代に成立した作品を、次の**ア**〜**オ**の中から一つ選んで、記号で答えなさい。

ア 枕草子　**イ** 古事記　**ウ** 竹取物語　**エ** 源氏物語　**オ** 平家物語

2022年度

上宮高等学校

入学考査問題

数学

（50分）

（注意）　① 解答はすべて解答用紙に記入しなさい。

② 答えが無理数になるときは、根号の中を最も小さい正の整数にしなさい。

③ 円周率はπを使いなさい。

④ 答えを分数で書くときは、既約分数（それ以上約分できない分数）に、

また、分母が無理数になるときは、分母を有理化しなさい。

受験番号	名前

I　次の問いに答えなさい。

(1) 次の計算をしなさい。

(ア) $\left(1-2022\times\frac{1}{6}\right)\div(-4)^2$

(イ) $(\sqrt{6}-\sqrt{2})^2+\frac{12}{\sqrt{3}}$

(2) 次の式の［ア］，［イ］にそれぞれ適当な正の数を入れて等式を完成させなさい。

$x^2+16xy+$［ア］$y^2=\left(x+\right.$［イ］$\left.y\right)^2$

(3) xについての2次方程式 $ax^2+bx+1=0$ の解は $x=1$，$\frac{1}{2}$ である。このとき，a，b の値をそれぞれ求めなさい。

(4) yはxに比例して，$x=4$ のとき，$y=-12$ である。また，zはyに反比例して，$y=4$ のとき，$z=-6$ である。このとき，$x=1$ のときの z の値を求めなさい。

(5) $\sqrt{108(10-n)}$ が整数になるような，最も小さい自然数 n の値を求めなさい。

(6) 図のような5つの車庫に，異なる2台の自動車を駐車する方法は何通りあるか答えなさい。

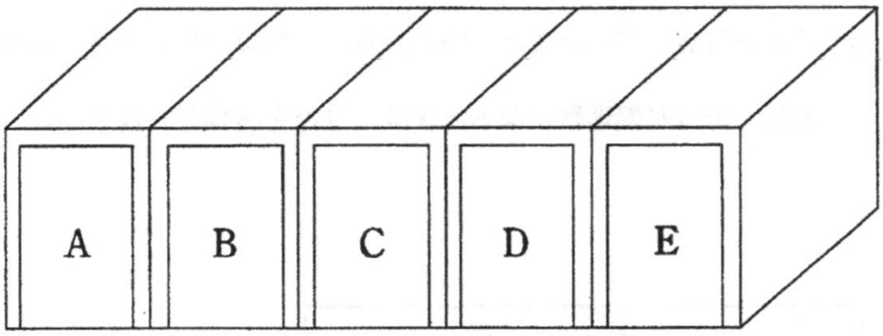

(7) 図のように，平行四辺形ABCDは，AB=3cm，AD=6cmである。辺ADの中点をMとすると，MC=3cmになりました。このとき，$\angle x$の大きさを求めなさい。

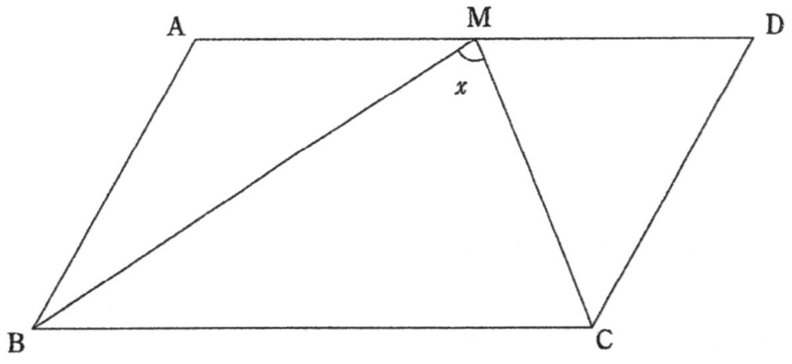

【計算用紙】

II 下の図のように，直線 ℓ と直線 $y=-x$，関数 $y=ax^2$ のグラフが点Aで交わり，直線 ℓ と関数 $y=ax^2$ のグラフは点Bで交わります。また，直線 ℓ は y 軸と点Cで交わります。このとき，点Aの x 座標は -4，点Bの x 座標は8になりました。
次の問いに答えなさい。

(1) a の値を求めなさい。

(2) 直線 ℓ の式を求めなさい。

(3) △OABの面積を求めなさい。

(4) 関数 $y=ax^2$ のグラフ上の原点Oから点Bの間に点Pをとります。△OCPの面積が△OABの面積の $\frac{1}{3}$ 倍であるとき，点Pの座標を求めなさい。

(5) (4)のとき，△BCPを直線 ℓ を回転の軸として1回転させてできる立体の体積を求めなさい。

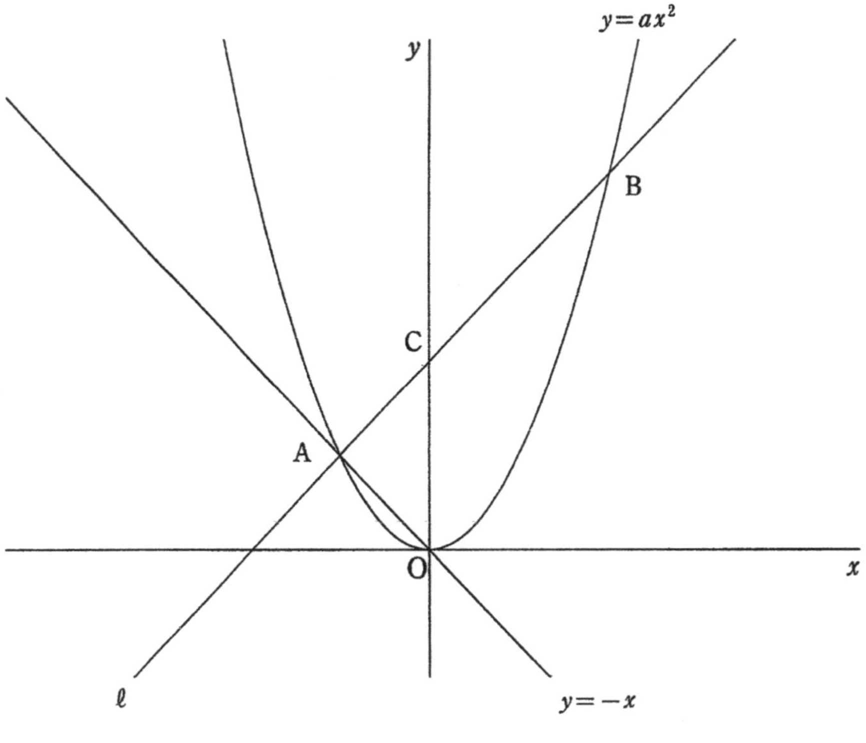

【計算用紙】

Ⅲ　図のように，長方形 ABCD は AB=6cm，BC=12cm であり，辺 BC の中点を M とします。点 P は線分 BM 上を頂点 B から出発し，毎秒 2cm の速さで往復し続けます。点 Q は辺 CD 上を頂点 C から出発し，毎秒 1cm の速さで往復し続けます。2 点 P，Q が同時に出発するとき，次の問いに答えなさい。

(1) 出発してから 4 秒後の線分 PQ の長さを求めなさい。

(2) 出発してから初めて線分 PQ の長さが $4\sqrt{5}$ cm になるのは，何秒後かを求めなさい。

(3) 出発してから 2 度目に△PCQ の面積が $27cm^2$ になるのは，何秒後かを求めなさい。

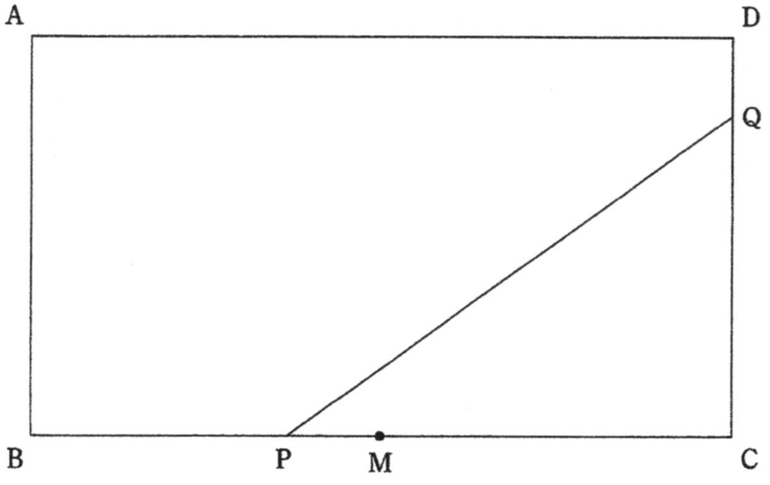

【計算用紙】

Ⅳ　図のように，正方形 ABCD は 1 辺 4cm であり，辺 BC，CD の中点をそれぞれ E，F とします。この正方形を AE，EF，FA に沿って折り曲げて三角すいを作り，頂点 B，C，D が重なった点を G とします。次の問いに答えなさい。

(1) △AEF の面積を求めなさい。

(2) 三角すい A－EFG の体積を求めなさい。

(3) 頂点 G から面 AEF に下した垂線を GH とするとき，線分 GH の長さを求めなさい。

(4) 線分 GH を含み，辺 EF に平行な面で三角すいを切断したとき，頂点 A を含む立体の体積を求めなさい。

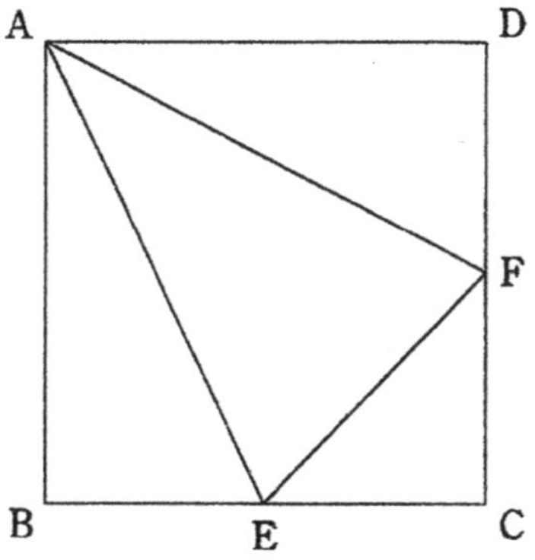

2022年度

上宮高等学校

入学考査問題

英　語

(50分)

(注意)　解答はすべて解答用紙に記入しなさい。

受験番号	名　　前

※音声は収録しておりません

I

次の1～4について，英文の内容に合う絵や表として最も適当なものを，次のア～エの中からそれぞれ1つずつ選んで，記号で答えなさい。英文は1回だけ放送されます。

1.

ア

イ

ウ

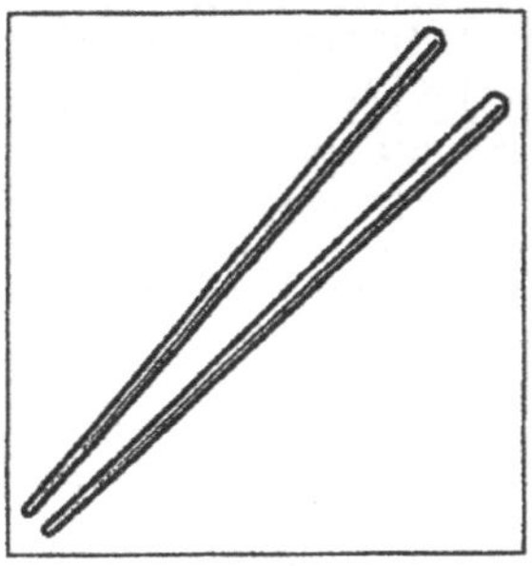

エ

2.

ア

イ

ウ

エ

3.

ア

空席情報

○=空席あり　×=空席なし

日	月	火	水	木	金	土
4/3 ×	4/4 ×	4/5 ×	4/6 ○	4/7 ○	4/8 ○	4/9 ○
4/10 ○	4/11 ○	4/12 ○	4/13 ○	4/14 ○	4/15 ○	4/16 ×

イ

空席情報

○=空席あり　×=空席なし

日	月	火	水	木	金	土
4/3 ×	4/4 ×	4/5 ×	4/6 ○	4/7 ○	4/8 ○	4/9 ×
4/10 ×	4/11 ○	4/12 ○	4/13 ○	4/14 ○	4/15 ○	4/16 ×

ウ

空席情報

○=空席あり　×=空席なし

日	月	火	水	木	金	土
4/3 ×	4/4 ×	4/5 ×	4/6 ○	4/7 ○	4/8 ○	4/9 ○
4/10 ○	4/11 ○	4/12 ○	4/13 ○	4/14 ○	4/15 ○	4/16 ○

エ

空席情報

○=空席あり　×=空席なし

日	月	火	水	木	金	土
4/3 ×	4/4 ×	4/5 ×	4/6 ○	4/7 ○	4/8 ○	4/9 ×
4/10 ×	4/11 ○	4/12 ○	4/13 ○	4/14 ○	4/15 ○	4/16 ○

4.

ア

イ

ウ

エ

II それぞれの対話を聞いて，そのあとに流れる質問の答えとして最も適当なものを，次のア～エの中からそれぞれ１つずつ選んで，記号で答えなさい。対話と質問は２回ずつ放送されます。

1．
ア He will play a video game.
イ He will do his homework.
ウ He will eat dinner.
エ He will meet John.

2．
ア Because the bus wasn't moving.
イ Because he got up late in the morning.
ウ Because he wanted to buy a book.
エ Because he started running today.

III それぞれの英文を聞いて，そのあとに流れる質問の答えとして最も適当なものを，次のア～エの中からそれぞれ１つずつ選んで，記号で答えなさい。英文と質問は２回ずつ放送されます。

1．
ア To a movie theater.
イ To a restaurant.
ウ To a shopping mall.
エ To their house.

2．
ア For 15 minutes.
イ For 30 minutes.
ウ For 45 minutes.
エ For an hour.

Ⅳ 留学生のマイクが友達のユカリの家に向かうために，ユカリに電話をかけています。マイクとユカリの対話を聞いて，問題用紙に書かれている各問いに答えなさい。対話は２回放送されます。

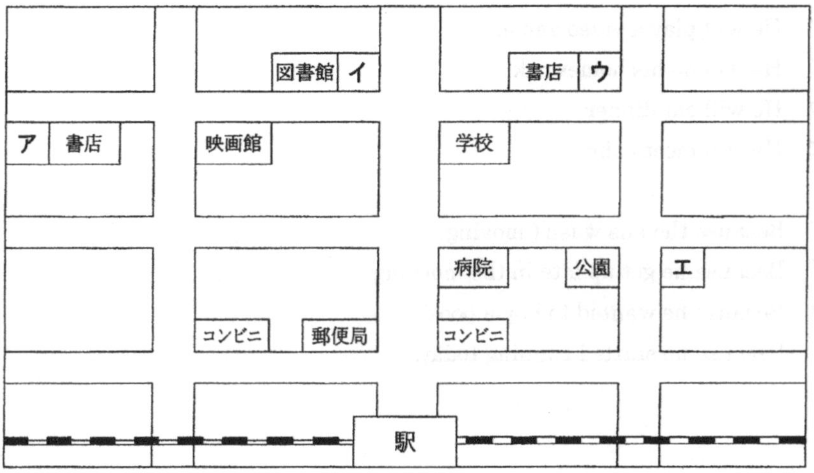

１． マイクが曲がる角にある施設として最も適当なものを，次の**ア**～**エ**から１つ選んで，記号で答えなさい。

ア 学校
イ 病院
ウ 映画館
エ 公園

２． ユカリの家の場所として最も適当なものを，地図中の**ア**～**エ**から１つ選んで，記号で答えなさい。

ここから先は，放送の指示があるまで開かないこと。

V　次の英文を読み，本文の内容に一致するものを後の１～１４から５つ選んで，番号で答えなさい。

When we are walking outside, we often see yellow blocks on the ground. They are *braille blocks. "Braille" means "*tenji*," and the word "braille" came from Louis Braille, the *inventor of *tenji*. Braille blocks are not so important for many people, but they are very important for *blind people. Thanks to braille blocks, they can walk safely. Braille blocks are used in many countries in the world. According to research in 2016, they were used in 75 countries, such as the USA, China and the UK. Although braille was *invented by a French person, the inventor of braille blocks was Japanese.

The man who invented braille blocks is Miyake Seiichi. He was born in Okayama on February 5, 1926. When he grew up, he had a *ryokan* in Okayama. He also worked as an inventor. In 1963, when he was walking along the street, he saw a person with a *walking cane. The person was blind and was going across the street. Then, a car *passed close by the person at a high speed. Seiichi thought it was dangerous, and he wanted blind people to be able to walk outside by themselves safely. He started to think about a system for that.

Seiichi liked animals very much. He had a dog. One day the dog had a baby. Iwahashi Hideyuki, one of Seiichi's friends, heard about it and introduced a dog trainer to Seiichi. Mr. Iwahashi *ran a *facility for blind people, and he was also blind. Mr. Iwahashi told Seiichi about some troubles that blind people often had. He also said, "I am blind, but I can touch and feel *protruding objects." At that time, the idea of braille blocks came to Seiichi's mind.

"I want all blind people to be able to walk outside safely." Seiichi made this goal. Saburo, Seiichi's little brother, helped him. Saburo worked at a building company, and he was able to make blocks from Seiichi's idea. At that time, the word "*tenji*" was already known by many people in Japan, so Seiichi named the blocks "*tenji* blocks" ("braille blocks").

The world's first braille blocks were set up near a school for blind people in Okayama in 1965. They were liked by many people there, and people in other countries also thought the idea was good. But in those days, Japan didn't *focus on *welfare services, and Seiichi realized that braille blocks would not spread all over Japan easily.

But in 1970, Seiichi received a *request to set up braille blocks around Takada-no-baba Station in Tokyo. There were a lot of facilities for blind people in Takada-no-baba, and they needed braille blocks. Thanks to the success of this project, braille blocks spread all over Japan. Seiichi wanted to introduce braille blocks to the world and visited a lot of countries, but in 1982, he died at the age of 56 before reaching his goal.

After Seiichi died, Saburo kept *promoting braille blocks. Because of his *effort, Seiichi and Saburo's braille blocks became the *standard in Japan in 2001. And in 2012, they became the world standard.

Now, braille blocks made by the Miyake brothers help many blind people in the world. We should pay attention to braille blocks and remember what they are for. If you put your bag or your bike on braille blocks, blind people could fall down. It is important for all people to think about blind people.

次は、問２です。

問２は、対話を聞いて，質問に答える問題です。それぞれの対話を聞いて，そのあとに流れる質問の答えとして最も適当なものを，次のア～エの中からそれぞれ１つずつ選んで，記号で答えなさい。対話と質問は２回ずつ放送されます。それでは，問題に入ります。

１．*Tom's mother:* Tom, what are you doing?

Tom: I'm playing a video game.

Tom's mother: You have a lot of homework, right?

Tom: Yes, Mom. I'll do it with John in the library tomorrow.

Tom's mother: I see. Dinner is ready now.

Tom: Really? I'm very hungry.

Question: What will Tom do next?

(listen again.)

２．*Mary:* Hello, Ryan. You look tired. What's wrong?

Ryan: I ran to school, so I'm tired.

Mary: You usually come to school by bus, right?

Ryan: Yes. But I got up late this morning, and I missed the bus.

Mary: You often read comic books late at night. You should go to bed early.

Ryan: You're right. I'll start today.

Question: Why did Ryan run to school?

(listen again.)

これで、問２を終わります。

次は、問３です。

問３は、英文を聞いて，質問に答える問題です。それぞれの英文を聞いて，そのあとに流れる質問の答えとして最も適当なものを，次のア～エの中からそれぞれ１つずつ選んで，記号で答えなさい。英文と質問は２回ずつ放送されます。それでは，問題に入ります。

1．Takuya and his brother are going to see a movie. They don't want to be hungry during the movie, so they are going to eat lunch at a restaurant before they go to the theater. After the movie, they are going to go shopping and go home.
Question: Where will Takuya and his brother go before the movie?
(listen again.)

2．Sayuri often goes home from school with Rika. Today, Rika had a tennis practice until five. So, Sayuri studied in the school library until four thirty, and started to wait for Rika in front of the school at four forty-five. Fifteen minutes later, Rika came and they went home together.
Question: How long did Sayuri wait for Rika in front of the school?
(listen again.)

これで、問３を終わります。

次は、問４です。

問４は、対話を聞いて，その対話に関する設問に答える問題です。留学生のマイクが友達のユカリの家に向かうために，ユカリに電話をかけています。マイクとユカリの対話を聞いて，問題用紙に書かれている各問いに答えなさい。対話は２回放送されます。それでは，問題に入ります。

Mike: Hello, this is Mike. I'm on the way to your house, but I forgot how to get there. Can you tell me the way?
Yukari: OK. Where are you now?
Mike: I'm at a convenience store near the station.
Yukari: So you can see a post office across the street, right?
Mike: Yes.
Yukari: Go along the street, and turn right at the second corner. Then, you will see a bookstore on your left. My house is next to it.
Mike: I see.
(listen again.)

リスニング問題は以上です。６ページを開いて，筆記問題の解答を始めてください。

リスニング問題

※音声は収録しておりません

ただ今から英語考査を始めます。問題冊子は，１ページから 12 ページまであります。
問題冊子に不備があれば監督先生に申し出てください。
（30 秒あける）

ただ今からリスニング考査を始めます。問題冊子の１ページを開いてください。

放送を聞いて答える問題は，問１から問４まであります。
途中で，メモを取ってもかまいません。

問１は、英文を聞いて適当な絵や表を選ぶ問題です。次の１～４について，英文の内容に合う絵や表として最も適当なものを，次のア～エの中からそれぞれ１つずつ選んで，記号で答えなさい。英文は１回だけ放送されます。それでは，問題に入ります。

１. You use this when you cook.　For example, when you make curry and rice, you cut vegetables with it.

２. Taro has a cute white dog.　Now, he is reading a book.　The dog wants to play with Taro, but he doesn't stop reading.

３. Hiroshi wants to go to a popular restaurant with his family.　He wanted to go there on April 9, but it will be full on that day.　So he decided to go there on April 16.

４. Kate has a son, and he likes playing with his toys.　Kate bought a big box for him, and he puts his toys in the box.

これで、問１を終わります。

【注】 braille block：点字ブロック　inventor：発明家　blind：目が不自由な　invent：発明する
walking cane：つえ　pass close by ～：～の近くを通り過ぎる　run：経営する　facility：施設
protruding object：突起物　focus on ～：～を重点的に取り扱う　welfare：福祉
request：要望　promote：促進する　effort：努力　standard：基準

１．Braille blocks were used in 75 countries in 2016.

２．A Japanese person invented *tenji*, and Louis Braille made braille blocks from it.

３．Seiichi was born in 1926, and his father ran a *ryokan* in Okayama.

４．A blind person walked outside without a walking cane, and Seiichi thought it was dangerous.

５．Mr. Iwahashi was a dog trainer and helped Seiichi when his dog had a baby.

６．Seiichi had the idea of braille blocks after he heard Mr. Iwahashi's words.

７．Saburo was Seiichi's little brother, and he was able to make braille blocks.

８．Because Seiichi named his blocks "*tenji* blocks," people in Japan learned the word "*tenji*."

９．Braille blocks were set up in Okayama for the first time in the world in 1965.

１０．At first, the braille blocks set up in Okayama were not liked by people in other parts of the world.

１１．Seiichi wanted to set up braille blocks in Tokyo, so he told people in Takada-no-baba about it.

１２．Seiichi reached his goal in 1982, and he died in the same year at the age of 56.

１３．Saburo stopped promoting braille blocks after Seiichi died.

１４．The Miyake brothers' braille blocks became the world standard after they became the standard in Japan.

VI 次の英文を読み，後の問いに答えなさい。

There are a lot of *desert islands. Some of them have never been *connected to any other land. When you think of a desert island, you may imagine an island with a lot of trees and plants. But think carefully. <u>① Why can we see many plants on islands that are far away from land?</u> Where do the seeds of the plants come from?

Some seeds come from the sea. When you are swimming in the sea, you will sometimes find that some fruit is *drifting. Seeds drift to islands in the same way. Seawater flows in the same *direction, so many seeds drift to the same island. Those seeds grow into plants there.

Some seeds, such as light seeds, are carried to islands by the wind. But the wind doesn't always *blow in the same direction. Some seeds are carried far away, and other seeds fall into the sea before they reach land.

Other seeds are carried by sea birds. If birds eat some fruit on land in one place and fly to an island across the sea, they carry the seeds in their *stomach. When they get to the island, they leave *droppings, and the seeds in the droppings grow into plants there. [A] [B] [C] [D] However, birds can keep seeds they ate on land in their stomach only for about four hours. Can birds fly to an island in such a short time? It is still a mystery.

<u>② Most plants never move by themselves, but their seeds have different ways of traveling far away. But they are all difficult.</u> Where did the plants around you come from? Why don't you try to think about it?

【注】 desert island：無人島　connect to ～：～とつながる　drift：漂う　direction：方向
blow：（風が）吹く　stomach：胃　droppings：（動物の）フン

問１ 下線部①を日本語に直しなさい。

問２ 本文の[A]～[D]には，それぞれ文が省略されています。全体の意味が通る文章にするのに最も適当なものを，次の**ア**～**エ**からそれぞれ１つずつ選んで，記号で答えなさい。

ア Actually, many trees on desert islands have such fruit.
イ They eat fruit with beautiful colors, such as red and yellow because they can easily find it.
ウ This shows that birds carried the seeds of those trees in the past.
エ Then what kind of fruit do birds eat?

問3　下線部②の内容に最も近いものを，次のア～エから1つ選んで，記号で答えなさい。

ア　ほとんどの植物は自分の力で動けないが，人々はそれらの種を遠くへ動かす方法をたくさん持っている。しかし，それらはどれも簡単な方法ではない。

イ　ほとんどの植物は自ら動くことはけっしてないが，それらの種が遠くへ移動する方法にはさまざまなものがある。しかし，そのどれもが難しい方法だ。

ウ　ほとんどの植物はけっして移動しないが，それらの種が遠くへ移動する方法はいくつかあると言われている。しかし，それらをすべて見つけるのは難しい。

エ　ほとんどの植物は絶対に動かないはずだが，それらの種が遠くからやってきたさまざまな道筋が見つかっている。しかし，それらをすべてつきとめるのは難しい。

問4　次の1と2の質問に，英語で正しく答えなさい。ただし，数も英語のつづりで書くこと。

1．Why do many seeds drift to the same island?
Because (　　　　　　　　　　　　　　　　　　　　).

2．How long can birds keep seeds they ate in their stomach?
For (　　　　　　　　　　　　　　　　　　　　).

問5　この英文は，何についての話ですか。最も適当なものを，次のア～エから1つ選んで，記号で答えなさい。

ア　What is important for seeds to drift to islands?
イ　Where does the wind come from?
ウ　How do seeds of plants get to desert islands?
エ　Why do birds eat fruit with beautiful colors?

VII 次の各日本文の意味を表すように，〔　　　〕内の語句を並べかえるとき，（ ① ）～（ ⑧ ）に入る語句を，それぞれ記号で答えなさい。ただし，文頭にくる語も小文字にしてあります。

１．ここから見るとあの岩は人間の顔のように見えます。

（　　）（　　）（ ① ）（　　）（　　）（　　）（ ② ）（　　）from here.

〔 ア it　イ like　ウ that rock　エ is　オ looks
カ when　キ seen　ク a human's face 〕

２．その歌手を知らない人はいないと思います。

I（ ③ ）（　　）（　　）（　　）（ ④ ）（　　）（　　）（　　）.

〔 ア who　イ think　ウ the singer　エ don't　オ doesn't
カ know　キ anyone　ク there is　ケ that 〕

３．もう使わない物を捨てることができない人もいます。

（　　）（　　）（　　）（ ⑤ ）（　　）（ ⑥ ）（　　）（　　）anymore.

〔 ア use　イ things　ウ don't　エ they　オ cannot
カ which　キ throw away　ク some people 〕

４．あなたのアメリカ旅行の話を聞いて，私は留学により興味を持ちました。

（　　）（　　）（　　）（　　）（ ⑦ ）（　　）（　　）（　　）（ ⑧ ）（　　）.

〔 ア studying　イ the story　ウ interested in　エ abroad　オ made
カ more　キ about　ク to America　ケ me　コ your trip 〕

Ⅷ 次の１～１２の英文の中から，**文法的に誤りのないもの**を５つ選んで，番号で答えなさい。

１．It has been snowing last week.

２．If I were you, I would go to Jane's birthday party.

３．One of the most popular spots in Japan are Mt. Fuji.

４．Would you like something hot to drink?

５．I went to the mountains in my father's car.

６．Tsuyoshi made a lot of friends during he stayed in Australia.

７．Everyone looked surprising at the beautiful picture he painted.

８．I hope you to be a professional tennis player.

９．This is the most exciting movie that I have ever seen.

１０．When Yuka went fishing, she couldn't catch much fish.

１１．I have three cats.　One is black and the others are white.

１２．Kazuya likes driving cars which made in Japan.

IX 次の各組の英文がほぼ同じ意味になるように，（ ① ）～（ ⑩ ）に入る最も適当な英語１語を，それぞれ答えなさい。

1．Masaki didn't buy anything at the store.
Masaki（ ① ）（ ② ）at the store.

2．Please tell me where you live.
Please（ ③ ）me（ ④ ）where you live.

3．May I help you?
（ ⑤ ）can I do（ ⑥ ）you?

4．Ryo doesn't play soccer as well as Kosuke.
Kosuke plays soccer（ ⑦ ）（ ⑧ ）Ryo.

5．Jim said to Mr. White, "Where should I go?"
Jim asked Mr. White where（ ⑨ ）（ ⑩ ）.

2022年度

上 宮 高 等 学 校

入 学 考 査 問 題

理　科

（50分）

（注意）　① 解答はすべて解答用紙に記入しなさい。
② 計算問題で特に指定がなく，割り切れない場合は，小数第３位を四捨五入して，小数第２位まで答えなさい。

受験番号	名前

I　以下の各問いに答えなさい。

問１　次の生物の中で，無《む》性《せい》生《せい》殖《しょく》によってなかまを増やすことができるものはどれですか。次の**ア**～**カ**からすべて選んで，記号で答えなさい。

ア　ツツジ　　**イ**　ミカヅキモ　　**ウ**　ジャガイモ
エ　ウニ　　**オ**　カエル　　**カ**　オオカミ

問２　ヒトの消化液のうち，タンパク質をはじめに分解するものはどれですか。次の**ア**～**オ**から１つ選んで，記号で答えなさい。

ア　だ液　　**イ**　胃液　　**ウ**　胆汁
エ　すい液　　**オ**　小腸の壁から出る消化液

問３　次の文中の（　①　）と（　②　）に当てはまる語の組み合わせとして，正しいものはどれですか。下の**ア**～**エ**から１つ選んで，記号で答えなさい。

> 炭酸水素ナトリウムを完全に熱分解したときに，残った固体は炭酸水素ナトリウムよりも水に（　①　），その固体の水溶液は（　②　）を示す。

	ア	**イ**	**ウ**	**エ**
①	溶けやすく	溶けやすく	溶けにくく	溶けにくく
②	酸性	アルカリ性	酸性	アルカリ性

問４　銅と亜鉛を電極とした電池をつくるとき，用いる溶液として**間違っているもの**はどれですか。次の**ア**～**カ**から１つ選んで，記号で答えなさい。

ア　塩酸　　**イ**　食塩水　　**ウ**　水酸化ナトリウム水溶液
エ　酢酸　　**オ**　砂糖水　　**カ**　硫酸

問5　マグマが冷えてできた岩石の総称と，一般的にその岩石すべてに含まれる鉱物の名前の組み合わせとして，正しいものはどれですか。次の**ア**～**エ**から１つ選んで，記号で答えなさい。

	ア	イ	ウ	エ
総称	火成岩	火成岩	火山岩	火山岩
鉱物名	チョウセキ	セキエイ	チョウセキ	セキエイ

問6　温暖前線の前線面で発達し雨を降らせる雲の名前として，正しいものはどれですか。次の**ア**～**カ**から１つ選んで，記号で答えなさい。

ア　積乱雲　　**イ**　積雲　　**ウ**　巻層雲
エ　乱層雲　　**オ**　巻雲　　**カ**　層雲

問7　摩擦のない水平面を等速直線運動している物体があります。その物体にはたらく力を，正しく表しているものはどれですか。次の**ア**～**オ**から１つ選んで，記号で答えなさい。ただし，物体は右方向に移動し，物体にはたらく力を矢印で表すものとする。

ア
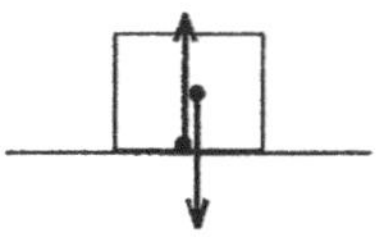
イ
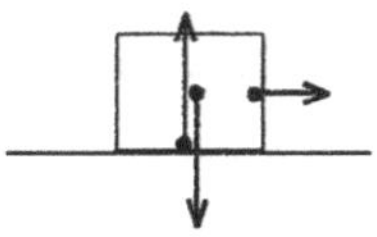
ウ
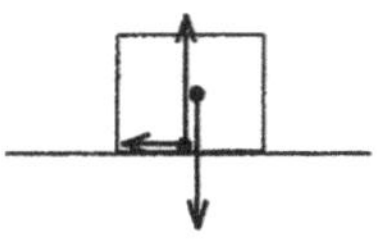
エ
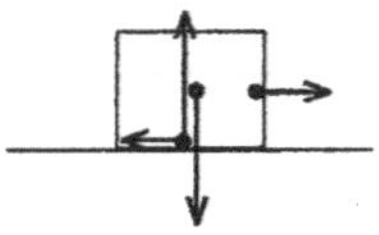
オ
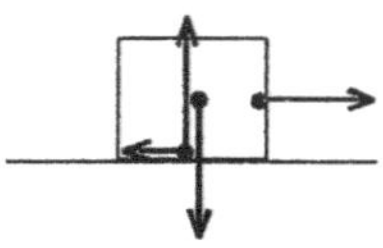

問8　電子レンジを使い同じ電力量でお弁当を温めるのに，500W で温めると 180 秒かかり，1500W で温めると 60 秒かかります。では，1000W で温めた場合は何秒かかりますか。次の**ア**～**オ**から１つ選んで，記号で答えなさい。

ア　90 秒　　**イ**　100 秒　　**ウ**　110 秒
エ　120 秒　　**オ**　130 秒

II　次の【実験１】,【実験２】について，以下の各問いに答えなさい。

【実験１】　ある濃度の塩酸を40cm^3ずつビーカー**A**～**E**に入れ，ある濃度の水酸化ナトリウム水溶液をそれぞれに加えました。そして，十分かき混ぜてから緑色に調整したBTB溶液を加えました。**表１**は加えた水酸化ナトリウム水溶液の体積と，BTB溶液を加えたあとの色の変化を示したものです。

表１

ビーカー	A	B	C	D	E
加えた水酸化ナトリウム水溶液の体積〔cm^3〕	20	40	60	80	100
BTB溶液を加えたあとの色	黄色	黄色	緑色	青色	青色

【実験２】　**【実験１】**で用いた塩酸を20cm^3ずつ入れたビーカー**F**～**J**に，**【実験１】**で用いた水酸化ナトリウム水溶液をそれぞれに加えました。そして，十分かき混ぜてから加熱して水を完全に蒸発させました。**表２**は加えた水酸化ナトリウム水溶液の体積と，各ビーカーの水を完全に蒸発させて得られた固体の質量を示したものです。

表２

ビーカー	F	G	H	I	J
加えた水酸化ナトリウム水溶液の体積〔cm^3〕	10	20	30	40	50
得られた固体の質量〔g〕	1.5	3.0	4.5	X	6.5

問１　酸性の水溶液とアルカリ性の水溶液が互いの性質を打ち消し合う反応を，何反応といいますか。

問２　**【実験１】**,**【実験２】**で用いた塩酸50cm^3と，**【実験１】**,**【実験２】**で用いた水酸化ナトリウム水溶液を何cm^3混ぜ合わせると中性にすることができますか。

問３　**【実験２】**のビーカー**G**の溶液中に含まれているイオンの中で最も多く含まれているイオンをイオン式で答えなさい。ただし，イオン式は【例】にならって答えなさい。

【例】　Ca^{2+}

問４　【実験２】のビーカーＦ～Ｊで得られた固体の種類について述べた内容として正しいものはどれですか。次のア～オから１つ選んで，記号で答えなさい。

ア　Ｆ，Ｇからは１種類の固体が得られ，Ｈ，Ｉ，Ｊからは２種類の固体が得られた。
イ　Ｆ，Ｇ，Ｈからは１種類の固体が得られ，Ｉ，Ｊからは２種類の固体が得られた。
ウ　Ｈからは１種類の固体が得られ，Ｆ，Ｇ，Ｉ，Ｊからは２種類の固体が得られた。
エ　Ｈ，Ｉ，Ｊからは１種類の固体が得られ，Ｆ，Ｇからは２種類の固体が得られた。
オ　Ｉ，Ｊからは１種類の固体が得られ，Ｆ，Ｇ，Ｈからは２種類の固体が得られた。

問５　表２中のＸに当てはまる数値を答えなさい。

問６　【実験１】，【実験２】で用いた塩酸 40cm^{3}と，【実験１】，【実験２】で用いた水酸化ナトリウム水溶液 120cm^{3}を混ぜ合わせたものを，加熱して水を完全に蒸発させたあとに得られた固体の質量は何ｇですか。

問７　【実験１】，【実験２】で用いた塩酸の２倍の濃さの塩酸 20cm^{3}と，【実験１】，【実験２】で用いた水酸化ナトリウム水溶液の３倍の濃さの水酸化ナトリウム水溶液 20cm^{3}を混ぜ合わせたものを，加熱して水を完全に蒸発させたあとに得られた固体の質量は何ｇですか。

Ⅲ　次の【**実験**】について，以下の各問いに答えなさい。

部屋の湿度を求めるために，次のような手順で【**実験**】を行いました。**図１**はその【**実験**】の様子を示したものです。また，飽和水蒸気量とは，ある気温における，空気１m^3に含むことのできる水蒸気の最大量のことで，各気温における飽和水蒸気量を**表**に示しました。

【**実験**】手順１　部屋の気温を測定する。
手順２　金属製のコップにくみ置きの水を入れる。
手順３　コップの水に少しずつ氷水を入れて，静かにかき混ぜながら水温を下げていく。
手順４　金属製のコップの表面がくもり始めたときの水温を測定する。

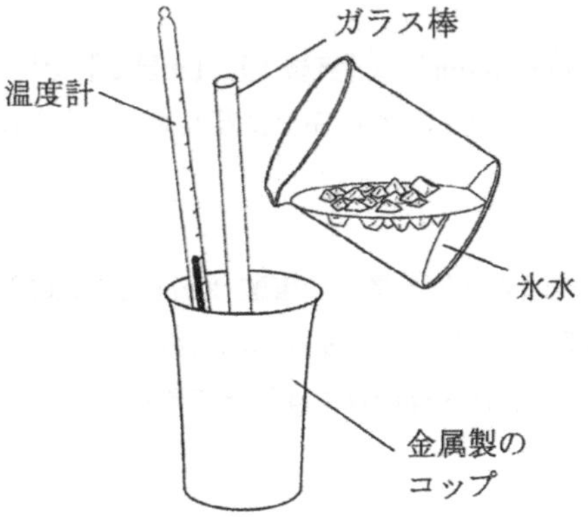

図１

表

気温〔℃〕	0	1	2	3	4	5	6	7	8	9
飽和水蒸気量〔g/m^3〕	4.8	5.2	5.6	5.9	6.4	6.8	7.3	7.8	8.3	8.8

気温〔℃〕	10	11	12	13	14	15	16	17	18	19
飽和水蒸気量〔g/m^3〕	9.4	10.0	10.7	11.4	12.1	12.8	13.6	14.5	15.4	16.3

問１　気温が下がって，空気中の水蒸気が水滴になり始める温度を何といいますか。漢字で答えなさい。

問２　**問１**と同じ状態変化を起こしているものとして，**間違っているもの**はどれですか。次の**ア**～**エ**から１つ選んで，記号で答えなさい。

ア　寒い日の朝，霧《きり》がかかっている。
イ　ドライアイスのまわりに白いもやができている。
ウ　手に消毒のアルコールをぬると冷たく感じる。
エ　富士山の高い所に雲がかかっている。

問3　空気1 m^{3}中に含まれる水蒸気の量が最も多いものはどれですか。次の**ア**～**エ**から1つ選んで，記号で答えなさい。

ア　気温3℃で湿度100％の空気　　**イ**　気温10℃で湿度70％の空気
ウ　気温13℃で湿度50％の空気　　**エ**　気温18℃で湿度30％の空気

問4　部屋の温度は15℃であり，コップの表面がくもり始めたときの水温は7℃であった。この部屋の湿度は何％ですか。小数第1位を四捨五入して，整数で答えなさい。

問5　**【実験】**を行った部屋の大きさが300 m^{3}のとき，室温を5℃まで下げると，何gの水滴が出てくると考えられますか。

問6　日本の季節と湿度について述べた内容として正しいものはどれですか。次の**ア**～**エ**から1つ選んで，記号で答えなさい。

ア　夏は北西の季節風が吹くため，日本海側の湿度が高くなることが多い。
イ　夏は南東の季節風が吹くため，太平洋側の湿度が高くなることが多い。
ウ　冬は南東の季節風が吹くため，日本海側の湿度が高くなることが多い。
エ　冬は北西の季節風が吹くため，太平洋側の湿度が高くなることが多い。

問7　湿度を測定するために，**図2**のような測定器を用います。この測定器の名前は何ですか。漢字で答えなさい。

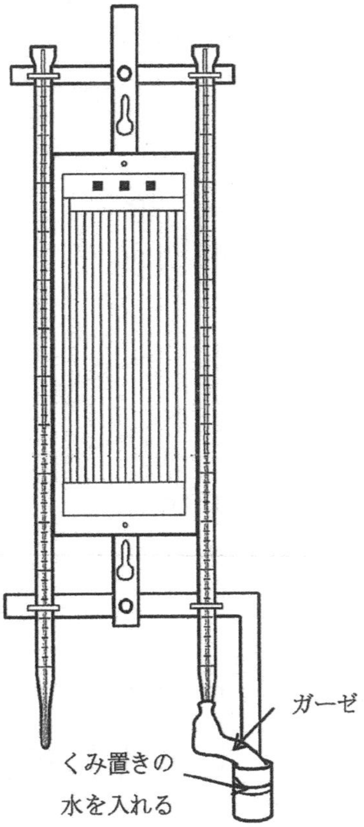

図2

Ⅳ　次の【実験１】,【実験２】について，以下の各問いに答えなさい。

【実験１】　水の入った６本の試験管Ａ～Ｆを用意し，それぞれに息をふきこんで緑色にしたBTB溶液を数滴ずつ入れました。試験管Ａ～Ｅには，それぞれに同じ大きさのカナダモを入れ，すべての試験管に空気が入らないようにゴムせんで密閉したあと，下の**表１**の条件で１時間実験を行いました。その後に液の色を調べたところ，試験管ＢとＦだけが緑色のままで，試験管ＡとＣのカナダモからは，量に違いはあるが気体が発生していることが確認でき，その気体を調べると同じ種類であることがわかりました。

表１

試験管	条　件
試験管Ａ	強い光を当てる。
試験管Ｂ	弱い光を当てる。
試験管Ｃ	ガーゼをまき，試験管Ａと同じ光を当てる。
試験管Ｄ	試験管Ｃと同じようにガーゼをまき，試験管Ｂと同じ弱い光を当てる。
試験管Ｅ	アルミホイルをまき，試験管内に光が入らないようにする。
試験管Ｆ	試験管Ａと同じ強い光を当てる。

【実験２】　植物が葉や茎から水蒸気を出すはたらきを調べるために，ほぼ同じ大きさの葉が同じ枚数ずつついたある植物の枝を４本用いて**図**の装置Ｇ～Ｊを用意し，３時間後の水の減少量をはかりました。**表２**はそのときの結果をまとめたものです。ただし，油やワセリンは水の蒸発をふせぎます。

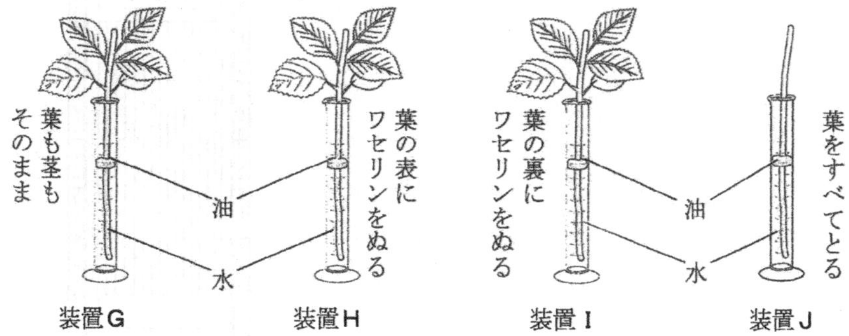

図

表２

	装置Ｇ	装置Ｈ	装置Ｉ	装置Ｊ
水の減少量〔cm^3〕	19	Ｘ	7	2

問１　**【実験１】**において，試験管Ａ，Ｃで発生した気体として正しいものはどれですか。次の**ア**～**エ**から１つ選んで，記号で答えなさい。

ア　二酸化炭素　　　**イ**　酸素　　　**ウ**　ちっ素　　　**エ**　水素

問２　**【実験１】**において，試験管Ｂの液の色が変化しなかった理由として正しいものはどれですか。次の**ア**～**エ**から１つ選んで，記号で答えなさい。

ア　カナダモが呼吸も光合成も行っていなかったから。
イ　カナダモの光合成量が呼吸量を上回っていたから。
ウ　カナダモの呼吸量が光合成量を上回っていたから。
エ　カナダモの呼吸量と光合成量が同じくらいであったから。

問３　**【実験１】**について，試験管Ａ，Ｃ，Ｄ，Ｅの液の色の変化として正しいものはどれですか。次の**ア**～**エ**から１つ選んで，記号で答えなさい。

ア　試験管Ａ，Ｃの液は青色になり，試験管Ｄ，Ｅの液は黄色になる。
イ　試験管Ａ，Ｃの液は黄色になり，試験管Ｄ，Ｅの液は青色になる。
ウ　試験管Ａ，Ｃ，Ｄ，Ｅの液はいずれも青色になる。
エ　試験管Ａ，Ｃ，Ｄ，Ｅの液はいずれも黄色になる。

問４　**【実験２】**について，植物が葉や茎から水蒸気を出すはたらきを何といいますか。漢字２文字で答えなさい。

問５　**問４**で答えた植物のはたらきによって，直接的に生み出される効果として，**間違っているもの**はどれですか。次の**ア**～**エ**から１つ選んで，記号で答えなさい。

ア　新しい水分を根から吸収しやすくなる効果がある。
イ　植物の体温調節をする効果がある。
ウ　生命活動を維持するためのエネルギーを生み出す効果がある。
エ　体内水分量の調節をする効果がある。

問６　**【実験２】**の**表２**中のＸに当てはまる数値を答えなさい。

問７　**【実験２】**から，植物の葉のみで，３時間で減少する水は何 cm^3 になりますか。

V　音に関係する次の実験や現象について，以下の各問いに答えなさい。

気温と音の速さの関係を調べる実験を，次のように行いました。**表**はその結果をまとめたものです。

【実験】 手順１　２台の電子メトロノームを240回／分のテンポに設定する。
手順２　２台の電子メトロノームのスイッチを同時に入れる。
手順３　１台をメジャーの０mのところに置く。
手順４　もう１台を持って，音のずれを確認しながら遠ざかっていく。
手順５　再び音が一致したところの距離を測定する。

図１

表

気 温〔℃〕	0	15	34
位置X〔m〕	83	85	88

問１　メトロノームの音の鳴る間隔は何秒ですか。

問２　**【実験】**より，気温34℃での音の速さは何m/秒ですか。

問３　ある夜に花火が上がっているのを見た時，花火の光が見えてから，音が聞こえるまでに３秒かかりました。花火を見ている場所と花火の間は何m離れていますか。ただし，この時の気温は15℃であったとし，光の速さは音の速さより非常に速いものとする。

問４　魚群探知機の仕組みは**図２**のように，船から海底に向かって音波を発し，反射して戻ってくるまでの時間を観測し，距離に換算して深さを表示するようになっています。

　この探知機を，魚群に向けて発した音波が反射して戻ってくるまでに１秒かかりました。このときの魚群までの深さは何mですか。ただし，この海域の水温は一定で，その水温において水中での音波の速さを1500m/秒とします。

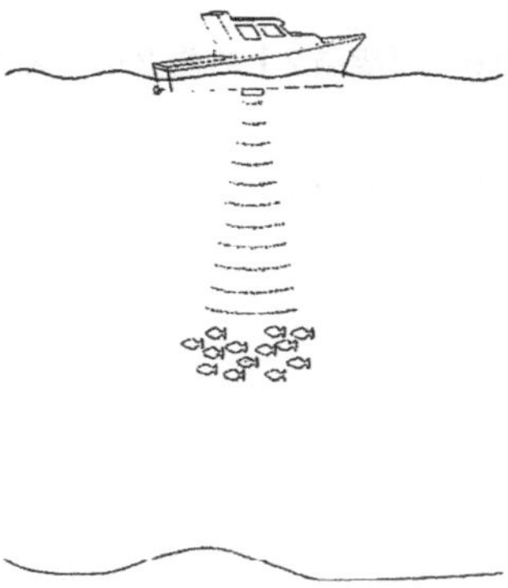

図２

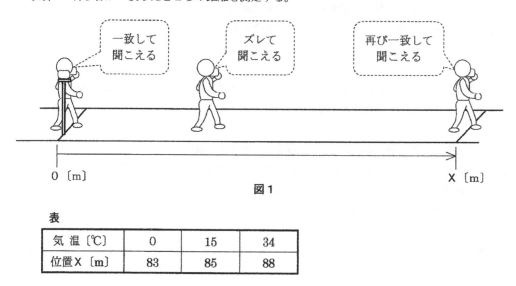

この【実験】より，音は温度が高いほど速く伝わることが分かりました。図3のように，空気に温度の差がある場合，音は曲がって進むと考えられます。

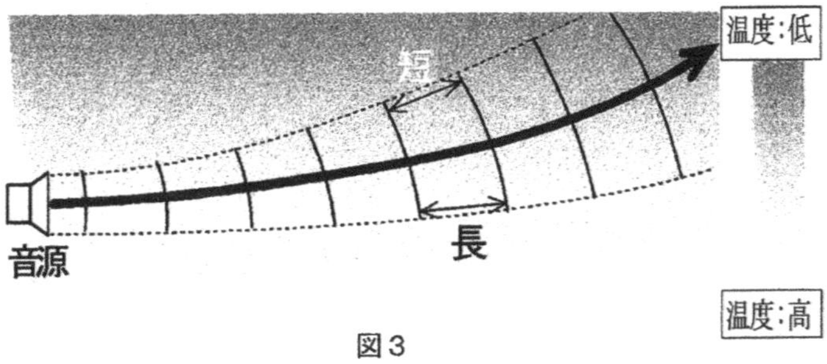

図3

夏目漱石の『こゝろ』の中に「世の中が眠ると聞こえだすあの電車の響きも……。」との一文があります。これは，昼に聞こえなかった電車の音が，夜になると聞こえることを表現しています。この様な現象が起きる理由の一つに，気温差で音は曲がることがあげられます。

図4のように晴れている日の昼間は地面に接する空気の方が上空の空気よりも温度が高くなるので，上空よりも地面付近の方が，音の速さは（　A　）なり，音は（　B　）曲げられます。つまり，音は遠方の地上には届き（　C　）なります。ところが，夜になると地面に接する空気の方が上空の空気より温度が低くなるので，音は（　D　）曲げられます。このために，音は地面付近で遠方にまで届き（　E　）なります。つまり，昼に聞こえなかった電車の音が，夜になると聞こえるのです。

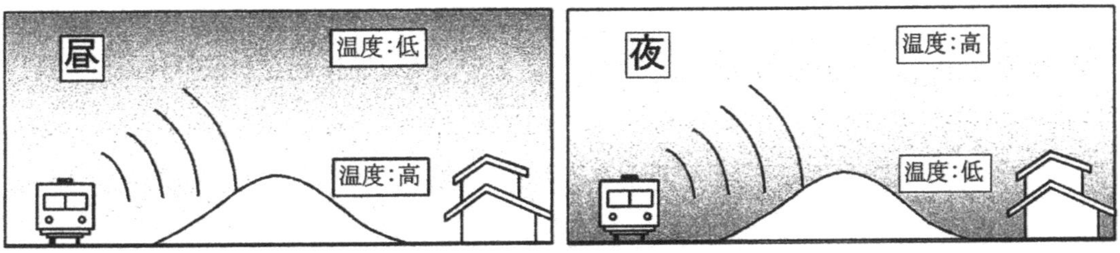

図4

問5　（　A　）に当てはまる語句として正しいものは**ア**，**イ**のどちらですか，記号で答えなさい。

ア　速く　　　　　　　　**イ**　遅く

問6　（　B　）と（　C　）に当てはまる語句の組み合わせとして正しいものを，次の**ア**～**エ**から1つ選んで，記号で答えなさい。

	ア	イ	ウ	エ
B	上空に向かって	上空に向かって	地面に向かって	地面に向かって
C	やすく	にくく	やすく	にくく

問7　（　D　）と（　E　）に当てはまる語句の組み合わせとして正しいものを，次の**ア**～**エ**から1つ選んで，記号で答えなさい。

	ア	イ	ウ	エ
D	上空に向かって	上空に向かって	地面に向かって	地面に向かって
E	やすく	にくく	やすく	にくく

2022年度

上宮高等学校

入学考査問題

社　会

（50分）

（注意）　解答はすべて解答用紙に記入しなさい。

受験番号	名　前

I　次の文章は、「雲仙・普賢岳　30年前の教訓をいまに」と題された2021年6月3日の新聞記事から引用したものです。この文章を読んで、後の問いに答えなさい。

①長崎県の②雲仙・普賢岳で大火砕流が発生してから、きょうで③30年になる。

死者は40人にのぼり、行方不明のままの人も3人。噴火の撮影ポイントにいた報道関係者16人と、同行のタクシー運転手4人のほか、12人の消防団員や警察官、住民など、避難勧告に従わず取材する報道陣の警戒にあたっていた人が多く犠牲になった。メディアに重い教訓を残した④災害でもある。

現在、火山活動は落ち着いているものの、溶岩ドームの崩落や、山腹の土砂・⑤火山灰による土石流発生の恐れなど危険な状態は続き、継続的な監視が欠かせない。惨事を繰り返さないためにどんな取り組みが有効か。そうした問いから現地で20年前に始まり、いまも続いているのが「防災登山」だ。

九州大の研究者と地元⑥自治体、警察、消防、報道関係者が一緒に、定期的に普賢岳に登る。研究者の解説を聞きながら溶岩ドームの状況を確かめ、⑦情報と危機意識を共有する。「顔の見える関係」を深める機会になっている。

防災教育などを通じてふだんから専門家と行政、住民が信頼関係を築いておく努力が※奏功したのが、2000年の⑧有珠山（⑨北海道）噴火時の対応だった。火山活動活発化の兆候を察知した北海道大の研究者が地元の町に伝え、住民の素早い避難につなげた。

2014年の噴火で63人の死者・行方不明者が出た御嶽山（⑩長野、岐阜県境）では、「火山マイスター」制度が生まれた。長野県が認定し、資格を得た人が連携して登山客らに火山防災の知識を伝えている。このような各地での実践を交換し、工夫を重ねていきたい。

噴火から命を守る出発点は、避難計画の策定だ。御嶽山噴火の翌2015年、国は活火山法を改正し、常時監視対象の火山周辺の190市町村に計画作りを義務づけた。だが、避難の経路や場所など必要な項目をすべて盛り込んだ計画があるのは7割にとどまる。自治体は火山周辺の建物などを避難促進施設に指定するよう求められたが、手続きが済んだのは半数に満たない。

火山の⑪研究者不足への対策も急務だ。文部科学省は大学と連携し2016年度から「次世代火山研究者育成プログラム」を始めた。予算をしっかり確保し、息の長いプロジェクトにしていく必要がある。

日本には⑫111もの活火山がある、⑬世界有数の火山国だ。御嶽山のケースのような水蒸気爆発はとりわけ予測が困難とされる。研究と観測、学びと避難を両輪として、⑭防災・減災への備えを整えていきたい。

※目的どおりに物事を成しとげて成果を得ること。

問1　下線部①について述べた次の文の（　a　）～（　c　）にあてはまる語句の組合せとして正しいものを、下の**ア**～**エ**の中から1つ選んで、記号で答えなさい。

長崎市はかつて海外とのつながりが深く、江戸時代には（　a　）商館が置かれた出島があり、現在復元事業が進められている。また、長崎市は（　b　）の工場が多く、いくつかの工場が「明治日本の（　c　）遺産　製鉄・製鋼、（　b　）、石炭産業」の構成資産に登録されている。

ア　a－イギリス　b－造船　c－無形文化　**イ**　a－オランダ　b－造船　c－産業革命

ウ　a－オランダ　b－繊維　c－無形文化　**エ**　a－イギリス　b－繊維　c－産業革命

問２　下線部②について、雲仙・普賢岳がある半島の名前として正しいものを、次の**ア～エ**の中から１つ選んで、記号で答えなさい。

ア　宇土半島　　**イ**　国東半島　　**ウ**　大隅半島　　**エ**　島原半島

問３　下線部③について、1991 年から 2021 年の 30 年間に起きた出来事を述べた文として**誤っているもの**を、次の**ア～エ**の中から１つ選んで、記号で答えなさい。

ア　地球温暖化防止京都会議が開かれ、京都議定書が採択された。

イ　ニューヨークとワシントンD.C.などで同時多発テロが起きた。

ウ　東西冷戦の象徴であったベルリンの壁が崩壊した。

エ　東日本大震災の影響で、福島第一原子力発電所の事故が起こった。

問４　下線部④について、災害について述べた文として**誤っているもの**を、次の**ア～エ**の中から１つ選んで、記号で答えなさい。

ア　東北地方の日本海側では、やませの影響で気温が上がらなくなり、冷害を引き起こす。

イ　台風などの低気圧の影響で海面が上昇し、風で海水が沿岸に吹き寄せられると高潮が起きる。

ウ　長期間降雨がなく、田畑に水が行き届かず作物の成長に被害が出ることを干害という。

エ　線状降水帯の発生により長時間多量の雨が降ると、河川の氾濫《はんらん》や土砂崩れが起きる。

問５　下線部⑤について、次の（１）・（２）の各問いに答えなさい。

（１）　鹿児島県から宮崎県にかけて、火山活動による噴出物が積み重なってできた層が見られます。このような地層を何と言いますか。**カタカナ３字**で答えなさい。

（２）　鹿児島県のある地域では、ダムや農業用水を整備したことにより、野菜や茶、飼肥料作物を栽培できるようになりました。この地域の名前として正しいものを、次の**ア～エ**の中から１つ選んで、記号で答えなさい。

ア　野辺山原　　**イ**　六本木原　　**ウ**　笠野原　　**エ**　牧ノ原

問６　下線部⑥について、次の（１）・（２）の各問いに答えなさい。

（１）　地方自治法に定められた政令指定都市として**誤っているもの**を、次の**ア～エ**の中から１つ選んで、記号で答えなさい。

ア　相模原市　　**イ**　浜松市　　**ウ**　金沢市　　**エ**　熊本市

（２）　地方自治について述べた次の**a**・**b**の文について、その正誤の組合せとして正しいものを、下の**ア～エ**の中から１つ選んで、記号で答えなさい。

a　議員、首長（知事、市町村長）は、住民による選挙で選ばれ、その任期は４年である。

b　住民が必要な署名数を集め、選挙管理委員会に提出すると、議員や首長は直ちに失職する。

ア　**a**－正　**b**－正　　**イ**　**a**－正　**b**－誤

ウ　**a**－誤　**b**－正　　**エ**　**a**－誤　**b**－誤

問７　下線部⑦について、次の（１）・（２）の各問いに答えなさい。

（１）　情報社会に必要となるものは情報通信技術の進歩です。情報通信技術の略称を**アルファベット３字**で答えなさい。

（2）　次の表はインターネット・新聞・テレビ・ラジオの広告費の推移を示したものです。新聞にあてはまるものを、次の**ア**～**エ**の中から1つ選んで、記号で答えなさい。

（億円）

	1990年	2000年	2010年	2020年
ア	16165	21059	18105	16559
イ	13592	12474	6396	3688
ウ	2335	2071	1299	1066
エ	—	590	7747	22290

（「日本国勢図会 2021/22」より作成）

問8　下線部⑧について、有珠山周辺は、雲仙・普賢岳周辺と糸魚川とともに2009年、日本初の世界ジオパークに認定されました。そのうち糸魚川には、静岡との間に断層線が通っています。この断層線は日本列島を東西に分ける大きな溝の西の縁に位置しています。この大きな溝を何と言いますか。**カタカナ**で答えなさい。

問9　下線部⑨について、次の地図と雨温図を見て、下の（1）・（2）の各問いに答えなさい。

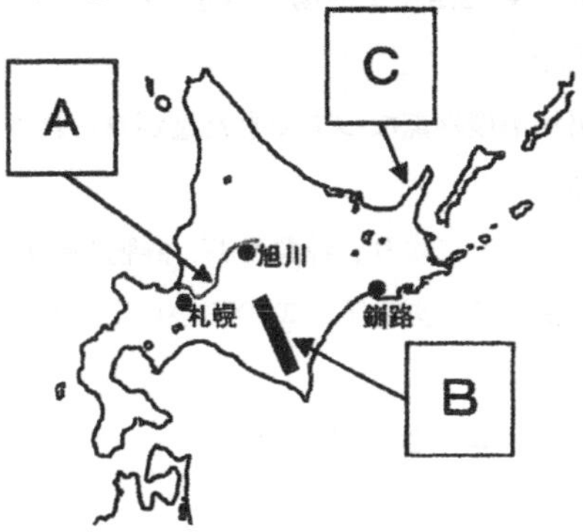

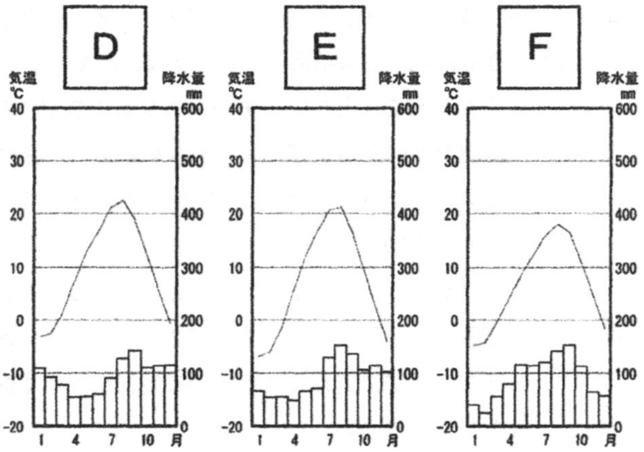

（「気象庁ホームページ」より作成）

（1）　地図中の**A**の河川、**B**の山地・山脈、**C**の半島の組合せとして正しいものを、次の**ア**～**エ**の中から1つ選んで、記号で答えなさい。

ア　A－天塩川　B－日高山脈　C－根室半島
イ　A－天塩川　B－夕張山地　C－知床半島
ウ　A－石狩川　B－日高山脈　C－知床半島
エ　A－石狩川　B－夕張山地　C－根室半島

（2）　**D**～**F**の雨温図は地図中の札幌・旭川・釧路のいずれかを示したものです。**D**～**F**にあてはまる都市の組合せとして正しいものを、次の**ア**～**エ**の中から1つ選んで、記号で答えなさい。

ア　D－札幌　E－旭川　F－釧路　　**イ**　D－札幌　E－釧路　F－旭川
ウ　D－旭川　E－札幌　F－釧路　　**エ**　D－旭川　E－釧路　F－札幌

問 10　下線部⑩について、長野県と岐阜県について述べた文として正しいものを、次のア～エの中から 1 つ選んで、記号で答えなさい。

ア　日本アルプスのうち、長野県と岐阜県の県境に位置しているのは赤石山脈である。

イ　揖斐川・長良川・木曽川のうち、長野県と岐阜県の両県を流れているのは揖斐川である。

ウ　長野県と岐阜県のうち、面積が広いのは長野県、人口が多いのは岐阜県である。

エ　長野県には北陸新幹線が、岐阜県には東海道新幹線が通り、両県には新幹線の駅がある。

問 11　下線部⑪について、2021 年度のノーベル物理学賞を受賞した人物として正しいものを、次のア～エの中から 1 つ選んで、記号で答えなさい。

ア　真鍋淑郎　　イ　本庶佑　　ウ　吉野彰　　エ　山中伸弥

問 12　下線部⑫について、次の地図中の浅間山・阿蘇山・富士山の 3 つの活火山の位置（1～6）と、山の特徴の説明（A～C）の組合せとして正しいものを、下のア～カの中から 1 つ選んで、記号で答えなさい。

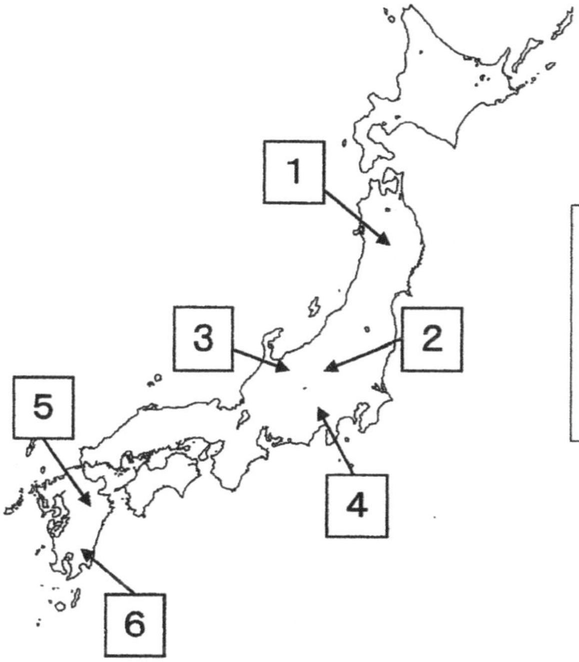

【山の特徴】

A　世界最大級のカルデラを持つ。

B　世界文化遺産に登録されている。

C　ふもとの嬬恋村ではキャベツの栽培がさかんである。

	浅間山	阿蘇山	富士山
ア	1－B	5－A	3－C
イ	2－A	5－C	3－B
ウ	1－C	6－B	3－C

	浅間山	阿蘇山	富士山
エ	2－C	5－A	4－B
オ	1－B	6－C	4－A
カ	2－A	6－B	4－A

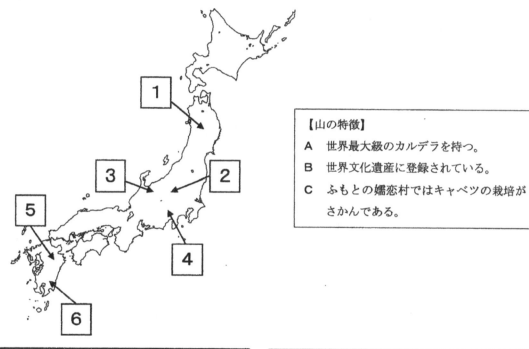

問13　下線部⑬について、次の（1）・（2）の各問いに答えなさい。

（1）　火山が多い国として日本のほか、アメリカ・ロシア・インドネシア・チリがあげられます。これらの国々は、全土あるいは国土の一部が、ある造山帯に属しています。その造山帯の名前を答えなさい。

（2）　次の表はアメリカ・ロシア・インドネシア・チリから日本への主な輸出品（2020年）の内訳を示したものです。チリにあてはまるものを、次の**ア～エ**の中から1つ選んで、記号で答えなさい。

ア	(%)
機械類	25.9
医薬品	7.5
肉類	5.5
科学光学機器	5.3
液化石油ガス	3.9

イ	(%)
機械類	14.4
石炭	13.7
液化天然ガス	5.9
衣類	5.8
魚介類	3.9

ウ	(%)
液化天然ガス	21.9
石炭	17.0
原油	16.8
パラジウム	14.0
魚介類	9.0

エ	(%)
銅鉱	55.3
魚介類	19.3
ウッドチップ	4.5
モリブデン鉱	4.2
ぶどう酒	2.7

（「日本国勢図会 2021/22」）より作成）

問14　下線部⑭について、都道府県や市町村では自然災害による被害の可能性や災害発生時などの避難場所を下の図のように示し、印刷したものを配布したり、ホームページに掲載したりしています。このような地図を何と言いますか。**カタカナ**で答えなさい。

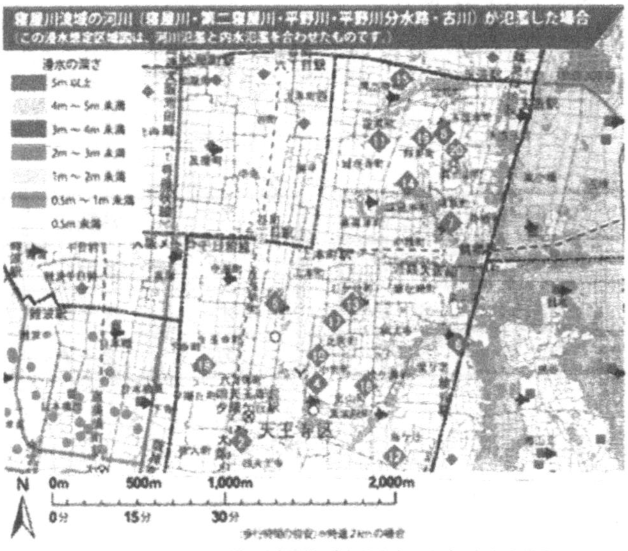

※24時間総雨量683mm（想定最大規模降雨：発生確率1/1,000年以上）を想定

問 15 次の表は文章中に出てきた長崎県・北海道・長野県・岐阜県の旅客輸送人数（2017 年）の割合を示しています。長崎県にあてはまるものを、次の**ア〜エ**の中から 1 つ選んで、記号で答えなさい。

（%）

	鉄道	営業用自動車	海上	航空
ア	64.6	35.4	—	0.0
イ	24.7	70.4	3.5	1.4
ウ	64.9	35.1	—	—
エ	55.0	43.0	0.3	1.7

※ーはデータがないことを示しています。（「データでみる県勢 2020」より作成）

Ⅱ　天然痘《とう》の歴史について述べた次のＡ～Ｉの文章を読んで、後の問いに答えなさい。

A	天然痘の起源については定かではありませんが、①紀元前12世紀の②古代エジプト王朝の王のミイラから天然痘の痕跡が見つかっており、この人物が天然痘で亡くなったことがわかる最古の人物といわれています。
B	5世紀末ごろに中国の③南北朝時代の斉で天然痘が流行したというのが、中国国内での最古の記録となります。その後、短期間に中国全土で流行が進み、6世紀前半には朝鮮半島でも流行するようになりました。
C	日本国内で天然痘の感染が急速に拡大したのは、④大陸との交流がさかんになった6世紀頃だといわれています。このころ日本に仏教が公式に伝わり、仏教の受容をめぐる対立が起きていました。物部氏を中心とした仏教を排除しようとする一派は、天然痘の拡大を仏教のせいだと主張したため、仏教を支持していた（　⑤　）氏と対立しました。
D	735年から738年にかけて、西日本から畿内にかけて天然痘が大流行し、政治の中心にいた⑥藤原不比等の4人の子らが相次いで亡くなりました。聖武天皇は天然痘をはじめとした社会不安を解消するために、⑦仏教の力で国を守ろうと考えるようになりました。
E	平安時代、都は人の往来が多く、たびたび天然痘が流行していました。⑧院政が始まってからは、天然痘の流行に加え、地震などの災害が重なりました。⑨1097年からの100年間で年号が38回改められましたが、天然痘の流行や災害などによる改元が27回あります。
F	ヨーロッパ人による新航路の開拓が続いた時代を⑩大航海時代といいます。ヨーロッパ人がアメリカ大陸へ進出すると、感染症がアメリカ大陸に広がり、先住民たちが病気に苦しみました。アステカ王国やインカ帝国が滅亡した原因の1つが天然痘だったといわれています。
G	16世紀にキリスト教布教のために来日した⑪ルイス＝フロイスはヨーロッパと比べ、日本では視力を失っている人が多いことを指摘しています。後天的に視力を失った人の多くが天然痘によるものと考えられ、戦国大名の伊達政宗も天然痘で片目の視力を失っています。
H	⑫18世紀から19世紀にかけて、世界各地で種痘法による予防接種が進められるようになりました。特に18世紀末、イギリス人のジェンナーが確立させた種痘法は抗体を作るためには最も効果的でした。⑬種痘法は日本にも伝わり、各地で種痘所がもうけられました。
I	明治政府は法律を作り、種痘を義務づけました。明治時代に1万人以上の死者を出した大流行が3度起こり、⑭第二次世界大戦直後の1946年に約3千人の死者が出た後は、天然痘患者も次第に減り、⑮1956年を最後に日本での天然痘患者はいなくなりました。そして1980年にＷＨＯの総会で「世界天然痘根絶」が宣言されました。

げ

一

問十一

〜

ということ。

問十二

問十三

問一．１点×８
問二．１点×８
問三．１点×４
問四．２点×２
問五．２点×３
問六．３点
問七．５点
問八．２点
問九．２点×２
問十．２点×２
問十一．２点
問十二．３点
問十三．２点×２

二

1　2　3　4　5

２点×５

三

問一　㋐　㋑　㋒　㋓

問二　(a)　(b)　(c)

問三

問四

問五

問六

問七

と言ったから。

問八

問九

問十

問一．１点×４
問二．２点×３
問三．３点
問四．３点
問五．３点
問六．２点
問七．４点
問八．３点
問九．３点
問十．２点

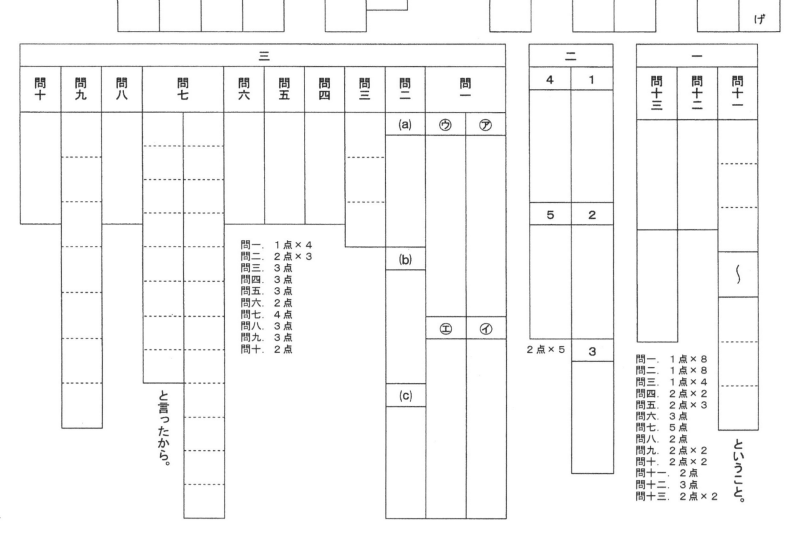

(1)	$a=$	(2)	$y=$	(3)	

(4)	(,)	(5)	

Ⅲ

(1)	cm	(2)	秒後	(3)	秒後

Ⅳ

(1)	cm^2	(2)	cm^3	(3)	cm	(4)	cm^3

問3 　4点

問4
1. Because (　　　　).
2. For (　　　　).
3点×2

問5 　4点

Ⅶ
1 ① ② 　2 ③ ④ 　3 ⑤ ⑥
4 ⑦ ⑧ 　完答3点×4

Ⅷ 　2点×5

Ⅸ
1 ① ② 　2 ③ ④
3 ⑤ ⑥ 　4 ⑦ ⑧
5 ⑨ ⑩ 　完答2点×5

Ⅲ								%
	問5	g	問6		問7			

3点×7

Ⅳ	問1		問2		問3		問4	
	問5		問6		問7	cm^3		

3点×7

Ⅴ	問1	秒	問2	m/秒	問3	m	問4	m
	問5		問6		問7			

問8	(1)		(2)		問9		問10	
問11		問12		問13				
問14	(1)		(2)		問15			

Ⅲ

問1		問2	(1)		(2)			
問3		問4	(1)		(2)			
問5		問6		問7				
問8	(1)		(2)		問9		問10	

↓ここにシールを貼ってください↓

222140

受験番号				名前	

※100点満点

2022年度　上宮高等学校　入学考査　解答用紙　社会

2点×50

Ⅰ

問1		問2		問3		問4			
問5	(1)		(2)		問6	(1)		(2)	
問7	(1)		(2)		問8				
問9	(1)		(2)		問10		問11		
問12		問13	(1)	造山帯	(2)				
問14		問15							

【解答用

Ⅱ

問1		問2		問3		問4	

↓ここにシールを貼ってください↓

222130

受験番号				名前	

※100点満点

2022年度　上宮高等学校　入学考査　解答用紙　理科

2点×8

I	問1		問2		問3		問4	
	問5		問6		問7		問8	

3点×7

II	問1	反応	問2	cm^3	問3		問4	
	問5		問6	g	問7	g		

3点×7

【解答用

222150

↓ここにシールを貼ってください↓

受験番号	名前

※100点満点

2022年度　上宮高等学校　入学考査　解答用紙　英語

I	1		2		3		4			2点×4
II	1		2		2点×2					
III	1		2		2点×2					
IV	1		2		2点×2					
V										4点×5
VI	問1									6点

【解答用

222120

↓ここにシールを貼ってください↓

受験番号				名前	

※100点満点

2022年度　上宮高等学校　入学考査　解答用紙　数学

I

5点×20

(1)	(ア)		(イ)		(2)	ア ＝　　　，　イ ＝

(3)	$a =$　　　　，　$b =$	(4)	$z =$

(5)	$n =$	(6)	通り	(7)	$\angle x =$　　　度

【解答

II

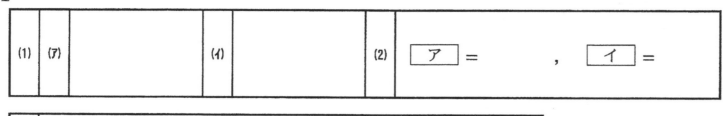

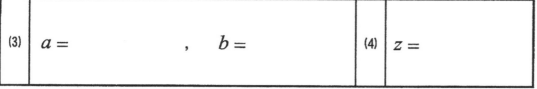

↓ここにシールを貼ってください↓

受験番号	名前

※100点満点

2022年度　上宮高等学校　入学考査　解答用紙　国語

一

問一	問二	問三	問四	問五	問六	問七	問八	問九	問十
㋐ ましい	ⓐ	A	(a)	Ⅰ				X	
㋑	ⓑ	B	(b)	Ⅱ				Y	
㋒	ⓒ	C		Ⅲ					
㋓	ⓓ	D							
㋔ く	ⓔ								
㋕	ⓕ								
㋖ め	ⓖ								
㋗	ⓗ								

【解答用

問1　下線部①について、紀元前 12 世紀は日本では縄文時代です。この時代に使われていたものとして正しいものを、次の**ア**～**エ**の中から 1 つ選んで、記号で答えなさい。

ア　**イ**　**ウ**　**エ**

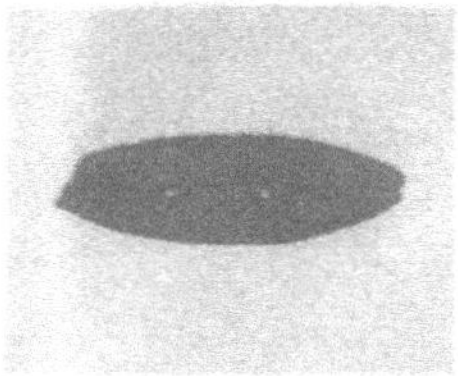

問2　下線部②について、古代エジプトに関係の深いものとして**誤っているもの**を、次の**ア**～**エ**の中から 1 つ選んで、記号で答えなさい。

ア　**イ**　**ウ**　**エ**

問3　下線部③について、中国の歴史書には倭の五王が中国の南朝に使いを送り、次の内容の手紙を送ったと記されています。この中国の歴史書として正しいものを、下の**ア**～**エ**の中から 1 つ選んで、記号で答えなさい。

私の祖先は自らよろいやかぶとを身につけ、山や川をかけめぐり、東は 55 国、西は 66 国、さらに海を渡って 95 国を平定しました。

ア　「漢書」地理志　**イ**　「後漢書」東夷伝　**ウ**　「魏志」倭人伝　**エ**　「宋書」倭国伝

問4　下線部④について、このころ中国や朝鮮半島から日本に移り住み、優れた知識や技術などを伝えた人たちがいました。この人たちを何と言いますか。

問5　（ ⑤ ）にあてはまる氏族の名を答えなさい。

問6　下線部⑥について述べた次の**a**・**b**の文について、その正誤の組合せとして正しいものを、下の**ア**～**エ**の中から 1 つ選んで、記号で答えなさい。

a　藤原不比等の父である中臣鎌足は大海人皇子とともに大化の改新を進めていった。

b　藤原不比等は娘を天皇のきさきにし、その子を天皇として、自らは摂政となり政治を動かした。

ア　**a**－正　**b**－正　**イ**　**a**－正　**b**－誤　**ウ**　**a**－誤　**b**－正　**エ**　**a**－誤　**b**－誤

問７　下線部⑦について、仏教の力で国を守るために、聖武天皇が命じてつくらせたものとして正しいものを、次のア～エの中から１つ選んで、記号で答えなさい。

ア

イ

ウ

エ

問８　下線部⑧について、次の（１）・（２）の各問いに答えなさい。

（１）　院政を始めた白河上皇が「天下三不如意」の中であげたものの１つである「山法師」とは、ある寺院の僧兵を指します。その寺院として正しいものを、次のア～エの中から１つ選んで、記号で答えなさい。

ア　教王護国寺（東寺）　　イ　延暦寺　　ウ　円城寺（三井寺）　　エ　金剛峯寺

（２）　白河上皇が院政を始めた年と最も近い年代に、世界で起こった出来事として正しいものを、次のア～エの中から１つ選んで、記号で答えなさい。

ア　ローマ帝国がキリスト教を国の宗教として認めた。

イ　ムハンマドがメッカでイスラム教を起こした。

ウ　初めての十字軍がエルサレムに派遣された。

エ　ルターがカトリック教会やローマ教皇を批判した。

問９　下線部⑨について、この時期に関する次のⅠ～Ⅳの文の出来事を、年代の古い順に並び替えたものとして正しいものを、下のア～エの中から１つ選んで、記号で答えなさい。

Ⅰ　平治の乱が起こり、源頼朝は伊豆に流された。

Ⅱ　平清盛が、武士で初めて太政大臣に任じられた。

Ⅲ　藤原清衡が、平泉に中尊寺を建立した。

Ⅳ　保元の乱が起こり、後白河天皇が勝利を収めた。

ア　Ⅱ→Ⅰ→Ⅳ→Ⅲ　　イ　Ⅱ→Ⅳ→Ⅰ→Ⅲ　　ウ　Ⅲ→Ⅰ→Ⅳ→Ⅱ　　エ　Ⅲ→Ⅳ→Ⅰ→Ⅱ

問 10　下線部⑩について、大航海時代に関する次の文の（　ａ　）～（　ｃ　）にあてはまる語句の組合せとして正しいものを、下のア～エの中から１つ選んで、記号で答えなさい。

> 大航海時代の先駆けとなったのはポルトガルと（　ａ　）だった。1492 年にはコロンブスが西インド諸島に到達した。1498 年には（　ｂ　）がインドに到達し、ヨーロッパとインドの航路をつないだ。また、1522 年には（　ｃ　）の船隊が、世界一周に成功した。

ア　ａ－スペイン　　ｂ－バスコ＝ダ＝ガマ　　ｃ－マゼラン

イ　ａ－オランダ　　ｂ－マゼラン　　ｃ－バスコ＝ダ＝ガマ

ウ　ａ－スペイン　　ｂ－マゼラン　　ｃ－バスコ＝ダ＝ガマ

エ　ａ－オランダ　　ｂ－バスコ＝ダ＝ガマ　　ｃ－マゼラン

問 11　下線部⑪について、ルイス＝フロイスは織田信長や豊臣秀吉に会ったとされています。織田信長や豊臣秀吉について述べた文として正しいものを、次の**ア**～**エ**の中から１つ選んで、記号で答えなさい。

ア　織田信長は桶狭間の戦いで武田勝頼を破ったのち、足利義昭を追放して征夷大将軍となった。

イ　織田信長は楽市令を発布したり、各地に関所を設置したりすることで、自由な商工業の発展を図った。

ウ　豊臣秀吉は物差しや升を統一したうえで検地を行い、予想される収穫量を石高で表した。

エ　豊臣秀吉は諸大名に命じ、清の征服を目的として朝鮮出兵を行ったが、失敗に終わった。

問12　下線部⑫について、この時期に関する次のⅠ～Ⅳの文の出来事を、年代の古い順に並び替えたものとして正しいものを、下の**ア**～**エ**の中から１つ選んで、記号で答えなさい。

Ⅰ　新井白石が金銀の海外流出を防ぐために、貿易額を制限した。

Ⅱ　松平定信が幕府の学問所で朱子学以外を教えることを禁じた。

Ⅲ　徳川吉宗が裁判の基準となる公事方御定書の作成を命じた。

Ⅳ　大塩平八郎が大阪で農民らとともに、幕府に対して反乱を起こした。

ア　Ⅲ→Ⅰ→Ⅱ→Ⅳ　　**イ**　Ⅰ→Ⅲ→Ⅱ→Ⅳ　　**ウ**　Ⅱ→Ⅳ→Ⅲ→Ⅰ　　**エ**　Ⅳ→Ⅱ→Ⅰ→Ⅲ

問 13　下線部⑬について、これはおもに蘭学や洋学を学んだ医者によって広められました。蘭学者や洋学者に関して述べた次の**a**・**b**の文の正誤の組合せとして正しいものを、下の**ア**～**エ**の中から１つ選んで、記号で答えなさい。

a　杉田玄白は前野良沢らとともに、オランダ語で書かれた医書を和訳し、『解体新書』にまとめた。

b　伊能忠敬は天文学を学んだ知識をいかし、全国を測量して正確な日本地図を作り上げた。

ア　**a**－正　**b**－正　　**イ**　**a**－正　**b**－誤　　**ウ**　**a**－誤　**b**－正　　**エ**　**a**－誤　**b**－誤

問14　下線部⑭について、次の（**1**）・（**2**）の各問いに答えなさい。

（**1**）　第二次世界大戦後、日本はアメリカを中心とした連合国軍の間接統治を受けました。連合国軍最高司令官総司令部（ＧＨＱ）の最高司令官を務めた人物の名前を答えなさい。

（**2**）　ＧＨＱの占領政策として**誤っているもの**を、次の**ア**～**エ**の中から１つ選んで、記号で答えなさい。

ア　農地改革が実施され、政府は広い土地を持つ大地主から土地を没収し、小作人を増やした。

イ　極東国際軍事裁判が開かれ、太平洋戦争開戦時の内閣総理大臣である東条英機が死刑となった。

ウ　女性参政権が認められ、1946 年４月の衆議院議員総選挙で 39 名の女性国会議員が誕生した。

エ　教育勅語を廃止し教育基本法が制定され、学校教育法で男女共学など新しい制度が導入された。

問 15　下線部⑮について、この年に起きた日本に関する出来事として正しいものを、次の**ア**～**エ**の中から１つ選んで、記号で答えなさい。

ア　日ソ共同宣言の調印　　**イ**　日韓基本条約の締結

ウ　日中共同声明の発表　　**エ**　日米安全保障条約の締結

III 次の文章を読んで、後の問いに答えなさい。

①財務大臣は 2024 年度の上期をめどに、紙幣（お札）と 500 円硬貨のデザインを新しくすると発表しました。紙幣の材料は紙で、硬貨の材料は金属です。その紙や金属に、ある一定の金額の価値が認められているのはなぜでしょうか。そして、どこで作られ、誰がその発行量を決めているのでしょうか。

まず、紙でできた紙幣になぜ価値があるのでしょうか。それは日本銀行法という②法律で、「日本銀行が発行する銀行券は、法貨として無制限に通用する」と規定されているからです。日本銀行が発行している日本銀行券の新しいデザインを財務大臣が発表するのは、「日本銀行券の種類は、政令で定める」「日本銀行券の様式は、財務大臣が定め、これを公示する」と定められているからです。

紙幣は用紙の製造から印刷まですべて③独立行政法人国立印刷局という④内閣から独立した機関で行われています。印刷された紙幣を日本銀行が受け取ります。その紙幣を⑤取引先金融機関が日本銀行に持っている口座から引き出し、世の中で流通させることになります。紙幣の発行量を決めるのは日本銀行です。明治時代の初期には 153 あった国立銀行（国の法律で設立された銀行）という名前の、⑥民間がお金を出して経営した銀行や政府が紙幣を発行していました。西南戦争が起きたときに、政府は戦費調達のために紙幣を増発した結果、激しい（　⑦　）に見舞われました。この経験から紙幣の発行を一元化することになり、1882 年に日本銀行が創設されたのです。

硬貨の製造と発行は政府の管轄《かんかつ》であり、硬貨の製造は独立行政法人造幣局が行い、⑧硬貨の発行（製造）量は財務省が決定します。そして製造された硬貨は日本銀行に交付されます。日本銀行は硬貨を日本銀行券に交換し、⑨一般会計のなかにある⑩税外収入の 1 つである貨幣回収準備資金として納めます。

問１　下線部①について、財務大臣を任命する者として正しいものを、次の**ア**～**エ**の中から 1 つ選んで、記号で答えなさい。

ア　天皇　　**イ**　内閣総理大臣　　**ウ**　日本銀行総裁　　**エ**　最高裁判所長官

問２　下線部②について、次の（**1**）・（**2**）の各問いに答えなさい。

（**1**）　法律案について述べた文として正しいものを、次の**ア**～**エ**の中から 1 つ選んで、記号で答えなさい。

ア　衆議院は法律案の先議権があるだけではなく、参議院で否決された法律案を、衆議院に戻して出席者の 3 分の 2 以上の賛成を得て可決できる優越が認められている。

イ　法律案は衆議院と参議院でそれぞれ 17 ある公聴会で審議され、採決し可決されたのち、本会議で審議され、過半数で可決されると法律として成立する。

ウ　法律案を提出することができるのは国会議員と内閣であるが、内閣が法律案を提出するときには閣議で全会一致による承認を経なければならない。

エ　国会で可決、成立した法律案は、最高裁判所による違憲立法審査で違憲でないと判断されたのちに、天皇によって公布される。

（**2**）　法律とは国会でつくられたきまりのことをいいます。地方公共団体でつくられたきまりのことを何と言いますか。**漢字２字**で答えなさい。

問３　下線部③について、独立行政法人は、行政改革の一環でつくられたものです。行政改革の一環として、以前までは法律などで制限されていた、自分でガソリンを給油することができるガソリンスタンドの設置や、一部の薬の販売がコンビニエンスストアで認められました。このように自由な経済活動を促す動きを何と言いますか。**漢字４字**で答えなさい。

問４　下線部④について、次の（１）・（２）の各問いに答えなさい。

（１）　ある省庁について述べた次の文を読んで、あてはまる省庁の名前として正しいものを、下の**ア〜エ**の中から１つ選んで、記号で答えなさい。

行政組織、公務員制度、地方自治、選挙・政治資金、消防、情報通信など国家の基本的なしくみに関わる諸制度、国民の経済・社会活動を支える基本的なシステムを所管する省庁。また、統計の企画・作成・提供を行う部署もある。

ア　国土交通省　　**イ**　法務省　　**ウ**　経済産業省　　**エ**　総務省

（２）　省庁などで働く国家公務員は労働基本権の一部、またはすべてが認められていません。このうち「団体〇〇権」はすべての国家公務員に認められていない権利です。「〇〇」にあてはまる語句を**漢字２字**で答えなさい。

問５　下線部⑤について、日本銀行と取引先金融機関との取引に関して述べた次の**ａ**・**ｂ**の文について、その正誤の組合せとして正しいものを、下の**ア〜エ**の中から１つ選んで、記号で答えなさい。

ａ　日本銀行が取引先金融機関と国債などの売買を通じて、世の中に出まわる資金量を調節することを公開市場操作という。

ｂ　日本銀行は取引先金融機関にお金を貸すことができ、取引先金融機関は日本銀行に利子をつけて返済する。

ア　ａ－正　ｂ－正　　**イ**　ａ－正　ｂ－誤　　**ウ**　ａ－誤　ｂ－正　　**エ**　ａ－誤　ｂ－誤

問６　下線部⑥について、民間の会社の中で最も多いのは株式会社です。株式会社におけるお金と株式の流れを示した次の図中の（　ａ　）〜（　ｃ　）にあてはまる語句の組合せとして正しいものを、下の**ア〜エ**の中から１つ選んで、記号で答えなさい。

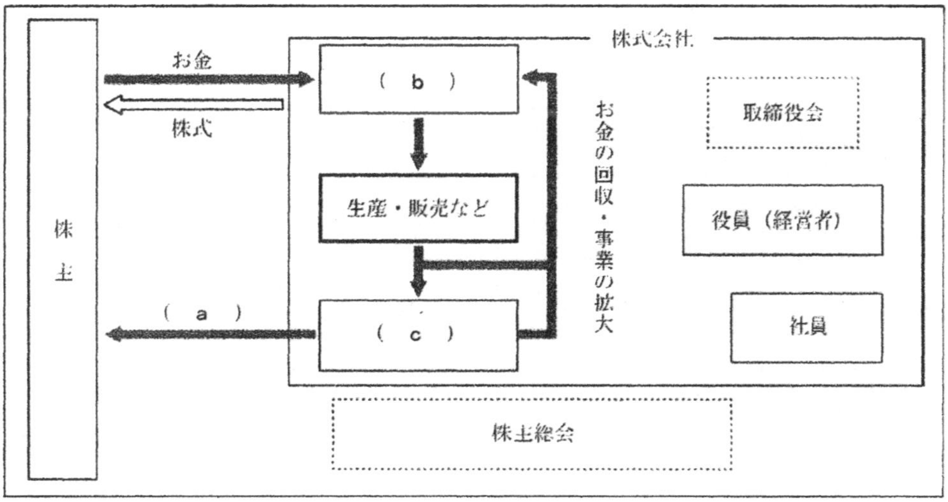

ア　ａ－給与　ｂ－資本　ｃ－売上　　**イ**　ａ－配当　ｂ－資本　ｃ－利潤

ウ　ａ－給与　ｂ－資産　ｃ－利潤　　**エ**　ａ－配当　ｂ－資産　ｃ－売上

問７　（　⑦　）にあてはまる語句を**カタカナ８字**で答えなさい。

問８　下線部⑧について、次のグラフを見て、下の（**１**）・（**２**）の各問いに答えなさい。

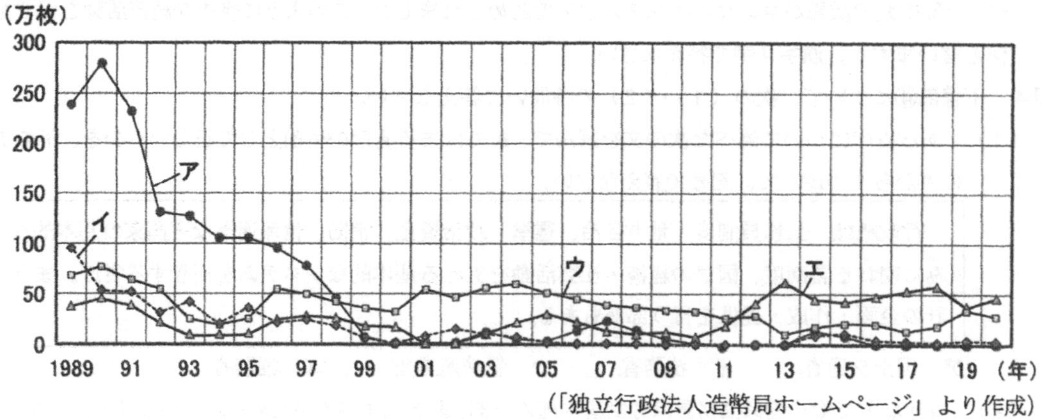

（「独立行政法人造幣局ホームページ」より作成）

（１）　上のグラフは１円硬貨・５円硬貨・10円硬貨・100円硬貨の年別製造量を示したものです。１円硬貨にあてはまるものを、グラフの**ア**～**エ**の中から１つ選んで、記号で答えなさい。

（２）　上のグラフを見ると、硬貨製造量があまり増えていないことがわかります。その理由の一つにキャッシュレス決済が普及し始めて、現金を用いず取引ができるようになったことがあげられます。キャッシュレス決済の利点として**誤っているもの**を、次の**ア**～**エ**の中から１つ選んで、記号で答えなさい。

ア　紙幣や硬貨の偽造、現金の盗難などの犯罪を防ぐことができる。

イ　消費者は、商品を買うときに現金授受による接触を減らすことができる。

ウ　事業者は、売上の集計や現金の照合の時間を短縮できて、生産性の向上につなげることができる。

エ　政府は、全国の店舗の販売記録をすべて入手して、消費動向をもとに政策立案することができる。

問９　下線部⑨について、次のグラフは一般会計歳出の公共事業関係費・国債費・社会保障関係費・地方交付税交付金の割合を示したものです。社会保障関係費にあてはまるものとして正しいものを、グラフの**ア**～**エ**の中から１つ選んで、記号で答えなさい。

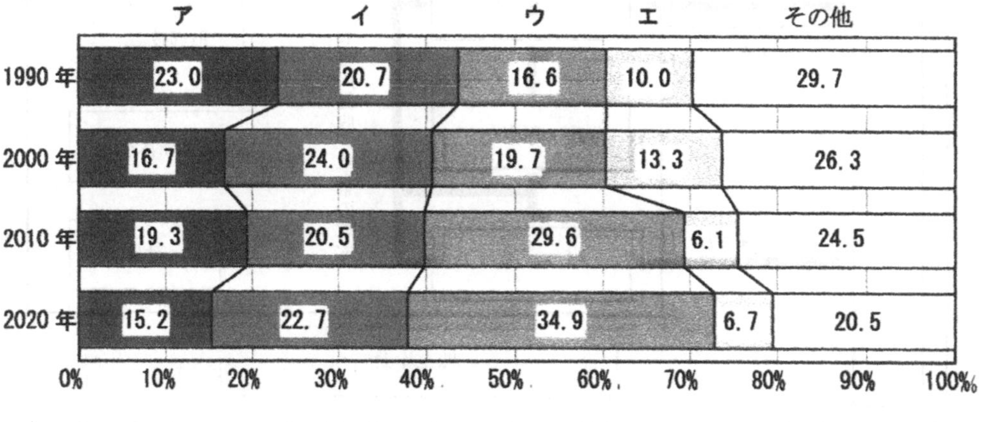

（「日本国勢図会 2020/21」より作成）

問10　下線部⑩について述べた次の**a**・**b**の文について、その正誤の組合せとして正しいものを、下の**ア**～**エ**の中から１つ選んで、記号で答えなさい。

a　都道府県や市町村に納める税を地方税といい、個人収入から必要経費を除いたものに課される所得税は地方税である。

b　税金の納付者と負担者が異なる税を間接税といい、間接税の中で税収が最も多いものは消費税である。

ア　**a**－正　**b**－正　　**イ**　**a**－正　**b**－誤　　**ウ**　**a**－誤　**b**－正　　**エ**　**a**－誤　**b**－誤

2021年度

上宮高等学校

入学考査問題

国語

（50分）

（注意）　①　解答はすべて解答用紙に記入しなさい。
　　　　　②　字数の指定がある設問は、句読点もすべて一字に数えること。

受験番号	名前

教英出版

一　次の文章を読んで、後の問いに答えなさい。

留学生でにぎわう東京外国語大学のキャンパスで、休み時間に彼ら・彼女たちと話していると、(a)しばしば、ある共通した経験を聞きます。それは、初めて接した日本人に必ず、

「日本語って、難しいでしょう?」

と訊《き》かれるというのです。

たとえば、顔立ちや人種も日本人と異なる外国人留学生が、ホームステイに行き、自己紹介として、

「はじめまして、スティオワティです。インドネシアから参りました」

などと口にします。すると迎える側の日本人の家族は、

(ⓐおお、この外国人は敬語まで使える!)

と、感嘆した表情になり、同時に必ず、

「でも日本語って、難しいでしょう?」

と、尋ねてくるそうです。

実際、日本人のかなり多くは、日本語というのは特殊な言語であり、外国人にとっては、学習がたいへんに困難だと思っているようです。

確かに、日本語を日常的に用いている私たちだって、漢字が思い出せなかⓑったり、敬語の使い方を間違えたりして、日本語って難しいなあ、と感じることがあります。

[A]本当に、日本語は難しいことばなのでしょうか。

この問いについて、二つの点から考えてみましょう。

まず、音や構造の面で、他の言語と比べて複雑なのかという点です。

他の言語が単純な足し算・引き算のレベルだとすると、日本語は二次方程式のような難しさなのか、という疑問です。

これは、正しくありません。

世界には多種多様な言語がありますが、日常で用いられることばというものは、たいていⓒシンプルな成り立ちです。日本語には確かに他の言語と違うところが

ありますが、話しことばについていえば、音や構造が飛び抜けて難しいわけではありません。

もう一つは、外国語として学ぶ場合に難しいかどうか、という点です。外国語学習では、その言語が自分がすでに知っている言語と似ていればやさしく感じられるし、ⓓあまり似ていなければ、難しく思えます。

[B]、英語の文を作るときのことばの並べ方は、日本語とはかなり違いますね。

I opened that box. という語順をそのまま日本語にすると、「私は・開けた・あの・箱」となり、「私はⓔあの箱を開けた」という、日本語としての自然な語順とは異なります。

また、日本語と英語では(注)言語のグループが違いますから、open と「あける」、box と「はこ」という単語の「音どうし」には、関連がありません。

海外の空港で、両替所の看板に「両替」を意味する語 changer（フランス語） cambiar（スペイン語） cambiare （イタリア語）などが並んでいるのを見たことがある方は多いでしょう。僕はそれを見るたびに、いいなあ、と思います。というのは、これらのことばのうち一つを自分の第一のことばとしていれば、少なくとも単語の面では、似ている他の言語も学びやすいからです。たとえば、フランス人にとってスペイン語は学びやすいし、スペイン人にとってもフランス語は学びやすいでしょう。

しかし、これらの言語と日本語は異なるグループに属しています。[C]、フランス人やスペイン人にとっては、日本語は学びにくく、難しく感じⓕられるはずです。日本語は、（琉球語《りゅうきゅうご》を日本語の一種とすれば）言語的に同じグループ（系統）に属することばがない、その意味では「ひとりぼっち」の言語なのです。

では、同じグループでなくても地理的に近い中国語・韓国語（言語学上は「朝鮮語」ですが、本書ではこちらを採用します）の話し手にとってはどうでしょうか。

まず中国語ですが、①日本語と中国語は、漢語を多く共有しています。

たとえば、左の例文を見てください。これは、二〇〇八年（平成二十年）十月十九日付の(注)「人民日報」から引用した、ある記事の最初の部分です。

本报北京10月18日电　政协十一届全国委员会常务委员会第三次会议圆满完成各项议程，于18日上午在北京闭幕。

現在の中国では「簡体字」と呼ばれる、簡略化した漢字を用いることが多いのですが、普通に漢字の知識がある日本人であれば、この記事は、北京で政府の委員会か何かが閉幕した、ということを伝えているのはわかります。このように書きことばで意味の類推がきくという点で、②日本語と中国語の距離は、たとえば日本語とフランス語の距離よりもずっと近いと言えます。

では、韓流ブームもあって人気の定着した感のある韓国語は、どうでしょうか。

日本語と韓国語は文字こそ違いますが、韓国語の「冷蔵庫」「図書館」といった語の発音は日本語とそっくりです。文を作る単語の順も、驚くほど似ています。

たとえば「新しいブランドバッグを買いたいです」を意味する韓国語をカタカナで表記し、日本語を㋐ヘイキしてみましょう。

セロウン	ミョンピン	カバン	サゴ	シッポヨ
←	←	←	←	←
（新しい）	（名品＝ブランド）	（カバン）	（買い）	（たいです）

語順も一部の単語もよく対応しています。

このように、中国や韓国の人たちにとっては、日本語は比較的学びやすいといえそうです。

ここまで、「日本語を難しく感じる国の人もいれば、ⓖやさしく感じる国の人もいる」ということを述べました。しかし何語であっても、外国語を習得し、上手に用いるというのは、けっこうたいへんなことです。

【D】、何語の話し手かということに関係なく日本語を学ぶ際に難しく感じられる点を、三点あげてみます。

第一に、日本語は単語の数が多いという点です。

かなり古い資料ですが、岩淵悦太郎《いわぶちえつたろう》という国語学者は、一九七〇年（昭和四十五年）に、日本語の日常会話を理解するためには二万二千語を覚えなければならない、と発表しました。たとえばフランス語の日常会話の場合、単語を五千語覚えれば、その九六パーセントを理解できるとされていますから、ずいぶん差があります。

外国語としての日本語能力をはかる試験である㊟「日本語能力試験」では、最上級の１級合格のためには一万語の単語を知っていることが必要とされています。

仮に岩淵氏の見解が正しいとすると、せっかく努力してこの試験の１級に合格してもまだ、日常会話で用いられる語の半分程度しかわからないことになります。

実際には、日本語能力試験の１級を取得した外国人たちと話している限り、③この説はあてはまらないようです。

とはいうものの、彼ら・彼女たちも、読み書きにおいては、中級レベル以降に㋑膨大な単語を覚えなくてはならない、と【　X　】に言います。

つまり、日常会話の話しことばだけでなく書きことばまで視野に入れれば、日本語はかなり多くの単語を使う言語だ、と言えます。

第二に、日本語は、相手をどう扱うかという仕組みが発達していることです。

目の前の相手に対して言語的に対処するためのⓗ仕組みを「待遇表現」と呼びます。その㋒テンケイ的な例が、いわゆる敬語です。(b)ご存じの通り、日本語は敬語の仕組みが複雑です。

ただしこのことは、日本人が外国人より礼儀正しいとかいうことを意味するわけではありません。どんな国の人でも、必ず他人とのやりとりを行います。その方法は、言語以外にも、顔の表情、しぐさや態度、㋓フクソウ、物理的な距離、贈り物など多様です。

日本語は、そのような待遇表現の仕組みが「言語的に複雑である」ということなのです。ですから、㋔時折聞かれる④「英語は敬語がないからつきあいもフランクだ」といった意見は、表面的な印象にすぎません。

第三に、日本語は音を字にする仕組み、つまり表記が非常に複雑だという点です。

日本語はひらがな・カタカナ・漢字、それにアルファベットなども㋕ホジョ的に用います。複数の表記システムを使い、かつそれを混ぜて書く、世界でただ一つの言語です。

また、漢字の多さは、どんな外国人学習者にとっても悩みの種です。

しかも、一つの漢字に対して複数の読み方があります。私たちは右から左へ書くアラビア文字や、ドングリに丸い㋖カザりをつけたようなタイ文字を見ると、ずいぶん難しい文字だな、と感じるものです。しかし、これらの言語では、アラビア語ならアラビア文字など、一種類の文字だけを知っていればまにあいます。読み方も原則として一つです。つまり、漢字よりもはるかに単純なのです。「生」を、ナマ卵・イきる・セイ命体・ウまれる、などと何通りにも読み分けるような複雑さはありません。

けれども、日本語は難しい点ばかりではありません。どのことばの使い手にとっても学びやすく思われる点もあります。

ここでは、二つの大きな点をあげてみます。

まず一つは、⑤音の数が少ないことです。

「母音」ということばは聞いたことがあると思います。喉から出る声が、口の中で摩擦や刺激を受けないで発音される音です。日本語では「あ・い・う・え・お」の五つです。

英語や中国語のように十数個の母音を持つ言語はいくらでもあります。母音が五つというのは、母音が三つしかないアラビア語に続いて、世界で二番目の少なさです。
母音がたくさんある言語を使う人々にとっては、日本語の「あ・い・う・え・お」は手持ちのどれかを(ク)ダイヨウすれば、ほぼ近い発音になりますから簡単です。
また、たとえば「か」の音は、kという「子音」と、「あ」という⑥母音の組み合わせから成りますが、この子音の数も、日本語はさほど多くありません。たとえば英語を普通に使う人たちが区別しているLとRの音も、日本語ではラ行の子音でまとめています。
(c)もっとも、音の数が少ないということは、少ない手持ちの音で多くのことばを作らなければならないことを意味します。そのために、日本語は「行為・好意・校医」といった、いわゆる同音異義語が多くなります。
このように、音の種類が少ないことは便利ですが、単語の意味を区別するには難しいこともあります。私たちは私立を「わたくしりつ」、化学を「ばけがく」と読んだりしますが、これはそれぞれ市立・科学と区別するためです。
日本語が学びやすいと考えられているもう一つの点は、動詞の活用がシンプルであることです。これは、日本語という言語が、ものごとを言語化するときに、性の区別・数の区別・時の区別にさほど気を払わないためです。
性の区別とは、名詞ごとに、男性扱いの名詞か女性扱いの名詞かという区別があるということです。この名詞には、無生物を表す名詞も含みます。たとえばスペイン語では本（libro）は男性、消しゴム（goma）は女性、といった扱いを受けます。
数の区別とは、その場でいわれている物や人が一つなのか、二つ以上なのかという区別です。日本語でも自分ひとりなら「私」、自分も含む複数なら「私たち」「私ら」と区別する場合もありますが、たとえば本なら何十冊あっても「本」であって「本たち」とも「本ら」とも言いません。「木々」や「神々」などで使う「々」がせいぜいでしょう。
また時の区別とは、ある物事をいつ行ったかということです。実は日本語の動詞には、このようなときの区別には、前のことを示す「過去形」と、そうではない「非過去形」しかありません。
これら性・数・時を細かく区別する言語の場合、動詞の変化が膨大になります。たとえば日本語で過去形の「食べた」にあたることばは、フランス語では「誰が食べたのか」について性と数から区別を行い、六通りの使い分けをしなければなりません。
このような音の少なさ、⑦動詞の活用の簡単さは、特に日本語の会話を学ぶ場合、学習者にとって大きな利点となります。私たちは、外国人が少しなめらかに日本語を話すのを聞いただけで、「何て上手なんだろう」とびっくりしがちですが、「話しことば」の日本語は意外にやさしいものなのです。

（荒川洋平　『日本語という外国語』による）

㊟ 言語のグループ……起源が同じ言語をひとまとめにしたグループ。比較言語学では、「語族」と呼ぶ。

人民日報……中国共産党中央委員会の新聞。

日本語能力試験……日本語を母語としない人を対象に日本語能力を認定する試験。本文の注には「日本語能力試験は二〇一〇年より、4レベルから5レベルになり、出題基準も変更になるとされています。ただし、新たな基準の公表予定はないので、本書では従来の基準を用いて説明しています」とある。

問一　——線部㋐～㋗の、カタカナは漢字に直し、漢字はその読みをひらがなで、それぞれ答えなさい。

問二　——線部ⓐ～ⓗの語の品詞名を、次の**ア**～**コ**の中からそれぞれ一つずつ選んで、記号で答えなさい。

ア　動詞　**イ**　形容詞　**ウ**　形容動詞　**エ**　名詞　**オ**　副詞

カ　連体詞　**キ**　接続詞　**ク**　感動詞　**ケ**　助動詞　**コ**　助詞

問三　空欄 A ～ D に入る最も適当な語句を、次の**ア**～**エ**の中からそれぞれ一つずつ選んで、記号で答えなさい。

ア　たとえば　**イ**　そこで　**ウ**　しかし　**エ**　だから

問四　——線部(a)～(c)の文中での意味として最も適当なものを、次の**ア**～**オ**の中からそれぞれ一つずつ選んで、記号で答えなさい。

(a)　しばばしば

ア　めったに
イ　たまに
ウ　常に
エ　偶然に
オ　何度も

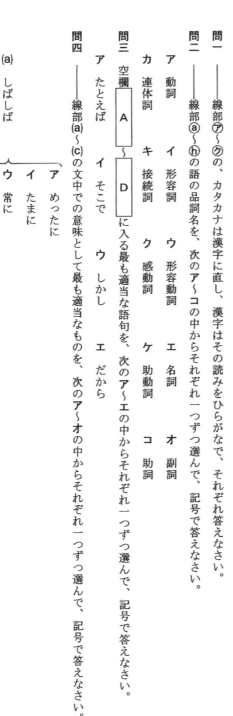

(b) ご存じ

ア お伺いしている
イ 知っていらっしゃる
ウ 考えなさっている
エ 承知している
オ お聞きになっている

(c) もっとも

ア とは言うものの
イ 他に比べて
ウ それを理由として
エ 何よりも一番に
オ 結局のところ

問五 ——線部①「日本語と中国語は、漢語を多く共有しています」とありますが、そのことの利点を解答欄に合うように、文中から十五字以内で抜き出して答えなさい。

問六 ——線部②「日本語と中国語の距離は、たとえば日本語とフランス語の距離よりもずっと近い」とはどういうことですか。それを説明した次の文の空欄（　　）に当てはまる語句を、——線部②より前の文中から四字で抜き出して答えなさい。

日本語と中国語は、日本語とフランス語よりもよく（　　　　）ということ。

問七 ——線部③「この説」が指す内容として最も適当なものを、次の**ア**～**オ**の中から一つ選んで、記号で答えなさい。

ア 一万語の日本語の単語を覚えないと、「日本語能力試験」の1級は合格できないということ。

イ 日本語は話しことばと書きことばを合わせるとかなり多くの単語を使う言語だということ。

ウ 二万二千語もの日本語を覚えなければ、日本語の日常会話は理解することができないということ。

エ 日本語の読み書きにおいては、中級レベル以降に膨大な数の単語を覚えねばならないということ。

オ 日本語に比べてフランス語のほうが日常会話に必要とする単語数が圧倒的に多いということ。

問八 【 X 】に入る最も適当な四字熟語を、次の中から一つ選んで、漢字に直して答えなさい。

・ドウコウイキョク　・フゲンジッコウ　・ゴンゴドウダン　・イクドウオン　・セイレンケッパク

問九 ——線部④『英語は敬語がないからつきあいもフランクだ』といった意見は、表面的な印象にすぎません」とありますが、そう言えるのはなぜだと考えられますか。その理由として最も適当なものを、次の**ア**～**オ**の中から一つ選んで、記号で答えなさい。

ア 実際は、日常的に英語を話している人々も日本語の敬語に相当するような言語上の仕組みの必要性を感じているから。

イ どの国でも、現代では他人とのやりとりにおいて相手に敬意を払うために敬語を用いることがもはや古いとされているから。

ウ 一般的に英語の中に敬語はないと言われているが、実際には日常生活で日本語に準じた敬語は使用されているから。

エ 英語には日本語のような敬語がないが、実際には他人とのやりとりに言語以外の方法で相手に礼儀を示しているから。

オ 英語に敬語があるかないかの事実確認をせず、人間関係の作り方についても気取っていないと決めつけてしまっているから。

問十 ——線部⑤「音の数が少ない」とありますが、それによって日本語が難しくなってしまうことがあります。どのようなことかを、文中の語句を使って、四十五字以内で説明しなさい。

問十一 ——線部⑥「母音」とはどのような性質の音ですか。それを説明した一文をさがし、はじめと終わりの三字を抜き出して答えなさい。

問十二 ———線部⑦「動詞の活用の簡単さ」とありますが、日本語の動詞の活用が簡単である理由として最も適当なものを、次の**ア**〜**オ**の中から一つ選んで、記号で答えなさい。

ア 日本語には男性名詞・女性名詞という区別はあるが、数・時の区別はないから。

イ 日本語は言語化する際に、性・数・時の区別をそれほど厳密にしなくてよいから。

ウ 日本語は音の種類が少ないために、作られる語にバリエーションがないから。

エ 日本語は性・数・時を細かく分類する言語ではあるが、その分類に規則性があるから。

オ 日本語自体に性・数・時の区別が全くなく、シンプルに表現できる言語であるから。

問十三 本文の内容に一致するものを、次の**ア**〜**ク**の中から**二つ**選んで、記号で答えなさい。

ア 日本語を日常的に用いている日本人ならば、日本語を難しいと感じる瞬間は全くない。

イ 英語の文を作るときの並べ方は日本語とは違うが、それぞれの単語の音どうしには関連がある。

ウ 日本語と韓国語は言語グループが同じであり、単語の発音や文を作る単語の順もそっくりである。

エ 日本語を難しく感じる国の人より、やさしく感じる国の人のほうが圧倒的に数が多い。

オ かつて岩淵悦太郎という国語学者は、日本語の日常会話には漢字の学習が必須だと発表した。

カ 日本語は複数の表記システムを混ぜて書くために、日本語を学ぶ上で難しく感じられることがある。

キ 日本語の漢字の多さは国語学者にとっても悩みの種で、しかも一つの漢字に対して複数の読み方がある。

ク 日本語の音の少なさや動詞の活用の簡単さは、話し言葉としての日本語のやさしさにつながっている。

二

次の**1**～**5**の四字熟語を完成させなさい。ただし、四字熟語の意味はそれぞれの下にあります。

1 五里□□

迷って方針や見込みなどの立たないこと。

2 森□万□

この世に存在するすべてのもの。

3 □□東風

意見や注意を、全く気にもとめずに聞き流すこと。

4 泰□自□

落ち着いていて、どんなことにも動じないさま。

5 電□石□

行動などが非常に素早いさま。

三　次の文章を読んで、後の問いに答えなさい。

成方《なりかた》といふ笛吹ありけり。㊟御堂入道殿《みだうにふだうどの》より大丸といふ笛を㋐たまはり（いただいて）て、吹きけり。めでたきもの（すばらしい音色の笛）なれば、㊟伏見修理大夫俊綱朝臣《ふしみのすりのだいぶとしつなのあそん》ほしがりて、㊟「千石《せんごく》に買はむ」（千石で買おう）とありけるを、売らざりければ、たばかりて（はかりごとをめぐらして）、使《つかひ》をやりて、売るべき由《よし》いひけり（（成方が）売ると言ったということにした）。そらごと（うその用事）をいひつけて、成方を召して（呼んで）、「笛得《え》させむといひける、本意《ほい》なり（（私が）願っていたことだ）」と悦《よろこ》びて、「あたひは乞《こ》ふによるべし（値段は願うとおりにしよう）」とて、「ただ買ひに買はむ（さあ、買おう買おう）」といひければ、成方、(a)色を失ひて、①「さること と申さず」といふ。

この使を召し迎へて、②たづねらるるに、③「まさしく申し候ふ」といふほどに、俊綱大きに怒りて、「人をあざむき、すかすは（だますのは）、その咎《とが》（その罪）、軽《かろ》からぬことなり」とて、㊟雑色所《ざふしきどころ》へ下《くだ》して、㊟木馬《もくば》に乗せむとする㋑あひだ、成方いはく、「身の暇《いとま》をたまはりて、この笛を持ちて参るべし（少し時間をいただいて、その笛を持って参ります）」といひければ、人をつけて遣《つか》はす（見張りの人をつけて帰らせた）。

帰り来て、腰より笛をぬきいでて㋒いふやう、「この㋓ゆゑにこそ、④かかる目は見れ。情けなき笛なり（忌々《いまいま》しい笛だ）」とて、軒のもとに下りて、石を取りて、灰のごとくにうちくだきつ。

大夫、笛を取らむと思ふ心の深さにこそ、さまざまかまへけれ（あれやこれやと計画も練った）。今は(b)いふかひなければ、⑤いましむるに及ばずして、追ひ放ちにけり。

のちに聞けば、あらぬ笛を、大丸とてうちくだきて、もとの大丸はささいなく《何事もなく》吹き行きければ、大夫の(c)をこにてやみにけり《ということで終わった》。はじめはゆゆしく《たいそう》やりごちたりけれど《意気込んだが》、⑥つひにいだしぬかれにけり。

（『十訓抄』による）

(注) 御堂入道殿……藤原道長。
伏見修理大夫俊綱朝臣……橘 俊綱《たちばなのとしつな》。平安後期の官人で、官位が修理大夫。
千石……米一石は約百五十キログラム。
雑色所……雑役に従事する人の詰め所。
木馬……拷問《ごうもん》の道具の一つ。

問一 ――線部㋐～㋓の語句を現代仮名遣いに直して、平仮名で答えなさい。

問二 ――線部(a)～(c)の語句の文中での意味として最も適当なものを、次の**ア**～**オ**の中からそれぞれ一つずつ選んで、記号で答えなさい。

(a) 色を失ひて
- **ア** 予想外のことに青ざめて
- **イ** 激しい怒りがこみあげて
- **ウ** 状況がよめずにぼうっとして
- **エ** 思わずなげやりになって
- **オ** なんとなく納得して

(b) いふかひなければ
- **ア** 行くあてもないので
- **イ** 言う支度がないので
- **ウ** 言ってもしようがないので
- **エ** 言葉の深さがないので
- **オ** ゆっくり話す日もないので

(c) をこ

ア 怒っている人
イ 間抜けな人
ウ 極悪人
エ 抜け目ない人
オ 男らしい人

問三 ――線部①「さること申さず」とありますが、成方が訴えているのはどのようなことですか。二十字以内で答えなさい。

問四 ――線部②「たづねらるる」の主語を、次の**ア**～**エ**の中から一つ選んで、記号で答えなさい。

ア 入道殿　**イ** 成方　**ウ** 俊綱朝臣　**エ** 使

問五 ――線部③「まさしく申し候ふ」・④「かかる目は見れ」の解釈として最も適当なものを、次の**ア**～**オ**の中からそれぞれ一つずつ選んで、記号で答えなさい。

③「まさしく申し候ふ」

ア 本当に申し訳ございません　**イ** 自分は無関係なのです　**ウ** とてもありがたいお話です
エ 間違いなくそう申しました　**オ** 今まさに逃げていきます

④「かかる目は見れ」

ア こんなに長く音楽を続けられたのだ　**イ** 自分はこんなに出世できたのだ
ウ こんなに良い音を響かせられるのだ　**エ** これからどうすればよいのだ
オ こんなひどいしうちを受けたのだ

問六　――線部⑤「いましむるに及ばずして、追ひ放ちにけり」とありますが、俊綱がこのような行動をとった理由として最も適当なものを、次の**ア**～**オ**の中から一つ選んで、記号で答えなさい。

ア　成方の笛は壊れてしまい、成方を罰しても欲しかった笛は手に入らないと思ったから。
イ　最終的に成方は自分の願いを聞き入れてくれたので、罰する必要がないと考えたから。
ウ　成方を憎らしく思う気持ちもあるが、罰するのはさすがにかわいそうだと思ったから。
エ　責めはしないで恩を売っておき、次の機会を期待して今回は成方を見逃そうと考えたから。
オ　思った以上に成方が興奮していて、処罰するのにためらう気持ちがあったから。

問七　――線部⑥「つひにいだしぬかれにけり」の内容の説明として最も適当なものを、次の**ア**～**オ**の中から一つ選んで、記号で答えなさい。

ア　成方の笛を欲したが、買い取れるお金がなく、最終的に俊綱はあきらめるしかなかった。
イ　成方の笛をなんとか手に入れたが、後の世の人々は俊綱をずうずうしいと見下した。
ウ　成方が持ってきた笛は実は大丸ではなく別の笛で、結局俊綱はだまされたのだった。
エ　成方が大切にしていた大丸という笛は実在しないもので、すべて俊綱の勘違いだった。
オ　成方が御堂入道殿からいただいた大丸を奪った俊綱は、最後は入道殿に罰せられた。

問八　この作品は、鎌倉時代に成立したとされていますが、同じように鎌倉時代に成立した作品を、次の**ア**～**オ**の中から一つ選んで、記号で答えなさい。

ア　奥の細道　　**イ**　古今和歌集　　**ウ**　枕草子　　**エ**　土佐日記　　**オ**　方丈記

2021年度

上 宮 高 等 学 校

入 学 考 査 問 題

数 学

（50分）

（注意）　① 解答はすべて解答用紙に記入しなさい。

② 答えが無理数になるときは、根号の中を最も小さい正の整数にしなさい。

③ 円周率はπを使いなさい。

④ 答えを分数で書くときは、既約分数（それ以上約分できない分数）に、
また、分母が無理数になるときは、分母を有理化しなさい。

受 験 番 号	名 前

I　次の問いに答えなさい。

(1) 次の計算をしなさい。

(ア) $(-3)^2\times\dfrac{5}{21}-(-2^3)\div\left(-\dfrac{7}{8}\right)$

(イ) $(\sqrt{10}-\sqrt{2})(\sqrt{5}+1)-\dfrac{8-\sqrt{10}}{\sqrt{2}}$

(2) 次の式の ア , イ にそれぞれ適当な正の数を入れて等式を完成させなさい。

$\dfrac{1}{6}x^2-\dfrac{1}{2}x-3=\dfrac{1}{6}\left(x+\boxed{\text{ア}}\right)\left(x-\boxed{\text{イ}}\right)$

(3) 2直線 $y=x+a$, $y=ax-b$ の交点の座標が $(6,\ b)$ であるとき，a, b の値をそれぞれ求めなさい。

(4) 方程式 $(x+2)(1-x)=x$ を解きなさい。

(5) 大小2つのさいころを投げたとき，出た目の積が偶数になる確率を求めなさい。

(6) $\sqrt{135n}$ が自然数になるときの整数 n について，小さい方から2番目の n の値を求めなさい。

(7) 図のように，正五角形の頂点が平行な2直線 ℓ，m 上にあり，ある辺の延長線と直線 ℓ との角度が60°のとき，$\angle x$ の大きさを求めなさい。

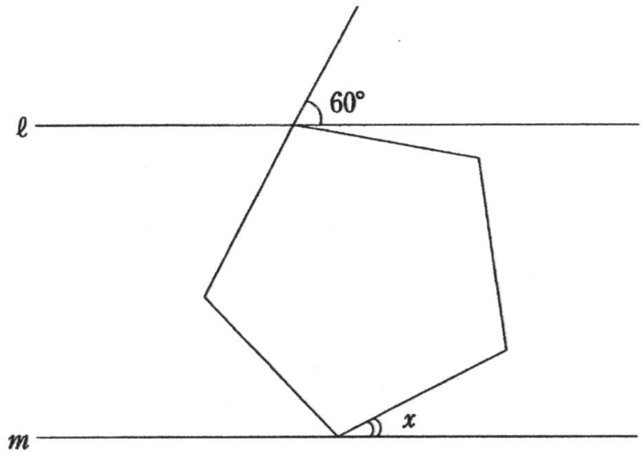

【計算用紙】

Ⅱ　下の図のように，関数 $y=ax^2$ のグラフ上に2点 A$(-3, 3)$，B があり，点 A と点 B の y 座標は等しいとします。次の問いに答えなさい。

(1) a の値を求めなさい。

(2) 点 A を通り，直線 OB に平行な直線 ℓ の式を求めなさい。

(3) (2)のとき，直線 ℓ と関数 $y=ax^2$ のグラフの交点のうち，A と異なる点を P とします。△OPB の面積を求めなさい。

(4) x 軸上の正の部分に点 Q があります。四角形 AOQB が平行四辺形であるとき，点 Q の座標を求めなさい。

(5) (4)のとき，平行四辺形 AOQB を x 軸を回転の軸として1回転させてできる立体の体積を求めなさい。

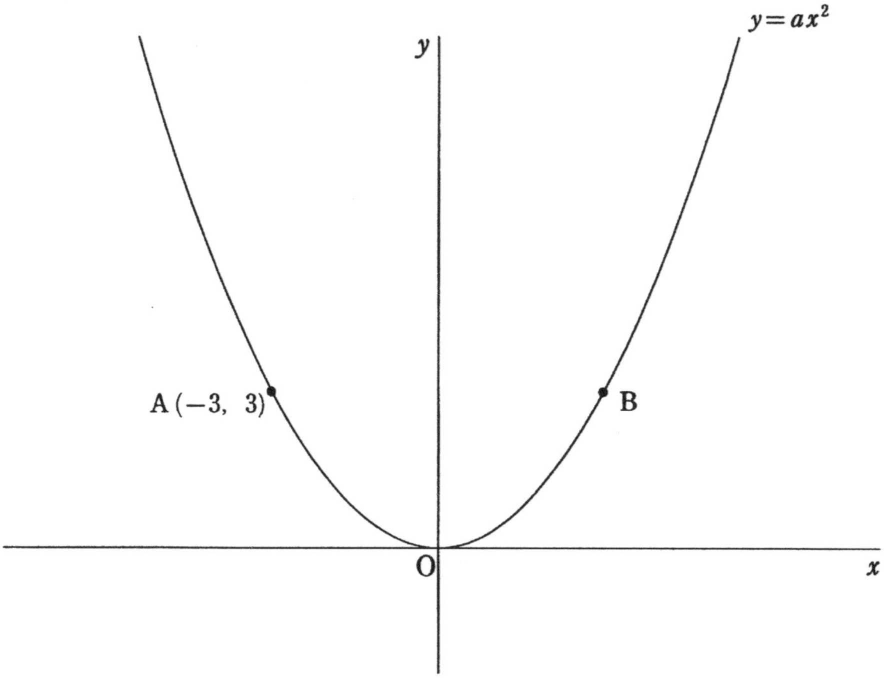

Ⅳ　下の図のように，1辺の長さが6cm，高さが$3\sqrt{3}$cmの正三角形ABCの3つの頂点から正三角形ア，イ，ウを切り取り，残った多角形を図形Pとします。ただし，正三角形ア，イ，ウが重なり合うことはないものとし，正三角形アの1辺の長さを$x$cmとして，次の問いに答えなさい。

(1) 図形Pが正六角形になるとき，xの値を求めなさい。

(2) 正三角形イ，ウが合同で，図形Pが五角形であり，図形Pの周りの長さが10.5cmになるとき，xの値を求めなさい。

(3) 正三角形ア，イ，ウがすべて合同で，図形Pの面積が正三角形ABCの面積の$\frac{1}{2}$倍になるとき，xの値を求めなさい。

(4) 図形Pが四角形で，図形Pの面積が正三角形ABCの面積の$\frac{1}{6}$倍になるとき，図形Pの周りの長さを求めなさい。

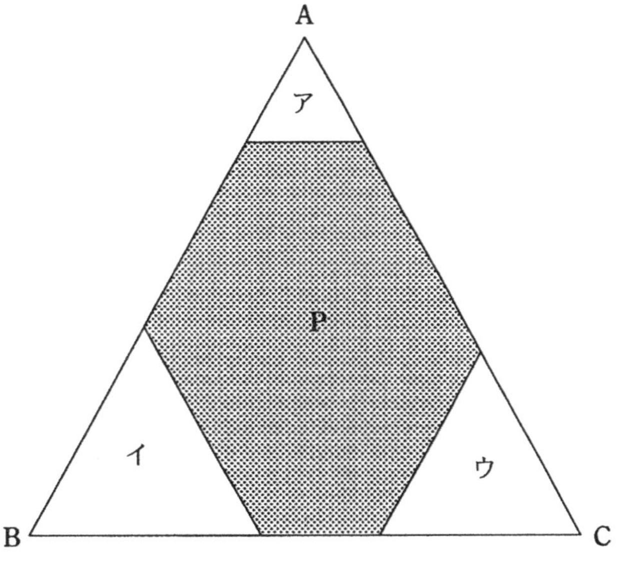

Ⅲ　1 個 100 円の商品 A はキャンペーンにより，購入する数 n 個によって割引き率が次の ① ～ ③ のように変わります。ただし，このキャンペーンで商品 A を購入できる数は 50 個までとします。下の問いに答えなさい。

① 　1 個～　5 個：割引き率 20 %

② 　6 個～ 35 個：割引き率 25 %

③ 　36 個～ 50 個：割引き率 n %

(1) 商品 A を 2 個購入したときの代金はいくらですか。

(2) 商品 A を 36 個購入したときの代金は，35 個購入したときの代金と比べると，いくら安くなりますか。

(3) 商品 A を x 個購入したとき，代金が 2400 円になりました。x の値をすべて求めなさい。

2021(R3) 上宮高
K 教英出版

2021年度

上宮高等学校

入学考査問題

英　語

筆　記

(40分)

(注意)　解答はすべて解答用紙に記入しなさい。

受験番号	名前

I　次の英文を読み，本文の内容に一致するものを後の１～１４から５つ選んで，番号で答えなさい。

Do you know the Wright brothers?　I think a lot of people know them.　They *succeeded in the first *manned flight with an *engine.　But a Japanese man thought of this flight system earlier than the Wright brothers.　Do you know about him?

Ninomiya Chuhachi was born in Ehime in 1866.　His family was rich.　When he was a child, he made *kites by himself and played with them.　But when he was twelve, his father died, and Ninomiya's family became poor.　Because of this, he had to work.　Also, to make money, he *sold his original kites.　They became very popular, and people called them "Chuhachi dako."　From this experience, Ninomiya became interested in making planes.

In 1887, Ninomiya was told to join the *army.　One day, during his *training, he was taking a break and eating lunch.　He saw some *crows in the sky.　They were flying over him to get his lunch.　He found that crows didn't move their *wings very often while they were flying in the sky. He thought, "Crows can fly without moving their wings.　I should be able to fly like a crow if I can catch the wind with the wings."　At this time, he found his flight system.

Ninomiya started making a plane.　One year later, he finished making the first one.　It is called a "crow-type plane."　It was as big as a real crow.　It had a *propeller which was *powered by *rubber strings.　On April 29, 1891, the plane ran three meters and then took off.　It was able to fly about ten meters.

Two years later, in 1893, Ninomiya made another type of plane.　He made it for a manned flight in the near future.　In 1894, a war happened between Japan and China.　Ninomiya thought planes would be useful during the war and told his *boss about it.　His boss said, "I will think about it if your planes actually fly."　The Japanese army didn't really agree with Ninomiya's idea.　So he decided to study about planes alone.

Ninomiya didn't have much money, so he couldn't study a lot about planes.　He couldn't buy enough *gasoline.　In 1903, while he was studying, the Wright brothers succeeded in their manned flight.　But the news didn't come to Japan quickly, so Ninomiya didn't hear the news and continued to study about planes.　In 1908, Ninomiya could get gasoline.　He started making a new plane which was powered by a gasoline engine.

But when he was making it, he read the news about the manned flight by the Wright brothers in the newspaper.　He was so shocked and sad that he broke his plane with a *hammer.　After that, he stopped making planes.

In 1936, Ninomiya died when he was seventy years old.　Ninomiya took a plane only once in his life.　At that time, he said, "The feeling when I took a plane was almost the same as the feeling in the dream which I had every night in my *youthful days."

Now, in Yahatahama City, Ehime, an event about Ninomiya is held every year.　In the event, people fly their *handmade planes.　People always remember Ninomiya when the event is held.

【注】 succeed in ～：～に成功する　manned：有人の　engine：エンジン
kite：凧　sold：sell の過去形　army：軍隊
training：訓練　crow：カラス　wing：つばさ
propeller：プロペラ　power：動力を与える　rubber string：ゴム紐
boss：上司　gasoline：ガソリン　hammer：ハンマー
youthful days：若いころ　handmade：手作りの

１．There was a Japanese man who found a flight system earlier than the Wright brothers.

２．Ninomiya's family became rich after his father died.

３．Ninomiya worked hard to buy a kite.

４．Ninomiya became popular, and many people called him "Chuhachi dako."

５．At lunch time, Ninomiya saw some crows.

６．Ninomiya saw some crows and thought he could fly by moving the wings.

７．Ninomiya finished making his first plane one month after he started making it.

８．The "crow-type plane" was as big as a real crow.

９．The Japanese army didn't understand the importance of planes.

１０．Ninomiya couldn't study hard about planes because he was busy.

１１．In 1908, the Wright brothers succeeded in the first manned flight.

１２．When Ninomiya read the news about the Wright brothers, he became happy.

１３．Ninomiya died at the age of seventy.

１４．Ninomiya never took a real plane.

II　次の英文を読み，後の問いに答えなさい。

Japanese people are *fashionable.　We can see a lot of magazines about *fashion in bookstores. People in the Edo period were fashionable, too.

[A]. [B]. [C]. [D].　From a long time ago, *purple was the most *gorgeous color in Japan.　People wanted to wear purple kimonos.　But because of the law, people could only wear kimonos in the three colors of brown, gray and *indigo.　After the government made the first law that banned luxury in 1628, it made similar laws many times.

But people in Edo didn't give up.　① They wanted to wear kimonos which looked different from other people.　They still wanted to be fashionable.　They made many kinds of brown colors and many kinds of gray colors.　This color *variation was called "*shijuhaccha hyakunezumi.*"　It means "forty-eight brown colors and one hundred gray colors."　But actually, there were more than one hundred browns and grays.　The numbers of "forty-eight" and "one hundred" meant "many." People at that time showed their *originality by using these colors.

I want to tell you something important.　② Don't be sad about something you don't have.　Use something you already have in better ways.　We should respect the people of Edo.

【注】 fashionable：おしゃれな　fashion：ファッション　purple：紫　gorgeous：豪華な
indigo：藍　variation：変化　originality：独創性

問１　本文の[A]～[D]には，それぞれ文が省略されています。全体の意味が通る文章にするのに最も適当なものを，次の**ア**～**エ**からそれぞれ１つずつ選んで，記号で答えなさい。

ア　Also, there were some fashion magazines, and they wanted to wear *colorful and expensive kimonos

イ　But the Edo government didn't think it was good and thought people must not be rich

ウ　In the Edo period, people became rich and used money on their kimonos

エ　The government made a *law that *banned *luxury, and people couldn't choose their favorite colors and *patterns for their kimonos

【注】 colorful：色鮮やかな　law：法律　ban：禁止する　luxury：ぜいたく　pattern：模様

問２　下線部①を日本語に直しなさい。

2021年度

上　宮　高　等　学　校

入　学　考　査　問　題

英　語

リ　ス　ニ　ン　グ

（10分）

（注意）　解答はすべて解答用紙に記入しなさい。
問題用紙にメモをとってもかまいません。

受験番号	名前

I　英文を聞いて，内容に合う絵として最も適当なものを，次のア～エからそれぞれ１つずつ選んで，記号で答えなさい。英文は２回ずつ放送されます。　※音声は収録しておりません

1.

ア

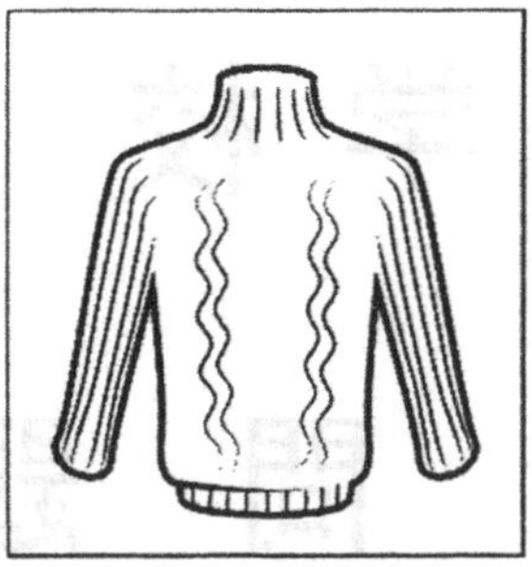

イ

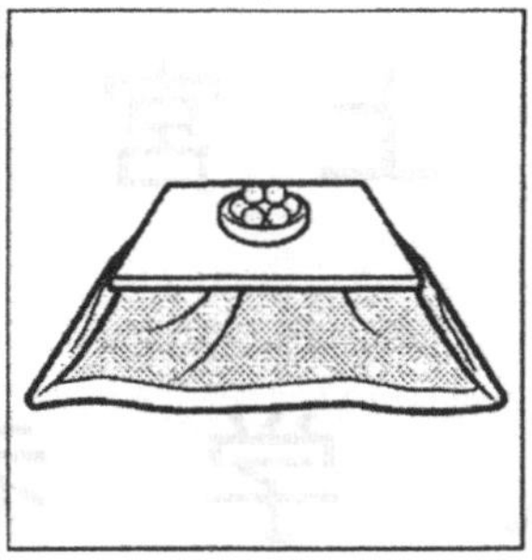

ウ

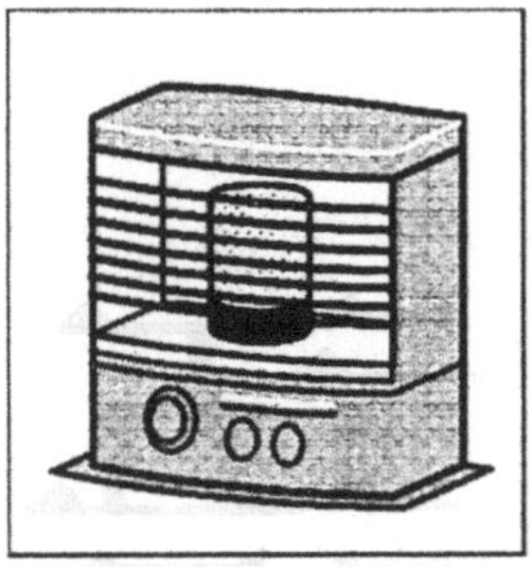

エ

2.

ア

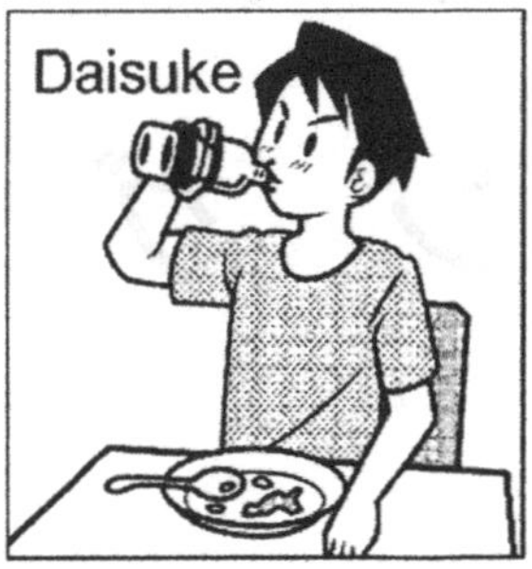

イ

ウ

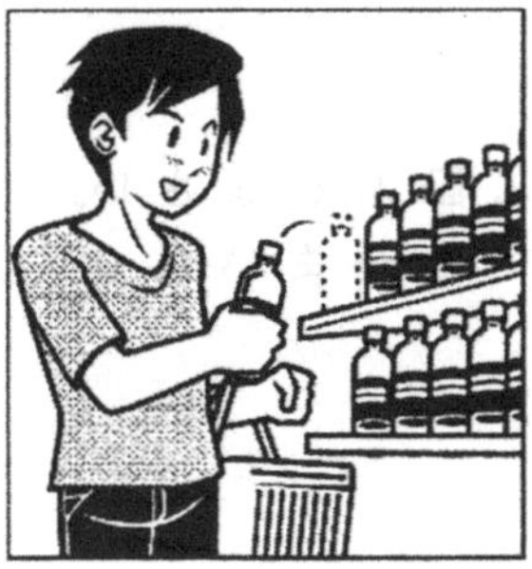

エ

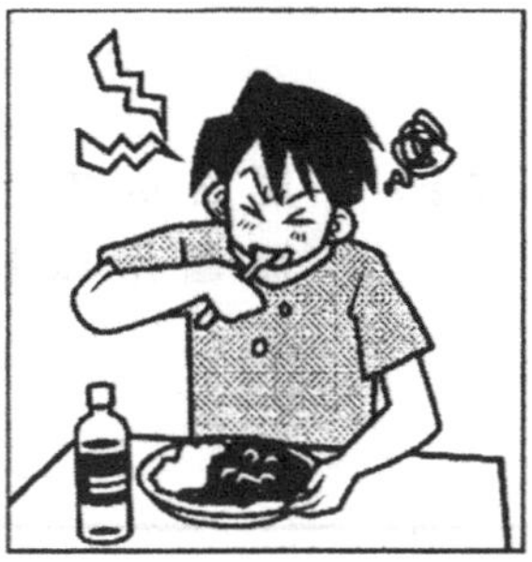

It's already two o'clock.

Alex: No problem, Emma. It's one thirty now.
We have thirty-five minutes.

Emma: No. We only have five minutes. Look at my watch.

Alex: Oh, really? My watch is broken.

Question: What time will the movie start?

Ⅲ

1. Mary's birthday is next month. So Jim is going to buy her a present. Mary likes drawing pictures, so he gave her a picture book of cute cats last year. This year, he is going to buy a nice pen for her.

   Question: What is Jim going to buy for Mary this year?

2. It's Thursday today. Takeru's grandmother will start to go to tennis school next Sunday, so she wants a racket. She will enjoy *karaoke* with her friends on Saturday, so Takeru will take her to the tennis shop tomorrow.

   Question: When will Takeru take her grandmother to the tennis shop?

《リスニング》スクリプト

※音声は収録しておりません

Ⅰ

1．You use this in winter.　You can feel warm in it.　And three or four people can use it at a same time.

2．Daisuke likes curry and rice very much.　Today, his mother cooked it.　He finished eating it and is drinking water now.

3．Chika is going to travel to Hokkaido with her family for three days.　She is going to enjoy the trip from February fifth to February seventh.

4．Cindy has three dogs in her house.　One is white, and two are black.　Now, the white dog is by Cindy, and the black dogs are on the bed.

Ⅱ

1．*Ben:*　Amy, did you enjoy visiting the zoo last weekend?

Amy:　No, I couldn’t.　I wanted to go, but my sister got sick.
So I took her to the hospital.

Ben:　Did she get well?

Amy:　Yes.　She went to school today.

Question: What did Amy do last weekend?

3．

ア

2月	1日(月)	
	2日(火)	
	3日(月)	
	4日(木)	家族と旅行
	5日(金)	
	6日(土)	
	7日(日)	

イ

2月	1日(月)	
	2日(火)	
	3日(月)	
	4日(木)	友達と旅行
	5日(金)	
	6日(土)	
	7日(日)	

ウ

2月	1日(月)	
	2日(火)	
	3日(月)	
	4日(木)	
	5日(金)	
	6日(土)	家族と旅行
	7日(日)	

エ

2月	1日(月)	
	2日(火)	
	3日(月)	
	4日(木)	
	5日(金)	
	6日(土)	友達と旅行
	7日(日)	

4．

ア

イ

ウ

エ

II　対話を聞いて，そのあとに流れる質問の答えとして最も適当なものを，次の**ア**～**エ**からそれぞれ1つずつ選んで，記号で答えなさい。対話と質問は２回ずつ放送されます。

１．**ア**　She visited the zoo.
　　イ　She was sick in the hospital.
　　ウ　She took her sister to the hospital.
　　エ　She went to school.

２．**ア**　At 1:30.
　　イ　At 1:35.
　　ウ　At 2:05.
　　エ　At 2:30.

III　英文を聞いて，そのあとに流れる質問の答えとして最も適当なものを，次の**ア**～**エ**からそれぞれ1つずつ選んで，記号で答えなさい。英文と質問は２回ずつ放送されます。

１．**ア**　a picture book
　　イ　a cute cat
　　ウ　a camera
　　エ　a pen

２．**ア**　On Thursday.
　　イ　On Friday.
　　ウ　On Saturday.
　　エ　On Sunday.

問3　下線部②の内容に最も近いものを，次のア～エから１つ選んで，記号で答えなさい。

ア　江戸時代の人々のように，持っているが使っていないものを町の人々と物々交換することで，ものの有効活用をはかるべきだ。

イ　江戸時代の人々のように，自分が持っているものを，それを持っていなくてほかに有効活用できそうな人に積極的にあげるべきだ。

ウ　江戸時代の人々のように，持っていないものについて悲観するのではなく，今自分が持っているものを有効に活用する方法を考えるべきだ。

エ　江戸時代の人々のように，自分が何かを持っていないなら，悲しんでいる場合ではなく，よりよい方法で努力して自分で買えるようになるべきだ。

問4　次の１と２の質問に，英語で正しく答えなさい。

1．When was the law that banned luxury made for the first time?
It (　　　　　　　　　　　　　　　　　　　　　　).

2．What color was the most gorgeous in the Edo period?
(　　　　　　　　　　　　　　　　　　　　　　　) was.

問5　この英文の主旨として最も適当なものを，次のア～エから１つ選んで，記号で答えなさい。

ア　The Edo government had a strong power to the people.
イ　There was a color which people in the Edo period liked the best.
ウ　About 48 browns and 100 grays were born in the Edo period.
エ　People in the Edo period had a strong feeling for fashion.

III 次の各日本文の意味を表すように〔　　〕内の語句を並べかえるとき，(①)～(⑧)に入る語句を，それぞれ記号で答えなさい。ただし，文頭にくる語も小文字にしてあります。

1．ヒトミは自分の町をもっと有名にしたいと思っています。

(　　)(　　)(　　)(　　)(①)(　　)(②)(　　).

〔 ア more　イ town　ウ to　エ famous　オ wants　カ her　キ Hitomi　ク make 〕

2．私は彼女に，ジョンがあなたを探していると言うために話しかけました。

(　　)(　　)(　　)(　　)(③)(　　)(　　)(④)(　　).

〔 ア her　イ for her　ウ is　エ looking　オ spoke　カ I　キ to say　ク to　ケ John 〕

3．日本製の車について何か知っていますか。

Do (　　)(　　)(⑤)(　　)(　　)(⑥)(　　)(　　)(　　)?

〔 ア which　イ you　ウ know　エ made　オ cars　カ about　キ are　ク in Japan　ケ anything 〕

4．自分にできる小さなことから始めるべきです。

(　　)(　　)(　　)(⑦)(　　)(⑧)(　　)(　　)(　　).

〔 ア you　イ you　ウ do　エ can　オ start　カ should　キ with　ク that　ケ small things 〕

Ⅳ 次の１～１２の英文の中から，**文法的に誤りのないもの**を５つ選んで，番号で答えなさい。

１．I went shopping at a supermarket today.

２．If you practice hard, you will can play soccer better.

３．I want to make friends with a lot of students.

４．Kenta is good at play the guitar.

５．What about to eat lunch at the new restaurant?

６．Please kind to everyone around you.

７．Did you enjoy visiting to a lot of places in Kyoto?

８．When you arrive at the station, please call me.

９．I want something cold to drink now.

１０．These questions are too difficult to answer them.

１１．Kazumi and David often talk each other.

１２．I'm looking forward to the next baseball game.

V　次の各組の英文がほぼ同じ意味になるように,（ ① ）～（ ⑩ ）に入る最も適当な英語１語を, それぞれ答えなさい。

1．You must not run in the classroom.
（ ① ）（ ② ）in the classroom.

2．Hideki wants to study abroad.
Hideki wants to study（ ③ ）a（ ④ ）country.

3．Do you know that girl with long hair?
Do you know that girl（ ⑤ ）（ ⑥ ）long hair?

4．Shall I open the window?
Do you（ ⑦ ）（ ⑧ ）to open the window?

5．What language do they speak in Canada?
What language（ ⑨ ）（ ⑩ ）in Canada?

2021年度

上宮高等学校

入学考査問題

理科

（50分）

（注意）　①　解答はすべて解答用紙に記入しなさい。

②　計算問題で，割り切れない場合は，小数第２位を四捨五入して，小数第１位まで答えなさい。

受験番号	名前

I　以下の各問いに答えなさい。

問1　次の植物の中で花弁どうしが根元から離れているものはどれですか。次の**ア**～**エ**から１つ選んで，記号で答えなさい。

ア　タンポポ　　**イ**　エンドウ　　**ウ**　ワラビ　　**エ**　スギ

問2　ヒトの器官のうち，体内でできた有害な物質を害の少ない尿素に変える器官はどれですか。次の**ア**～**エ**から１つ選んで，記号で答えなさい。

ア　腎《じん》臓　　**イ**　小腸　　**ウ**　肝臓　　**エ**　すい臓

問3　次の文中の（　①　）と（　②　）に当てはまる語の組合せとして正しいものはどれですか。下の表の**ア**～**エ**から１つ選んで，記号で答えなさい。

> 鉄粉と硫黄の混合物を十分加熱したあとの固体の色は（　①　）色をしており，その固体を塩酸に加えると（　②　）気体が発生する。

	ア	イ	ウ	エ
①	白	白	黒	黒
②	無臭の	特有のにおいのある	無臭の	特有のにおいのある

問4　ある濃さの塩酸20cm^{3}と，ある濃さの水酸化ナトリウム水溶液40cm^{3}を混ぜ合わせたものに，緑色に調整したBTB溶液を加えると緑色のままでした。これと同じ塩酸30cm^{3}と水酸化ナトリウム水溶液50cm^{3}を混ぜ合わせたものに，緑色に調整したBTB溶液を加えると溶液の色は何色になりますか。次の**ア**～**エ**から１つ選んで，記号で答えなさい。

ア　赤色　　**イ**　黄色　　**ウ**　緑色　　**エ**　青色

問5　20Ωの抵抗に20Vの電圧を1分間加えたとき，この抵抗で発生する熱量は何Jですか。

問6　図1のように，実験台の上に直方体の透明なガラスをおいて，その後ろにチョークを置きました。図2はそれを真上から見たときの様子を示しています。ガラスの真横の点Pからチョークを見たとき，どのように見えますか。正しいものを次のア～エから1つ選んで，記号で答えなさい。

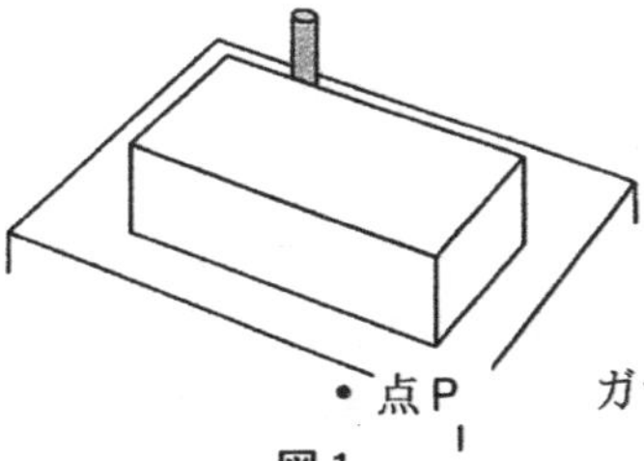

図1

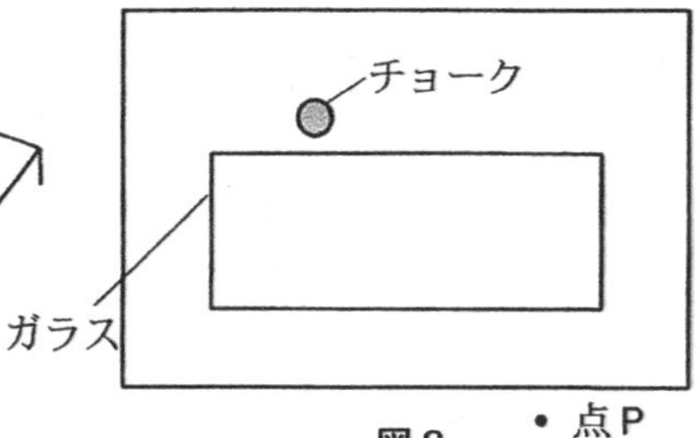

図2

ア
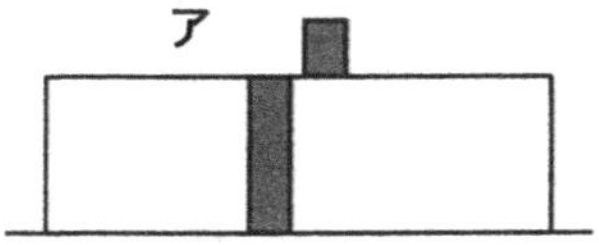

イ
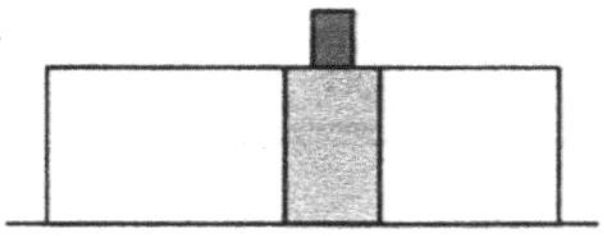

ウ
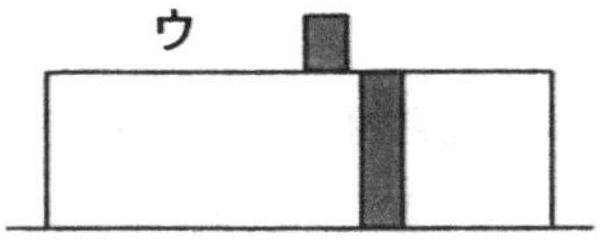

エ
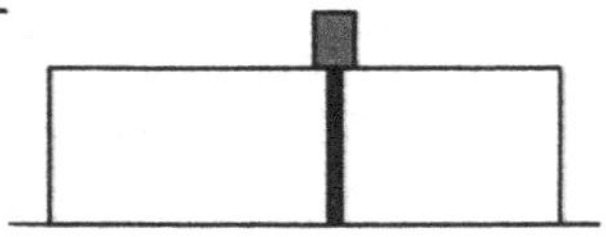

問7　地震のゆれの大きさを表す震度は10階級に分けられています。その分け方として正しいものを，次の表のア～エから1つ選んで，記号で答えなさい。

	震度の階級									
ア	0	1	2	3	4弱	4強	5弱	5強	6	7
イ	0	1	2	3	4	5弱	5強	6弱	6強	7
ウ	0	1	2	3	4	5	6弱	6強	7弱	7強
エ	0	1	2	3	4	5	6	7弱	7強	8

問8　右の図3は，気温と飽和水蒸気量の関係を示したグラフです。次のア～エの空気のうち最も湿度の高いものを，記号で答えなさい。

ア　0℃の空気1 m^3 中に水蒸気を2.4g含む空気
イ　10℃の空気1 m^3 中に水蒸気を5.0g含む空気
ウ　20℃の空気1 m^3 中に水蒸気を6.0g含む空気
エ　30℃の空気1 m^3 中に水蒸気を10.0g含む空気

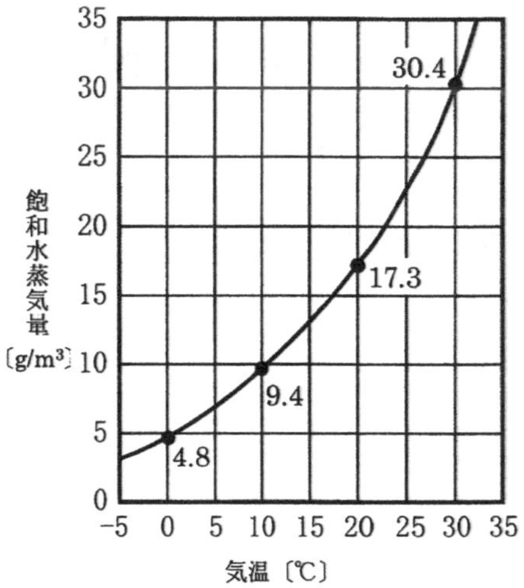

図3

Ⅱ　次の【実験１】,【実験２】について，以下の各問いに答えなさい。

【実験１】　いろいろな質量の銅粉を図１のようなステンレス皿とガスバーナーの装置を用いて，空気中で十分にかき混ぜながら加熱しました。表１は加熱前の銅粉の質量と加熱後の物質の質量を示したものです。

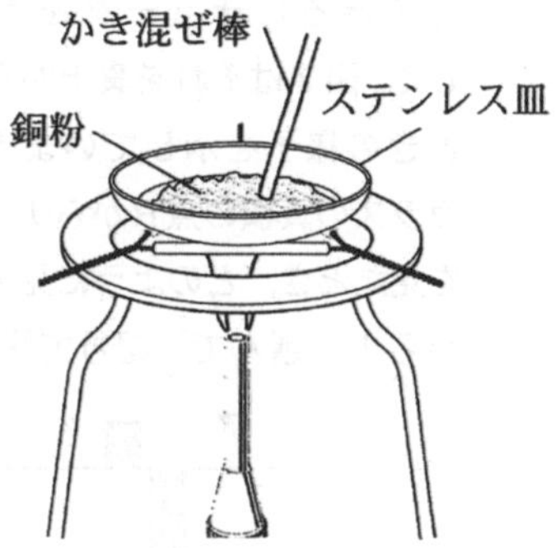

図１

表１

加熱前の銅粉の質量〔g〕	0.800	1.000	1.200	1.400
加熱後の物質の質量〔g〕	1.000	1.250	X	1.750

【実験２】　【実験１】で得た固体粉末 2.000g といろいろな質量の炭素の粉末を混ぜ合わせた混合物を，図２のように試験管の底に入れて，ガスバーナーで十分に加熱しました。このときに試験管内に残った物質の全質量を表２に示しました。ガラス管を通して発生した気体は石灰水に通して，反応が終了したらガラス管を石灰水からぬき，クリップでゴム管を閉じてからガスバーナーによる加熱を終了しました。

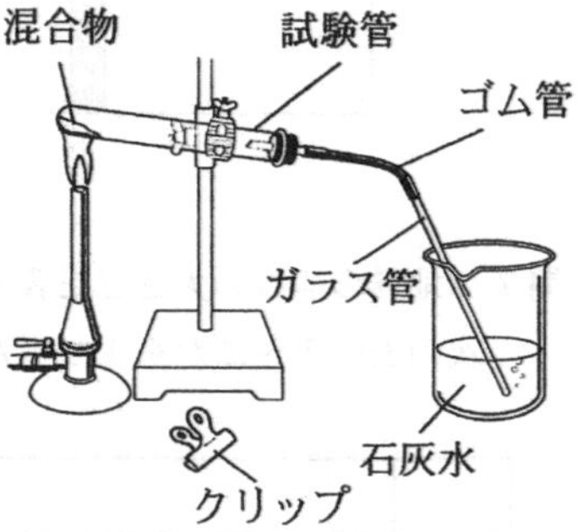

図２

表２

混合物中の炭素の質量〔g〕	0.075	0.150	0.225	0.300
加熱後の物質の全質量〔g〕	1.800	1.600	1.675	1.750

問１　【実験１】で，加熱後に残った物質の化学式を【例】にならって答えなさい。

【例】 Na

問２　表１中のＸに当てはまる適当な数値を答えなさい。

問3　**【実験１】**の加熱後の物質の性質として正しい組合せはどれですか。次の表の**ア～ク**から１つ選んで，記号で答えなさい。

	ア	**イ**	**ウ**	**エ**	**オ**	**カ**	**キ**	**ク**
物質の色	赤褐色	赤褐色	赤褐色	赤褐色	黒色	黒色	黒色	黒色
電気を通すかどうか	通す	通す	通さない	通さない	通す	通す	通さない	通さない
光沢があるかどうか	ある	ない	ある	ない	ある	ない	ある	ない

問4　**【実験２】**で発生した気体の性質として**間違っているもの**はどれですか。次の**ア～オ**から１つ選んで，記号で答えなさい。

ア　空気中に約21％含まれる。
イ　無色無臭である。
ウ　水に溶けると酸性を示す液体となる。
エ　同じ温度，圧力の空気よりも密度が大きい。
オ　ものが燃焼するのを助ける性質がない。

問5　**【実験２】**において，下線部のようにクリップでゴム管を閉じる理由として正しいものはどれですか。次の**ア～ウ**から１つ選んで，記号で答えなさい。

ア　空気が試験管に入るのを防ぐため。
イ　試験管の温度をゆっくりと下げるため。
ウ　発生した気体が試験管から出るのを防ぐため。

問6　**【実験２】**において固体粉末2.000gと炭素の粉末が過不足なく反応したときに発生した気体は何gですか。

問7　**【実験１】**で加熱後に残った固体粉末と同じ物質20.000gと炭素の粉末1.350gを混ぜ合わせた混合物について，**【実験２】**の操作と同じことを行った場合，試験管の中に何gの固体が残りますか。

Ⅲ　ある地域の**地層**①～④について，次の【**観察１**】,【**観察２**】をしました。

以下の各問いに答えなさい。

【観察１】　**地層**①～④に含まれる岩石を調べました。その結果、以下のようなことが分かりました。

地層①に含まれる岩石：マグマが地下深くでゆっくりと冷えてできた岩石で，白っぽい色をしている。

地層②に含まれる岩石：火山活動の際に噴出した火山灰が，押し固められてできた岩石である。

地層③に含まれる岩石：マグマが地表面もしくは地表付近で急に冷えてできた岩石で，灰色をしている。

地層④に含まれる岩石：生物の遺骸《いがい》が押し固められてできた石灰岩である。

【観察２】　この地域の地層のかたむきを調べるために，**図１**の**Ａ**～**Ｄ**地点での，地下の地層の様子を観察しました。**Ａ**～**Ｄ**地点の標高はどこも同じで，地層のずれなどはないことがわかっています。**図２**は**Ａ**地点，**Ｂ**地点，**Ｃ**地点における**地層**②が地表からの深さ何 m のところにあるかを示したもので，**地層**②は黒色で表しています。

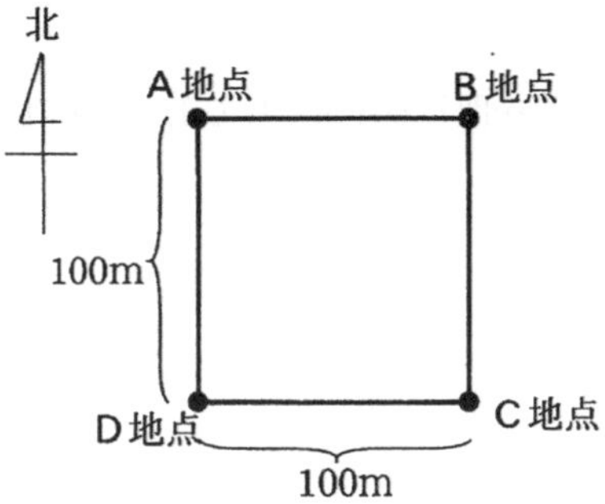

図１

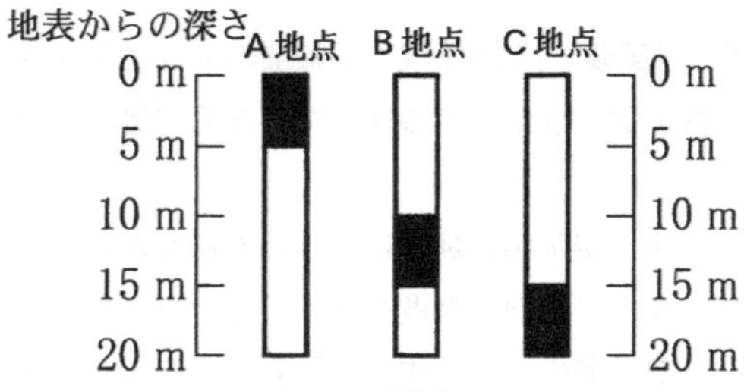

図２

問１　**地層**①に含まれる岩石の名前は何ですか。もっとも適当なものを，次の**ア**～**エ**から１つ選んで，記号で答えなさい。

ア　チャート　　**イ**　流紋《りゅうもん》岩　　**ウ**　花こう岩　　**エ**　玄武《げんぶ》岩

問２　**図３**は，**地層**③に含まれる岩石の表面のスケッチです。この結晶に見られる小さな鉱物やガラス質の部分を何といいますか。**漢字**で答えなさい。

図３

問3　**地層④**の中にサンゴの化石が発見されました。この地層ができた当時の環境として正しいものはどれですか。次の**ア**～**エ**から1つ選んで，記号で答えなさい。

ア　温暖で浅い海　　　**イ**　温暖で深い海　　　**ウ**　寒冷で浅い海　　　**エ**　寒冷で深い海

問4　サンゴの化石のように，当時の環境を知る手がかりとなるものを何といいますか。**漢字**で答えなさい。

問5　**地層④**に含まれる岩石に塩酸をかけると，ある気体が発生します。その気体として正しいものはどれですか。次の**ア**～**エ**から1つ選んで，記号で答えなさい。

ア　酸素　　　**イ**　二酸化炭素　　　**ウ**　水素　　　**エ**　アンモニア

問6　**【観察2】**の結果からD地点で，**地層②**があらわれるのは，地表から何mの深さですか。

問7　**【観察2】**におけるA地点は標高200mであることがわかっています。**図4**のように，A地点から東に200m進み，さらに南に50m進んだところに標高220mのE地点があります。このE地点で，**地層②**があらわれるのは，地表から何mの深さですか。ただし，地層はかたむきのみを考えてずれなどはないものとします。

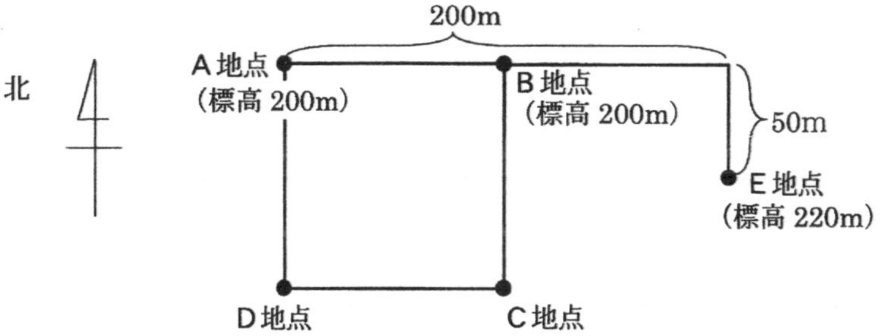

図4

Ⅳ　次の文章を読んで，以下の各問いに答えなさい。

ヒトは食べ物を消化し，栄養分として体内に取り入れています。食べ物を消化するはたらきをもつ液を消化液といい，その例として「だ液」があげられます。また，消化された栄養分は小腸から体内に取り入れられます。だ液のはたらきや小腸のはたらきを調べるために，以下の**【実験１】【実験２】**を行いました。

【実験１】　**図１**のように試験管A～Fに小麦をすりつぶしたものを水でうすめた液を同量ずつ入れました。さらにA，C，Eには水を，B，D，Fにはだ液を同量ずつ入れて，AとBは 5℃，CとDは 37℃，EとFは 100℃の水を入れたビーカーに入れ，温度を一定にして十分な時間置きました。その後，それぞれの試験管から液を一部取り出してヨウ素液を入れ，色の変化を観察した結果を**表１**に示しました。

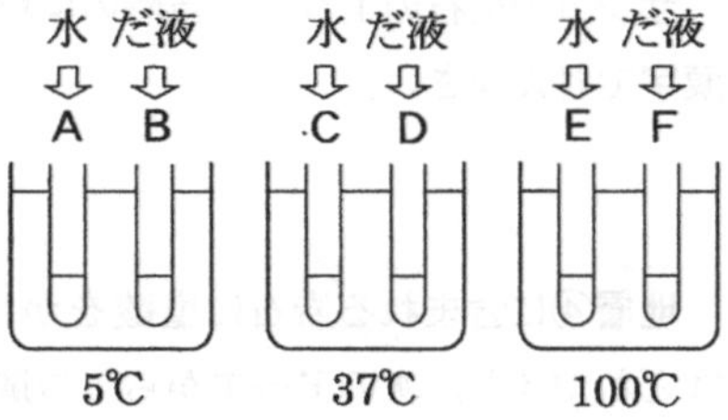

図１

表１

試験管	試験管A	試験管B	試験管C	試験管D	試験管E	試験管F
色の変化	青紫色	うすい青紫色	青紫色	変化なし	青紫色	青紫色

【実験２】　**【実験１】**の後，試験管C，Dに残った液を**図２**のようにそれぞれセロハンの袋に入れて，37℃の水につけ温度を一定にして十分な時間置きました。その後，袋の中の液と外の液をそれぞれ一部取り出してヨウ素液とベネジクト液を使って，色の変化を観察した結果を**表２**に示しました。
ただし，セロハンには小さな穴が無数にあいています。

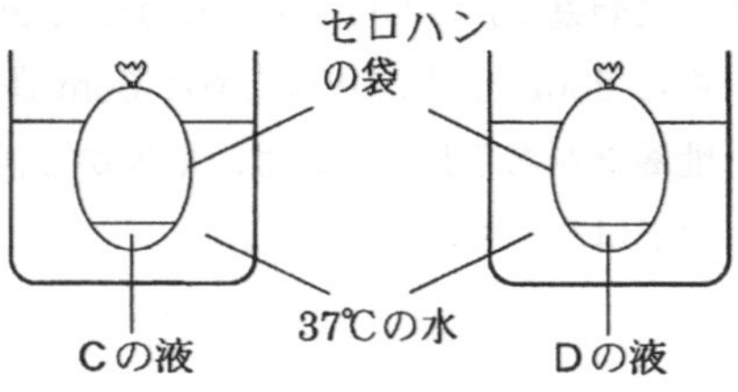

図２

表２

	C (中の液)	C (外の液)	D (中の液)	D (外の液)
ヨウ素液	青紫色	変化なし	変化なし	変化なし
ベネジクト液	変化なし	変化なし	赤褐色	赤褐色

問１　デンプンはヒトの三大栄養素の１つです。デンプン以外の三大栄養素は何ですか。正しい組合せを次の**ア**～**エ**から１つ選んで，記号で答えなさい。

ア　ビタミンとミネラル　　**イ**　タンパク質とビタミン
ウ　タンパク質と脂肪　　**エ**　ミネラルと脂肪

問2　消化液中に含まれる消化酵素とよばれる物質が，栄養分を吸収しやすい物質に分解することがわかっています。だ液の中に含まれる消化酵素の名前を答えなさい。

問3　**【実験１】**の結果のみから，**正しいとはいえないもの**の組合せはどれですか。下の**ア～カ**から１つ選んで，記号で答えなさい。

①　だ液はデンプンに37℃くらいではたらく。
②　だ液がデンプンにはたらくと，デンプンは糖に変化する。
③　100℃付近ではだ液はデンプンにはたらかない。
④　5℃付近ではだ液はデンプンにはたらかない。

ア　①と②　　**イ**　①と③　　**ウ**　①と④　　**エ**　②と③　　**オ**　②と④　　**カ**　③と④

問4　**【実験２】**において使用したベネジクト液は糖を検出するための薬品です。糖を検出するためには，糖を含む溶液にベネジクト液を加えた後にある操作をしなくてはなりません。その操作は何ですか。次の**ア～オ**から１つ選んで，記号で答えなさい。

ア　加熱　　**イ**　冷却　　**ウ**　濃縮　　**エ**　希釈　　**オ**　分離

問5　**【実験２】**の結果からデンプンの粒（Ｐとする）と，デンプンが分解されてできたものの粒（Ｑとする）と，セロハンの穴の大きさ（Ｒとする）の大小関係として正しいものはどれですか。次の**ア～カ**から１つ選んで，記号で答えなさい。

ア　Ｐ＜Ｑ＜Ｒ　　**イ**　Ｐ＜Ｒ＜Ｑ　　**ウ**　Ｑ＜Ｐ＜Ｒ
エ　Ｑ＜Ｒ＜Ｐ　　**オ**　Ｒ＜Ｐ＜Ｑ　　**カ**　Ｒ＜Ｑ＜Ｐ

問6　デンプンが分解されてできた栄養分は小腸で吸収され肝臓に運ばれて，摂りすぎた栄養分は一時的に何という物質に変換されますか。**カタカナ**で答えなさい。

問7　消化された栄養分は血液によって全身に運ばれています。全身の細胞の間には，毛細血管が入りこんでいて，毛細血管からしみ出した液が細胞の周りを満たしています。その液の名前を**漢字**で答えなさい。

V　次の【実験１】,【実験２】について，以下の各問いに答えなさい。
ただし，実験全体において摩擦や空気抵抗の影響はないものとします。

【実験１】　図１のようになめらかな斜面上のＰ点から力学台車を静かに放し，ＰＱ間の運動の様子を調べました。１秒間に60打点する記録タイマーで，台車に取り付けた記録テープに記録しました。図２は記録テープの①最初の方の記録を除き，３つの区間Ａ，Ｂ，Ｃの長さをはかったものです。

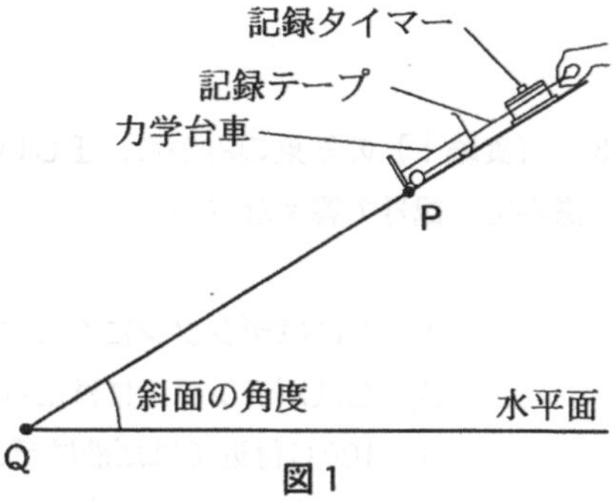

図１

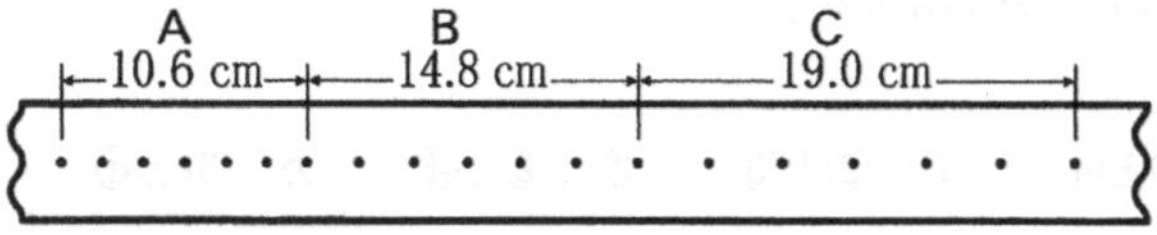

図２

【実験２】　図３のように，なめらかな斜面に質量１kgの台車を置き，台車につけた糸を滑車《かっしゃ》に通してばねにつなぎました。次に，ばねの下端を手で静かに引くと，ばねがある長さになったときに②台車が等速直線運動をしました。手でばねを引いた距離とばねの長さの関係を表したグラフを図４，実験に用いたばねの性質を表したグラフを図５に示しています。

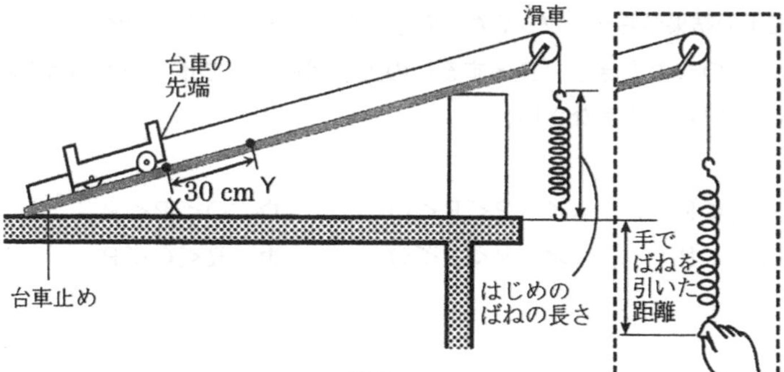

図３

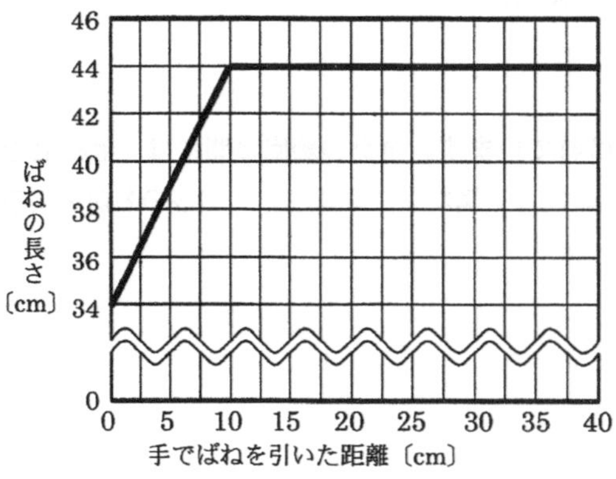

図４

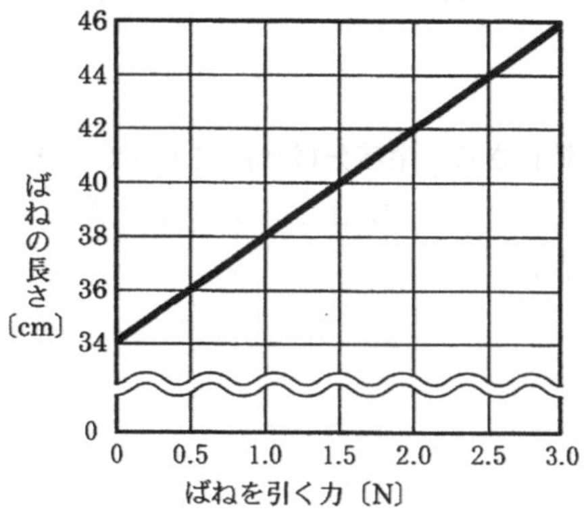

図５

問１　**【実験１】**において，下線部①の理由としてもっとも適当なものはどれですか。次の**ア～エ**から１つ選んで，記号で答えなさい。

ア　記録タイマーは，台車が動き出してから打点するので，そこに時間差が生じるため。
イ　台車は，静かに放すと台車の運動に不規則性が生じるため。
ウ　記録テープの最初の記録は，打点が重なり正確に読み取りにくいため。
エ　台車は，手で押してやらないと動きはじめないため。

問２　**【実験１】**において，区間Ｂにおける台車の平均の速さは何 cm/秒ですか。

問３　**【実験１】**において，縦軸に台車の**移動距離**，横軸に台車が移動した**時間**を表したグラフはどれですか。次の**ア～エ**から１つ選んで，記号で答えなさい。

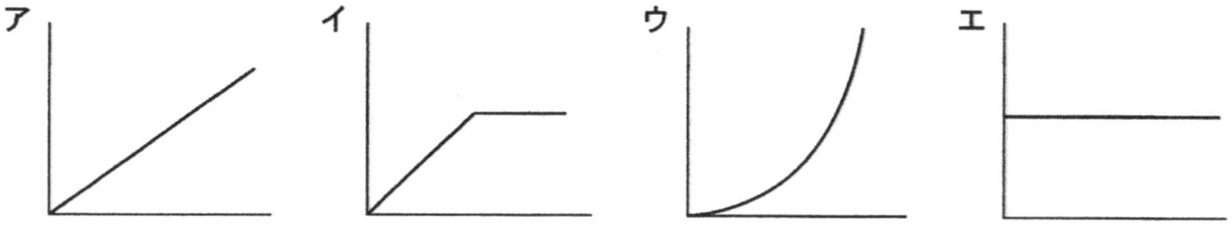

問４　**【実験２】**において，下線部②のとき，手がばねを引く力は何Ｎですか。

問５　**【実験２】**において，下線部②のとき，台車にはたらく力の合力の大きさは何Ｎですか。

問６　**【実験２】**において，台車がＸ点を動き始めてから 30cm 先のＹ点まで移動させたときの，台車を引く力がした仕事は何Ｊですか。

問７　次の**ア～エ**から正しく述べたものを，１つ選んで記号で答えなさい。

ア　**【実験１】**で，斜面の角度を変えても，**図２**と同じ結果が得られる。
イ　**【実験１】**で，台車の質量を増やすと，記録テープの打点の間隔が，**図２**の記録テープよりも広くなる。
ウ　**【実験２】**で，下線部②のときの台車の運動エネルギーは一定である。
エ　**【実験２】**で，台車の先端がＸ点からＹ点まで移動しているとき，力学的エネルギーは一定である。

2021年度

上宮高等学校

入学考査問題

社　会

（50分）

（注意）　解答はすべて解答用紙に記入しなさい。

受験番号				名前	

I　次の文章は、「ナイル川ダム　平和的な利水の調整を」と題された新聞記事からの引用です。この文章を読んで、後の問いに答えなさい。

①エジプトは②ナイルの賜物《たまもの》。

紀元前5世紀の③ギリシャの歴史家ヘロドトスの言葉である。古代文明を育んだ世界有数の大河をめぐっていま、きな臭い動きが起きている。

上流で巨大ダムを建設する④エチオピアと、下流のエジプト、スーダンの対立である。国際機関の仲介も実らず、軍事行動をほのめかすなど不安定な状況が続いている。

どの国も短慮に走るべきではない。⑤国連やアフリカ連合などは、話し合いによる解決を粘り強く促してほしい。

エチオピアは9年前から「大エチオピア・ルネサンスダム」を造り始めた。総貯水量は⑥琵琶湖の2.7倍にあたる740億立方メートルで、発電能力6千メガワットとアフリカ最大である。

心配なのは、ともに1億を超す人口を持つエチオピアとエジプトが、簡単に妥協できない国内事情を抱えていることだ。

世界の最貧国とされたエチオピアは、この20年で⑦経済規模が10倍以上に。それでも電気が届くのは人口の半数以下といい、⑧ダム発電への期待は高い。総額4千億円超を注ぎ、国家の威信がかかる。

隣国エリトリアとの紛争解決で昨年、⑨ノーベル平和賞に選ばれたアビー首相だが、国内では民族紛争を抱える。ダムには、⑩多民族国家をひとつにまとめ上げる政治的効果もある。

一方、水資源のほぼ全てをナイルに頼るエジプトは「存亡にかかわる」と危機感を強める。流量が2%減っただけで農民100万人が収入を失うとの試算もあるという。

軍の政治介入によってその地位についたシーシ大統領にとって、正統性を保つには国民を守る強い⑪指導者像が欠かせない。

2年後のダム完成をめざすエチオピアは今月に試験的な貯水を始めると公言していた。ダムを満たすのに何年かけるか、下流で⑫干ばつが起きた場合に放水量をどう調整するか、合意がどこまでエチオピアを法的に縛るか。ぎりぎりの協議が続くが、最終合意には至っていない。

アビー氏は昨秋に「戦争になれば何百万人も動員できる」と発言した。エジプトの外相は国連で、一方的な貯水開始は「紛争を引き起こす」と警告した。ナショナリズムをあおる言葉の応酬で、さらに対立を深める悪循環に陥ってはならない。

東南アジアのメコン川など、複数の国を流れる⑬国際河川では他にも「水争い」が見られる。⑭地球環境が激変するなか、2050年には⑮世界人口の4割が深刻な水不足に直面するとの予測もある。人類にとって貴重な資源を地域全体で共有し、生かす道を探ることが肝要だ。

（2020年の新聞記事より引用）

問１　下線部①について、次のグラフは４都市（リヤド・シンガポール・イルクーツク・パリ）の雨温図です。エジプトと同じ砂漠気候のリヤドの雨温図として正しいものを、次の**ア**～**エ**の中から１つ選んで、記号で答えなさい。

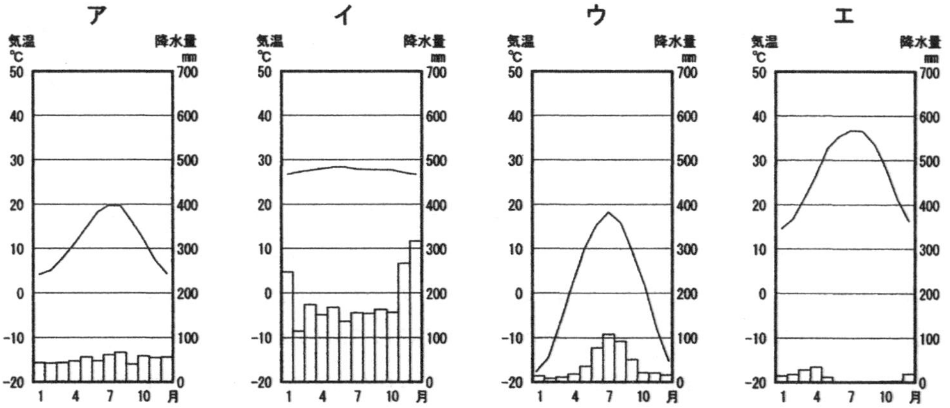

（「気象庁ホームページ」より作成）

問２　下線部②について、その説明をした次の**a**・**b**の文の正誤の組合せとして正しいものを、下の**ア**～**エ**の中から１つ選んで、記号で答えなさい。

a　洪水が起き、水が引いたあとには肥沃な土が残され、流域では麦などをつくる農業が盛んになった。

b　洪水のあとの土地を測り直す測量術が発達し、種まきなどの時期を知るために太陰暦がつくられた。

ア　**a**－正　**b**－正　　**イ**　**a**－正　**b**－誤　　**ウ**　**a**－誤　**b**－正　　**エ**　**a**－誤　**b**－誤

問３　下線部③について、次の（１）・（２）の各問いに答えなさい。

（１）　近代オリンピックは古代ギリシャのオリンピアの祭典を参考にしてはじめられたものです。初の近代オリンピックはギリシャの首都で行われました。ギリシャの首都として正しいものを、次の**ア**～**エ**の中から１つ選んで、記号で答えなさい。

ア　リスボン　　**イ**　マドリード　　**ウ**　アテネ　　**エ**　アンカラ

（２）　ギリシャはＥＵ加盟国の１つです。次のグラフは中国・アメリカ・ＥＵの面積、人口、国内総生産が日本の何倍あるかを示したものです。面積、人口、国内総生産の組合せとして正しいものを、下の**ア**～**エ**の中から１つ選んで、記号で答えなさい。

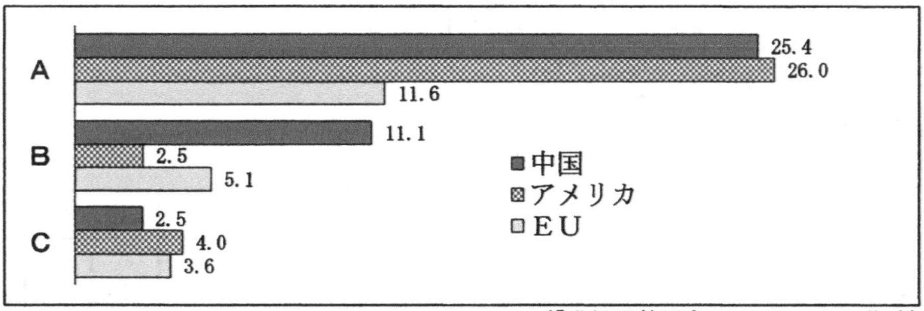

（「世界国勢図会 2019/20」より作成）

ア　Ａ－国内総生産　Ｂ－面積　Ｃ－人口　　**イ**　Ａ－国内総生産　Ｂ－人口　Ｃ－面積

ウ　Ａ－面積　Ｂ－人口　Ｃ－国内総生産　　**エ**　Ａ－人口　Ｂ－国内総生産　Ｃ－面積

問４　下線部④について、次の（１）・（２）の各問いに答えなさい。

（１）　エチオピアは第二次世界大戦終了時、独立国でした。第二次世界大戦終了時アフリカで独立国であった国を、次の**ア**～**エ**の中から１つ選んで、記号で答えなさい。

ア　リベリア　　**イ**　モロッコ　　**ウ**　ナイジェリア　　**エ**　ケニア

（２）　エチオピアはコーヒー豆の生産がさかんで、世界各地に輸出されています。最近では生産者の労働に見合った価格で取引がされるようになりました。この取引を何と言いますか。**カタカナ７字**で答えなさい。

問５　下線部⑤について述べた文として正しいものを、次の**ア**～**エ**の中から１つ選んで、記号で答えなさい。

ア　1945 年のサンフランシスコ会議で、国際連合憲章が採択され、同年 10 月に発足した。

イ　安全保障理事会の常任理事国は中国・ドイツ・アメリカ・フランス・イギリスである。

ウ　2020 年末現在、加盟国数が 200 ヶ国を超えるが、アジア州の加盟国数が最多である。

エ　国際連合の機関の１つで、子どもの権利条約を担当しているのはユネスコである。

問６　下線部⑥について、琵琶湖は日本最大の湖です。他に日本で１番の湖（㊟人造湖を除く）を探すと、日本で最も標高が高いところに位置する中禅寺湖、日本で最も深い田沢湖、日本で最も透明度が高い摩周湖があげられます。次の地図を見て、この 3 つの湖の組合せとして正しいものを、下の**ア**～**エ**の中から 1 つ選んで、記号で答えなさい。　㊟人造湖…発電などに利用するために、人工的につくられた湖。

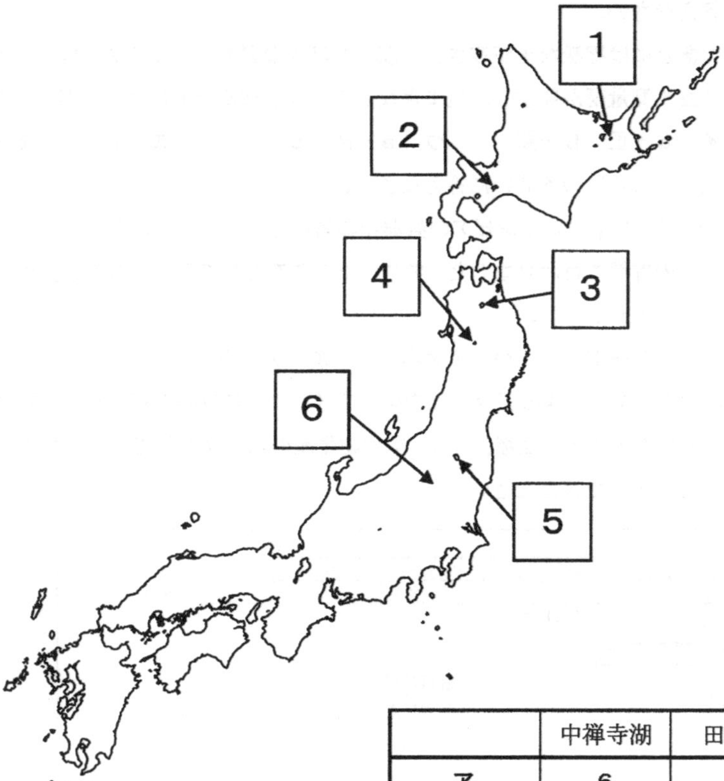

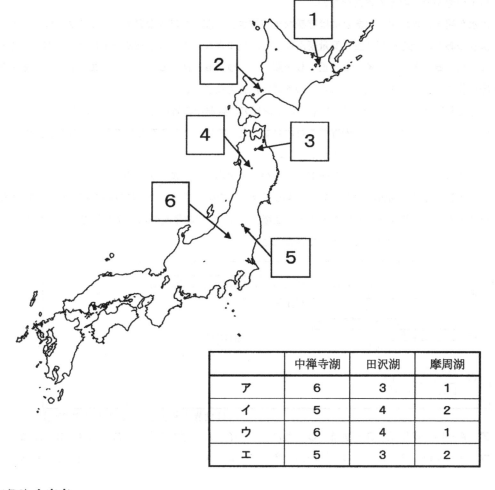

	中禅寺湖	田沢湖	摩周湖
ア	6	3	1
イ	5	4	2
ウ	6	4	1
エ	5	3	2

問７　下線部⑦について、各国の経済規模を示す指標として用いられる国内総生産を意味するアルファベットの略称として正しいものを、次の**ア**～**エ**の中から１つ選んで、記号で答えなさい。

ア　ＧＮＩ　　**イ**　ＧＮＰ　　**ウ**　ＧＮＨ　　**エ**　ＧＤＰ

問８　下線部⑧について、次の（**１**）・（**２**）の各問いに答えなさい。

（**１**）　日本の発電専用のダムの１つとして富山県にあるダムがあげられます。そのダムの名称として正しいものを、次の**ア**～**エ**の中から１つ選んで、記号で答えなさい。

ア　佐久間ダム　　**イ**　奥只見ダム　　**ウ**　八ッ場《やんば》ダム　　**エ**　黒部ダム

（**２**）　次の表は日本、フランス、カナダ、ロシア連邦の４か国の発電量の内訳（水力・火力・原子力・新エネルギー）を割合で示したものです。水力発電の割合を示すものを、次の**ア**～**エ**の中から１つ選んで、記号で答えなさい。

	日本	フランス	カナダ	ロシア連邦
ア	87.9 %	10.3 %	21.7 %	64.8 %
イ	8.5 %	11.7 %	58.0 %	17.1 %
ウ	1.9 %	5.3 %	5.1 %	0.1 %
エ	1.7 %	72.5 %	15.2 %	18.0 %

（「世界国勢図会 2019/20」より作成）

問９　下線部⑨について、受賞した人物の業績について述べた文として**誤っているもの**を、次の**ア**～**エ**の中から１つ選んで、記号で答えなさい。

ア　ウィルソンはパリ講和会議で14か条の平和原則を発表し、国際連盟の設立に尽力した。

イ　セオドア・ルーズベルトは日露戦争を終わらせるための講和会議の仲介者となった。

ウ　佐藤栄作は「核兵器を持たず、つくらず、持ち込まず」という非核三原則を唱えた。

エ　ネルソン・マンデラは南アフリカの人種隔離政策アパルトヘイトを平和的に廃止させた。

問10　下線部⑩について、多民族国家である中国について述べた次の文の（　**ａ**　）・（　**ｂ**　）にあてはまる語句の組合せとして正しいものを、下の**ア**～**エ**の中から１つ選んで、記号で答えなさい。

中国は50以上の民族からなり、人口の９割以上を漢民族が占める。主な少数民族として、南西部に自治区があり、仏教を信じる人が多い（　**ａ**　）民族、北西部の砂漠地帯に自治区があり、イスラム教徒が多い（　**ｂ**　）民族などがある。

ア　**ａ**－チベット　**ｂ**－ウイグル　　**イ**　**ａ**－チワン　**ｂ**－モンゴル

ウ　**ａ**－チワン　**ｂ**－ウイグル　　**エ**　**ａ**－チベット　**ｂ**－モンゴル

問11　下線部⑪について、次の（**１**）・（**２**）の各問いに答えなさい。

（**１**）　2020年末現在、女性が首相を務めている国として**誤っているもの**を、次の**ア**～**エ**の中から１つ選んで、記号で答えなさい。

ア　ドイツ　　**イ**　フィンランド　　**ウ**　イギリス　　**エ**　ニュージーランド

（２）　アメリカでは2020年に大統領選挙が行われました。アメリカの大統領選挙のしくみについて述べた文として正しいものを、次の**ア**～**エ**の中から１つ選んで、記号で答えなさい。

ア　下院と上院でそれぞれ指名選挙を行い、連邦裁判所の最終審査で認められた候補者が大統領になる。

イ　各州の投票結果に応じて、１位の候補者に１票ずつを与え、その票数が最も多い候補者が当選する。

ウ　下院と上院でそれぞれ指名選挙を行う。指名者が異なるときは、上院が指名した者が大統領になる。

エ　各州の投票結果に応じて、各州の選挙人が投票を行い、選挙人の票数が最も多い候補者が当選する。

問12　下線部⑫について、日本国内でも干ばつに対する備えとして、灌漑《かんがい》設備を整えてきました。早明浦《さめうら》ダムを水源として、吉野川から導水して整備された灌漑設備を何といいますか。答えなさい。

問13　下線部⑬について述べた次の文の（　ａ　）～（　ｃ　）にあてはまる語句の組合せとして正しいものを、下の**ア**～**エ**の中から１つ選んで、記号で答えなさい。

（　ａ　）川はスイスに水源を持つ。流域には難所の１つであるローレライがあり、また、石炭と鉄鉱石を生かした工業がさかんな（　ｂ　）地方がある。河口はオランダの（　ｃ　）にあり、ＥＵの貿易港であるユーロポートがある。

ア　ａーライン　ｂールール　ｃーロッテルダム

イ　ａードナウ　ｂーバイエルン　ｃーアムステルダム

ウ　ａードナウ　ｂールール　ｃーアムステルダム

エ　ａーライン　ｂーバイエルン　ｃーロッテルダム

問14　下線部⑭について、次の（１）・（２）の各問いに答えなさい。

（１）　次の図は地球環境の破壊原因と破壊内容を示しています。(Ａ)～(Ｃ)の組合せとして正しいものを、下の**ア**～**エ**の中から１つ選んで、記号で答えなさい。

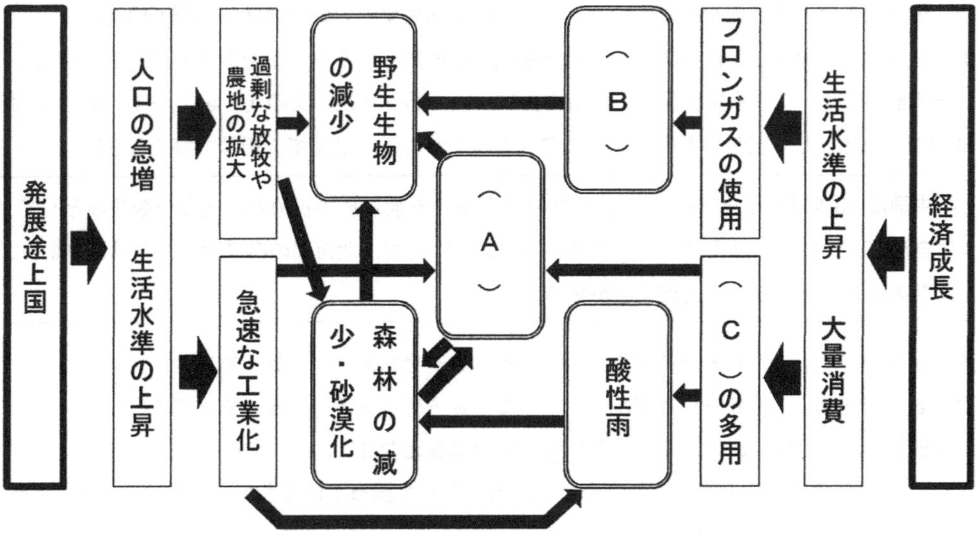

ア　Ａー地球温暖化　Ｂーオゾン層の破壊　Ｃー有機水銀

イ　Ａーオゾン層の破壊　Ｂー酸性雨　Ｃー有機水銀

ウ　Ａーオゾン層の破壊　Ｂー酸性雨　Ｃー化石燃料

エ　Ａー地球温暖化　Ｂーオゾン層の破壊　Ｃー化石燃料

（2）　地球温暖化への対策として、2015 年に開かれた第 21 回地球温暖化防止条約締約国会議において、温室効果ガス排出量削減についての新しい取り決めが採択されました。この取り決めを何といいますか。答えなさい。

問15　下線部⑮について、次の表は世界の地域別人口（アジア、アフリカ、北・中央・南アメリカ、ヨーロッパ）の推移を示したものです。アフリカを示すものを、次の**ア**～**エ**の中から1つ選んで、記号で答えなさい。

（百万人）

	1970 年	1980 年	1990 年	2000 年	2010 年	2019 年
ア	2142	2650	3226	3471	4210	4601
イ	363	476	630	811	1039	1308
ウ	518	615	723	834	934	1015
エ	657	694	721	726	736	747

（「世界国勢図会 2020/21」より作成）

Ⅱ　次の絵や写真について述べた文章を読んで、後の問いに答えなさい。

フランスのラスコーにある洞窟《どうくつ》の中に描かれていた動物の絵です。およそ1万5000年前の①旧石器時代の人々が遠近法を用いて描いたものです。

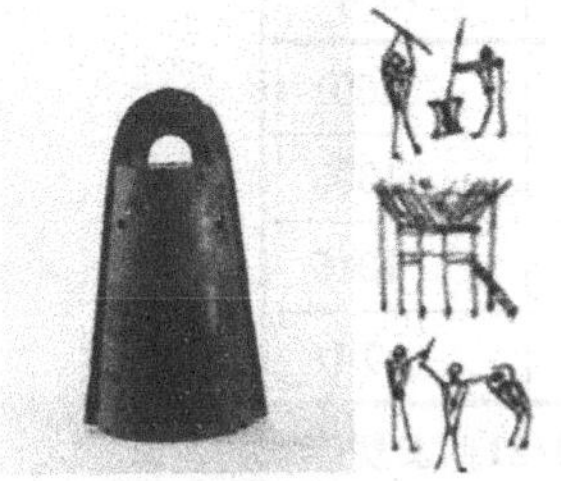

②弥生時代に使われていたとされる銅鐸《どうたく》に描かれている絵です。銅鐸には杵《きね》で臼《うす》をついている様子や高床倉庫、戦っている兵士の様子などが描かれています。

③正倉院所蔵の『鳥毛立女屏風』に描かれている女性の絵です。この女性に似た絵がシルクロードのまちのひとつであるトルファンでも発見されています。

『④源氏物語』の一場面が描かれている絵巻物のひとつです。⑤平安時代の貴族の女性たちが双六《すごろく》をして遊んだり、会話をしたりする様子が色彩鮮《あざ》やかに描かれています。

『一遍聖絵』に描かれている⑥備前福岡の様子です。⑦人が集まり物の取引をしている様子や、一遍が武士に詰《つ》め寄られている様子などが描かれています。

『洛中洛外図屏風』に描かれた祇園祭の様子です。祇園祭は⑧応仁の乱により一度中止に追い込まれましたが、町衆の願いにより復興し、いっそうはなやかになりました。

『⑨尾張名所図会』に描かれた女性たちが結城《ゆうき》縞《つむぎ》を織っている様子です。このころから⑩問屋商人が作業場に道具などをそろえ、人を集めて分業させる生産を始めました。

問十．６点
問十一．３点
問十二．３点
問十三．３点×２

一

問十一	問十二	問十三
〜		

二

1	2	3	4	5
五	森		泰	電
里				
	万	東	自	石
		風		

三

問一				問二	問三	問四	問五	問六	問七	問八
㋐	㋑	㋒	㋓	(a)			③			
				(b)			④			
				(c)						

二　２点×５
三　問一．１点×４
　　問二．２点×３
　　問三．４点
　　問四．３点
　　問五．３点×２
　　問六．３点
　　問七．３点
　　問八．３点

合　計

※100点満点

(4)	(,)	(5)	

II

III

(1)	円	(2)	円	(3)	$x =$

III

IV

(1)	$x =$	(2)	$x =$	(3)	$x =$	(4)	cm

IV

合計点	

※100点満点

Ⅲ

1	①	②	
2	③	④	
3	⑤	⑥	
4	⑦	⑧	

Ⅳ

Ⅴ

1	①	②
2	③	④
3	⑤	⑥
4	⑦	⑧
5	⑨	⑩

合計点	

※80点満点（リスニングと合わせて100点満点）

III						
	問5		問6	m	問7	m

3点×7

III	

IV								
	問1		問2		問3		問4	
	問5		問6		問7			

3点×7

IV	

V								
	問1		問2	cm/秒	問3		問4	N
	問5	N	問6	J	問7			

3点×7

V	

合計点	

※100点満点

/100点満点

問9		問10		問11		問12	
問13		問14		問15			

Ⅲ

問1		問2	(1)		(2)		問3		
問4		問5	(1)		(2)				
問6		問7	(1)		(2)				
問8		問9		問10					

合計点	

※100点満点

受験番号	名前

2021年度　上宮高等学校　入学考査　解答用紙　社会

2点×50

I

問1		問2		問3	(1)		(2)		
問4	(1)		(2)		問5				
問6		問7		問8	(1)		(2)		
問9		問10		問11	(1)		(2)		
問12		問13							
問14	(1)		(2)		問15				

II

問1		問2		問3	(1)		(2)		
問4		問5		問6					

【解答用

受験番号	名前

2021年度　上宮高等学校　入学考査　解答用紙　理科

I	問1		問2		問3		問4	
	問5	J	問6		問7		問8	

I	2点×8

II	問1		問2	g	問3		問4	
	問5		問6	g	問7	g		

II	3点×7

【解答

受験番号				名前	

2021年度　上宮高等学校　入学考査　リスニング解答用紙　英語

Ⅰ	1		2		3		4	
Ⅱ	1		2					
Ⅲ	1		2					

Ⅰ　2点×4
Ⅱ　3点×2
Ⅲ　3点×2

合計点	

※20点満点（筆記と合わせて100点満点）

受験番号				名前	

2021年度　上宮高等学校　入学考査　筆記解答用紙　英　語

Ｉ　４点×５
Ⅱ　問１．２点×４
　　問２．３点×２
　　問３．４点
　　問４．６点
　　問５．４点
Ⅲ　完答３点×４
Ⅳ　２点×５
Ⅴ　完答２点×５

Ｉ

Ⅱ

問１

A	B	C	D

問２

問３

問４

1. It (　　　　　　　　　　　　　　　　　　　　).

2. (　　　　　　　　　　　　　　　　　　　　) was.

受験番号				名前	

2021年度　上宮高等学校　入学考査　解答用紙　数学

I

5点×20

(1)	(ｱ)		(ｲ)		(2)	ア ＝ , イ ＝	
(3)	$a=$, $b=$				(4)	$x=$	
(5)		(6)	$n=$		(7)	$\angle x=$ 度	

I

II

【解答

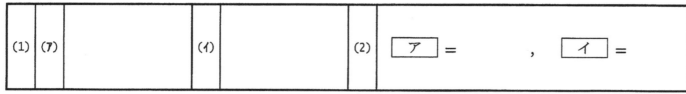

受験番号	名前

2021年度　上宮高等学校　入学考査　解答用紙　国語

一

問一
㋐ ㋑ ㋒ ㋓ ㋔ ㋕ ㋖ ㋗

問二
ⓐ ⓑ ⓒ ⓓ ⓔ ⓕ ⓖ ⓗ

問三
A B C D

問四
(a) (b) (c)

問五
こと。

問六

問七

問八

問九

問十

一　問一．1点×8
問二．1点×8
問三．1点×4
問四．2点×3

【解答

国会開設などを主張する演説者に対し、警官が演説を中断させようとしている様子が描かれています。政府が⑪これらの運動を弾圧していたことがわかります。

⑫第一次世界大戦の最中、⑬富山県魚津の主婦たちが起こした騒動が、全国に広まる大きなものとなりました。軍隊が出動し、鎮圧している様子が描かれています。

「⑭日本国憲法公布記念祝賀都民大会」の様子を撮影した写真です。皇居前広場で開かれたこの大会には⑮昭和天皇をはじめ、都民約 10 万人が出席しました。

問１　下線部①について、日本の旧石器時代の遺跡として正しいものを、次の**ア**～**エ**の中から１つ選んで、記号で答えなさい。

ア　三内丸山遺跡　　**イ**　登呂遺跡　　**ウ**　岩宿遺跡　　**エ**　板付遺跡

問２　下線部②について、弥生時代の日本の様子は中国の歴史書からも分かります。中国の歴史書に書かれた弥生時代の日本の様子として**誤っているもの**を、次の**ア**～**エ**の中から１つ選んで、記号で答えなさい。

ア　当時の日本は 100 余りのクニに分かれていて、いくつかのクニが楽浪郡に使いを送っていた。

イ　当時の日本の王は日本各地を支配し、朝鮮半島にも進出して、中国の皇帝に援助を求めてきた。

ウ　現在の福岡市にあったとされる奴国の王の使いが中国に来て、金印を授けられた。

エ　当時の日本は女王が支配しており、女王が中国に使いを送ってきて、称号や銅鏡などを授けられた。

問３　下線部③について、次の（１）・（２）の各問いに答えなさい。

（１）　正倉院には、聖武天皇の宝物が納められています。聖武天皇は在位中、いくつか都や宮を移した後、最終的に平城京に戻ってきました。聖武天皇が移した都や宮が位置する都道府県として**誤っているもの**を、次の**ア**～**エ**の中から１つ選んで、記号で答えなさい。

ア　兵庫県　　**イ**　京都府　　**ウ**　大阪府　　**エ**　滋賀県

（２）　正倉院に納められているものとして**誤っているもの**を、次の**ア**～**エ**の中から１つ選んで、記号で答えなさい。

ア

イ

ウ

エ

問4　下線部④の作者名を答えなさい。

問5　下線部⑤について、平安時代に関する次のⅠ～Ⅳの文の出来事を年代の古い順に並び替えたものとして正しいものを、下の**ア**～**エ**の中から1つ選んで、記号で答えなさい。

Ⅰ　坂上田村麻呂が征夷大将軍に任じられ、蝦夷の討伐にあたった。

Ⅱ　藤原氏の陰謀により、右大臣菅原道真が大宰府へと左遷された。

Ⅲ　関東で平将門が、瀬戸内では藤原純友が、相次いで反乱を起こした。

Ⅳ　藤原道長が3人の娘を天皇のきさきにして、絶対的な権勢を誇った。

ア　Ⅰ→Ⅱ→Ⅲ→Ⅳ　　**イ**　Ⅱ→Ⅰ→Ⅲ→Ⅳ　　**ウ**　Ⅲ→Ⅰ→Ⅳ→Ⅱ　　**エ**　Ⅲ→Ⅳ→Ⅰ→Ⅱ

問6　下線部⑥が位置する現在の都道府県として正しいものを、次の**ア**～**エ**の中から1つ選んで、記号で答えなさい。

ア　福岡県　　**イ**　岡山県　　**ウ**　富山県　　**エ**　埼玉県

問7　下線部⑦に関して述べた次の**a**・**b**の文の正誤の組合せとして正しいものを、下の**ア**～**エ**の中から1つ選んで、記号で答えなさい。

a　寺社の境内や大きな街道沿いの広いところに、天気の良い日にだけ店を出していた。

b　取引は物々交換よりも、貨幣による取引が主で、明から輸入された銅銭が使われた。

ア　**a**－正　**b**－正　　**イ**　**a**－正　**b**－誤　　**ウ**　**a**－誤　**b**－正　　**エ**　**a**－誤　**b**－誤

問8　下線部⑧について、次の（**1**）・（**2**）の各問いに答えなさい。

（**1**）　次の文の（　**a**　）～（　**c**　）にあてはまる語句の組合せとして正しいものを、下の**ア**～**エ**の中から1つ選んで、記号で答えなさい。

> 応仁の乱は、8代将軍（　**a**　）の時代に起こった将軍の跡継ぎ問題に加え、将軍の補佐をする（　**b**　）を務めたこともある細川勝元と（　**c**　）の勢力争いなどが複雑に結びついたもので、多くの守護大名を巻き込んだ大きな戦闘となりました。

ア　**a**－足利義政　**b**－執権　**c**－高師直

イ　**a**－足利義昭　**b**－執権　**c**－山名持豊

ウ　**a**－足利義政　**b**－管領　**c**－山名持豊

エ　**a**－足利義昭　**b**－管領　**c**－高師直

（**2**）　応仁の乱の後も、守護大名の畠山氏は一族内で対立が続いていました。領内の武士や農民たちが協力し合って畠山氏の軍勢を追い出し、8年間にわたって自治を行いました。その領地があった地域として正しいものを、次の**ア**～**エ**の中から1つ選んで、記号で答えなさい。

ア　近江　　**イ**　加賀　　**ウ**　山城　　**エ**　三河

問9　下線部⑨について、この本は天保年間（1831～1845年）に執筆されたものです。この時期に起きたこととして正しいものを、次の**ア**～**エ**の中から1つ選んで、記号で答えなさい。

ア　インドではイギリス東インド会社のインド人兵士が反乱を起こしたが、イギリスがこれを武力で鎮圧し、インド全土を支配下におさめた。

イ　イギリスがインドから密輸したアヘンの売買を、清が禁止したことに対して、イギリスが自由貿易の実現を口実にして清と戦争を始めた。

ウ　小国に分かれていたドイツでは、プロイセン王国がビスマルク首相の下で軍事力、経済力を強め、小国を統一してドイツ帝国が誕生した。

エ　国王や大貴族中心の政治に対する不満が爆発し、一部の貴族や商工業者、農民や都市の民衆も加わって、フランス革命が起こった。

問10　下線部⑩について、このような生産方法というか。**漢字**で答えなさい。

問11　下線部⑪に関して述べた次の**a**・**b**の文の正誤の組合せとして正しいものを、下の**ア**～**エ**の中から1つ選んで、記号で答えなさい。

a　伊藤博文が中心となって民撰議院設立の建白書を作成し、政府に提出したことをきっかけとして始まった。

b　国会の開設が決まると板垣退助はフランス流の自由党を、大隈重信はイギリス流の立憲改進党という政党を結成した。

ア　**a**－正　**b**－正　　**イ**　**a**－正　**b**－誤　　**ウ**　**a**－誤　**b**－正　　**エ**　**a**－誤　**b**－誤

問12　下線部⑫について述べた文として**誤っているもの**を、次の**ア**～**エ**の中から1つ選んで、記号で答えなさい。

ア　オーストリアの皇太子夫妻がサラエボで暗殺されるという事件がきっかけで起こった。

イ　日本は日英同盟を口実に同盟国側として参戦し、清に対して二十一カ条の要求を突きつけた。

ウ　飛行機、戦車、潜水艦、毒ガスなどの新兵器が登場し、これまでより死傷者が増えた。

エ　ロシアでは各地で代表者会議であるソビエトを作った労働者や兵士が革命を起こした。

問13　下線部⑬について、この事件の後、日本で初めての本格的な政党内閣が組織されました。その内閣総理大臣の名前を答えなさい。

問14　下線部⑭に関して、この大会が開催された年に行われた戦後の改革について述べた文として正しいものを、次の**ア**～**エ**の中から1つ選んで、記号で答えなさい。

ア　教育基本法が制定され、学校教育では義務教育が12年間になった。

イ　日本経済を支配していた三井、三菱、住友などの財閥が解体された。

ウ　18歳以上の男女に選挙権が認められ、国民の8割が有権者となった。

エ　治安維持法が廃止され、かつて政府が弾圧していた政党も認められた。

問15　下線部⑮について、昭和天皇が在位していた時代に関する次の**Ⅰ**～**Ⅳ**の文の出来事を年代の古い順に並び替えたものとして正しいものを、下の**ア**～**エ**の中から1つ選んで、記号で答えなさい。

Ⅰ　第五福竜丸事件が起こった。

Ⅱ　沖縄が日本に復帰した。

Ⅲ　東京オリンピックが開かれた。

Ⅳ　所得倍増計画が発表された。

ア　Ⅲ→Ⅰ→Ⅱ→Ⅳ　　**イ**　Ⅰ→Ⅲ→Ⅱ→Ⅳ　　**ウ**　Ⅲ→Ⅳ→Ⅱ→Ⅰ　　**エ**　Ⅰ→Ⅳ→Ⅲ→Ⅱ

Ⅲ　次の文章を読んで、後の問いに答えなさい。

私たちは商品を買う時に店に行きます。私たちが買い物をする店は①小売店といい、個人で経営している店、コンビニエンスストア、スーパーマーケット、百貨店、ショッピングモールなどがあります。

個人で経営している店は②薬局や八百屋、魚屋など小さい店舗で営業しています。コンビニエンスストアは、24 時間営業のところも多く、市街地では店の数も多く歩いて行ける距離にあることが多いため、とても便利です。しかし、③野菜や魚介類などの生鮮品を買うときはスーパーマーケットの方が便利です。大手スーパーマーケットでは国内産の食料品のみならず④輸入品も含め、幅広く買うことができます。最近、都市の近郊に専門店や娯楽施設を伴った大型ショッピングモールの出店が相次いでいます。

かつては、中小の小売業者を守るという観点から、大規模小売店舗法という法律があり、広い面積を持つ小売店の出店は規制されていました。さらに⑤地方公共団体の中には独自の規制を設けているところもありました。しかし、⑥外国の小売業者などが出店を要請し続けた結果、この法律は廃止されました。

小売店は社会や⑦消費者の求めに応じた店作りを進めています。⑧障がいの有無に関係なく誰にとっても利用しやすい店作りに力を入れています。環境への配慮から食品トレーを始めとする各種容器の回収などの取り組みも行っています。2019 年 10 月に⑨消費税が増税され、支払いに⑩現金を用いないキャッシュレス決済に対し、購入金額に対して数%をポイントで還元するイベントが実施されました。これを機にキャッシュレス決済を利用できる小売店が増えました。

問１　下線部①について、次のグラフは小売店（百貨店・大型スーパー・コンビニエンスストア）の販売額の推移を示したものです。**A**～**C**がそれぞれどの小売店を示しているのか、その組合せとして正しいものを、下の**ア**～**エ**の中から１つ選んで、記号で答えなさい。

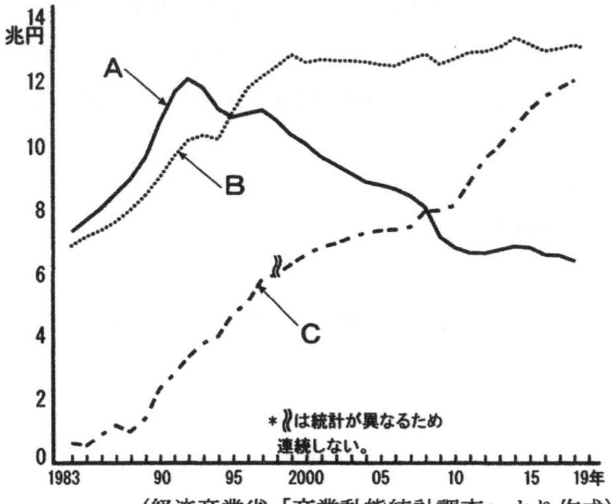

（経済産業省「商業動態統計調査」より作成）

ア	**A**－百貨店	**B**－大型スーパー	**C**－コンビニエンスストア
イ	**A**－百貨店	**B**－コンビニエンスストア	**C**－大型スーパー
ウ	**A**－コンビニエンスストア	**B**－大型スーパー	**C**－百貨店
エ	**A**－大型スーパー	**B**－百貨店	**C**－コンビニエンスストア

問2　下線部②について、次の（**1**）・（**2**）の各問いに答えなさい。

（**1**）　薬局で薬を調剤し販売することができるのは、資格を持った薬剤師です。薬剤師免許を付与する省庁として正しいものを、次の**ア**～**エ**の中から1つ選んで、記号で答えなさい。

ア　経済産業省　　**イ**　環境省　　**ウ**　厚生労働省　　**エ**　総務省

（**2**）　かつて薬局の設置について、法律が改正され設置を制限することになった時期がありました。しかし、その改正そのものが最高裁判所で違憲であるという判決が出ました。日本国憲法のどの条文に違反していたかを、次の**ア**～**エ**の中から1つ選んで、記号で答えなさい。

ア　第14条　平等権　　**イ**　第22条　居住・移転・職業選択の自由

ウ　第25条　生存権　　**エ**　第27条　勤労の権利

問3　下線部③について、これらが生産者から卸売業者、小売業者に売られるときには卸売市場で最も高い価格を付けた業者に卸されるしくみを取っています。このしくみを何と言いますか。**ひらがな2字**で答えなさい。

問4　下線部④について、次の文はスーパーマーケットで輸入品が販売される時の値段の決め方について述べた文です。文中の（　**a**　）・（　**b**　）にあてはまる語句の組合せとして正しいものを、下の**ア**～**エ**の中から1つ選んで、記号で答えなさい。

円高になると、アメリカから2 kgで10ドルの牛肉を購入すると、日本円に換算する時に支払う金額が円安のときに比べると（　**a**　）。この対応として、スーパーマーケットでは（　**b**　）、消費者に販売する。

ア　**a**－多くなる　　**b**－消費者に安い価格で買ってもらうために、円高の時の価格で

イ　**a**－多くなる　　**b**－スーパーマーケットの利益をより増やすために、円安の時の価格で

ウ　**a**－少なくなる　　**b**－スーパーマーケットの利益をより増やすために、円高の時の価格で

エ　**a**－少なくなる　　**b**－消費者に安い価格で買ってもらうために、円高の時の価格で

問5　下線部⑤について、次の（**1**）・（**2**）の各問いに答えなさい。

（**1**）　地方公共団体について述べた文として正しいものを、次の**ア**～**エ**の中から1つ選んで、記号で答えなさい。

ア　都道府県知事の被選挙権は25歳、市町村長の被選挙権は30歳である。

イ　選挙の事務を行う選挙管理委員会が各地方公共団体に設置されている。

ウ　地方公共団体間の財政格差をなくすために国から国庫支出金が交付される。

エ　郵便やバス事業など、運輸・通信事業を行う地方公共団体も存在する。

（**2**）　地方公共団体の首長や議員の解職請求を何といいますか。**カタカナ4字**で答えなさい。

問6　下線部⑥について、外国の小売業者の中には複数の国にわたって事業を展開している企業があります。このような企業を何といいますか。答えなさい。

問7　下線部⑦について、次の（1）・（2）の各問いに答えなさい。

（1）　消費者保護に関して述べた次のa・bの文の正誤の組合せとして正しいものを、下のア～エの中から1つ選んで、記号で答えなさい。

a　製品の欠陥によって被害を受けた時に、製造者に過失がなくても、製造者に損害賠償を求めることができる法律をＰＬ法という。

b　訪問販売の契約を解約したいとき、ある一定の期間内に書面で通知すれば、一方的に契約を解除できる制度をクーリングオフという。

ア　a－正　b－正　　イ　a－正　b－誤　　ウ　a－誤　b－正　　エ　a－誤　b－誤

（2）　1962年に「消費者の4つの権利」を提唱したアメリカの大統領として正しいものを、次のア～エの中から1つ選んで、記号で答えなさい。

ア　レーガン　　イ　フォード　　ウ　ニクソン　　エ　ケネディ

問8　下線部⑧について述べた次の文の（　a　）～（　c　）にあてはまる語句の組合せとして正しいものを、下のア～エの中から1つ選んで、記号で答えなさい。

障がいの有無に関係なく誰もが困ることなく利用できるようにすることを（　a　）という。これを実現するために、具体的には段差のある入口にスロープを設けたり、点字ブロックを設けたりすることを（　b　）といい、電卓の「5」のキーに凸を付けるなど、目が見えない人にも配慮しつつ誰でも不自由なく使うことができるものを（　c　）という。

ア　a－ノーマライゼーション　b－バリアフリー　c－ユニバーサルデザイン
イ　a－ノーマライゼーション　b－ユニバーサルデザイン　c－バリアフリー
ウ　a－バリアフリー　b－ユニバーサルデザイン　c－ノーマライゼーション
エ　a－ユニバーサルデザイン　b－バリアフリー　c－ノーマライゼーション

問9　下線部⑨について、次のグラフは税別（消費税・所得税・法人税）の収入額の推移を示したものです。それぞれの組合せとして正しいものを、下のア～エの中から1つ選んで、記号で答えなさい。

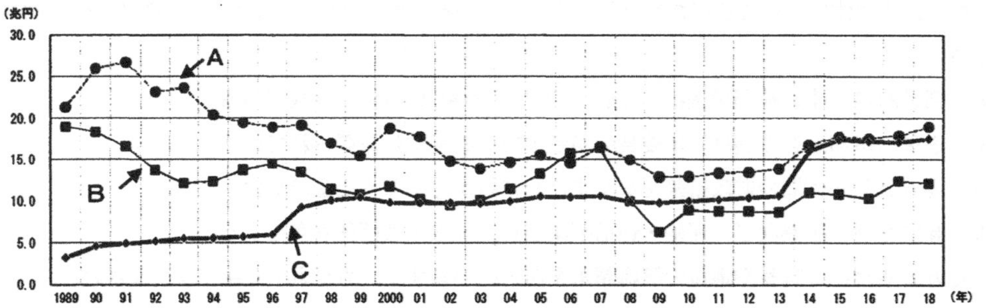

（数字でみる日本の100年　改訂第6版」などより作成）

ア　A－法人税　B－所得税　C－消費税　　イ　A－消費税　B－法人税　C－所得税
ウ　A－所得税　B－消費税　C－法人税　　エ　A－所得税　B－法人税　C－消費税

問10　下線部⑩について、紙幣を発行できる機関の名前を答えなさい。

2021(R3) 上宮高
K 教英出版

2020年度

上宮高等学校

入学考査問題

国　語

（50分）

（注意）① 解答はすべて解答用紙に記入しなさい。

② 字数の指定がある設問は、句読点もすべて一字に数えること。

受験番号				名前	

一

次の文章を読んで、後の問いに答えなさい。

著作権に関係する弊社の都合により
本文は省略いたします。

教英出版編集部

著作権に関係する弊社の都合により
本文は省略いたします。

教英出版編集部

著作権に関係する弊社の都合により
本文は省略いたします。

教英出版編集部

著作権に関係する弊社の都合により
本文は省略いたします。

教英出版編集部

（森博嗣　『集中力はいらない』による）

㊟

秘訣……他人に知られていない最も効果の高い方法。

精確……「正確」と同じ意味の別の表記。

メモリィ……情報を記憶できる容量。

メリットとデメリット……利点と欠点。

リスク……危険性。

清濁を併せ呑んで……善悪の分け隔てをせず、そのまま受け入れて。

問一　――線部㋐〜㋗の、カタカナは漢字に直し、漢字はその読みをひらがなで、それぞれ答えなさい。

問二　――線部ⓐ〜ⓗの語の品詞名を、次のア〜コの中からそれぞれ一つずつ選んで、記号で答えなさい。

ア　動詞　　イ　形容詞　　ウ　形容動詞　　エ　名詞　　オ　副詞
カ　連体詞　キ　接続詞　　ク　感動詞　　　ケ　助動詞　コ　助詞

問三　空欄（　A　）〜（　D　）に入る最も適当な語句を、次のア〜オの中からそれぞれ一つずつ選んで、記号で答えなさい。

ア　そして　　イ　つまり　　ウ　おそらく　　エ　だいたい　　オ　ところが

問四　――線部①「平均というのは、そういう数字なのだ」とは、どういう数字のことですか。その説明として最も適当なものを、次のア〜オの中から一つ選んで、記号で答えなさい。

ア　調査した時間や場所によって結果が大きく変わるような、一貫性のない数字。
イ　自分に合うかどうかは試してみなければ分からず、実際に役には立たない数字。
ウ　全体としてそのような傾向があるだけで、個別に適用することはできない数字。
エ　それぞれが導かれた結果を信じるかどうかで、成功する確率が変わる適当な数字。
オ　その結果に従って行動することで、問題が解決する可能性があると認められた数字。

問五　――線部②「□が合わない」の空欄□に当てはまる語句を、文中から三字で抜き出して答えなさい。

問六　――線部③「僕は、たいていのことを不自由なく『わかる』ことができるのに、それを『知らない』と判断されるのである」とは、どういうことですか。
次の説明の空欄［Ⅰ］・［Ⅱ］に当てはまる語句を、文中からそれぞれ三字で抜き出して答えなさい。

> 筆者は試験などで必要とされる「知識」を［Ⅰ］におぼえていても［Ⅱ］な固有名詞で覚えていないために、わかっていても「知らない」と判断されてしまう、ということ。

問七　――線部④「これ」とは何を指していますか。解答欄に合うように文中から二十字で抜き出して答えなさい。

問八　――線部⑤「いろいろなものを形容できる」とありますが、同じ内容の部分を文中から二十字で抜き出して答えなさい。

問九　空欄[1]〜[7]には次の**ア**・**イ**のどちらかの語句が入ります。当てはまる語句をそれぞれ一つずつ選んで、記号で答えなさい。

ア　集中　　**イ**　分散

問十　――線部⑥「宝の持ち腐れ」の「宝」の説明として最も適当なものを、次の**ア**〜**オ**の中から一つ選んで、記号で答えなさい。

ア　人間の頭脳が瞬間的に発揮する計算力
イ　人間の頭脳が生まれながらに持つ分析能力
ウ　人間の頭脳が自然に老化を遅らせる生命力
エ　人間の頭脳が本来持っている優れた記憶力
オ　人間の頭脳が時間をかけて獲得した言語能力

問十一　――線部⑦「人は、言葉で考えるようになった。これは、頭脳の本来の処理能力を充分に活かしていない」とありますが、その結果、どのようになったと筆者は自分の体験をもとに、考えていますか。文中の語句を使って、四十字以内で説明しなさい。

問十二　[X]に入る最も適当な語句を漢字一字で答えなさい。

問十三　本文の内容に一致するものを、次の**ア**〜**ク**の中から**二つ**選んで、記号で答えなさい。

ア　筆者は子どもの頃から自分が人と同じではない点に気づき、常に不安になっていた。
イ　筆者は英単語のスペルを覚えることが苦手であったが、ワープロのおかげで文章を書くことが得意になった。
ウ　人間の頭脳には、記憶に向くものと向かないものがあり、筆者はそのどちらでもない。
エ　筆者は記憶力に自信があり、三十年前に会った人の顔と名前を覚えていた。
オ　言葉に頼った記憶の仕方をすると、一つの言葉が出なくなると話ができなくなってしまう場合がある。
カ　ＩＴ化は人間の頭脳の負担を軽減したが、考えることをしなくなる人を増やしている。
キ　言葉で書かれたメモを書き残しても、それにつながる情報が思い出せなければ会話の役に立たない。
ク　人間は火の使い方を学び、文明を発展させたが、火の危険性にはなかなか気づかなかった。

〈問題は次のページに続きます〉

二　次の1～5の七文字の漢字を使って二つの四字熟語を作ろうとすると、二回使わなければならない漢字が一つあります。その漢字を答えなさい。

例　未・代・空・前・後・絶・聞

「空前絶後」・「前代未聞」の二つの四字熟語を作ることができる→（答え）前

1　顔・難・題・無・厚・理・恥

2　大・気・動・壮・鳴・山・宇

3　行・大・正・明・品・方・公

4　変・化・万・転・為・千・有

5　意・心・即・専・妙・当・一

〈問題は次のページに続きます〉

二　次の文章を読んで、後の問いに答えなさい。（問題作成の都合上、一部の表現を改めています）

昔、①天竺《てんちく》の人、宝を買はんために、《天竺の人が、宝を買うために》銭《ぜに》五十貫㊟を②子に持たせてやる。大きなる川の端《はた》㊟を行くに、舟に乗りたる人あり。舟の方《かた》を見やれば、舟より亀、首をさし出《いだ》したり。銭持ちたる人立ち止《ど》まりて、この亀をば、③「何の料ぞ」と問へば、「殺して物にせんずる」といふ。「その亀買はん」といへば、この舟の人曰《いは》く、いみじき大切の事ありて、(a)まうけたる亀なれば、(b)いみじき価《あたひ》なりとも、売るまじき由《よし》をいへば、《売るわけにはいかないということを言うので、》㋐なほあながちに《それでも無理やり》手を摺《す》りて、この五十貫の銭にて、亀を買い取りて放ちつ。

心に思ふやう、「親の《親が》、宝買ひに隣の国へやりつる銭を、亀にかへてやみぬれば《使いきったので、》、親、④いかに腹立ち給はんずらん」さりとてまた《そうかといってまた、》、親のもとへいかであるべきにあらねば《帰らずいるわけにもいかないので、》、親のもとへ帰り行《ゆ》くに、道に人の㋑ゐて㋒いふやう、「ここに亀売りつる人は、この下《しも》の渡《わたり》にて、舟うち返して《この下流の渡し場で船がひっくり返って》死ぬ」と語るを聞きて、親の家に帰り行きて、銭は亀にかへつる由語らん《話そうと》と思ふ程に、親のいふやう、「何とてこの銭をば返しおこせたるぞ」と問へば、子のいふ、⑤「さる事なし。その銭にては、しかじか《これこれで》亀にかへてゆるしつれば《放してやったので、》、その由を申さんとて参りつるなり《申し上げようと思って帰ってまいりました。」》」といへば、親のいふやう、「黒き衣きたる人、同じやうなるが《「黒い着物を着た、同じ背格好の人が》［A］人、おのおの十貫づつ持ちて来たりつる。これそなる」とて見せければ、この銭⑥いまだ濡《ぬ》れながらあり。

はや、買ひて放しつる亀の、その銭川に落ち入るを見て、取り持ちて、親のもとに、子の帰らぬさきにやりけるなり。

（『宇治拾遺物語』による）

㊟

貫……銭貨を数える単位。

端……ほとり。近い所。

問一 ――線部㋐～㋒の語句を現代仮名遣いに直して、平仮名で答えなさい。

問二 ――線部(a)・(b)の語句の文中での意味として最も適当なものを、次の**ア**～**オ**の中からそれぞれ一つずつ選んで、記号で答えなさい。

(a) まうけたる
- **ア** 作成した
- **イ** 用意した
- **ウ** 増やした
- **エ** 飾り付けた
- **オ** もうかった

(b) いみじき
- **ア** 高い
- **イ** ひどい
- **ウ** 理想的な
- **エ** わからない
- **オ** 思いがけない

問三 ――線部①「天竺」とは、現在のどこの国のことですか。最も適当なものを、次の**ア**～**オ**の中から一つ選んで、記号で答えなさい。

ア 日本　**イ** 中国　**ウ** インド　**エ** ロシア　**オ** ギリシャ

問四 ――線部②「子」と同じ人物を表す別の言葉を、文中から抜き出して答えなさい。

問五 ――線部③「何の料ぞ」・④「いかに腹立ち給はんずらん」の解釈として最も適当なものを、次の**ア**～**オ**の中からそれぞれ一つずつ選んで、記号で答えなさい。

③「何の料ぞ」

ア いつ捕まえた亀ですか　**イ** 何という名前の亀ですか　**ウ** 何をするための亀ですか

エ 何という料理に使う亀ですか　**オ** どのくらいの料金の亀ですか

④「いかに腹立ち給はんずらん」

ア どうして腹をお立てになるのだろう　**イ** どんなに腹をお立てになっているだろう

ウ 誰にも腹をお立てになってはいないだろう　**エ** どうしても腹をお立てになることはあるまい

オ どうして腹をお立てになることがあるだろうか、いやないだろう。

問六 ――線部⑤「さる事」の指している内容を現代語で答えなさい。

問七 [A] に当てはまる漢数字を答えなさい。

問八 ――線部⑥「いまだ濡れながらあり」とありますが、それはどうしてですか。その理由として最も適当なものを、次の**ア**～**オ**の中から一つ選んで、記号で答えなさい。

ア 逃がしてもらった亀が、黒い衣を着た人に川に落ちていた銭を預けて届けてもらったから。

イ 黒い衣を着た人が、川に落ちていた銭をたまたま見つけ、そのまま拾って届けにきたから。

ウ 買い取って逃がしてやった亀が、川に落ちていく銭を見て拾い上げ、急いで届けにきたから。

エ 銭が川に落ちた所を見た人が、亀を逃がしてやった人の後をすぐに追いかけて届けにきたから。

オ 亀の代金を持った人が川に落ちた後で、亀を捕まえたことを後悔し、あわてて銭を返しにきたから。

問九 この作品は鎌倉時代に成立しましたが、同じ時代に成立した作品を、次の**ア**～**オ**の中から一つ選んで、記号で答えなさい。

ア 徒然草　**イ** 枕草子　**ウ** 万葉集　**エ** 奥の細道　**オ** 古今和歌集

2020年度

上 宮 高 等 学 校

入 学 考 査 問 題

数 学

（50分）

（注意） ① 解答はすべて解答用紙に記入しなさい。

② 答えが無理数になるときは、根号の中を最も小さい正の整数にしなさい。

③ 円周率はπを使いなさい。

④ 答えを分数で書くときは、既約分数（それ以上約分できない分数）に、
また、分母が無理数になるときは、分母を有理化しなさい。

受 験 番 号	名 前

I　次の問いに答えなさい。

(1) 次の計算をしなさい。

(ア) $-2^4+4\times(-3)^3-(-6^2)$

(イ) $(\sqrt{3}+\sqrt{2})^2-\dfrac{\sqrt{2}+4\sqrt{3}}{\sqrt{2}}$

(2) 次の式の $\boxed{\text{ア}}$，$\boxed{\text{イ}}$ にそれぞれ適当な正の数を入れて等式を完成させなさい。

$$\frac{a}{2}x^2-\frac{5}{2}axy-7ay^2=\frac{a}{2}\left(x+\boxed{\text{ア}}\,y\right)\left(x-\boxed{\text{イ}}\,y\right)$$

(3) 2つの直線 $y=ax+1$，$y=-6x-a$ の交点の x 座標が $\dfrac{1}{4}$ のとき，a の値と交点の y 座標を求めなさい。

(4) 方程式 $\dfrac{1}{3}(2x-3)^2=\dfrac{1}{2}(x+3)(x-3)+x$ を解きなさい。

(5) 2つの袋A，Bがあります。Aの袋には $\boxed{1}$，$\boxed{2}$，$\boxed{3}$，$\boxed{4}$，$\boxed{5}$ のカードが，Bの袋には $\boxed{1}$，$\boxed{2}$，$\boxed{3}$ のカードがそれぞれ1枚ずつ入っています。2つの袋A，Bからカードを1枚ずつ取り出すとき，2枚のカードに書かれた数の和が奇数となる確率を求めなさい。

(6) $\sqrt{\dfrac{540}{n}}$ が最大の整数となる自然数 n の値を求めなさい。

(7) 下の図の $\angle x$ の大きさを求めなさい。

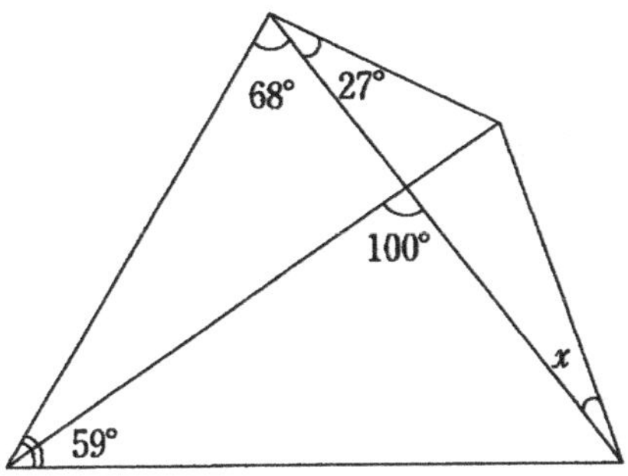

【計算用紙】

Ⅱ　下の図のように，関数 $y=ax^2$ のグラフ上に2点 A(4, 4)，B(−2, b) があります。次の問いに答えなさい。

(1) a と b の値をそれぞれ求めなさい。

(2) 直線 AB の式を求めなさい。

(3) △OAB の面積を求めなさい。

(4) △OAB を，原点Oを中心として時計回りに回転させて，点 A がはじめて x 軸上にくるときの図形を△OPQ とし，x 軸上にない点を Q とします。点 Q の y 座標を求めなさい。

(5) (4)のとき，△OPQ を x 軸を回転の軸として1回転させてできる立体の体積を求めなさい。

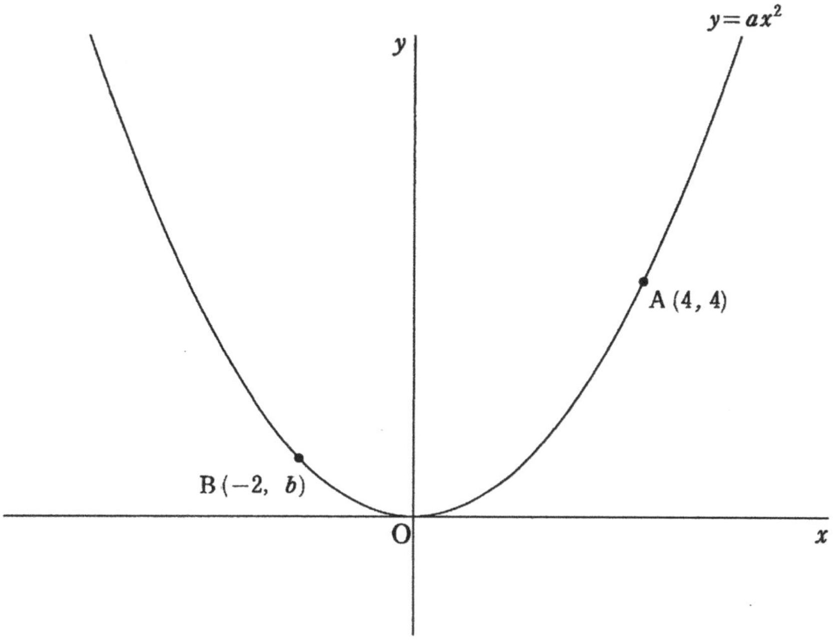

【計算用紙】

III　長方形の四隅から合同な正方形を取り除いて，直方体の容器を作ります。このとき，次の問いに答えなさい。

(1) 1辺の長さが $x$cm の正方形の四隅から1辺の長さが 2cm の合同な正方形を取り除くと，容器の側面積は 64cm^2 になりました。x の値を求めなさい。

(2) 1辺の長さが $x$cm の正方形の四隅から1辺の長さが 2cm の合同な正方形を取り除くと，容器の底面積は 20cm^2 になりました。x の値を求めなさい。

(3) 周りの長さが 20cm の長方形の四隅から1辺の長さが 1cm の合同な正方形を取り除くと，容積は 4cm^3 になりました。元の長方形の縦と横の辺の長さの差を求めなさい。

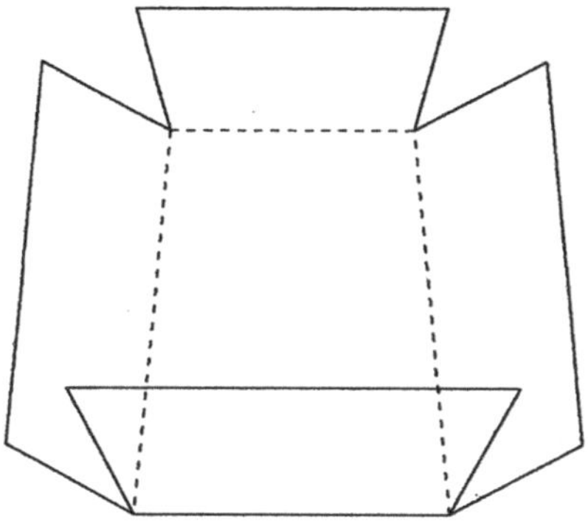

【計算用紙】

Ⅳ 図1のように，OA＝OB＝OC＝OD＝OE＝OF＝$\sqrt{3}$で，1辺の長さが1の正六角形を底面とする正六角すいがあります。次の問いに答えなさい。

(1) 対角線 BD の長さを求めなさい。

(2) 図1の正六角すいを3点 O，B，D を通る平面で切ると，図2，図3のようになりました。

①切り口の面積を求めなさい。

②図2において，頂点 C から3点 O，B，D を含む平面に下した垂線の長さを求めなさい。

③図3において，頂点 F から3点 O，B，D を含む平面に下した垂線の長さを求めなさい。

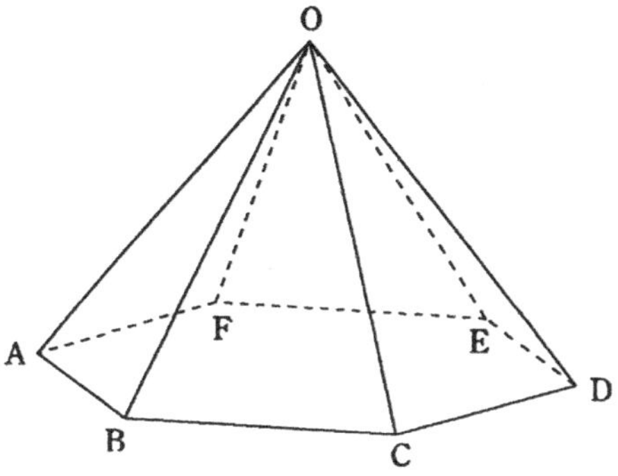

図1

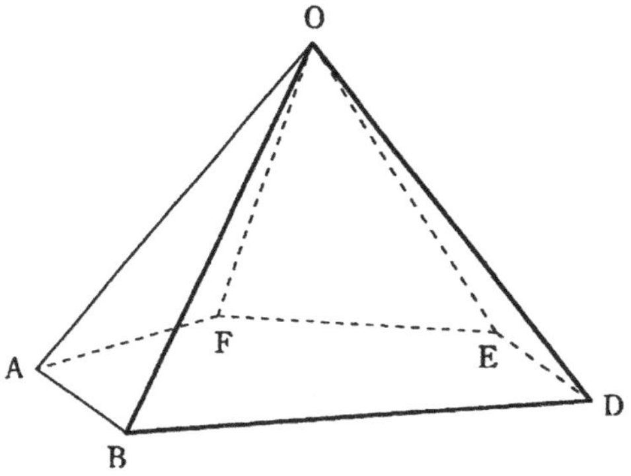

図3

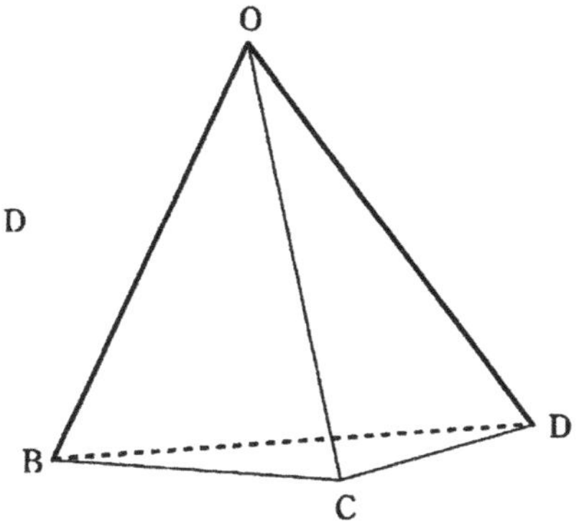

図2

【計算用紙】

【計算用紙】

【計算用紙】

2020年度

上 宮 高 等 学 校

入 学 考 査 問 題

英　語

(50分)

(注意) 解答はすべて解答用紙に記入しなさい。

受験番号	名　前

I 次の英文を読み，本文の内容に一致するものを後の１～１４から５つ選んで，番号で答えなさい。

On October 9, 2012, Malala was feeling happy and proud when she got on the small school bus with her friends. She studied hard for a test and did a good job. It was a warm fall day and the leaves were beginning to turn red and brown and yellow. Malala was fifteen years old.

Malala's small bus wasn't really a bus at all. It was just like a *pickup truck. The sides were covered, but the back of the bus was mostly open. The bus was filled with high-school girls and three teachers. Malala was sitting next to her friend Moniba. Everyone was singing and talking about tests. Suddenly the bus stopped, and a man with a gun got into the bus from the back.

"Who is Malala?" the man asked.

Some of the girls looked at Malala. The man watched their eyes. He knew the girl they were looking at was Malala.

The man pointed the gun at Malala and shot her.

Malala remembered little about what happened after that. She did not remember that she was shot in the head.

On October 16, Malala woke up. She realized that she was in England, not in her hometown, Mingora. England is more than four thousand miles away from her hometown.

Malala looked around and realized that she was in hospital. The doctors and nurses were speaking English. She couldn't talk, because the tube was in her mouth to help her breath. Someone brought a board with the alphabet on it. Malala was able to *spell out two words by pointing with her finger: *country* and *father*.

She was told that she was in England. Her father was coming soon with her family.

A few days later, her tube was removed. Then, she was not able to speak at all. Everyone waited. Someone who spoke *Urdu was called in. Malala started asking questions about where she was and what happened. She remembered that she was on the school bus, but that was all. Was her mother coming? Her brothers? When would they arrive?

The doctors were glad that she could speak. But it would take a long time for Malala to get well. She couldn't move her face well. Her hearing was damaged. She would need more *operations.

When her family arrived, they lived in an apartment nearby. Later, when Malala was finally able to leave the hospital, they moved to a bigger house in *Birmingham, not far from the new school that she would attend.

In order to get well, Malala needed months of exercise and special training. She needed to take walks, at first short, then longer and longer.

The news of Malala's shooting spread quickly around the world. People all over the world were scared.

2020(R2) 上宮高
K 教英出版

By the summer of 2013, Malala was well enough to travel to the United States. It took nine months for her to recover from her injuries. Malala showed the world that a *terrorist with a gun could not stop her. She would continue to speak out.

【注】 pickup truck：(荷台に屋根がない) 小型トラック
spell out：～を１語１語伝える
Urdu：ウルドゥー語 (パキスタンの公用語)
operation：手術
Birmingham：バーミンガム (イングランド中部の都市)
terrorist：テロリスト

１． Malala was happy because she got a good grade in a test.

２． A man with a gun got into the bus from the back to stop it.

３． The man with a gun was looking for Malala.

４． The man with a gun noticed Malala without asking anything.

５． Malala didn't remember anything after she was shot in the head.

６． Two weeks after Malala was shot, she woke up.

７． When Malala woke up, she was in the hospital in her hometown.

８． Though Malala understood what the doctors and nurses said, she was not able to speak out.

９． Malala chose the words *country* and *father* from the words on the board.

１０． Malala remembered her terrible experience from the beginning to the end.

１１． Malala moved to a bigger hospital to have more operations.

１２． Malala didn't have any plan to go to a new school.

１３． It was necessary for Malala to do exercise and special training.

１４． The news of Malala's shooting made people all over the world scared.

II　次の英文を読み，後の問いに答えなさい。

Have you ever performed on a stage in front of other people? The people who watch the performer are the "audience." People perform differently when there is an audience than when they are alone. This difference is called the "audience effect."

The audience effect says that people often perform simple activities better when there is an audience. [A]. [B]. [C]. [D]. That is the reason: they feel nervous. ① One scientist named *Nikolas Cottrell had different ideas about the audience effect. ② In one of his studies, the eyes of an audience were closed during a performance. In this case, people performed in front of the audience as well as they performed alone. So, he believed that just having an audience does not change a person's performance. Cottrell found that people often perform badly when they are worried about the judgements by audience, even when it is a simple task.

If you have to perform in front of people, you should think about things that may affect your performance.

【注】　Nikolas Cottrell：ニコラス・コットレル（人名）

問１　本文の[A]～[D]には，それぞれ文が省略されています。全体の意味が通る文章にするのに最も適当なものを，次の**ア**～**エ**からそれぞれ１つ選んで，記号で答えなさい。

ア　For example, singers perform well-practiced songs better on stage than when they sing alone

イ　In fact, having an audience gives a person a reason to do an activity well

ウ　This is also true for activities that they have practiced a lot

エ　However, if the activities are too difficult or new, people often do worse when there is an audience

問２　次の１と２の質問に，英語で正しく答えなさい。

１．What does the word "audience" mean?
It means (　　　　　　　　　　　　　　　　).

２．According to Nikolas Cottrell, when do people perform badly?
They do when (　　　　　　　　　　　　　　　　).

問３　下線部①を日本語に直しなさい。

2020(R2) 上宮高
K 教英出版

問4　下線部②の内容に最も近いものを，次の**ア**～**エ**から１つ選んで，記号で答えなさい。

ア　コットレルの研究によると，演者が目を閉じていれば，演者は一人で演じている時より上手に演技することができた。

イ　コットレルの研究によると，演者が目を閉じていれば，演者は一人で演じている時と変わることなく演技することができなかった。

ウ　コットレルの研究によると，観客が目を閉じていれば，演者は一人で演じている時と変わることなく演技することができた。

エ　コットレルの研究によると，観客が目を閉じていれば，演者は一人で演じている時より上手に演技することができなかった。

問5　この英文は，何についての話ですか。最も適当なものを次の**ア**～**エ**から１つ選んで，記号で答えなさい。

ア　People have trouble choosing different activities to perform.

イ　People should practice before performing in front of others.

ウ　People sometimes get nervous before performances.

エ　People's performances change when other people watch them.

III 次の会話文の（ ① ）～（ ⑤ ）に入る最も適当なものを，後の**ア～オ**からそれぞれ１つ選んで，記号で答えなさい。ただし，同じ記号は１度しか使ってはいけません。

Guide : Now, we're going to Osaka Castle, the most famous landmark in Osaka.
Visitor : Wow! （ ① ） I can't wait to see it!
Guide : Before we get there, I'll tell you a history of Osaka castle.
Visitor : Great!
Guide : The construction of Osaka castle was started in1583 and finished in 1598 by Toyotomi Hideyoshi. （ ② ） It was the largest castle ever at that time.
Visitor : I see.
Guide : However, after Hideyoshi's death, the Tokugawa *shogunate destroyed the castle in the Summer War in Osaka in 1615.
Visitor : （ ③ ）
Guide : （ ④ ） After 200 years later, the other buildings were burned down in a fire.
Visitor : That's an interesting history!
Guide : Yes! The castle tower we see now is the third generation built in 1931. （ ⑤ ）

【注】 shogunate：幕府

ア I'm a huge fan of Japanese castles.

イ Hideyoshi hoped that the castle became the symbol of Japan when he became a new leader of Japan.

ウ Several years later, the castle was built again by Tokugawa, but the castle tower was burned down by *lightning.

エ It is smaller than the original, but still holds the power of the original castle!

オ That's terrible!

【注】 lightning：雷

IV 次の各日本文の意味を表すように〔　　〕内の語を並べかえるとき，（ ① ）～（ ⑧ ）に入る語句を，それぞれ記号で答えなさい。ただし，文頭にくる語も小文字にしてあります。

1．上の階の騒音で私は一晩中眠れなかった。

（　）（　）（　）（ ① ）（　）（　）（ ② ）（　）.

〔ア because of　イ the floor　ウ the noise　エ couldn't　オ from
カ I　キ above me　ク sleep all night〕

2．電話中の人に話しかけるのはやめましょう。

（　）（　）（ ③ ）（　）（　）（　）（ ④ ）（　）（　）.

〔ア who　イ someone　ウ talking　エ on　オ don't
カ to　キ is　ク the phone　ケ speak〕

3．これは私が今まで読んだすべての小説で最も面白いものの一つです。

（　）（　）（ ⑤ ）（　）（　）（　）（ ⑥ ）（　）（　）.

〔ア one　イ is　ウ novels　エ I　オ have ever read
カ this　キ of　ク of all　ケ the most interesting〕

4．校門の前に立っている先生は私の父よりも５歳若い。

（　）（ ⑦ ）（　）（　）（　）（　）（ ⑧ ）（　）（　）.

〔ア younger　イ than　ウ the teacher　エ in front of　オ is
カ five years　キ standing　ク my father　ケ the school gate〕

V 次の１～１２の英文の中から，**文法的に誤りのないもの**を５つ選んで，番号で答えなさい。

１． How many water is there in the bottle?

２． Why were you late for school yesterday?

３． The accident happened on the morning of March 21st.

４． Ichiro is one of the most famous baseball players in the world.

５． Bob bought a book for me.

６． I'm interesting in studying English.

７． I played the guitar for two hours on yesterday.

８． Nobody knows when and where he was born.

９． During I was playing video games, my mother knocked on the door.

１０． My brother and I enjoyed to swim in the river last summer.

１１． It's very hotter this year than last year.

１２． It's easy of me to write a letter in English.

VI 次の各組の英文がほぼ同じ意味になるように，(①) ～ (⑩) に入る最も適当な英語１語を，それぞれ答えなさい。

１． When should I call John?　I don't know that.
I don't know (①) (②) call John.

２． We had a lot of rain last year.
(③) (④) a lot last year.

３． This is a cake.　Yumi made it.
This is a cake (⑤) (⑥) Yumi.

４． I can't play the violin as well as my sister.
My sister can play the violin (⑦) (⑧) I.

５． I didn't give any advice to him, but he could finish the work.
He could finish the work (⑨) (⑩) advice.

VII 次の各組の語で下線部の発音が他と異なるものを，次のア～エからそれぞれ１つ選んで，記号で答えなさい。

１．ア saves　イ shakes　ウ smells　エ suffers

２．ア sightseeing　イ climb　ウ shrine　エ driven

３．ア raise　イ afraid　ウ main　エ said

VIII 次の１～８の語の中で，第１アクセント (´) の位置が正しいものを３つ選んで，番号で答えなさい。

１．caléndar　２．damáge　３．passpórt　４．plástic

５．shámpoo　６．championshíp　７．méssage　８．communicátion

2020(R2) 上宮高
K 教英出版

2020年度

上宮高等学校
入学考査問題

理　科

（50分）

（注意）　① 解答はすべて解答用紙に記入しなさい。
② 計算問題で，割り切れない場合は，小数第２位を四捨五入して，小数第１位まで答えなさい。

受験番号	名　　前

I　以下の各問いに答えなさい。

問1　３種類の音さの音をオシロスコープで測定しました。**図１**の**A**～**C**は，そのときの波形のようすを表したものです。**図１**の**A**～**C**を音が高い順に並べているものはどれですか。下の**ア**～**カ**から１つ選んで，記号で答えなさい。

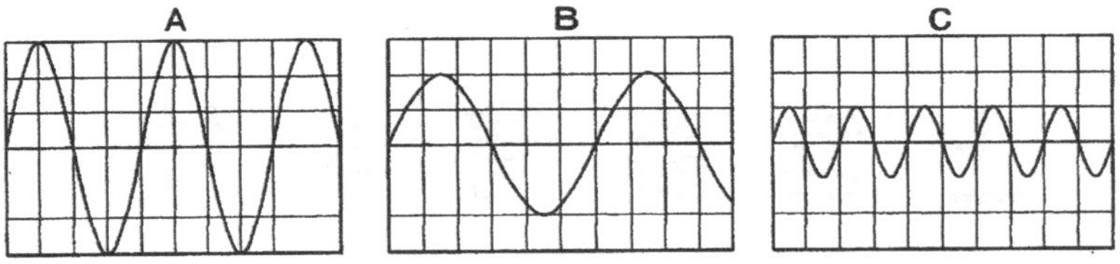

図１

ア　A ＞ B ＞ C　　**イ**　A ＞ C ＞ B　　**ウ**　B ＞ A ＞ C
エ　B ＞ C ＞ A　　**オ**　C ＞ A ＞ B　　**カ**　C ＞ B ＞ A

問2　**図２**は，三辺が縦 20cm，横 40cm，奥行き 50cm で質量が 32kg の直方体の木片を表したものです。面**A**～**C**をそれぞれ下にして，底面にはたらく圧力を測定したとき，圧力の大きい順に並べているものはどれですか。次の**ア**～**カ**から１つ選んで，記号で答えなさい。

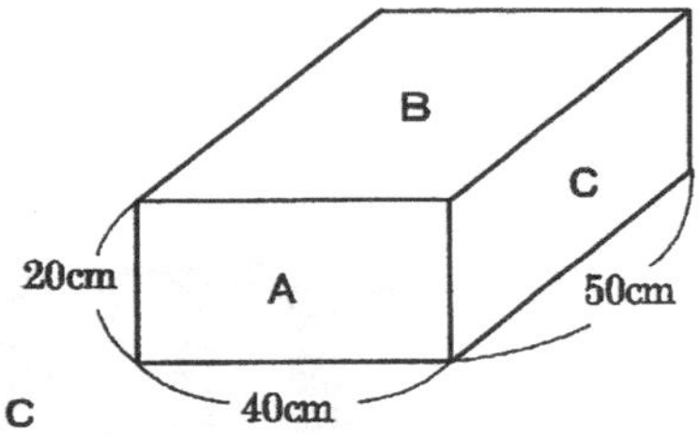

図２

ア　A ＞ B ＞ C　　**イ**　A ＞ C ＞ B　　**ウ**　B ＞ A ＞ C
エ　B ＞ C ＞ A　　**オ**　C ＞ A ＞ B　　**カ**　C ＞ B ＞ A

問3　水 80g に食塩 20g をすべて溶かしました。この食塩水の質量パーセント濃度は何％ですか。

問4　塩素の性質として正しいものはどれですか。次の**ア**～**エ**から**すべて**選んで，記号で答えなさい。

ア　水によく溶け，アルカリ性を示す。　　**イ**　刺激臭がある。
ウ　マッチの炎を近づけると音を立てて燃える。　　**エ**　殺菌・漂白作用がある。

問5　次の**A**～**D**の文は，体細胞分裂の各段階を説明したものです。**A**～**D**の文を体細胞分裂の進行順に並べているものはどれですか。下の**ア**～**カ**から１つ選んで，記号で答えなさい。

A　染色体が細胞中央に集まる。
B　太いひも状の染色体が見られるようになる。
C　細胞質が２つに分かれる。
D　染色体の形がくずれ，次第に見えなくなる。

ア　B → A → C → D　　**イ**　B → A → D → C　　**ウ**　B → C → A → D
エ　B → C → D → A　　**オ**　B → D → A → C　　**カ**　B → D → C → A

問6　次のA～Cの生物を**小さな**ものから順に並べているものはどれですか。下の**ア～カ**から１つ選んで，記号で答えなさい。

A　ゾウリムシ　　　B　ミドリムシ　　　C　ミジンコ

ア　A ＜ B ＜ C　　　**イ**　A ＜ C ＜ B　　　**ウ**　B ＜ A ＜ C
エ　B ＜ C ＜ A　　　**オ**　C ＜ A ＜ B　　　**カ**　C ＜ B ＜ A

問7　図3のように，内側を水でぬらしたフラスコに，デジタル温度計と注射器をとりつけました。ピストンを強く引いたときと，強く押したときのフラスコ内の様子をそれぞれ観察しました。フラスコ内の様子として正しいものはどれですか。次の**ア～エ**から１つ選んで，記号で答えなさい。

ア　ピストンを強く引くとフラスコ内の温度は上がり，白くくもった。
イ　ピストンを強く引くとフラスコ内の温度は下がり，白くくもった。
ウ　ピストンを強く押すとフラスコ内の温度は上がり，白くくもった。
エ　ピストンを強く押すとフラスコ内の温度は下がり，白くくもった。

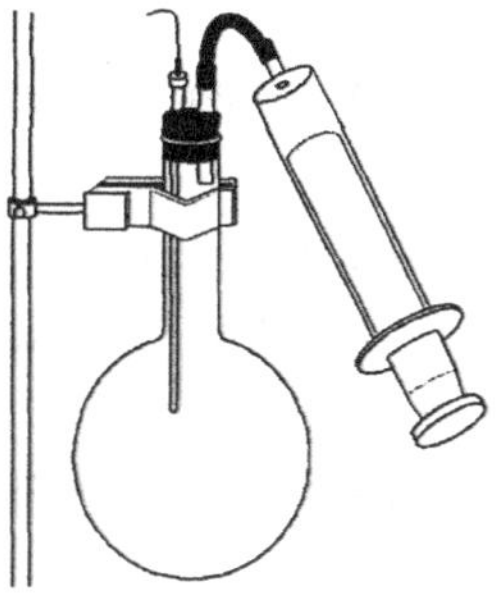

図3

問8　ある火山の火成岩を調べると，セキエイ，チョウ石，黒ウンモが多く含まれた斑状組織《はんじょうそしき》の特徴がみられました。この火山において，火山の形と火成岩の種類の組合わせとして正しいものはどれですか。下の表の**ア～カ**から１つ選んで，記号で答えなさい。

【火山の形】　A　たて状火山　　　B　鐘状（ドーム状）火山

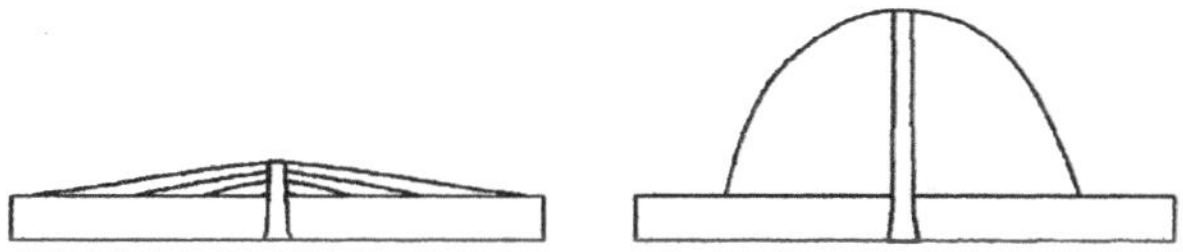

【火成岩】　①　玄武《げんぶ》岩　　　②　花こう岩　　　③　流紋《りゅうもん》岩

	ア	イ	ウ	エ	オ	カ
火山の形	A	A	A	B	B	B
火成岩	①	②	③	①	②	③

Ⅱ　次の文章を読んで，以下の各問いに答えなさい。

水溶液Ａ～Ｇはアンモニア水，塩酸，水酸化ナトリウム水溶液，炭酸水，食塩水，砂糖水，石灰水のいずれかです。これらの水溶液を使って，次の**【実験１】**から**【実験６】**を行いました。

【実験１】 水溶液Ａ～Ｇに緑色のＢＴＢ溶液を２～３滴加えると，水溶液ＡとＢは黄色になり，水溶液ＣとＤとＥは青色になったが，水溶液ＦとＧは色の変化がなかった。

【実験２】 水溶液Ｂに水溶液Ｅを混ぜると，白くにごった。

【実験３】 水溶液Ｆは電流が流れるが，水溶液Ｇは電流が流れなかった。

【実験４】 水溶液Ａ 15cm^3 にＢＴＢ溶液を２～３滴加えた後，水溶液Ｄを少しずつ加えてかき混ぜると，20cm^3 加えたところで混ぜ合わせた水溶液は緑色になり，水溶液Ｆと同じ水溶液になった。

【実験５】 水分を蒸発させると，（　Ｘ　）の水溶液ではあとに何も残らなかった。

【実験６】 下の図のように，水道水でしめらせたろ紙の両端を金属製のクリップではさみ，ろ紙の上に赤色と青色のリトマス紙を置いた。次に，水溶液Ａ～Ｇをそれぞれしみこませた糸を，２枚のリトマス紙の上に置き電流を流して観察した。その結果，水溶液ＡとＢではリトマス紙の（　Ｙ　）の部分が，水溶液ＣとＤとＥではリトマス紙の（　Ｚ　）の部分がそれぞれ変色した。

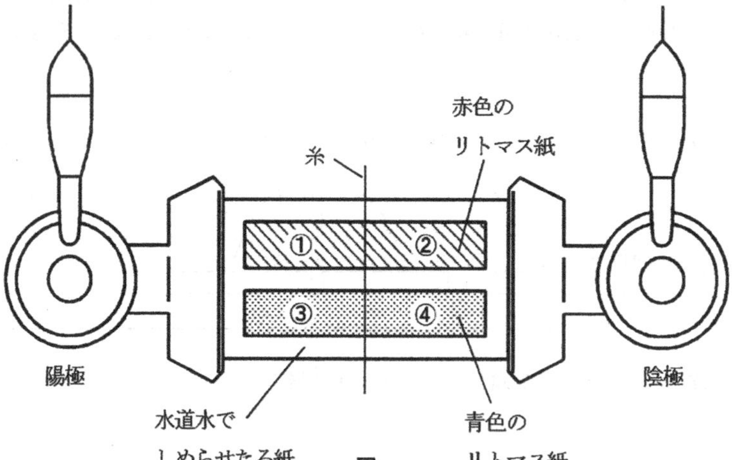

図

問1　水溶液A～Gは何ですか。次の**ア**～**キ**からそれぞれ１つ選んで，記号で答えなさい。

ア　アンモニア水　　**イ**　塩酸　　**ウ**　水酸化ナトリウム水溶液　　**エ**　炭酸水
オ　食塩水　　**カ**　砂糖水　　**キ**　石灰水

問2　**【実験4】**で使用したものと同じ濃度の水溶液A15cm³と，水溶液D28cm³を混ぜ合わせ，ＢＴＢ溶液を数滴加えました。この水溶液の色を緑色にするには，水溶液AまたはDのどちらを何cm³加えればよいですか。

問3　**【実験5】**の（　X　）にあてはまる水溶液はどれですか。水溶液A～Gから**すべて**選んで，記号で答えなさい。

問4　**【実験6】**の（　Y　）と（　Z　）にあてはまるのはリトマス紙のどの部分ですか。図の①～④からそれぞれ１つ選んで，番号で答えなさい。

問5　**【実験6】**の結果から水溶液AとB，水溶液CとDとEにそれぞれ含まれる，リトマス紙の色を変色させるイオンをそれぞれイオン式で答えなさい。ただし，イオン式は次の【例】にならって表しなさい。

【例】　Na^+

III　次の文章を読んで，以下の各問いに答えなさい。

右の図は，6.0V の電池，10Ωの抵抗 r，値のわからない抵抗 R_A，電流計，電圧計を用いた回路です。また，表は，図の抵抗 R_A を抵抗 R_B，抵抗 R_C，抵抗 R_D に付け替えたときの電流計の値と電圧計の値を示したものです。

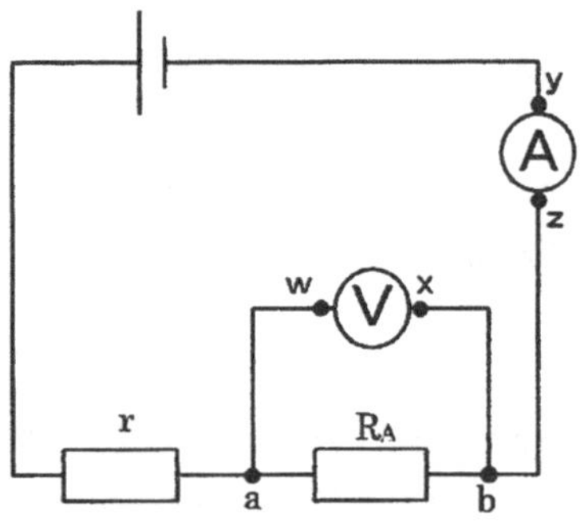

図

表

測定条件	電流計の値［mA］	電圧計の値［V］
①　抵抗 R_A のとき	400	2.0
②　抵抗 R_A を抵抗 R_B に付け替えたとき	300	3.0
③　抵抗 R_A を抵抗 R_C に付け替えたとき	240	3.6
④　抵抗 R_A を抵抗 R_D に付け替えたとき	200	4.0

問１　電流計，電圧計は，抵抗に対してそれぞれどのように接続するのが正しいですか。次の**ア**～**エ**から１つ選んで，記号で答えなさい。

ア　電流計は並列に，電圧計は直列に接続する。　　**イ**　電流計は直列に，電圧計は並列に接続する。
ウ　電流計と電圧計を，ともに直列に接続する。　　**エ**　電流計と電圧計を，ともに並列に接続する。

問２　図の電流計，電圧計の＋（プラス）端子はそれぞれ**w**～**z**のどれですか。次の**ア**～**エ**から１つ選んで，記号で答えなさい。

ア　電流計は**y**，電圧計は**x**　　**イ**　電流計は**z**，電圧計は**x**
ウ　電流計は**y**，電圧計は**w**　　**エ**　電流計は**z**，電圧計は**w**

問３　表の電流と電圧の値より，抵抗 R_C は何Ωですか。

問４　回路全体での合成抵抗が最も大きくなるものはどれですか。表の測定条件①～④から１つ選んで，番号で答えなさい。また，そのときの合成抵抗は何Ωですか。

問５　ab 間での消費電力が最も大きいものはどれですか。表の測定条件①～④から１つ選んで，番号で答えなさい。また，そのときの ab 間での消費電力は何 W ですか。

問６　10Ωの抵抗 r を 15Ωの抵抗に取り替え，測定条件①～④で電流と電圧を測定しました。このとき，ab 間での消費電力が最も大きいものはどれですか。表の測定条件①～④から１つ選んで，番号で答えなさい。また，そのときの ab 間での消費電力は何 W ですか。

【問題は次に続く】

IV　図１は古生代の始まりから現在までの脊椎《せきつい》動物の存在期間を表したものです。図１のＡ～Ｅは魚類，両生類，は虫類，鳥類，ほ乳類のいずれかです。以下の各問いに答えなさい。

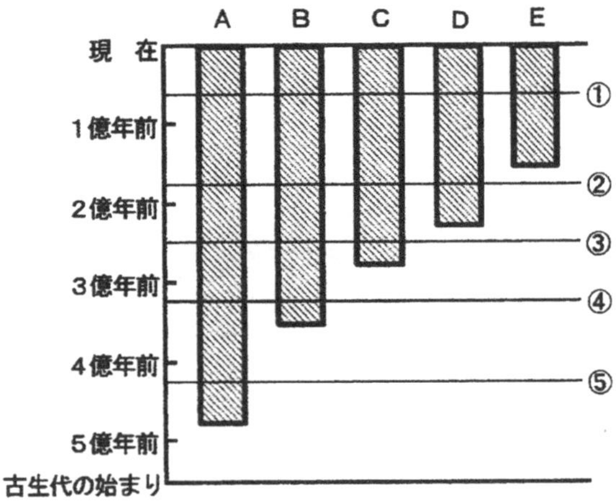

図１

問１　図１のＡとＢの脊椎動物で共通する特徴《とくちょう》はどれですか。次の**ア～オ**から**すべて**選んで，記号で答えなさい。

ア　えらで呼吸する時期がある。
イ　肺で呼吸する時期がある。
ウ　殻のある卵を産む。
エ　殻のない卵を産む。
オ　胎生《たいせい》である。

問２　図１のＣとＥの脊椎動物で共通する特徴はどれですか。問１の**ア～オ**から**すべて**選んで，記号で答えなさい。

問３　図２は，外界の温度と体温の関係を示したグラフです。このような体温の変化を示す脊椎動物はどれですか。図１のＡ～Ｅから**すべて**選んで，記号で答えなさい。

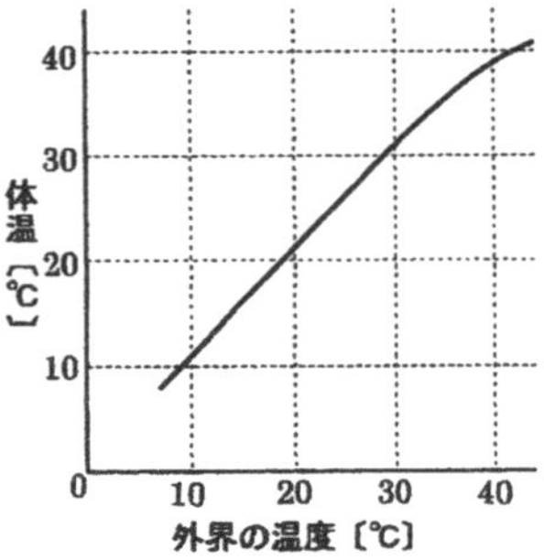

図２

問４　えらや肺での呼吸以外に，皮膚《ひふ》でも高い割合で呼吸をする脊椎動物はどれですか。図１のＡ～Ｅから１つ選んで，記号で答えなさい。

問５　シソチョウ（始祖鳥）は図１のＡ～Ｅのうち，どの脊椎動物の特徴を持っていますか。図１のＡ～Ｅから**２つ**選んで，記号で答えなさい。

問６　新生代の始まる時期を示しているのはどれですか。図１の①～⑤から１つ選んで，番号で答えなさい。

問７　中生代の始まる時期を示しているのはどれですか。図１の①～⑤から１つ選んで，番号で答えなさい。

【問題は次に続く】

V　次の文章を読んで，以下の各問いに答えなさい。ただし，大阪市の緯度は北緯 34.7 度とします。

地球は地軸が公転面に垂直な方向に対して 23.4 度傾いたまま，太陽の周りを自転しながら公転しています。そのため，1年周期で太陽の南中高度や日の出から日の入りまでの時間の長さが変化します。

大阪市にある上宮高校の天文物理部が，校舎の屋上で透明半球に太陽の位置を記録し，太陽の動きを観測しました。図１は春分の日の観測結果です。

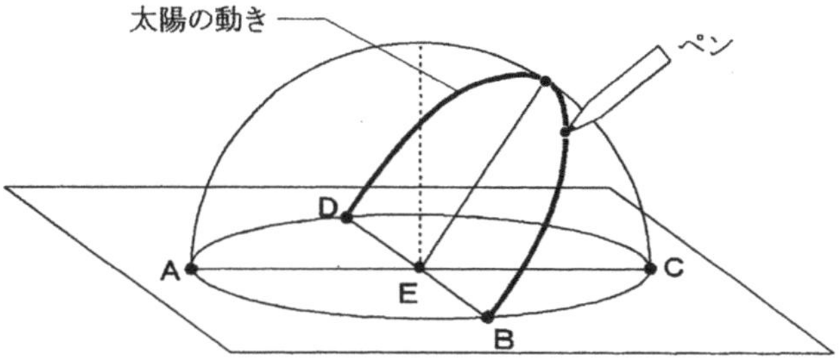

図１　太陽の動きの観測結果

問１　透明半球に太陽の位置を記録するとき，ペン先の影をどこに重なるようにすればよいですか。図１のＡ～Ｅから１つ選んで，記号で答えなさい。

問２　図１で日の出の位置を示しているのはどこですか。図１のＡ～Ｅから１つ選んで，記号で答えなさい。

問３　次の図２と表１は，１年を通して観測した結果を表したものです。図２のａ～ｄは春分の日，夏至の日，秋分の日，冬至の日のいずれかを示しています。春分の日は，図２のａ～ｄのどれですか。１つ選んで，記号で答えなさい。

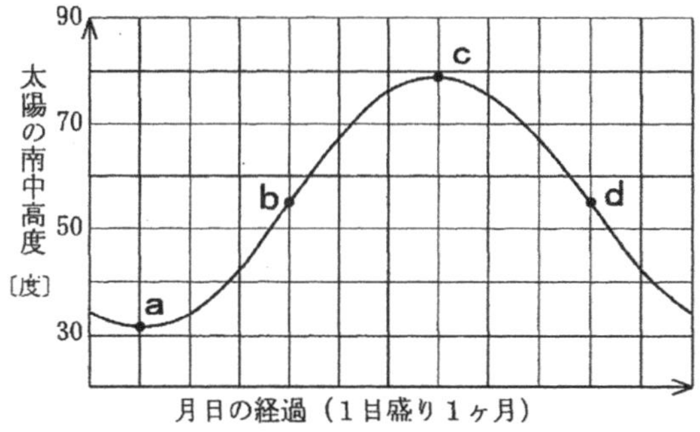

図２　１年間の太陽の南中高度

表１　日の出，日の入りの時刻

図２の	日の出	日の入り
a	7時01分	（ あ ）
b	6時01分	18時11分
c	4時45分	19時15分
d	5時45分	17時55分

問４　図３を用いて，ｃの日の大阪市での南中高度を求めなさい。

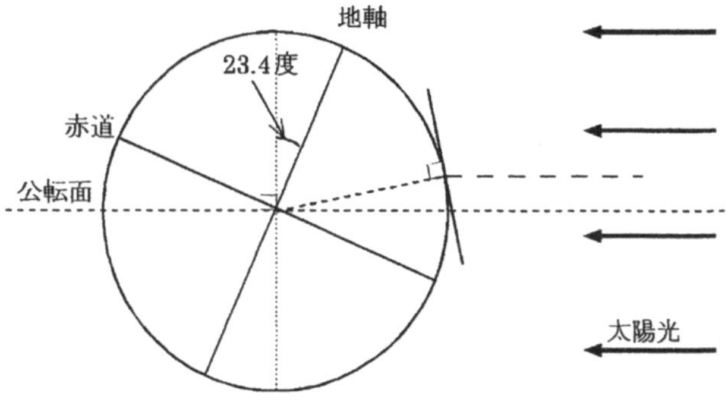

図３　図２のｃの日の模式図

問5　日の出から日の入りまでの時間は，太陽の高さと関係があります。**表1**の（ **あ** ）に当てはまる時刻として最も近いものはどれですか。次の**ア**～**オ**から１つ選んで，記号で答えなさい。

ア　16時21分　　**イ**　16時36分　　**ウ**　16時51分　　**エ**　17時06分
オ　17時21分

問6　下の文章中の（ ① ）及び（ ② ）に当てはまる値を求めなさい。

夏は暑く冬は寒い日本の土地で，室内の温度を調節するための知恵として，建物の南側に伸ばした屋根「ひさし」があります。夏は，伸ばした「ひさし」が日差しをさえぎり，室内に日差しが差し込まないようにします。また，冬は，伸びた「ひさし」の下を日差しがくぐり，室内に日差しを取り込めるようになっています。

図4と**図5**を参考にすると，床から「ひさし」までの高さが220cmの建物では「ひさし」の出幅**L**は最低（ ① ）cm出さなければなりませんが，実際の「ひさし」には日差しの調整だけでなく，雨から建物の基礎や外壁を守る意味もあり，「ひさし」の出幅は，降水量の多い日本では長めに設計されている場合が多く見られます。

また，同様に太陽光発電パネル（以下パネルとする）を設置する際には，パネルに対して太陽光を垂直に当てる事で最も効率よく発電をするため，緯度によりパネルの角度も変わってきます。南中高度は１年を通して変化するので，パネルを春分の日の南中時における太陽光に垂直に当たるように取り付けた場合，**図4**の角度**z**は（ ② ）度となります。実際は，１年間の日照量等も考えられており，大阪市での角度**z**はおおよそ30度といわれています。ちなみに，雪の多い日本海側では雪が積もらないように少し傾斜を大きくするなど，地域によってパネルの角度を変える工夫がされています。

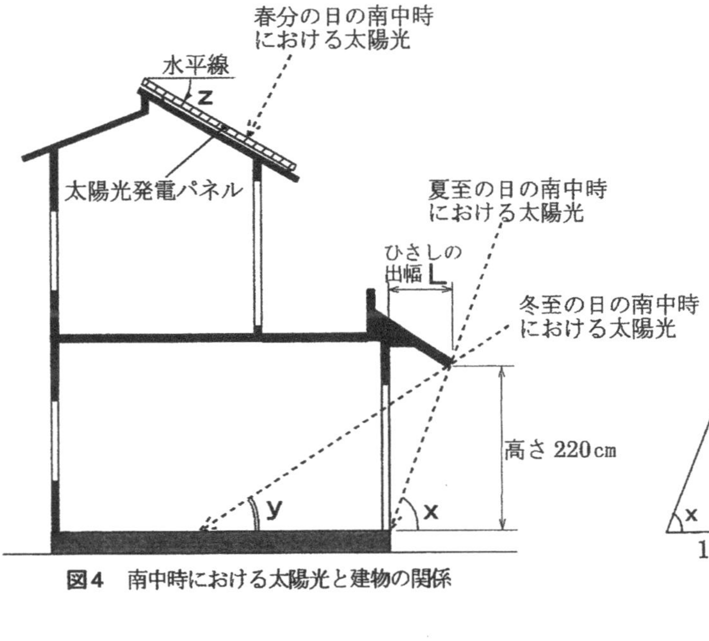

図4　南中時における太陽光と建物の関係

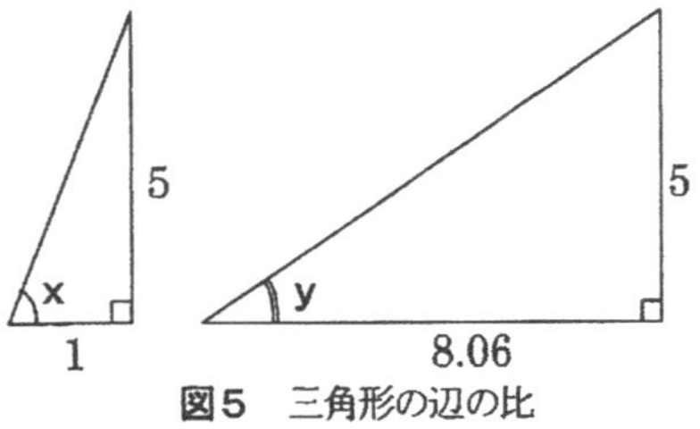

図5　三角形の辺の比

2020(R2) 上宮高
K 教英出版

2020年度

上宮高等学校

入学考査問題

社　会

(50分)

(注意)　解答はすべて解答用紙に記入しなさい。

受験番号	名　前

I 次の文章は、「プラスチックごみ　排出削減の取り組み急げ」と題された新聞記事からの引用です。この文章を読んで、後の問いに答えなさい。

プラスチックごみが①世界各地で深刻な②環境汚染を引き起こしている。ごみの処理促進と併せて、プラスチックの使用を大幅に減らすための対策を急がなければならない。

③スイス・ジュネーブで5月上旬、有害な廃棄物の国際的な移動を規制するバーゼル条約の締約国会議があり、汚れたプラごみを輸出入の規制対象に加える条約改正案が採択された。プラごみによる海洋汚染に歯止めをかけることが目的だ。国際的な法規制は初めてであり、意義深い。

改正案は日本と④ノルウェーが共同提出した。昨年6月の⑤先進国7カ国首脳会議では日本と米国は海のプラごみ削減の数値目標文書に署名せず、批判されていた。日本は、国民1人当たりのプラごみ排出量が米についで世界第2位でもある。条約改正の提案国として今後は対策推進に責任を負わなければならない。

汚れたプラごみが輸出入の規制対象になった背景には、最大輸入国だった⑥中国が昨年1月にプラごみなどの輸入を禁止したことがある。行き場を失ったプラごみは各地であふれており、中国に代わる輸出先と目された⑦東南アジアも規制を強化している。

⑧マレーシアは、日米など少なくとも7か国からプラごみが不法に輸入されたとして計3千トンを送り返すと発表した。同国の環境相はプラごみの不法処理で大気や水の汚染が深刻化していると指摘し「マレーシアは世界のごみ捨て場にはならない」と訴えた。

⑨フィリピンは、⑩カナダの業者が輸出し放置していた大量のごみ入りコンテナを貨物船でカナダ向けに送り出した。カナダの対応の遅さに激怒したドゥテルテ比大統領は、ごみを引き取らないなら「戦争する」と語った。プラごみが外交問題に発展している事態を重く受け止めたい。

日本政府は5月末にプラごみの海洋流入を減らすための行動計画をまとめた。国内のプラごみ大幅削減を目指す⑪資源循環戦略と、海岸漂着ごみ対策の新たな基本方針も決定した。6月末に大阪で開く20カ国・地域（G20）首脳会合では、「2050年に海への流出をゼロにする」との目標への合意を目指すという。

だが足元はおぼつかない。ごみの大幅削減に向けた産業界との調整を含む国内態勢の整備は進まず、レジ袋有料化の義務付け、ペットボトルやストローへの新素材導入などの取り組みも遅れている。政府は主導権を発揮すべきだ。

近隣諸国からの漂着物が多い⑫沖縄にとって、プラごみ問題はとりわけ深刻だ。海を漂う間に壊れてできる微小なマイクロプラスチックが県内各地の沿岸から高密度で検出されている。海洋生物や人体への影響も懸念される。

プラごみ対策は喫緊の課題であると同時に、各国の協調が不可欠なテーマである。プラスチック製品に頼らない生活を志向しつつ、国際社会の議論を注視したい。

問1　下線部①について、世界各地では民族紛争などにより多数の難民が発生しています。この問題に対し、1991～2000年の10年間、難民の保護と支援を行う国連難民高等弁務官を務めた日本人女性の人物名を答えなさい。

問2　下線部②について、1880年代のなかばには、足尾銅山の鉱毒問題が発生し流域の住民は大きな被害を受けました。この事件発生とともに、操業の停止や被害者救済を求める運動を進めた栃木県出身の衆議院議員であった人物名を答えなさい。

問3　下線部③について、次の（1）・（2）の各問いに答えなさい。

（1）　スイスは4つの国と接しています。接している国の組合せとして正しいものを、次の**ア**～**エ**の中から1つ選んで、記号で答えなさい。

ア　ポーランド・ドイツ・イタリア・スペイン

イ　ベルギー・オーストリア・フランス・ドイツ

ウ　スペイン・ポーランド・イタリア・フランス

エ　フランス・オーストリア・ドイツ・イタリア

（2）　スイスのアルプス山脈に源を発する河川で、中部ヨーロッパを北流しオランダで北海にそそぐ、全長約1,200㎞におよぶ水上交通の大動脈となっている河川名を、次の**ア**～**エ**の中から1つ選んで、記号で答えなさい。

ア　セーヌ川　　**イ**　ライン川　　**ウ**　テムズ川　　**エ**　ドナウ川

問4　下線部④について、次の（1）・（2）の各問いに答えなさい。

（1）　ノルウェーには、氷河によって削られた谷に海水が深く入り込み、出入りの激しい湾や入り江が見られます。このような氷河地形を何といいますか。

（2）　次の地図中の線Aは、ある農作物の栽培北限を示しています。その農作物として正しいものを、下の**ア**～**エ**の中から1つ選んで、記号で答えなさい。

ア　綿花　　**イ**　ぶどう　　**ウ**　オリーブ　　**エ**　小麦

問5　下線部⑤について、第1回の先進国首脳会議が1975年に開催されました。この時の会議について述べた次の文の（　a　）・（　b　）にあてはまる組合せとして正しいものを、下の**ア**～**エ**の中から1つ選んで、記号で答えなさい。

この時の会議は1970年代の（　a　）を乗り切り、新しいエネルギー資源の開発など多くの国際問題を先進国間で話し合うもので、略称で（　b　）とよばれた。

ア　a－貿易摩擦　　b－メジャー　　　**イ**　a－石油危機　　b－サミット

ウ　a－貿易摩擦　　b－サミット　　　**エ**　a－石油危機　　b－メジャー

問6　下線部⑥について、次の（1）・（2）の各問いに答えなさい。

（1）　中国の経済特区として**誤っているもの**を、次の**ア**～**エ**の中から1つ選んで、記号で答えなさい。

ア　シェンチェン（深圳）　**イ**　アモイ（厦門）　**ウ**　チューハイ（珠海）　**エ**　シャンハイ（上海）

（2）　次の**表Ⅰ**・**表Ⅱ**は、それぞれ中国が生産量第1位の農産物の統計の一部です。また、**表Ⅰ**・**表Ⅱ**の**X**は同じ国を示しています。**表Ⅰ**・**表Ⅱ**のそれぞれの農産物と、**X**に当てはまる国の組合せとして正しいものを、下の**ア**～**エ**の中から1つ選んで、記号で答えなさい。

表Ⅰ

順位	国名	%
1位	中国	17.6
2位	X	12.5
3位	ロシア	9.8
世界合計	74946万t	

表Ⅱ

順位	国名	%
1位	中国	28.3
2位	X	21.4
3位	インドネシア	10.4
世界合計	74096万t	

（「2019データブック・オブ・ザ・ワールド」より作成）

ア　表Ⅰ－米　表Ⅱ－小麦　X－インド

イ　表Ⅰ－小麦　表Ⅱ－米　X－アメリカ合衆国

ウ　表Ⅰ－小麦　表Ⅱ－米　X－インド

エ　表Ⅰ－米　表Ⅱ－小麦　X－アメリカ合衆国

問7　下線部⑦について、次の（1）～（3）の各問いに答えなさい。

（1）　赤道を示す緯線を地図の**ア**～**エ**の中から1つ選んで、記号で答えなさい。

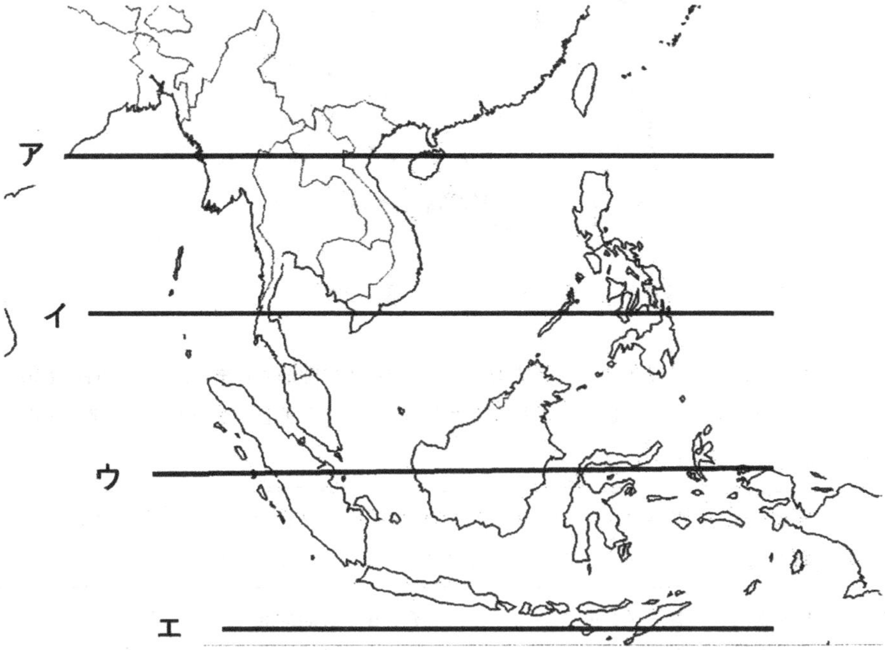

（２）　東南アジアなどの熱帯や亜熱帯の地域では、現地の安価で豊富な労働力を使い、輸出を目的とした農作物を大規模に栽培してきました。このような大規模農業および農園を何といいますか。**カタカナ**で答えなさい。

（３）　次の統計表は、東南アジアのインドネシア・タイ・フィリピン・マレーシアの輸出品目の変化を示したものです。タイに当てはまるものを、表の**ア**～**エ**の中から１つ選んで、記号で答えなさい。

	1980年の輸出品目の上位	2017年の輸出品目の上位
ア	米 14.7%　野菜・果実 14.2%　天然ゴム 9.3%　すず 8.5%　とうもろこし 5.4%	機械類 31.4%　自動車 12.8%　プラスチック 3.6%　金（非貨幣用） 3.4%　金属製品 2.8%
イ	原油 23.8%　天然ゴム 16.4%　木材 14.1%　機械類 10.8%　パーム油 8.9%　すず 8.9%	機械類 42.3%　石油製品 6.1%　パーム油 4.5%　液化天然ガス 4.3%　精密機械 3.5%
ウ	砂糖 11.4%　コプラ油 9.8%　銅 9.4%　野菜・果実 6.3%	機械類 59.9%　精密機械 3.8%　銅 3.1%　野菜・果実 2.9%　船舶 2.7%
エ	原油 53.3%　石油ガス 13.2%　木材 8.3%　石油製品 5.4%	パーム油 11.0%　石炭 10.6%　機械類 8.6%　天然ガス 5.2%　衣類 4.9%

（「国連資料」・「2019データブック・オブ・ザ・ワールド」より作成）

問８　下線部⑧について、マレーシアは東南アジア諸国連合（ASEAN）の加盟国の１つです。現在の東南アジア諸国連合の加盟国数を答えなさい。

問９　下線部⑨について、フィリピンでは約90%の人々がある宗教を信仰しています。その宗教として正しいものを、次の**ア**～**エ**の中から１つ選んで、記号で答えなさい。

ア　ヒンドゥー教　　**イ**　キリスト教　　**ウ**　イスラム教　　**エ**　仏教

問10　下線部⑩について、次の（１）・（２）の各問いに答えなさい。

（１）　カナダ北部には、昔からの狩猟生活にもとづいた独自の文化を保持している先住民族が暮らしています。この民族を何といいますか。

（２）　次の表は、面積の大きい国を順に並べたものです。カナダを示したものとして正しいものを、表の**ア**～**エ**の中から１つ選んで、記号で答えなさい。

	国名	面積（万㎢）
1位	ロシア	1,709.8
2位	**ア**	998.5
3位	**イ**	983.4
4位	中国	960.0
5位	**ウ**	851.6
6位	**エ**	769.2

問11　下線部⑪について、環境への負担を減らすためには循環型社会を実現することが必要だと考えられています。例えば、無駄な廃棄物をなくすためにシャンプーや洗剤などは詰め替えの商品を選ぶことなどがあげられます。このような取り組みを何といいますか。次の**ア**～**エ**の中から１つ選んで、記号で答えなさい。

ア　リサイクル　　**イ**　リユース　　**ウ**　リフューズ　　**エ**　リデュース

問12　下線部⑫について、次の（１）～（３）の各問いに答えなさい。

（１）　下の**写真１**は、沖縄本島で 15 世紀に成立した琉球王国の城を復元したものです。この城の名を答えなさい。

（２）　沖縄県石垣市に属しているが、中国や台湾が領有を主張する無人の小島群の名を答えなさい。

（３）　沖縄県が含まれている南西諸島の一部には、下の**写真２**のような樹木群が見られます。これらは熱帯や亜熱帯の海岸部の河口や湿地などに生育し、魚や鳥など多くの生物の生息地になっています。このような樹木群を何といいますか。**カタカナ**で答えなさい。

写真１

写真２

〔このページは白紙です〕

Ⅱ　次の［A］～［E］の写真とその説明文を読んで、後の問いに答えなさい。

［A］

この写真は、①鎌倉時代を代表する建物です。もとは、②奈良時代に建てられた寺院の門でしたが、源平の争乱で焼失しました。焼失した後、僧の重源《ちょうげん》が③宋の建築様式を取り入れ、④1199 年に再建しました。

［B］

この写真の人物は（　⑤　）会の宣教師です。彼は世界各地でキリスト教を布教していて、日本には 1549 年（　⑥　）に上陸した後、山口などで布教しました。こうした布教活動は、ヨーロッパの⑦大航海時代と密接に結びついていました。

［C］

この写真は、『解体新書』という書物のとびら絵です。⑧この書物は、オランダの解剖学書を日本語に訳したものです。江戸時代、日本にはオランダとの貿易を通じて⑨ヨーロッパの学問も入ってきました。江戸時代の頃、ヨーロッパでは⑩市民革命が起き、民主主義にもとづく市民社会の国が誕生しました。

［D］

この写真の絵画は、オランダの画家ゴッホが描いた「雨中の大橋」です。これは、⑪日本の画家が描いた浮世絵を模写したものといわれています。⑫1878 年のパリ万国博覧会に日本の絵画が出展されたことが契機となり、フランスを中心に⑬ヨーロッパで日本の美術が注目されました。一方、この頃の日本では欧米諸国と対等の立場に立つため、⑭不平等条約の改正に向けて努力が続けられていました。

［E］

この写真は、⑮1964 年に開催された東京オリンピックの開会式の様子です。この頃の日本は⑯高度経済成長と呼ばれる期間にあたり、人びとの生活水準が急速に高まりました。1970 年には大阪で日本万国博覧会が開催されるなど、ますます発展し、1980 年代にかけて⑰社会の様子も大きく変化しました。

る

と。

一

問十

問十一

問十二

問十三

二

1

2

3

4

5

三

問一 ㋐ ㋑ ㋒

問二 (a) (b)

問三

問四

問五 ③ ④

問六

問七

問八

問九

二　２点×５
三　問一．１点×３
　　問二．２点×２
　　問三．２点
　　問四．３点
　　問五．３点×２
　　問六．３点
　　問七．３点
　　問八．３点
　　問九．３点

合　　計
※100点満点

(3)		(4)		(5)	

Ⅱ

Ⅲ

(1)		(2)		(3)	cm

Ⅲ

Ⅳ

(1)		(2)	①		②		③	

Ⅳ

5点×20

合計点	※100点満点

IV
1 ① ②
2 ③ ④
3 ⑤ ⑥
4 ⑦ ⑧

V

VI
1 ① ②
2 ③ ④
3 ⑤ ⑥
4 ⑦ ⑧
5 ⑨ ⑩

VII
1
2
3

VIII

合計点
※100点満点

教英出版

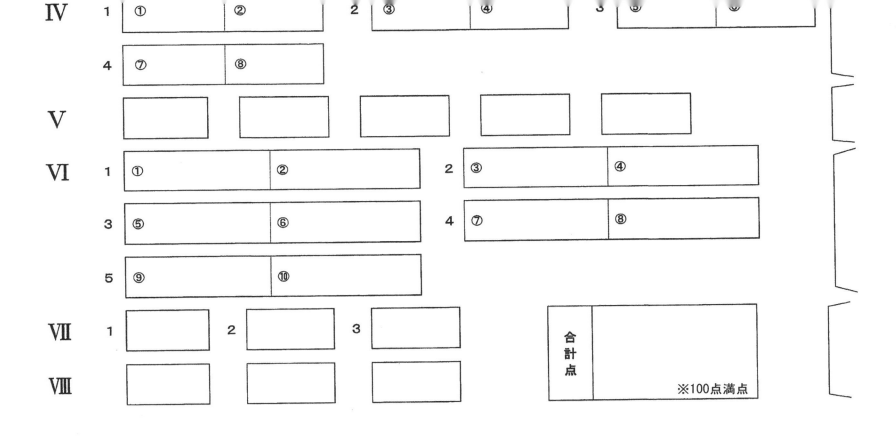

Ⅲ	問1		問2		問3	Ω	問4	番号	値 Ω	
	問5	番号	値 W		問6	番号	値 W			Ⅲ

Ⅳ	問1		問2		問3				
	問4		問5		問6		問7		Ⅳ

Ⅴ	問1		問2		問3		問4	度	
	問5		問6	①	②				Ⅴ

Ⅰ　２点×８
Ⅱ　問１．１点×７　問２．３点　問３．３点
　　問４．２点×２　問５．２点×２
Ⅲ　問１．３点　問２．３点　問３．３点
　　問４．４点　問５．４点　問６．４点
Ⅳ　３点×７
Ⅴ　３点×７

合計点	※100点満点

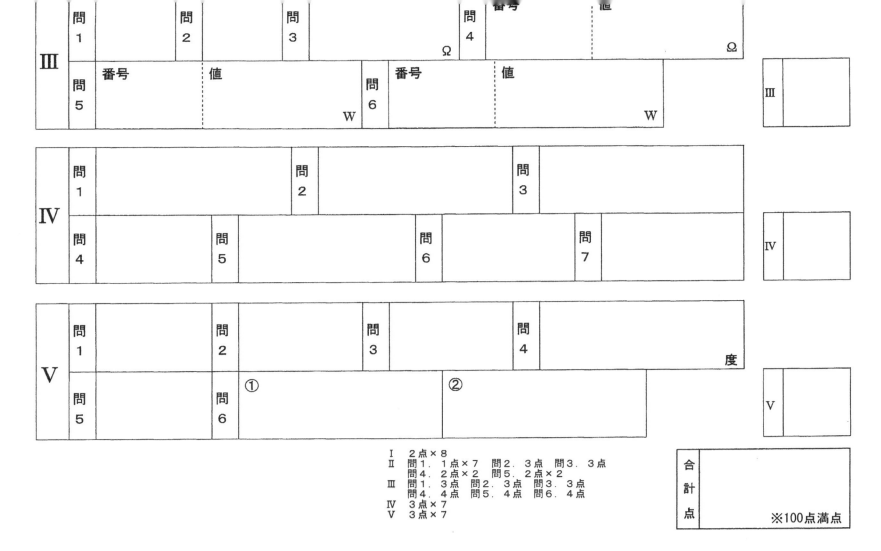

問9		問10		問11		問12	
問13		問14		問15		問16	
問17							

Ⅲ

問1		問2		問3		問4			
問5	(1)		(2)	憲法	問6	制度			
問7		問8		問9	(1)		(2)		
問10		問11							

Ⅰ. 2点×20
Ⅱ. 2点×17
Ⅲ 2点×13

合計点	※100点満点

受験番号				名前	

2020年度　上宮高等学校　入学考査　解答用紙　社会

I

問1		問2							
問3	(1)		(2)		問4	(1)		(2)	
問5		問6	(1)		(2)				
問7	(1)		(2)		(3)				
問8	か国	問9							
問10	(1)		(2)		問11				
問12	(1)		(2)		(3)				

II

問1		問2	天皇	問3		問4	

【解答用

受験番号	名前

2020年度　上宮高等学校　入学考査　解答用紙　理科

I	問1		問2		問3	%	問4	
	問5		問6		問7		問8	

I	

II	問1	A	B	C	D	E	F	G
	問2	の溶液を　cm^3	問3		問4	Y	Z	
	問5	水溶液A，B		水溶液C，D，E				

II	

【解答用

受　験　番　号	名　　　前

2020年度　上宮高等学校　入学考査　解答用紙　英　語

Ⅰ　4点×5
Ⅱ　問1．2点×4
　　問2．3点×2
　　問3．6点
　　問4．3点
　　問5．3点
Ⅲ　2点×5
Ⅳ　完答3点×4
Ⅴ　2点×5
Ⅵ　完答2点×5
Ⅶ　2点×3
Ⅷ　2点×3

Ⅰ

Ⅱ　問1　A　B　C　D

問2
1. It means (　　　　　　　　　　　　　　).
2. They do when(　　　　　　　　　　　　　　).

問3

問4　　問5

【解答用

Ⅲ　①　②　③　④　⑤

受　験　番　号				名　　　前	

2020年度　　上宮高等学校　入学考査　解答用紙　　　数　学

I

(1)	(ｱ)		(ｲ)		(2)	ア ＝　　　，　イ ＝

(3)	$a =$　　　　，　$y =$	(4)	$x =$

(5)		(6)		(7)	度

I

【解答用

II

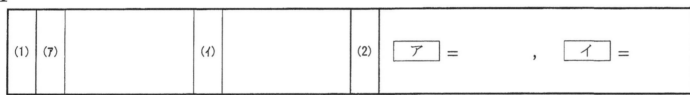

一　問一．１点×８
問二．１点×８
問三．１点×４
問四．２点
問五．２点
問六．２点×２
問七．４点
問八．４点
問九．１点×７
問十．３点
問十一．６点
問十二．２点
問十三．３点×２

受験番号	名　　前

2020年度　上宮高等学校　入学考査　解答用紙　国　語

一																
問九			問八		問七		問六	問四	問三		問二			問一		
7	4	1					Ⅰ		D	A	ⓖ	ⓓ	ⓐ	㋕	㋒	㋐
	5	2						問五		B	ⓗ	ⓔ	ⓑ	㋖	える ㋓	㋑
	6	3					Ⅱ			C		ⓕ	ⓒ	㋗	㋔	げた

【解答用

問1　下線部①について、この写真の建物に安置されている像として正しいものを、次の**ア**～**エ**の中から１つ選んで、記号で答えなさい。

ア　阿弥陀如来像　　**イ**　釈迦三尊像　　**ウ**　金剛力士像　　**エ**　盧舎那仏像

問2　下線部②について、この寺院を建てた天皇名を答えなさい。

問3　下線部③について、11 世紀に宋と貿易を行うため、摂津国で修築された港の名として正しいものを、次の**ア**～**エ**の中から１つ選んで、記号で答えなさい。

ア　十三湊　　**イ**　大輪田泊　　**ウ**　坊津　　**エ**　鞆の浦

問4　下線部④について、この時、再建を援助した人物名として正しいものを、次の**ア**～**エ**の中から１つ選んで、記号で答えなさい。

ア　平清盛　　**イ**　平将門　　**ウ**　源義経　　**エ**　源頼朝

問5　［**B**］の文中の（　⑤　）にあてはまるローマ＝カトリック教会の会派名を**カタカナ**で答えなさい。

問6　［**B**］の文中の（　⑥　）にあてはまる地名として正しいものを、次の**ア**～**エ**の中から１つ選んで、記号で答えなさい。

ア　鹿児島　　**イ**　長崎　　**ウ**　種子島　　**エ**　堺

問7　下線部⑦について、大航海時代に関する次の**a**・**b**の文について、その正誤の組合せとして正しいものを、下の**ア**～**エ**の中から１つ選んで、記号で答えなさい。

a　ポルトガル国王の命令によって派遣されたマゼランは、喜望峰を回ってインドに到達する経路を開いた。

b　ヨーロッパでは東南アジアやインド産の香辛料は貴重品であったが、オスマン＝トルコなどのイスラム勢力がアジアとの貿易をおさえていた。このことが、新航路を開拓する要因の１つとなった。

ア　**a**－正　**b**－正　　**イ**　**a**－正　**b**－誤　　**ウ**　**a**－誤　**b**－正　　**エ**　**a**－誤　**b**－誤

問8　下線部⑧について、日本語に訳した人物名として正しいものを、次の**ア**～**エ**の中から１つ選んで、記号で答えなさい。

ア　前野良沢　　**イ**　伊能忠敬　　**ウ**　平賀源内　　**エ**　稲村三伯

問9　下線部⑨について、キリスト教に関係のない漢訳洋書の輸入を許可した将軍として正しいものを、次の**ア**～**エ**の中から１つ選んで、記号で答えなさい。

ア　徳川家光　　**イ**　徳川綱吉　　**ウ**　徳川家康　　**エ**　徳川吉宗

問10　下線部⑩について、市民革命に関する次の**a**・**b**の文について、その正誤の組合せとして正しいものを、下の**ア**～**エ**の中から１つ選んで、記号で答えなさい。

a　イギリスでは名誉革命によって立憲君主政が確立し、国王に政治権力が集中し、思うままに政治を行う体制が確立された。

b　フランス革命によって共和政が確立し、王政は認められたが統治の権利などは制限され、民衆が議会で政治を行うようになった。

ア　**a**－正　**b**－正　　**イ**　**a**－正　**b**－誤　　**ウ**　**a**－誤　**b**－正　　**エ**　**a**－誤　**b**－誤

問11　下線部⑪について、［**D**］の絵画の参考となった「東海道五十三次」を描いた浮世絵師として正しいものを、次の**ア**～**エ**の中から１つ選んで、記号で答えなさい。

ア　東洲斎写楽　　**イ**　歌川広重　　**ウ**　葛飾北斎　　**エ**　菱川師宣

問 12　下線部⑫について、19 世紀半ば以降の欧米各国に関する次の**X**・**Y**の文と、それに該当する**a**～**d**の各国との組合せとして正しいものを、下の**ア**～**エ**の中から１つ選んで、記号で答えなさい。

X　この国は、インドを植民地支配の拠点としてアジアへの進出を強めました。また、工業製品を世界に大量に輸出して「世界の工場」と呼ばれました。

Y　この国は、帝国主義政策を進めるなかで 1882 年に三国同盟を結びました。また、日清戦争後には他国とともに遼東半島を返還するようわが国に迫りました。

a　イギリス　　**b**　フランス　　**c**　ドイツ　　**d**　ロシア

ア　**X**－**a**　**Y**－**c**　　**イ**　**X**－**b**　**Y**－**c**　　**ウ**　**X**－**a**　**Y**－**d**　　**エ**　**X**－**b**　**Y**－**d**

問 13　下線部⑬について、［**D**］の絵画や、同じくゴッホの「タンギーじいさん」に代表される日本美術などに対する関心の高まりを何といいますか。**カタカナ**で答えなさい。

問 14　下線部⑭について、次の**Ⅰ**～**Ⅳ**の文は不平等条約改正交渉が行われた 1872～1911 年に起きた出来事です。**Ⅰ**～**Ⅳ**の文を年代の古い順に並びかえたものとして正しいものを、下の**ア**～**エ**の中から１つ選んで、記号で答えなさい。

Ⅰ　来日中のロシア皇太子が襲撃された。　　**Ⅱ**　日比谷焼打ち事件が起きた。

Ⅲ　コンドルの設計により鹿鳴館が建設された。　　**Ⅳ**　朝鮮半島で甲午農民戦争が起きた。

ア　**Ⅰ→Ⅲ→Ⅱ→Ⅳ**　　**イ**　**Ⅱ→Ⅰ→Ⅲ→Ⅳ**　　**ウ**　**Ⅲ→Ⅰ→Ⅳ→Ⅱ**　　**エ**　**Ⅲ→Ⅳ→Ⅰ→Ⅱ**

問 15　下線部⑮について、東京オリンピック開催時の内閣総理大臣で、所得倍増計画に代表される経済政策を打ち出した人物名として正しいものを、次の**ア**～**エ**の中から１つ選んで、記号で答えなさい。

ア　池田勇人　　**イ**　田中角栄　　**ウ**　吉田茂　　**エ**　鳩山一郎

問 16　下線部⑯について、高度経済成長の象徴的な出来事として正しいものを、次の**ア**～**エ**の中から１つ選んで、記号で答えなさい。

ア　日本放送協会によりテレビ放送が開始された。

イ　地価や株価が上がり続けバブル景気と呼ばれた。

ウ　ＧＮＰが資本主義国の中ではアメリカに次いで第２位となった。

エ　朝鮮戦争による特需景気を迎えた。

問 17　下線部⑰について述べた文として**誤っているもの**を、次の**ア**～**エ**の中から１つ選んで、記号で答えなさい。

ア　東海道新幹線が開通したことで、移動時間が大幅に短縮された。

イ　石油化学コンビナートがつくられたことで、第３次産業が躍進した。

ウ　安価な石油が輸入されるようになったことで、石油へとエネルギー転換がはかられた。

エ　国民の生活水準が高まったことで、多くの人が「中流意識」を持つようになった。

〔このページは白紙です〕

Ⅲ　次の先生と生徒の会話文を読んで、後の問いに答えなさい。

先　生：　今日は日本の政治や経済について話し合ってみましょう。

生徒Ａ：　私は、①日本国憲法の改正に関する新聞記事を読んだので、日本国憲法について調べてみました。日本国憲法は 1946 年に公布され、1947 年に施行されました。憲法は三つの基本原則の他、②国会の地位や③内閣の組織についても定めています。

生徒Ｂ：　私も教科書を見て調べましたが、④司法権と裁判所についても定めています。

生徒Ｃ：　Ａさんの述べた三つの原則は、⑤基本的人権の尊重、国民主権、平和主義のことですね。

先　生：　その他にも日本国憲法は、⑥地方公共団体の機関や国民の権利などについても定めています。国民の権利にはどういったものがあるでしょうか？

生徒Ｂ：　公務員の⑦選挙については、成年者による普通選挙を保障しています。昨年の７月に参議院議員選挙があったので、私は関心を持ってニュースを見ていました。

生徒Ｃ：　僕は６月に選挙権を得たので投票に行ってきました。今回の選挙は、消費税の引き上げの是非が争点の一つになっていました。お父さんは「消費税が増税されたら、消費者の購買意欲が減り、会社の売り上げも減ってしまう。」と言っていました。

生徒Ｂ：　私は選挙権がなかったから投票に行っていませんが、今後、少子高齢化が進んでいくことを考えたら、消費税の増税は仕方ないと思います。

生徒Ｃ：　お父さんは消費税の増税にともない、会社での仕事量が増えることで、⑧働く環境に影響しないか心配していました。

先　生：　そうですね。⑨企業によっては大変なところがあるかもしれませんね。

生徒Ａ：　私たちが働く頃には様々な問題が解決されて、働きやすい環境になっていればいいですね。

先　生：　今までの話の他にはどのような出来事に興味を持ちましたか？

生徒Ｃ：　僕のお父さんは貿易会社に勤めています。お父さんから仕事のいろいろな話を聞いているうちに、⑩為替相場に興味をもちました。

生徒Ａ：　為替相場って、１ドル＝110 円とかのことでしょ。これってどうやって決まるのかな？

生徒Ｂ：　政府が決めてるのかな？

生徒Ｃ：　・・・。うーん、難しいね。

先　生：　先日の授業で⑪商品の価格の決定は、需要量と供給量が大きく関係すると説明しましたね。為替相場の決定に関しても、円やドルの需要量と供給量が深く関係していますよ。

問1　下線部①について、日本国憲法の改正手続きは、憲法第 96 条に定められています。その手続きについて述べた次の文の（　a　）・（　b　）にあてはまる語句の組合せとして正しいものを、下の**ア**～**エ**の中から１つ選んで、記号で答えなさい。

発議には、各議院において総議員の（　a　）の賛成が必要で、さらに発議を受けて行われる国民投票では、有効投票の（　b　）の賛成が必要である。

ア　a－過半数　　b－過半数　　**イ**　a－過半数　　b－３分の２以上

ウ　a－３分の２以上　　b－過半数　　**エ**　a－３分の２以上　　b－３分の２以上

問2　下線部②について述べた文として**誤っているもの**を、次の**ア**～**エ**の中から１つ選んで、記号で答えなさい。

ア　最高裁判所の長官を指名することができる。

イ　国政調査権にもとづいて証人を呼び出し、証言を求めることができる。

ウ　裁判官の重大な違反などに対して、弾劾裁判所を設けることができる。

エ　審議を活性化するために、与党と野党の代表が直接討論を行うことができる。

問3　下線部②と③について、国会と内閣の関係について述べた次の**a**・**b**の文について、その正誤の組合せとして正しいものを、下の**ア**～**エ**の中から１つ選んで、記号で答えなさい。

a　衆議院は、内閣の政治責任を問い、退陣を求める内閣不信任決議を行なえるが、内閣総理大臣はその決議に対して拒否権を行使できる。

b　内閣総理大臣は、国会議員の中から国会の議決によって指名され、また、国務大臣の過半数は国会議員でなければならない。

ア　a－正　b－正　**イ**　a－正　b－誤　**ウ**　a－誤　b－正　**エ**　a－誤　b－誤

問4　下線部④について、日本の裁判や裁判官について述べた文として**誤っているもの**を、次の**ア**～**エ**の中から１つ選んで、記号で答えなさい。

ア　刑事裁判は、検察官が被疑者を裁判所に訴えて裁判がはじまる。

イ　民事裁判は、自分の権利を侵されたと主張する人が相手方を裁判所に訴えて裁判がはじまる。

ウ　裁判官は自分の良心と憲法及び法律にのみ従って裁判を行うので、判決について上司の命令に影響されることはない。

エ　裁判員裁判の対象となるのは刑事裁判と民事裁判の第一審であり、くじで選ばれた 20 歳以上の国民が裁判官と一緒に裁判を行う。

問5　下線部⑤について、基本的人権は自由権や社会権などに分類され、私たちの暮らしと密接に関わっています。その自由権や社会権に関する次の（1）・（2）の各問いに答えなさい。

（1）　自由権に関連する内容は日本国憲法で保障されています。その内容について述べた文として正しいものを、次の**ア**～**エ**の中から１つ選んで、記号で答えなさい。

ア　財産権の不可侵を保障しており、個人の財産が公共のために用いられることはなく、国や地方公共団体が個人の土地利用や建築を規制することはできない。

イ　表現の自由を保障しており、出版物や新聞などの内容や表現について、国家による検閲は認められていない。

ウ　信教の自由を保障しており、個人の信教の自由を認めるだけでなく、国や地方公共団体が宗教的活動を行なうことも認めている。

エ　奴隷的拘束及び苦役からの自由を保障しており、公務員による拷問や残虐な刑罰を禁止するとともに、黙秘権も禁止している。

（2）　20世紀に入ってから「人間らしく生きるための権利である」社会権の思想が少しずつ認められてきました。その社会権の思想をはじめて盛り込んだドイツの憲法を何といいますか。

問6　下線部⑥について、日本には自分の故郷や応援したい自治体に寄付することで、その寄付金に応じて所得税や個人住民税の一部が控除《こうじょ》される制度があります。この制度を何といいますか。

問7　下線部⑦について、選挙制度の１つに比例代表制があります。比例代表制では、ドント式とよばれる方法で当選者が決まります。定数が６名で**A党・B党・C党**の得票数が次の表の場合、**A党**に配分される議席数として正しいものを、下の**ア**～**エ**の中から１つ選んで、記号で答えなさい。

	A党	B党	C党
得票数	2000	1200	700

ア　５議席　　**イ**　４議席　　**ウ**　３議席　　**エ**　２議席

問8　下線部⑧について、多くの企業で働く環境が変化する傾向にあります。その変化について述べた文として正しいものを、次の**ア**～**エ**の中から１つ選んで、記号で答えなさい。

ア　日本企業の多くが採用してきた成果主義に代わり、年功序列型賃金を採用する企業が増えている。

イ　企業にとって雇用者数を調整しにくい非正規雇用の形態は、年々減少している。

ウ　「ワーキングプア」とよばれる人たちは減少してきており、所得格差は是正されている。

エ　「育児・介護休業法」が改正され、育児や介護と仕事の両立を目ざした環境づくりが進められている。

問9　下線部⑨について、次の（1）・（2）の各問いに答えなさい。

（1）　同種の企業が商品の価格や生産量について協定を結び、市場を独占して利潤の増大を図る企業形態を何といいますか。**カタカナ**で答えなさい。

（2）　企業の形態の一つに株式会社があります。その株式会社のしくみについて述べた文として**誤っているもの**を、次の**ア**～**エ**の中から１つ選んで、記号で答えなさい。

ア　株主は、会社が倒産するとその負債を返済する義務を負うとともに出資金も失う。

イ　株主は、会社の最高意思決定機関である株主総会に出席して意見を述べることができる。

ウ　株式会社は、株主が持っている株式の数に応じて利益の一部を配当金として株主に支払う。

エ　株式会社は、株式を発行することで資本金を集めることができる。

問 10　下線部⑩について述べた次の文の（　a　）・（　b　）にあてはまる語句の組合せとして正しいものを、下の**ア**～**エ**の中から１つ選んで、記号で答えなさい。

> 為替相場が、１ドル＝150 円から１ドル＝100 円になることを（　a　）とよび、この状況は日本から製品を輸出する企業にとってその取引は（　b　）になる。

ア　a－円高　　b－有利　　**イ**　a－円高　　b－不利
ウ　a－円安　　b－有利　　**エ**　a－円安　　b－不利

問 11　下線部⑪について、下のグラフはみかんの需要曲線と供給曲線を示したものです。このグラフについて述べた文として正しいものを、下の**ア**～**エ**の中から１つ選んで、記号で答えなさい。

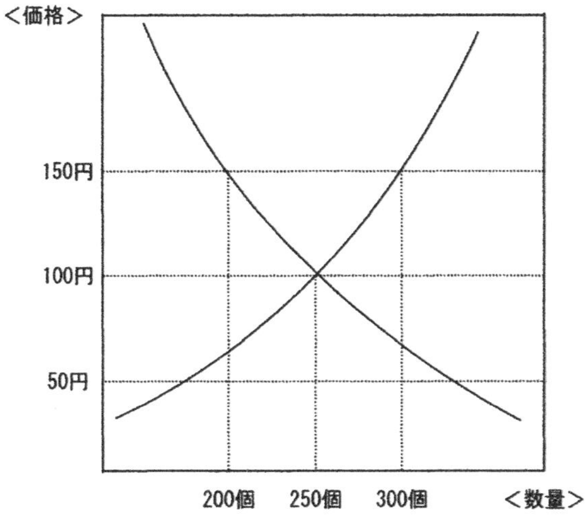

ア　みかんの市場価格が 150 円のとき、需要量よりも供給量の方が多いので売れ残ることになる。
イ　みかんの市場価格が 150 円のとき、需要量よりも供給量の方が少ないので売り切れることになる。
ウ　みかんの市場価格が 50 円のとき、供給量よりも需要量の方が多いので売れ残ることになる。
エ　みかんの市場価格が 50 円のとき、供給量よりも需要量の方が少ないので売り切れることになる。